Collection QA **compact**

De la même auteure

Adulte

SÉRIE LA FILLE DU PASTEUR CULLEN

Tome 2 – À l'abri du silence, Éditions Québec Amérique, coll. Tous Continents, 2009.
Tome 1 – Partie 1, Éditions Québec Amérique, coll. Compact, 2009.

La Fille du Pasteur Cullen, Éditions JCL, 2007.

SÉRIE CŒUR DE GAEL

Tome 4 – La Rivière des promesses, Éditions JCL, 2005.
Tome 3 – La Terre des conquêtes, Éditions JCL, 2005.
Tome 2 – La Saison des corbeaux, Éditions JCL, 2004.
Tome 1 – La Vallée des larmes, Éditions JCL, 2003.

Jeunesse

SÉRIE GUILLAUME RENAUD

Tome 2 – Il faut sauver Giffard !, Éditions de la Bagnole, coll. Gazoline, 2008.
Tome 1 – Un espion dans Québec, Éditions de la Bagnole, coll. Gazoline, 2007.

La Fille du Pasteur Cullen

Tome 1 – Partie 2

Catalogage avant publication de Bibliothèque et Archives
nationales du Québec et Bibliothèque et Archives Canada

Marmen, Sonia
La fille du pasteur Cullen
(Collection QA compact)
ISBN 978-2-7644-0727-1 (v. 1, ptie 1)
ISBN 978-2-7644-0728-8 (v. 1, ptie 2)
1. Écosse - Histoire - 19e siècle - Romans, nouvelles, etc. I. Titre.
PS8576.A743F54 2009   C843'.6   C2009-942142-9
PS9576.A743F54 2009

Conseil des Arts   Canada Council
du Canada   for the Arts

SODEC
Québec ::

Nous reconnaissons l'aide financière du gouvernement du Canada par
l'entremise du Programme d'aide au développement de l'industrie de
l'édition (PADIÉ) pour nos activités d'édition.

Gouvernement du Québec – Programme de crédit d'impôt pour
l'édition de livres – Gestion SODEC.

Les Éditions Québec Amérique bénéficient du programme de subvention
globale du Conseil des Arts du Canada. Elles tiennent également à
remercier la SODEC pour son appui financier.

Québec Amérique
329, rue de la Commune Ouest, 3e étage
Montréal (Québec) Canada H2Y 2E1
Téléphone : 514 499-3000, télécopieur : 514 499-3010

Dépôt légal : 4e trimestre 2009
Bibliothèque nationale du Québec
Bibliothèque nationale du Canada

Mise en pages : Karine Raymond
Nouvelle révision linguistique : Chantale Landry
Direction artistique : Isabelle Lépine
Adaptation de la grille graphique : Renaud Leclerc Latulippe
Œuvre en couverture : *Juliette Récamier*, François Gérard,
Musée Carnavalet / Roger-Viollet
Projet dirigé par Anne-Marie Villeneuve

Imprimé au Canada

Sonia Marmen

La Fille du Pasteur Cullen

Tome 1 – Partie 2

QUÉBEC AMÉRIQUE

Chapitre 19

Une aube frileuse peignait progressivement le ciel d'hiver de teintes suaves et jetaient des reflets violacés sur les taches de neige maculant l'herbe jaunie. Les sabots du cheval frappaient la terre durcie par le froid et résonnaient dans ce silence qui précédait le réveil du jour. Francis tira sur les rênes pour arrêter sa monture et écouter. On n'entendait que le faible râle du vent dans les branchages nus. Sa bête s'ébroua. Des nuages blancs sortaient des naseaux. Devant eux se dressait Weeping Willow. Elle dormait encore. Mais Francis savait que bientôt Mrs Dawson commencerait à préparer le porridge pendant qu'Alison et Rachel ranimeraient les feux dans les pièces.

Que de souvenirs le rattachaient à cette maison ! Certains doux, d'autres qu'il préférait oublier. Il aurait tant aimé que ces murs fussent les remparts de l'enfance de sa fille. Une fillette à Weeping Willow, des rubans dans les cheveux… Il fut frappé par l'image de ses sœurs courant sur l'herbe derrière le cochonnet qu'avait acheté Mr Dawson des Lawson. L'animal devait être engraissé tout l'été pour être abattu en décembre. Quand lui et ses sœurs avaient appris le sort réservé à Willie, pour le sauver ils l'avaient laissé filer dans la nature très tôt un matin d'octobre. Ce furent les Murray qui avaient profité de la chair tendre du cochon. La sienne avait goûté la morsure du cuir. Son père avait obligé ses sœurs à assister au supplice, pour leur propre punition.

«Subis ta peine comme un homme!» lui avait crié son père avant chaque coup. S'il émettait le moindre geignement, la force redoublait au suivant, comme pour exorciser la faiblesse du corps du garçon. Son père avait cette obsession de lui inculquer les manières viriles à la dure. Il n'avait pu s'asseoir pendant deux jours. Mrs Alderman lui avait appliqué des cataplasmes de purée de carottes. L'odeur lui soulevait le cœur, mais le soulagement les lui faisait endurer. Il avait toujours détesté les carottes par la suite. Il n'avait que dix ans à cette époque.

Il se tourna vers le massif éperon d'Arthur's Seat confortablement enveloppé d'un collet de brume et suivit le mouvement d'un promeneur matinal et de son chien dans un sentier sous les Salisbury Crags. Leur petitesse donnait toute son importance à cette colline de pierre volcanique qui avait soulevé l'écorce terrestre comme un bouchon bien avant l'apparition de l'homme sur terre. L'origine du nom d'Arthur's Seat était un peu obscure. Les romantiques l'attribuaient au roi des légendes de la Table ronde, d'autres disaient qu'il était une corruption du gaélique *Ard na Said*, qui signifiait «Hauteurs des flèches», et qui faisait référence aux temps anciens où un fort était construit sur l'éminence basaltique.

D'un œil jaloux, il embrassa ce décor qu'il aimait. Cette ville, son pays qui dormait paisiblement sous la couverture des âcres émanations du charbon brûlé. Depuis cette période qu'on appelait maintenant le siècle des Lumières écossaises, l'Écosse était le berceau de fort nombreux esprits brillants qui marquaient son histoire et s'illustraient sur la scène mondiale. Tristement, on cherchait maintenant à les fondre dans une nationalité britannique qui gommait leur identité fondamentale. Que ces fichus Anglais traitent les Écossais de paysans mal dégrossis tant que cela leur chanterait, Francis s'en moquait éperdument. L'Histoire finirait bien par leur rendre justice un jour.

D'une profonde inspiration, il fit entrer l'air glacé dans ses poumons et expira lentement. Abruti par la fatigue de cette nuit, il ferma les yeux et savoura ces instants de solitude. Une indomptable tristesse l'accapara soudain. Sa vie allait bientôt prendre un nouveau tournant.

Il remua dans sa selle ; le cuir craqua. Quelques oiseaux se mirent à chanter et son cheval secoua la tête dans son petit nuage de vapeur blanche, faisant cliqueter les pièces métalliques de la bride. Francis le remit au pas.

Après avoir abandonné sa monture aux mains d'un Spittal encore tout engourdi de sommeil, Francis entra dans la maison. La cuisine était déserte et le hall, obscur. À pas feutrés, il monta dans sa chambre. Il y faisait encore tiède ; le feu s'était éteint depuis peu. Sans se donner la peine de le rallumer, il retira son frac et son gilet, qu'il déposa sur le dossier d'une chaise. Ce ne fut que lorsqu'il commença à déboutonner sa chemise qu'il aperçut le livre sur le lit. Il s'immobilisa, le temps de prendre note de quel ouvrage il s'agissait.

Que faisait le manuel d'exorcisme dans sa chambre ? Il se souvint de l'avoir laissé dans la chambre d'Evelyn. Se jetant sur l'objet, il l'ouvrit et tourna les pages jusqu'à la section encollée. Deux feuillets pliés glissèrent au sol. Il se pencha pour les ramasser, réalisant qu'il s'agissait de lettres.

Les lettres !

« Par le Christ ! »

C'était inimaginable. Evelyn les lui avait rendues. Il s'assit sur le lit, fouilla le tiroir de la table de chevet et fit jaillir d'un briquet des étincelles qui enflammèrent la mèche d'amadou. Puis il alluma une chandelle. Le doux vélin vergé glissa sous ses doigts dans un froissement soyeux. Il en reconnaissait la qualité.

Comment avait-il pu oublier cette correspondance ? Francis ne comprenait pas. Lentement il déplia le premier feuillet et lut :

> *Le dix-huitième jour de mai de l'an mil huit cent quatre*
> *Très cher Francis,*
>
> *Je sais, tu m'as demandé de ne plus t'écrire, mais la solitude me pèse. Nos conversations me manquent, ta présence me manque cruellement et me confirme l'importance de la place que tu tiens dans ma vie…*

Interrompant sa lecture, Francis fronça les sourcils. D'où venait cette lettre ? Il ne l'avait jamais lue auparavant. Perplexe, il parcourut encore quelques lignes.

> *… À la fin du prochain semestre, je prévois me rendre à Édimbourg pour y passer quelques semaines. J'ai envie de retrouver ma mère et mes sœurs. Et Dana que j'aimerais te présenter. Peut-être pourrions-nous faire une excursion au loch Lomond. Je sais qu'elle adorerait les paysages. En octobre les collines des Trossachs sont merveilleuses. Le voyage lui laissera un souvenir impérissable. Elle me manque…*

Stupéfait, il passa à la seconde.

> *Le troisième jour de juillet de l'an mil huit cent quatre*
> *Mon très cher Francis,*
> *Beaucoup de choses se sont passées depuis ma dernière lettre. D'abord pour la bonne nouvelle : j'ai réussi mes derniers examens avec mention. Ensuite pour les mauvaises : le conseil d'administration du St. George's Hospital m'a temporairement suspendu de mes fonctions après que le résurrectionniste Ben Crouch et son gang eurent fait irruption dans le théâtre d'anatomie et massacré les corps en examen sur les tables. Everard Home a réussi à convaincre le conseil de ma responsabilité par rapport à cet incident en alléguant que j'avais acheté les corps du gang de Spittalfield et non de celui de Crouch avec qui l'hôpital a l'habitude de transiger. Ce n'était pas faux, mais Crouch demande deux livres de plus par cadavre. Qu'on me suspende pour seulement avoir pris une décision logique n'a point de sens. Je soupçonne Home d'avoir usé de plus de propos malveillants à mon égard pour en arriver là et il me semble déterminé à m'évincer du théâtre médical de Londres. Je crains bien, Francis, que, si je cherche à tenir tête à Home, il pourrait aller jusqu'à raconter des choses à mon sujet. Je ne veux pas mettre inutilement ta*

*réputation en jeu. C'est pourquoi je pense que nous devrions
nous éloigner pour un temps l'un de l'autre, pour un temps...*

Francis se força à poursuivre la lecture jusqu'à la fin.

> *Un tendre baiser et nous nous séparons;*
> *Un adieu, hélas, pour toujours!*

> *Ton bien-aimé,*
> *Jonat*

Pendant un moment, rien ne se passa dans sa tête. Ses yeux
rouges fixaient toujours les dernières lignes: premiers vers d'un
poème de Robert Burns. Jonat aimait ce poète. Ces lettres avaient
été rédigées quelques semaines avant le drame. Un nœud de colère
se formait lentement dans le creux de son ventre, de plus en plus
serré. Des images lui revenaient à la vitesse de flèches lui traversant
le crâne, se fichant douloureusement dans son esprit. Et ses mains
se mirent à trembler. Elles tremblaient comme au jour où elles
s'étaient souillées du sang de Jonat. Elles tremblaient de fureur et
de chagrin comme ce matin-là. D'une fureur meurtrière. D'un chagrin l'accablant au-delà de tout ce qu'il avait jamais ressenti.

« Imposteur! Traître! »

Il froissa les feuilles de papier et en fit des boules compactes
qu'il lança dans la bouche de la cheminée avec un cri de rage. Les
larmes vinrent, brûlantes et amères.

« Tu m'as tout pris, Jonat Cullen! Ma confiance, ma fierté,
mon nom... »

Il avait juré de ne jamais lui pardonner... Et pourtant, avec les
années, il avait fini par le faire. Et il vivait au bout de cette chaîne
de mensonges qui le liait à ce terrible secret. Il en avait assez et sa
volonté faiblissait.

Haletant de souffrance, Francis s'agenouilla. Le visage de Dana
s'imposa à lui. Et la force de leurs baisers, celle de leurs aveux
amoureux. Sa voix se réduisit à un souffle.

« Tu me voles ma vie… »

Il prit la chandelle. Le papier s'embrasa, projetant une lueur orangée dans le cœur de l'âtre refroidi et sur les joues mouillées. La flamme dansa pendant quelques secondes avant de se recroqueviller sur elle-même quand tout fut consumé. Le regard de Francis fixa encore les restes incandescents jusqu'à ce qu'ils s'éteignent complètement. Puis il se leva et essuya ses larmes du revers de sa main.

Un coup discret fut frappé à la porte.

— Francis !

Une voix féminine. Encore sous l'empire des émotions, Francis se tourna vers la source du dérangement. Il n'avait aucune envie de voir quiconque.

— Va-t'en ! lança-t-il à travers la pièce.

— Francis, c'est Bella. Ouvre, je t'en prie, c'est important.

Arabella ? Francis projeta son regard sur le livre resté ouvert sur le lit. Il réalisa soudain que dans son égarement il avait confondu la voix de sa sœur avec celle de sa femme. Le pied lourd, il alla ouvrir et fit face au regard inquiet d'Arabella qui n'avait pas pris le temps d'enlever son manteau et son chapeau.

— C'est au sujet d'Evelyn. Elle est arrivée chez moi, hier en fin de journée, si bouleversée… Puis elle est partie en laissant toutes ses malles. Elle m'a dit qu'elle avait oublié quelque chose ici. Je ne voulais en aucun cas la laisser repartir dans l'état où elle se trouvait, Francis. Tu me crois, j'espère ? J'ai insisté, j'ai suggéré d'envoyer Marian à sa place, mais elle n'a rien voulu entendre. Percy m'a assuré qu'il s'occuperait d'elle. Dans ces conditions, j'ai fini par céder… je le regrette. Je m'en veux, Francis…

Énervée, Arabella n'arrêtait pas de gesticuler tout en parlant. Son frère lui saisit les épaules pour la calmer.

— Elle est bien revenue ici, confirma-t-il sur un ton neutre.

— J'ai attendu son retour une partie de la nuit. Je me faisais du souci. Puis j'ai pensé que vous vous étiez réconciliés… Je suis venue pour vérifier…

— Elle t'a dit que nous nous étions disputés ?

— Pas explicitement, mais quand elle est arrivée chez moi, elle était extrêmement agitée. Et que ce fut Percy et non toi qui la conduisait… c'est ce que j'en ai déduit. Ce ne serait pas la première fois, Francis.

— Nous avons effectivement eu une violente dispute, avoua le chirurgien.

— Que s'est-il passé ? Tu ne l'as point vue à son retour ? Elle ne t'a pas dit où elle allait ?

— Je… j'étais sorti.

— Francis, je pense que cette fois-ci, c'est plus grave que d'habitude.

— Sans doute, acquiesça-t-il. Je crains que nous n'ayons franchi un point de non-retour.

Arabella fronça les sourcils en notant d'un coup l'air pitoyable de son frère.

— On dirait que tu n'as pas dormi de la nuit.

Le regard du chirurgien se déroba. Il frotta vigoureusement son visage comme pour effacer les preuves de sa nuit blanche.

— Que Dieu te vienne en aide, mon frère. Evelyn n'est pas dans sa chambre. J'ai vérifié.

Un son rauque s'échappa de la gorge de Francis. Il redressa les épaules et une expression indéchiffrable se forma sur son visage tendu pendant qu'il méditait.

— Elle est revenue avec Percy. Elle doit être repartie avec lui.

— Halkit affirme que Percy est reparti seul après l'avoir raccompagnée jusque dans sa chambre. Ton majordome les a entendus se disputer. Percy était de mauvaise humeur et aurait claqué la porte. Après son départ, Evelyn aurait brisé tout ce qui lui tombait sous la main dans sa chambre avant de finalement se calmer. Mais personne ne l'a vue partir. Evelyn serait sortie à l'insu des gens de la maison…

Il allait quitter la chambre quand Arabella lui saisit le bras.

— Tu n'as aucune idée où elle pourrait être allée ?

Les muscles du bras de Francis se contractèrent sous les doigts d'Arabella. Mais ses traits demeurèrent impassibles.

—Non…

Il chercha à se dégager. Le doute planait sur le visage de sa sœur.

—Tu veux que je te réponde franchement, Bella? lança-t-il alors avec une hargne mal contenue. Elle serait en Afrique ou en Amérique que j'en serais soulagé.

—Il faut se rendre aux autorités et signaler sa disparition.

—Si Evelyn n'est pas rentrée avant le dîner, nous le ferons. Elle a peut-être simplement pris le parti de me compliquer encore plus la vie.

Elle relâcha le bras et il s'éloigna vers le grand escalier. Derrière lui des traces de boue maculaient le parquet.

—Francis… D'où arrives-tu?

Le chirurgien s'immobilisa, se retourna lentement et dévisagea sa sœur.

—De nulle part.

—Tes bottes… elles sont couvertes de boue.

Dans la pénombre, elle n'arrivait pas à bien distinguer son expression. Mais la voix se fit dure et sèche.

—Je suis sorti réfléchir.

Un silence suivit la réponse.

—Où souhaites-tu en venir, Bella?

Elle ouvrit la bouche, mais crut plus avisé de ne rien ajouter pour le moment.

—Je devine ce que tu n'oses demander, Arabella, commenta gravement Francis en secouant la tête d'un air attristé. Et la réponse est non.

❖

—Bon matin, mon frère.

—Bella! Que fais-tu ici de si bonne heure?

Francis se leva pour accueillir sa sœur qui arrivait dans sa pelisse cramoisie. Les joues rougies par le froid, elle l'embrassa. Christopher et Percy se levèrent de même et la saluèrent.

— Allons, asseyez-vous, messieurs. Je ne fais que passer. Ouf! fit-elle en se laissant à son tour tomber sur la chaise à la gauche de Francis – celle de droite, où prenait habituellement place Evelyn, demeurant vide. Je dois organiser le retour de Mama chez Caroline. Cinq malles énormes et ses trois pestes de terriers qui terrorisent mes pauvres carlins chéris. Avec tout ce qui arrive, je n'ai plus d'énergie, si tu veux savoir la vérité. Alors, du nouveau?

Arabella retira ses gants, replaça une mèche blonde sur son front et pigea dans le panier de petits pains au lait encore chauds.

Francis se rembrunit. Il plongea son nez dans les arômes capiteux de son café.

— Rien, fit-il, morose.

Un air que partageaient les deux autres hommes qui mangeaient en silence. S'il n'y avait pas eu la disparition d'Evelyn, Arabella aurait cru qu'ils se faisaient la gueule comme de jeunes écoliers qui venaient de se disputer.

— J'ai envoyé un mot à Edmund, à Londres, dit-elle pour rompre le malaise. Il y sera jusqu'à la fin du mois. Il visitera les endroits qu'elle avait l'habitude de fréquenter.

— Pendant deux jours, la police a questionné tous les porteurs de chaise d'Édimbourg et vérifié tous les départs, lui dit Francis. Aucune femme ressemblant à Evelyn n'est montée à bord des diligences ou des malles-poste.

— Tout de même…

— Elle n'est pas partie à Londres, Arabella.

Il avait haussé le ton.

— Il y a peu de chances qu'elle soit partie pour Londres, j'en conviens, souligna-t-elle, un brin ironique. Ses bagages sont restés chez moi. Mais… une personne aussi perturbée que l'est ta femme peut parfois faire des choses… Elle ne peut quand même pas s'être volatilisée comme ça. Il faut bien commencer à chercher quelque part. Et ce n'est pas en restant ici à te morfondre que tu le feras.

Pendant qu'elle étalait une généreuse portion de beurre sur un morceau de son pain, Francis lui servit une tasse de café fumant. Elle fourra la bouchée entre ses dents et le regarda déposer la cafetière avec précaution. Les muscles de sa mâchoire se contractaient pendant qu'il réfléchissait.

— Je suis certain qu'Evelyn ne reviendra pas, annonça-t-il.

Un morceau de sucre plongea dans le liquide brun. Arabella dévisagea son frère d'un air franchement étonné. Percy et Christopher cessèrent de mastiquer. Francis évitait de les regarder.

— Que veux-tu insinuer ? interrogea Percy en sortant de son mutisme après avoir avalé sa bouchée.

Francis haussa les épaules. Arabella posa la question que tous avaient sur les lèvres.

— Tu crois qu'elle aurait pu faire un geste aussi irréfléchi que… de se suicider ?

— Par le Christ ! Tout le monde ici sait pertinemment qu'elle l'a déjà tenté par deux fois, gronda-t-il sourdement.

L'horreur se peignit sur le visage rose d'Arabella. Le teint de Percy avait viré au gris. Tête baissée, livide, Christopher touillait dans son porridge refroidi. Fixant son reflet inversé dans le fond de sa cuillère, il interrogea Francis.

— Tu as fait part de tes doutes à la police ?

— Oui.

Percy s'anima.

— Et qu'en ont-ils pensé ?

— Ils considèrent cette possibilité. Ils vont ratisser les berges de la Leith ainsi que les rives du loch de Duddingston.

— Mais le loch se trouve beaucoup trop loin. Evelyn n'aurait jamais marché jusque-là.

Le regard gris de Francis prit des reflets métalliques et il le braqua sur son ami.

— C'est sous-estimer ce que pourrait accomplir Evelyn.

— Si on retrouvait Evelyn morte, dit gravement Arabella, la police pourrait aussi considérer le cas comme un meurtre. Ce serait terrible ! Qui voudrait la mort d'Evelyn ?

La femme dévisagea les trois hommes à tour de rôle avec des yeux remplis d'une grande inquiétude. Son frère demeura stoïque. Percy fit mine de grignoter l'ongle de son pouce. Christopher enfourna une dernière bouchée de toast grillé, vida le reste de son café et se leva.

— Je dois partir. Le docteur Monro donne un cours magistral sur les procédures de drainage d'une hydrocèle.

Pendant que s'éloignait le jeune homme, Percy grimaça et remua son postérieur sur sa chaise. Francis suivit Christopher des yeux jusqu'à ce qu'il disparût de sa vue. Il était si abattu. Il se demandait si lui et Evelyn… Non, sa femme se serait tournée vers un homme plus vieux.

— Monsieur, fit Halkit en s'introduisant dans la salle à manger. L'inspecteur Weir demande à vous parler.

Halkit avait fait passer l'inspecteur de police dans la bibliothèque où Francis le rejoignit. À son arrivée, l'homme, un grand gaillard de plus de six pieds, retira son couvre-chef, un vieux bicorne qui semblait avoir connu la guerre, et salua son hôte. Le chirurgien l'invita à s'asseoir.

— Non, merci, j'ai un peu de difficulté à digérer ces derniers jours. Les abus de la bonne table ; ma femme m'adore, expliqua-t-il dans un ricanement en se tapotant le ventre. Désolé d'interrompre votre petit déjeuner, Mr Seton. Je ne prendrai pas beaucoup de votre temps. D'abord, concernant les recherches, nous n'avons encore rien trouvé. Ni autour des lochs environnants ni le long de la rivière. Les riverains sont actuellement interrogés au cas où l'un d'eux aurait vu une femme déambuler la nuit du seize. J'aurais aussi encore quelques questions à vous poser pour éclaircir certains points.

Francis prit place dans son fauteuil et, les coudes posés sur son bureau, entrecroisa les doigts. Les meubles étaient demeurés au même endroit depuis le départ de Dana. Seuls les livres avaient regagné leurs emplacements habituels.

— Des questions… D'accord, allez-y, Mr Weir.

L'inspecteur sortit un crayon d'une poche et une paire de lunettes d'une autre, puis il tapota sa veste en grimaçant.

— Euh… vous n'auriez pas par hasard un bout de papier ? J'ai oublié mon carnet.

Francis prit une feuille vierge sur le bureau et la lui tendit.

— Merci, vous êtes bien aimable.

Il plia la feuille de papier en quatre et commença son interrogatoire sans attendre. Quatre jours plus tôt, comme tous les gens de la maison, Francis avait répondu à une batterie de questions. Que voulait savoir de plus le policier ?

— Quand vous avez signalé la disparition de votre épouse, vous avez déclaré qu'elle présentait des signes de dépression et…

— J'ai employé le terme nostalgie profonde, monsieur.

— Oui… et que vous craigniez qu'elle ne se fût… suicidée. Ce qui me turlupine est le fait qu'elle ait fait ses malles et se soit rendue chez votre sœur avant de revenir ici. Ce n'est pas un peu bizarre ?

Francis se renfrogna et se cala dans son siège tout en étudiant l'inspecteur Weir. Il n'avait pas songé à ce détail…

— Je ne sais pas… Pourquoi cela devrait l'être ?

— Quelqu'un de désespéré qui planifie de s'enlever la vie ne se donnerait point la peine de remplir deux malles de vêtements pour plusieurs jours.

— Quelqu'un de très perturbé peut souvent faire des choses incohérentes. Ma femme a pu prendre cette fatale décision au dernier moment.

— C'est dans le domaine du possible… mais selon mon expérience…

— Je connais assez bien ma femme pour savoir que cela est possible.

— Oui…

— Me soupçonneriez-vous d'être responsable de la disparition de ma femme, Mr Weir ?

— Je n'ai rien dit de tel, Mr Seton. Je suis les procédures de l'enquête, c'est tout.

Agacé, Francis changea de position dans le fauteuil. Il se méfiait de l'inspecteur. Il devrait demeurer prudent dans ses réponses.

Dans leur hâte de bâcler l'affaire, les policiers avaient parfois tendance à interpréter les informations à leur façon.

— Ma femme a toujours eu un tempérament instable. Et, les derniers jours avant sa disparition, encore plus que d'habitude. Elle a peut-être fait ses malles pour se rendre chez Mrs Foster et aurait décidé de son geste une fois là-bas.

— Mais elle est revenue ici par la suite.

— Oui. Mr Elphinstone vous a expliqué pourquoi. Elle voulait récupérer son journal.

— Ce n'est pas un peu bizarre ? Advenant qu'elle ait vraiment eu l'intention de mettre fin à ses jours.

— Que puis-je vous répondre ? soupira Francis, qui se voyait s'enliser dans des explications qui ne tenaient pas debout. Écoutez, je ne peux que vous décrire ce qu'elle a fait. Je n'ai malheureusement rien de plausible pour expliquer ses agissements autre que son état psychologique précaire.

Weir notait tout ce que lui disait Francis, lui jetant de temps à autre des coups d'œil par-dessus sa feuille. Puis il relut ce qu'il venait d'écrire.

— Quand vous dites qu'elle était très perturbée, que voulez-vous sous-entendre ?

— Depuis son retour de Londres, elle ne mangeait plus normalement et perdait du poids. Et elle présentait un… léger problème d'alcool. Les domestiques pourront attester ces faits.

— Des problèmes conjugaux ?

— Mr Weir, s'impatienta Francis, pourquoi vous donnez-vous la peine de noter toutes mes réponses si vous n'arrivez pas à conserver vos notes ? Il me semble que vous m'avez déjà posé toutes ces questions la dernière fois.

Un coin de la bouche de l'inspecteur tressaillit légèrement. Il souleva un sourcil.

— Curieusement, il arrive parfois que les gens interrogés ne se souviennent plus de ce qu'ils m'ont raconté la première fois. Quant à votre emploi du temps cette nuit-là…

— Je vous dirai encore la même chose.

L'inspecteur ferma son carnet de notes et posa un regard circonspect sur son interlocuteur.

— Je vous ai raconté l'histoire de cette femme de Strathaven, dans le Lanarkshire?

— Mr Weir, je n'ai guère le temps…

— J'y tiens, vous verrez, c'est une histoire intéressante.

Haussant les épaules, Francis cala son dos dans son fauteuil. Valait mieux ne pas froisser le policier. L'inspecteur retira ses lunettes et en replia les branches.

— C'était au tout début de ma carrière… Oh! Je n'ose plus compter les années. Bah! Mes vieux os craquent, mais je ne suis pas encore sénile. Ah! Donc je disais… Ah, oui! Cette femme du Lanarkshire, Emma Gifford. Après un copieux repas, son mari, un homme dans la cinquantaine, est mort subitement, le nez dans son assiette. Après autopsie, parce que la femme l'a autorisée, les médecins ont déclaré qu'il avait succombé à un arrêt cardiaque. Son épouse, de vingt-cinq ans plus jeune que lui, héritait ainsi d'une confortable petite fortune de trente-six mille livres après seulement un an de mariage, sans héritiers avec qui la partager. Cette affaire m'avait paru un peu suspecte, quoique la veuve versât de vraies larmes. J'ai posé des questions à l'entourage, mais rien n'en est sorti. On disait que Mrs Gifford était très amoureuse de son mari. Par un curieux hasard, deux semaines après que l'affaire fut classée, j'ai croisé de nouveau cette femme dans une banque de Glasgow. Elle accompagnait un charmant monsieur de deux fois son âge et semblait être parfaitement remise de la perte de son mari. Quand elle a quitté la succursale, j'ai eu la présence d'esprit de m'informer de son identité au commis qui l'avait servie… Évidemment, la discrétion des banques ne permet pas qu'on dévoile des informations sur les bons clients de l'établissement. Mais en usant d'un peu de ruse… je suis arrivé à apprendre qu'elle s'appelait Fanny Whiteman et qu'elle était la veuve d'un industriel de Glasgow. Inutile de vous dire que l'enquête a repris. En fin de compte, le chat est sorti du sac. Mrs Gifford-Whiteman était en fait une ex-prostituée de Liverpool auparavant condamnée à une peine de huit ans pour le commerce de ses biens charnels et pour extorsion sur un magistrat de Liverpool. En poussant mes recherches, j'ai encore découvert qu'elle en était à son troisième veuvage. Ses maris précédents, tous des hommes riches, étaient morts de façon similaire. Chez elle nous avons mis la main sur un reste de poudre de digitale pourprée. En qualité de médecin, vous en connaissez les effets, j'en suis sûr. Et Mrs Gifford disposait à la fin d'une fortune dépassant les cent cinquante mille livres…

Comme il replaçait ses lunettes dans la poche de sa veste, Weir porta son attention sur le portrait inachevé que Francis avait tourné de façon à pouvoir le contempler de son bureau.

— Hum… fit-il en examinant la toile. Tôt ou tard la vérité finit toujours par nous rattraper, Mr Seton. Il suffit d'un détail, d'une circonstance… Hum… pas mal.

Weir faisait mine d'admirer le portrait sans se préoccuper davantage de Francis. Ce dernier, troublé, allait se lever pour mettre fin à cet entretien quand l'inspecteur se remit à parler.

— Ma petite équipe de gratte-papier a déterré dans les archives deux affaires un peu scabreuses auxquelles vous avez déjà été mêlé par le passé, Mr Seton.

L'air se coinça dans la gorge de Francis et il toussa. Curieusement, il avait prévu que Weir fouillerait son passé.

— Une histoire de prostituée étranglée et une autre concernant un jeune homme repêché dans la Tamise, précisa Weir en le dévisageant maintenant d'un regard pénétrant. Évidemment, pour ces deux affaires, vous avez été dégagé de toute responsabilité.

L'expression de l'inspecteur ne trompait pas. Il le croyait pour le moins responsable de la disparition d'Evelyn. Francis commençait à se hérisser grandement. Il contint sa colère derrière un masque impassible qu'il arrivait à conserver au prix d'un effort titanesque.

— Il s'agit de vous? demanda Weir en se tournant à nouveau vers le portrait.

— Oui, dit Francis, à qui il tardait que cette comédie se terminât au plus tôt.

Mais, à son grand déplaisir, le policier ne semblait nullement pressé d'en finir.

— Je songeais moi aussi à faire faire mon portrait. Un héritage pour mes petits-enfants. Vous avez des enfants, Mr Seton ?

— Non…

— Dommage. Les miens sont ma grande fierté. Mon dernier vient de terminer ses études en droit et ma fille vient d'accoucher… Oh ! Pardonnez-moi, je vous ennuie avec ça. Dans ma prime jeunesse, j'ai déjà tâté du dessin. Mon père voulait que je sois architecte comme lui. Mais il a rapidement compris que je ne possédais aucun talent artistique. Ce qui n'empêche en rien de pouvoir apprécier celui des autres. Vous permettez que j'y jette un œil ?

— Allez-y, Mr Weir, l'invita Francis sur un ton qui masquait difficilement son impatience.

Le grand gaillard se planta devant le portrait et l'examina en silence pendant quelques minutes, se penchant dessus à l'occasion pour étudier un détail de plus près.

— Comment se nomme l'artiste ?

— Miss Dana Cullen.

— Une femme ? s'exclama Weir en arquant les sourcils. Jolie ?

— Je ne l'ai point engagée pour ses charmes, si c'est ce que vous insinuez, monsieur.

— Non, je le constate. Très talentueuse, cette Miss Cullen. Vous pensez qu'après le vôtre elle accepterait de faire le mien ?

— Il faudrait le lui demander.

— J'y compte bien. Où peut-on la trouver ?

La tension dans ses mâchoires fit mal à Francis.

— Dans Wester Portsburgh, chez le papetier Nasmyth, répondit-il sans réfléchir.

— Le papetier Nasmyth, hum ? Je connais. Il a parfois fort à faire avec l'un de ses fils. Une vraie tête brûlée, celui-là. Après sa dernière bagarre, le père a refusé de payer la caution et le jeunot a dû passer la nuit derrière les barreaux. Sans doute cela l'a-t-il fait réfléchir. Nous ne l'avons guère revu depuis plus d'un an. Espérons que l'expérience lui aura servi. Dommage que ce ne soit pas le cas

de tous ceux qui ont séjourné chez nous, n'est-ce pas, Mr Seton?
Hum… Il me semble que le travail n'ait pas avancé depuis le jour
où j'ai pris votre déposition.

— Non… marmonna Francis, sentant la nervosité le gagner
inexorablement. La situation présente ne s'y prête guère, vous en
conviendrez.

— La dernière fois, la peinture était encore fraîche… fit remarquer l'inspecteur, sagace. Vous aviez eu une séance dans la journée?

— La veille, monsieur.

— Oui, le jour où votre femme est partie, c'est ça?

Weir esquissa un demi-sourire et s'inclina.

— J'ai déjà trop abusé de votre temps. Je m'en vais.

— Bonne journée, Mr Weir, grommela Francis entre ses dents.

— Bonne journée, Mr Seton, fit Weir en sortant du cabinet.

Le majordome accompagna l'homme jusqu'à la sortie. La porte
de l'entrée se referma. Se postant à la fenêtre, Francis regarda le
policier grimper dans un vieux *gig*[1] noir dont la peinture écaillée
laissait entrevoir un bois nu grisâtre. Weir fit claquer les rênes sur
la croupe d'un hongre bai, qui se mit en marche d'un pas paresseux. Et, pendant que s'éloignait l'attelage, une angoisse sourde
montait en lui.

— Que voulait-il?

Percy venait de faire irruption dans la bibliothèque. Il marchait
encore avec raideur, mais il ne se servait plus de sa canne. Abandonnant son poste, Francis avança dans la pièce et vint se placer
devant le chevalet. Notant la pâleur du visage de son ami, Percy se
dit que l'entrevue ne s'était pas bien déroulée.

— Ils ont retrouvé Evelyn?

— Non…

« Qu'allait raconter Dana à l'inspecteur? » se demanda Francis.
Il n'aimait pas qu'elle se retrouve impliquée dans cette affaire. Ce
damné Weir était plus finaud qu'il ne le laissait supposer.

---

1. Gigue, guigue (*gig* en anglais): petit buggy anglais à deux roues, attelé à un cheval,
   avec deux places sans capote.

La porte s'était refermée derrière Percy, qui se versait maintenant un verre de cordial.

— Déjà? s'étonna Francis.

Il avait remarqué la propension de son ami à user d'alcool et d'autres substances abrutissantes. Percy présentait tous les symptômes caractéristiques du mangeur d'opium: sautes d'humeur subites, susceptibilité excessive, troubles digestifs chroniques, agitation et anxiété. Il savait qu'il en avait fait la consommation à l'époque où ils faisaient les quatre cents coups ensemble. Mais Francis avait cru que la rigueur de l'armée aurait redressé le caractère de son ami. Apparemment, il n'en était rien.

— J'en ai besoin! gronda sourdement Percy en buvant d'un trait.

Il fixa son verre vide puis serra le poing.

— Elle vous a vus.

Francis pâlit imperceptiblement, mais ne dit rien, attendant de savoir qui avait vu quoi exactement.

— Il faut que tu le saches. Evelyn vous a vus vous embrasser, Dana Cullen et toi, précisa Percy, qui ne remarqua pas le soulagement qui détendait les traits de Francis. Elle avait besoin de se confier, s'empressa-t-il de rajouter. Ne m'en veux pas, Francis. Je ne pouvais lui refuser mon écoute.

— Alors tu dois tout savoir de ces lettres qu'elle a trouvées.

Francis chercha le regard de Percy, qui se dérobait trop souvent depuis quelques jours.

— Ce que j'en sais… je ne les ai pas lues, si cela peut te rassurer. Ce que j'en sais, c'est qu'elles sont de Jonat et que leur contenu… s'il venait à être divulgué… Écoute, Francis, dit Percy, sachant très bien que la déception se lisait sur son visage sans qu'il pût l'empêcher, je te connais depuis des années. Je sais quel genre d'homme tu es. Enfin, je me serais aperçu de quelque chose. Bon sang! C'est complètement idiot.

L'était-ce vraiment? Il n'en était plus certain. Il arrivait parfois que des hommes se laissent tenter. Francis pouvait très bien avoir eu une aventure amoureuse avec Jonat, rien que pour l'expérience.

— Je ne pourrai empêcher l'opinion que tu te fais de moi, commenta abruptement Francis en se détournant. Tout ce que je peux te dire, c'est que Jonat n'était qu'un bon ami comme tu l'es et que mes problèmes conjugaux n'ont rien à y voir.

Percy se resservit et il déposa la bouteille avec rudesse. Il enfila deux rasades coup sur coup et pesta intérieurement contre la faiblesse de l'alcool. Il aurait besoin de quelque chose de plus costaud. Sous l'effet de la frustration, il lâcha cette remarque avec une pointe de cynisme :

— Pourquoi lui avoir refusé le divorce ?

— Je lui ai dit qu'elle obtiendrait ce divorce après que la chaire de pathologie me serait accordée enfin.

— Tu aurais pu lui permettre de retourner à Londres d'ici là.

Il aurait pu. C'était vrai. En fait, cela lui aurait rendu la vie plus facile. Mais sous le coup de la colère il lui avait refusé ce droit. Sa réplique se fit pleine d'amertume.

— Quelques mois de plus à attendre ne l'auraient pas tuée !

Les derniers mots résonnèrent longuement dans la pièce soudain silencieuse. Francis avala sa salive et se détourna. Percy hésitait à se servir un troisième verre. Chacun jonglant avec sa propre conscience, les deux hommes évitaient de se regarder et analysaient la situation depuis leur seul angle d'observation.

— Est-ce qu'Evelyn s'est adressée à toi pour retourner en Angleterre, Percy ?

— Oui, fit son ami, la mine abattue.

— C'était la raison de votre dispute ?

— Notre dispute ?

— Celle que vous avez eue avant que tu ne claques la porte. C'est Halkit qui en a informé Arabella.

— Euh… j'ai refusé, Francis. Jamais je n'aurais aidé Evelyn à fuguer.

Francis hocha la tête.

— Je n'ai rien dit à Weir en ce qui concerne cette querelle.

Comme il ne l'avait pas fait pour les lettres de Jonat.

— Merci…

Les mains de Percy tremblaient. Il serra plus fortement le verre qu'il tenait pour les arrêter. Qu'avaient entendu les domestiques de cette dispute? Il avait été question de Londres, bien sûr, mais aussi d'autre chose. Dans sa tête se répercutaient encore les paroles d'Evelyn. Il était persuadé qu'il les entendrait le reste de sa vie et il en frissonna. Il l'avait suppliée, menacée puis injuriée. Mais rien n'y avait fait; elle ne reviendrait pas sur sa décision. Si Francis venait à apprendre le sujet réel de cette dispute, il en serait quitte pour un duel. Il opta en fin de compte pour un dernier verre et s'assit dans un fauteuil.

Le goût bilieux des remords lui revenant en bouche, Percy laissa son regard errer dans la pièce. Il préférait les meubles placés comme avant. Cette pensée le porta vers le chevalet.

— Il est achevé? demanda-t-il sur un ton plus calme.

Francis leva la tête et surprit le point d'intérêt de son ami.

— Non… et je crains qu'il n'en reste là. Elle ne reviendra plus.

La profondeur de la tristesse qui se lisait sur le visage de Francis émut Percy malgré tout. Il avait cette vague impression que leurs vies n'avaient été rien de mieux que des culs-de-sac au fond desquels ils tournaient désespérément en rond pour trouver une issue.

— Tu es amoureux d'elle, n'est-ce pas?

Agacé par la question, Francis émit un sourd grognement et se détourna vers la fenêtre.

«Je compatis, mon ami», songea Percy en l'observant.

— C'est avec elle que tu étais la nuit où Evelyn est partie.

Les épaules du chirurgien tiquèrent légèrement et il opposa un air impénétrable au hussard. Elphinstone crut qu'il allait enfin tout avouer, mais Francis n'en fit rien et demeura emmuré dans ce mystérieux silence qu'il conservait depuis le jour du drame.

«Je m'attendris, se gourmanda Percy. Je ne suis certainement pas le seul responsable de ce qui arrive!»

Le hussard se sentait mal dans sa peau. Il tenait pour précieuse cette amitié qui le liait à Francis. Mais ce sentiment de jalousie qui l'avait toujours habité depuis les tout débuts n'avait fait que forcir avec les années.

— Bon! fit alors Percy en faisant cul sec, je dois rencontrer mon frère William pour régler certaines choses.

— Tu as encore besoin d'argent? lança sans malice Francis pour alléger le ton de la conversation.

Mais le trait eut tout l'heur de produire l'effet opposé.

— Contrairement à toi, Francis Seton, je ne suis pas l'héritier d'une fortune appréciable qui me permettrait de m'acheter sur le marché noir un poste de commandement à cinq mille livres.

Cette réaction agita soudain Francis, qui arqua les sourcils.

— Tu cherches encore à te procurer un grade de lieutenant-colonel? Tu oublies les responsabilités?

— J'aurai des subalternes, Francis, observa Percy avec sarcasme. Je suis major, tu te souviens? Donc je sais comment fonctionne le système. Ne t'en fais pas pour moi.

— Je pensais que ce genre de petit commerce était terminé depuis qu'ils ont épinglé Mrs Clarke[2].

— Soit tu es naïf, soit tu connais mal la nature humaine. Qu'est-ce que tu crois? Tout ce qui peut être acheté est à vendre: un siège aux Communes, un bénéfice religieux comme une charge militaire. Même les âmes, si on y met le prix, ajouta-t-il d'un air sibyllin.

Francis ne répliqua pas après cette remarque.

— Tu veux que nous dînions ensemble? suggéra Percy, plus conciliant. Je suis libre pour la soirée.

— J'ai déjà un engagement, grommela Francis en replongeant dans le morne paysage.

---

2. L'Affaire Clarke: Mary Anne Clarke était la maîtresse du duc d'York, commandant en chef des armées de Sa Majesté. Ce dernier étant l'autorité suprême en matière de promotions martiales pour lesquelles les postulants devaient attendre sur une longue liste, pour soutenir son train de vie faramineux, Mary Anne établit un marché noir qui permettait à ceux qui y mettaient le prix de voir leur demande agréée plus tôt. Elle avait trouvé accès à cette liste de noms et la modifiait à l'insu ou non du duc, qui signait ensuite les promotions accordées. Le commerce illicite fut découvert en 1809 et fit un énorme scandale dans toute la Grande-Bretagne. Mrs Clarke fut déclarée coupable. Faute de preuves, le duc fut acquitté.

Un redoux faisait fondre la neige qui était tombée il y avait quelques jours et laissait apparaître çà et là des portions d'herbe d'un vert terne.

— Oui… bon. Après-demain, alors.

Un silence.

— Je serais vraiment désolé que ce qui arrive détruise notre amitié, Francis.

Il y avait une sincérité dans le ton de Percy qui atteignit Francis droit au cœur. Il se retourna pour le regarder, s'efforçant de le rassurer d'un sourire.

— Je sais que tu as toujours été très proche d'Evelyn et que tu as toujours tout fait pour la rendre gaie, tandis que moi… Peut-être que j'en ai été un peu jaloux. Parfois je me dis que c'est toi qu'elle aurait dû épouser. Ne sois aucunement inquiet. Notre amitié n'en souffrira point.

— Je repasse demain, dit simplement Percy en se détournant pour cacher le sentiment de honte qui décolorait maintenant son teint.

✦✦

— Je vous assure qu'il n'est pas sénile, le vieux Wilburn. Et il fait ce trajet depuis au moins dix ans, appuya Mrs Campbell. Il termine son quart et s'arrête dans Gentle's Close boire une bière avant de rentrer sagement chez lui.

Tout en emballant son achat hebdomadaire – depuis des années la cliente achetait rituellement cinq bouteilles d'encre bleue par semaine –, Dana écoutait l'histoire de la femme. Elle racontait la mystérieuse disparition de son voisin.

— Je suis certaine qu'il a été enlevé…

Un homme se penchait devant la vitrine. Dana y jeta un œil : il contemplait le dessin qu'elle venait d'y exposer.

— Qui voudrait enlever le vieux Wilburn ? observa Flora, qui écoutait la conversation depuis l'arrière-boutique, où elle s'affairait à défaire un arrivage d'Italie. Tout le monde sait qu'il n'est qu'un pauvre bougre qui aime un peu trop lever le coude. Et puis, ce ne serait pas la première fois qu'il découche.

— Il rentre d'habitude toujours avant les aurores.

— De toute façon, ni sa femme ni son fils ne possèdent de fortune qui justifierait une demande de rançon.

La clochette tinta. Dana leva les yeux de l'emballage qu'elle préparait. L'homme de la vitrine entrait dans la boutique. Il inclina la tête, souleva son vieux bicorne dans sa direction. La voyant occupée avec une cliente, il fit mine de fureter des yeux sur les étagères, prenant une feuille, l'examinant à la lumière, la remettant où il l'avait prise.

— Je suis à vous dans un instant, monsieur, dit Dana en rendant à Mrs Campbell son paquet bien ficelé. Pour vous ce sera…

— Cinq *bawbees*[3], je sais, fit la cliente en faisant tinter le montant exact sur le comptoir.

Elle fourra son achat dans son panier et lança un regard suspect à l'homme qui attendait.

— Je vous dirais, Miss Dana, d'être prudente quand vous sortez le soir. Nos rues ne sont pas sûres.

Lui assurant qu'elle suivrait son conseil, Dana lui souhaita une bonne journée avec le sourire. La femme sortit. Dana orienta ensuite son sourire vers le nouveau client.

— En quoi puis-je vous être utile, monsieur?

— Le nom de Nasmyth filigrané représente le nom du papetier, c'est ça?

— Oui, fit-elle. Mais Mr Nasmyth peut fabriquer sur commande du papier avec un filigrane personnalisé. Si c'est ce que vous désirez.

— Vraiment? Quelle fierté doit-on ressentir de posséder son propre papier personnalisé. Il peut aussi reproduire des armoiries?

— C'est selon le désir du client, monsieur. Mais les armoiries coûtent beaucoup plus cher. Elles sont plus compliquées à reproduire.

_____

3. Une ancienne valeur monétaire écossaise.

— Vous prenez souvent des commandes de ce genre ?

— Assez.

— Et qui les passe ?

Mais où voulait en venir cet homme ?

— Des nobles, le plus souvent. Certains commerces aussi. C'est une question pratique, monsieur, souligna Dana. La marque d'eau identifie la provenance du papier.

— Hum… intéressant comme détail, fit l'homme en s'approchant du comptoir. Le dessin dans la vitrine, qui l'a exécuté ?

— C'est moi, monsieur.

— Vous êtes Miss Cullen, je présume ?

— Je suis Miss Dana Cullen. Vous êtes monsieur ?

— Euh… Weir. Inspecteur John Weir.

— Mr Weir, fit Dana en redressant le buste et replaçant sa coiffure.

— J'aurais des questions à vous poser. Vous avez une ou deux minutes à m'accorder ?

Timmy aurait-il encore commis un menu larcin ? À la fois intriguée et inquiète, Dana jeta un œil dans l'atelier. Tante Flora y était encore occupée à déballer les commandes.

— Je peux disposer de quelques minutes, pas plus.

— Oui… Ne vous en faites pas, je serai bref, marmonna-t-il en tapotant ses poches à la recherche de quelque chose. Euh… vous n'auriez pas un bout de papier, par hasard ?

— Par hasard, monsieur ? dit Dana en riant. Voilà.

L'homme sortit son crayon et sa paire de lunettes, qu'il jucha sur l'arête de son nez.

— Vous êtes une artiste de talent, Miss Cullen. J'ai toujours eu le plus grand respect pour ces gens qui arrivent à si bien traduire d'un trait de main l'expression de leur pensée.

— Merci, monsieur l'inspecteur.

— Oui… le talent de l'artiste témoigne de sa fidélité à la vérité. Il rend ce qu'il voit et il voit ce qu'il sent.

— Vous dessinez aussi, monsieur ? demanda Dana.

— Bah ! J'ai tâtonné du crayon quelque temps. Mon père me voulait architecte. J'arrivais assez bien à manipuler le compas et l'équerre, mais quand il s'agissait de broder des fleurons et tous ces ornements… Vous peignez aussi, Miss Cullen ?

— Vous cherchez un artiste peintre, monsieur ?

— J'y songe… j'y songe. J'aimerais faire exécuter mon portrait un de ces jours. Mon épouse apprécierait bien me voir plus souvent à la maison, déclara-t-il en riant. Mais je crois que je vais attendre encore un peu. Bon, si nous revenions à nos moutons.

— À vos questions.

— C'est ce que je disais. Concernant ce tableau que j'ai pu admirer chez le chirurgien Seton. En êtes-vous l'auteure ?

Complètement déroutée, Dana sentit le regard de l'homme aussi perçant que celui de l'aigle. Elle pressentit soudain le danger et crut plus sage de demeurer prudente. Le policier attendait sa confirmation.

— J'ai effectivement peint le portrait de Mr Seton.

— Pourriez-vous me dire quand vous vous êtes rendue la dernière fois chez Mr Seton pour peindre ?

— C'était… lundi, monsieur. Lundi de cette semaine.

— Lundi le seize janvier. Mrs Seton était chez elle ?

Le visage de Dana exprimait de plus en plus l'inquiétude.

— Elle y était jusqu'à mon départ.

— Quelle heure ?

Son crayon immobile au-dessus de son papier, Weir attendait sa réponse.

— Un peu avant l'heure du déjeuner. Je comprends mal la raison de ces questions, monsieur. Serait-il arrivé quelque chose à Mr ou Mrs Seton ?

Avant de répondre, Weir nota ses impressions.

— Mr Seton allait très bien la dernière fois que je l'ai vu. Avez-vous ressenti quelque chose d'anormal chez les Seton ?

— D'anormal ?

— Rien qui vous aurait paru un peu suspect dans le comportement de Mr Seton ou de son épouse.

— Mrs Seton était agitée plus que d'habitude ce jour-là. Mais… je ne pourrais vous dire pourquoi. Elle était imprévisible.

— Imprévisible comme dans perturbée ?

— Imprévisible comme fragile émotivement, je dirais.

Il était arrivé quelque chose à Weeping Willow. Dana posa ses mains à plat sur le comptoir pour les empêcher de trembler.

La porte s'ouvrit dans un fracas. Un garçon d'environ quinze ans au visage noir de suie entra en trombe dans la boutique, interrompant l'interrogatoire. Il s'agissait du jeune Robbie Macrae, attitré au transport du charbon à la distillerie Lochrin. Il portait une casquette de toile brune et un reste de redingote coupée aux hanches qui n'avait sans doute pas été nettoyée depuis des lustres sur un pantalon deux fois trop large pour lui. Il haletait à s'éclater les poumons, tandis que ses bras cherchaient à dire ce que sa bouche n'arrivait pas à prononcer.

— Dis donc, tu as le diable à tes trousses, Robbie ? s'exclama Flora, attirée par le raffut.

Sidérés, tous regardaient le pauvre diable et attendaient qu'il se mette à parler.

— Non… fit-il en contenant les battements de son cœur d'une main.

Il secouait la tête frénétiquement et déglutissait sans arrêt.

— Il y a… Il y a eu un accident… à la… distillerie.

Dana demeura coite le temps de bien saisir.

— Timmy ? Il est arrivé quelque chose à Timmy ?

Le garçon se plia en deux pour reprendre son souffle pendant que les deux femmes attendaient anxieusement les explications.

— Un alambic… a explosé…

Saisie de stupeur, Dana se précipita vers Robbie.

— Qu'est-il arrivé à Timmy ?

— Parle donc, Robbie ! s'énerva Flora.

— Il est blessé… mais il est sauf. Trois sont morts…

— Dieu tout-puissant ! s'écria Dana avec soulagement. Où est-il, maintenant ?

— Sais pas… Quand je suis parti, les secours arrivaient. On a envoyé chercher des docteurs.

— Je te suis, Robbie, fit Dana en s'élançant vers le fond de l'arrière-boutique pour trouver sa pelisse. Tante Flora, je reviens vous donner des nouvelles dès que je le pourrai.

— Miss Cullen, l'interpella l'inspecteur, qui voyait soudain son interrogatoire prendre fin.

— Mr Weir, je suis désolée, mais… si vous aviez d'autres questions…

— Si d'autres questions surviennent, je vous ferai signe, Miss Cullen.

Hochant la tête, elle emboîta le pas au garçon qui n'avait guère eu le temps de se remettre de sa course.

Une épaisse fumée noire s'élevait au-dessus de l'emplacement de la distillerie et répandait une âcre odeur dans le quartier environnant. Dana se frayait un chemin parmi la foule qui s'était amassée pour voir le spectacle. Des hommes allaient et venaient dans un état d'urgence qui soulignait la gravité de l'accident : le feu ravageait le bâtiment abritant les *wash stills*[4]. Deux pompes à incendie manuelles tirées par six puissants chevaux venaient d'arriver et les sapeurs-pompiers s'activaient. On cherchait à circonscrire les flammes et limiter les dégâts, mais la production en cours serait irrémédiablement perdue.

Robbie disparut, avalé par la cohue qui se refermait derrière lui. Dana perdit sa trace. Poussant les curieux, elle se dirigea vers l'avant de la scène. Au passage, elle glanait les commentaires des gens : « Il paraît qu'il a eu les deux bras arrachés… » ; « … sa peau pendait comme de la guenille, c'était pas du joli à voir… » ; « … tu es certain que c'était le vieux George ? On arrivait plus à le reconnaître… » ; « … l'œil droit crevé… »

---

4. Alambic à wash. Le wash est le brassin, soit le produit résultant de la fermentation du moût de malt.

L'horreur commençait à saisir Dana, qui imaginait maintenant le pire pour Timmy. Robbie leur avait assuré qu'il était sauf, mais dans quel état ?

— Miss Dana !

La jeune femme se figea sur place. Elle cherchait parmi la masse grouillante l'homme qui venait de l'interpeller. Un bras balayait la fumée au-dessus des têtes. Elle reconnut le visage un peu grossier de John Walter, l'un des amis de Timmy, et se déplaça directement vers lui.

— Par ici, l'intima-t-il en lui empoignant la main.

— Où est Timmy ? Que lui est-il arrivé ?

L'étudiant en médecine ne lui répondit pas. Clopinant sur son pied bot, Dana avait du mal à suivre la cadence. Ils se retrouvèrent rapidement devant un édifice de briques rouges sur lequel était peint en grosses lettres blanches le nom de la compagnie suivi de *Warehouse No. 2*: un entrepôt. Ils franchirent les deux larges portes ouvertes. John poussa tout de suite Dana de côté. Deux énormes chevaux affolés par l'odeur de la fumée piaffaient de leurs larges sabots poilus. Cinq hommes essayaient de les contrôler en les maintenant par des licous.

— Attendez-moi ici, lui conseilla John.

Pendant qu'il s'informait, Dana scrutait la pénombre du bâtiment. Que des murs de tonneaux. Elle frissonna en imaginant le désastre si le feu se propageait jusqu'ici. Des plaintes et des gémissements ponctuaient les cris des hommes qui s'interpellaient et lançaient des ordres. Elle vit alors que des blessés étaient allongés à même le sol, sur la terre battue. L'entrepôt servait d'infirmerie. C'était pire que ce que leur avait dit Robbie. Il y en avait des dizaines.

Malade d'appréhension, elle parcourut l'allée. Une affreuse odeur de chair grillée la prenait à la gorge et elle mit une main sur son nez. La plupart des hommes avaient été brûlés à divers degrés. Deux d'entre eux avaient le visage recouvert d'un sac de toile. Le cœur de Dana battait violemment. Aucun d'eux ne portaient les vêtements de Timmy.

Une forte détonation secoua le bâtiment. Une neige de poussière tomba doucement des poutres de la toiture. Dana s'était écrasée contre un tonneau. Un bras l'agrippa.

— Il est là-bas, indiqua John en lui montrant un coin de l'entrepôt.

Elle reconnut les larges épaules et la tignasse noire en broussaille sous un bandage blanc. Timmy se retourna et Dana eut un mouvement de recul. C'était à peine si elle le reconnaissait. Son visage était couvert de sang et le bandage couvrait complètement son œil droit : « L'œil droit crevé. »

— Oh, Timmy… murmura-t-elle en se précipitant vers lui.

Timmy ouvrit les bras pour l'accueillir et exhiba même un sourire.

— Eh bien, mon amour, fit-il en riant, te voilà soudain bien inquiète de mon sort.

— Ton œil ? s'enquit-elle en examinant son visage.

— Je crois qu'il va bien. Enfin, c'est ce que m'a dit le docteur qui m'a examiné.

John souleva légèrement le pansement pour s'en faire une idée. Une entaille horizontale marquait la paupière juste sous l'arcade sourcilière. Il obstrua la vision de l'œil valide avec une main.

— Dis-moi si tu peux voir ?

— Aïe ! fit Timmy en ouvrant lentement son œil atteint sur Dana.

Il était injecté de sang, mais il la fixait, ce qui la rassura.

— Je vois un ange, déclara-t-il en souriant. Il est un peu flou, mais je le vois.

— C'est bon. Tu as eu de la chance. Un demi-pouce plus bas et c'est dans tes rêves que tu l'aurais vu, ton ange, Timmy.

Soulagé, John lui donna une bourrade sur l'épaule. Timmy fit mine de se plaindre.

— Je constate que d'autres ont plus besoin de mes services, commenta John en lui tendant un chiffon. Je te laisse aux bons soins de cette demoiselle. Je perds mon temps ici.

—C'est ça, *docteur* Walter! s'exclama pompeusement Timmy en riant. Vole au secours des plus nécessiteux.

John s'éloigna. Timmy entreprit d'essuyer son visage.

—Quelle chance tu as eue! Quelle chance!

—Ma chance, c'est toi, déclara-t-il en exhibant une pièce de cuivre qu'il venait d'extraire de la poche de sa culotte.

Le demi-penny!

—Ça, c'est de la superstition, Timmy. Ta vraie chance, c'est que Dieu n'ait point jugé bon de te rappeler aujourd'hui.

Il grimaça en épongeant une coupure sur sa pommette.

—Laisse... fit Dana en lui prenant le chiffon des mains. Tu me dis si je te fais mal.

—Comment est-ce que tu pourrais me faire mal? murmura-t-il en la fixant.

—Tu as reçu une décharge de mitraille ou quoi?

—Des éclats de verre... Aïe!

Un minuscule fragment était resté sous la peau. Dana le retira délicatement avec le bout de ses ongles. Elle continua de nettoyer le visage défiguré par une multitude de lacérations plus ou moins importantes. Il avait eu effectivement une chance inouïe de s'en sortir à si bon compte.

—Pas de brûlure? demanda-t-elle.

—Non, je me trouvais derrière un mur de maçonnerie quand l'explosion a eu lieu. Un morceau de l'alambic projeté dans une fenêtre l'a fait éclater. J'avais entendu un grondement et m'étais tourné pour voir ce qui se passait quand c'est arrivé.

—Il faudra nettoyer mieux que ça. Qu'est-ce qui va arriver maintenant?

Le visage tuméfié de Timmy se renfrogna et il détourna son seul œil vers un groupe d'hommes pris dans une discussion animée dans l'entrée de l'entrepôt. Sans doute des contremaîtres et des intendants.

—Ils vont reconstruire. Ils ne réengageront pas avant que les dégâts ne soient réparés. Cela va prendre plusieurs semaines.

—Oh, Timmy... soupira Dana avec dépit.

—Je trouverai bien autre chose, Dana, lança-t-il avec agacement. J'ai de quoi tenir jusqu'au mariage, ne t'en fais pas. De toute façon…

—Quoi? dit-elle après un moment.

—J'en avais assez de cet endroit. Allez, rentrons. Je suppose que ma mère doit être au courant de l'accident et qu'elle doit se faire un sang d'encre à mon sujet.

Il se mit en marche. Elle n'avait pas bougé, le regardait s'éloigner avec incrédulité.

—Tu viens, oui ou non?

L'impatience avait durci un peu sa voix. Elle le suivit à travers les gens. Les deux pompes à eau ne suffisaient plus pour éteindre le brasier nourri par des gallons et des gallons d'alcool. La chaleur dégagée était intense et un alambic explosait de temps à autre, formant une immense boule de feu qui s'élevait vers le ciel, peignant d'une lueur orange les visages des curieux qui prenaient du recul.

Timmy s'arrêta le temps de constater l'ampleur du sinistre.

—Je crois que Mr Haig va perdre beaucoup d'argent.

—S'il n'y avait que lui, murmura Dana en contemplant le navrant spectacle qui allait coûter l'emploi de dizaines d'hommes.

De la féroce guerre des prix entre les producteurs de gin anglais et les producteurs de whisky écossais avait découlé la promulgation en 1788 de la *Lowland Licence Act*. Cette loi obligeait les distillateurs écossais à donner un préavis de douze mois avant de pouvoir exporter leur produit en Angleterre, et les taxes sur celui-ci ne cessaient d'augmenter. Par conséquent, la fermeture de plusieurs distilleries importantes en avait résulté. Une dette phénoménale de sept cent mille livres sterling les accablant, les familles Haig et Stein, qui possédaient Lochrin ainsi que plusieurs autres distilleries dans les Lowlands, avaient fait faillite. Reconnaissant la source du problème, leurs créditeurs leur avaient offert une chance de se remettre sur pied. Mais, depuis quelques années, dans les Highlands qui échappaient à cette loi répressive, la production de contrebande augmentait, compromettant à nouveau leur place sur le marché.

Une catastrophe aussi dévastatrice que cet incendie allait certainement porter un coup terrible à la compagnie.

La main de Timmy prit la sienne et ils quittèrent l'endroit. En
silence, ils regagnèrent Wester Portsburgh.

❖❖

Penchée sur le livre de comptes dont elle avait la charge depuis
son retour chez les Nasmyth, seule dans le silence de la boutique
fermée, Dana essayait de se concentrer sur les chiffres. Mais trop de
choses préoccupaient encore son esprit pour qu'elle arrive à rester
tranquille. D'abord Timmy, qui ne semblait pas s'en faire outre
mesure avec la perte de son emploi et qu'elle craignait voir reprendre ses activités de résurrectionniste. Ensuite elle avait recommencé
à penser à la visite de l'inspecteur Weir et à ce qui avait bien pu se
produire après son départ de Weeping Willow. Evelyn avait-elle
porté plainte contre Francis? Si oui, que lui reprochait-on?

Les évènements précédant son départ ce jour-là lui revenaient,
doux-amers : le baiser, la querelle et les menaces. Elle imaginait mal
Francis frapper sa femme. L'homme qu'elle connaissait aujourd'hui
était bien différent de celui qui l'avait accusée d'avoir volé la belladone. Francis était un homme secret mais sensible. Puis lui vint
cette horrible pensée que la femme du chirurgien ait pu s'attaquer
à lui. Quoique Mr Weir lui eût affirmé qu'il se portait bien…

Elle en était là de ses réflexions quand Timmy se pointa dans
l'embrasure de la porte. Il quittait West Port pour rentrer dans
Potter Row, comme il le faisait tous les soirs.

— Ta mère se remet?

— Oui. Elle jacasse comme jamais, soupira-t-il en s'approchant.

— Elle a eu très peur. C'est normal.

— Et toi? J'ai été très ému de te voir accourir à mon secours
aussi rapidement.

Elle lui sourit et fit mine de se replonger dans ses chiffres.

— Et de me voir travailler aussi tard à cause de cela?

— Tu peux finir ça demain.

— Demain j'aurai le double du travail. Le monde n'arrête pas de tourner pour toi, cher cousin.

« Elle est dans son élément », songea Timmy en contemplant Dana. Elle plissait les yeux dans la lueur de la lampe et calculait avec aisance les chiffres d'une colonne. Ses lèvres comptaient muettement en même temps que la pointe de la plume sautait d'une ligne à la prochaine. S'il avait pu lire et compter mieux qu'il ne le faisait, il aurait pu prendre en main cette boutique à la mort de son père. Logan n'avait plus le temps de s'en occuper. Et James avait assez du moulin. Sa femme, Hellen, avait clairement démontré qu'elle préférait s'occuper de ses enfants. Dana savait comment tenir l'inventaire et remplir les commandes. Elle pourrait se consacrer aux tâches administratives tandis que lui s'emploierait à chercher de gros clients pour le moulin tout en dénichant la nouveauté qui attirerait le petit client dans la boutique. En fait, en se partageant les secteurs, James et lui pourraient faire prospérer le commerce plus rapidement que leur père ne pouvait le faire à lui tout seul.

Pourquoi pas ?

Un sourire rêveur ourla délicatement les coins de sa bouche.

— Tu vas me regarder travailler comma ça pendant longtemps ?

Mordillant le rachis dépouillé de barbe de sa plume, Dana le dévisageait. Timmy se souvint alors du motif qui l'avait fait descendre plus tôt pour la rejoindre avant de partir.

— Tu as lu le journal ? s'enquit-il un peu nonchalamment.

— J'y ai rapidement jeté un œil. Pourquoi ça ? demanda-t-elle distraitement. Il est un peu tôt pour qu'on y parle de l'incendie de la distillerie. Un article de Logan que j'aurais manqué ?

Un exemplaire du *Edinburgh Chronicle* lui tomba sous le nez. Dana n'avait eu en fait que le temps de lire la une. Elle fronça les sourcils.

— Page trois.

Elle ouvrit le journal à la page indiquée. L'index de Timmy souligna un article placé sous une publicité visant à faire l'éloge de l'efficacité des pilules de la veuve Welch pour le traitement de certains «problèmes» féminins et vendues au prix de deux shillings et quatre pence la boîte, taxes incluses.

Elle lut l'en-tête de l'article :

Disparition mystérieuse de l'épouse d'un éminent chirurgien d'Édimbourg...

Pâlissant, elle prit le journal et poursuivit sa lecture :

Mr Francis Seton, chirurgien à la Royal Infirmary et conférencier à l'Université d'Édimbourg, a signalé la disparition de son épouse, partie de la demeure du couple depuis le seize janvier dernier. Mr Seton, qui n'a pas quitté son domicile depuis cette date, affirme que son épouse devait passer quelques jours chez sa sœur, Mrs Edmund Foster, à Duddingston. Mrs Seton aurait toutefois quitté Duddingston dans la soirée pour ne plus être revue par la suite...

L'article se poursuivait sur quelques lignes, soulignant la santé fragile de la femme du chirurgien, et se terminait avec la description physique de Mrs Seton dans l'espoir qu'un témoin qui eût pu l'apercevoir ce soir-là apportât son aide pour la retrouver.

Sa lecture achevée, Dana referma le journal, n'osant lever les yeux.

— C'est pour ça que la police est venue te poser des questions, Dana? Je croyais que le docteur se trouvait en voyage, fit remarquer Timmy.

Pour expliquer à Timmy pourquoi elle ne retournait plus chez le chirurgien, elle lui avait raconté qu'il était hors de la ville pour quelques jours.

— Il aura changé d'idée, dit Dana d'une voix trémulante d'appréhension.

Qu'était-il arrivé à la femme de Francis?

Timmy se pencha sur elle et elle n'eut d'autre choix que de le regarder en face.

— Moi, je pense que le docteur t'a menti délibérément en te racontant qu'il partait en voyage. À la vérité, je pense que le docteur sait exactement où est sa femme.

Les yeux vairons exprimaient un mélange de stupéfaction et d'incompréhension. Timmy ne mettait nullement sa parole en doute. Mais il insinuait quelque chose d'énorme.

— Que veux-tu dire? questionna-t-elle avec vigilance.

— Personne n'est ignorant du caractère de la relation entre le docteur et sa femme. Ils n'en sont pas à leurs premières prises de bec publiques. Et je sais qu'il a une maîtresse.

— Ils ne s'entendent pas à la perfection, certes, mais cela n'a rien d'extraordinaire. Bien des couples éprouvent le même problème.

Les yeux sombres de Timmy la sondaient minutieusement. Il lui raconterait ce qu'il avait vu seulement en dernier recours. De le faire l'obligerait à fournir des explications sur ses propres activités nocturnes. Il avait recommencé à vendre des cadavres. Les affaires allaient maintenant trop bien pour qu'il les abandonnât. L'argent entrait. Il en avait amassé assez pour faire confortablement vivre Dana sans avoir à reprendre un travail régulier avant l'été. Et il n'avait pas le désir de se disputer avec elle sur des choses qu'elle n'avait tout compte fait pas à savoir.

La perte des cent livres promises par Seton pour le tableau en serait une amère, mais, en lisant cet article après le dîner, il avait tiré une conclusion des plus terrifiantes sur ce qu'il avait vu dans Candlemaker Row au cours de la nuit du seize janvier. Il devait réfléchir sur ce qu'il ferait de l'information dont il disposait. Et, le temps de le faire, il préférait soustraire Dana à l'influence démoniaque de cet homme.

— Je ne veux plus que tu retournes là-bas, Dana.

Bien que la sagesse eût déjà poussé Dana à prendre cette décision, qu'il prît la liberté de décider pour elle lui déplut.

— J'accepte de perdre l'argent que doit me rapporter le portrait seulement si tu me donnes une raison que je ne peux contester.

— Que la femme névrosée de Seton disparaisse mystérieuse-
ment et que depuis, curieusement, sa maîtresse lui rende régulièrement visite devrait suffire. La police a ouvert une enquête criminelle.

— Tu dis que le chirurgien est soupçonné de meurtre ? Essaies-tu
d'insinuer qu'il aurait pu se débarrasser de sa femme pour… sa
maîtresse ?

Elle refusait d'y croire.

— D'autres l'ont déjà fait. Pourquoi Seton serait-il différent ?
Pour être franc, je ne serais aucunement surpris d'apprendre qu'il a
tué sa femme.

— Mais peut-être l'a-t-il seulement fait enfermer. Peut-être l'a-
t-elle simplement quitté. Je sais que depuis des années elle désirait
retourner vivre à Londres, mais que son mari refuse de quitter
Édimbourg. Et puis, je ne crois pas que Mr Seton ait pu attenter à
la vie de sa femme, Timmy.

Timmy, qui étudiait chacune des réactions de Dana, fronça son
épais sourcil noir sur son œil intact, qui montrait de la suspicion.

— Tu en sais beaucoup sur le couple Seton.

Le sérieux du visage de Timmy fit soudain craindre à Dana
qu'il soupçonnât peut-être quelque chose concernant les sentiments qu'elle éprouvait pour le chirurgien.

— J'ai côtoyé leurs domestiques pendant des semaines, je te le
rappelle.

— Hum… Tu ne retourneras plus là-bas.

— Si c'est ce que tu veux, murmura-t-elle en feignant de re-
porter son attention sur le livre de comptes de la papeterie.

Il avait ouvert la bouche, prêt à répliquer. Il s'était attendu à ce
qu'elle proteste avec opiniâtreté. Mais elle n'en avait rien fait. Il en
demeura un peu perplexe. C'était plus facile qu'il l'eût cru. Sans
doute Dana reconnaissait-elle déjà son autorité maritale sur elle. Il
rêvait déjà de sa vie d'homme marié. Cette femme était parfaite
pour lui. Trop parfaite, même. Et c'était ce qui l'agaçait.

Timmy semblait attendre qu'elle ajoute autre chose. Mais
Dana était trop bouleversée pour dire quoi que ce soit. Elle priait

intérieurement qu'il la laissât seule terminer son travail qu'elle avait négligé à cause de l'accident. Le jeune homme se pencha de nouveau sur elle.

— Bon, eh bien, je te laisse finir. Je vais rentrer et lécher mes plaies tout seul comme un pauvre chien blessé.

Dana leva le menton. Il déposa un baiser sur ses lèvres, et sa bouche s'étira en un sourire qui se voulait charmeur.

— Je t'aime, Dana, murmura-t-il.

— N'oublie pas d'appliquer de la pommade avant de te mettre au lit.

— Dommage que tu ne viennes pas l'appliquer toi-même.

Dana s'absorba dans un silence pensif. Elle souligna du bout d'un doigt léger le tracé rouge vif d'une coupure. À leur retour, elle avait nettoyé avec de l'eau chaude savonneuse les plaies sur le visage de Timmy et les avait enduites d'une pommade cicatrisante à base de consoude, d'hysope et de lavande. Son visage prenait des allures d'écorce de bouleau. Mais la plupart des lacérations étaient peu profondes. Tout guérirait rapidement et laisserait peu de cicatrices.

— Celle-là restera, observa-t-elle doucement.

Timmy attribua la note de tristesse dans sa voix au fait qu'elle était désolée des conséquences de cet accident.

— Dans quelques semaines, on n'y verra plus rien et mon œil sera guéri pour le grand jour. Je n'aurai alors jamais assez de mes deux yeux pour te contempler, mon amour.

Dans l'œil de son fiancé brûlait ce même feu qu'elle lui avait vu à la Hogmanay au retour de Mary King's Close. Il réussit à lui arracher un mince sourire.

Ce qui arrivait à Timmy peinait sincèrement Dana. Et, malgré la passion qu'elle venait de se découvrir pour Francis Seton, le charme séducteur de son cousin ne la laissait pas totalement indifférente. « Je finirai bien par l'aimer autant », se dit-elle.

— Tu viendras me soigner, demain ?

— Je dois rester à la boutique toute la journée. Ta mère veut faire des courses et ensuite elle doit passer chez sa couturière pour un essayage.

— Pour le dîner, donc. Je t'invite.

— Je devine que c'est moi qui aurai à cuisiner?

— Pas si tu te contentes d'huîtres frites et des pâtés aux rognons de Miss Young.

— D'accord, fit Dana en lui pinçant la joue et en lui tirant une plainte. Fais attention à toi, Timmy. Bonne nuit.

— Bonne nuit, mon amour.

Timmy l'embrassa une dernière fois et s'en alla. Songeuse, Dana écouta le bruit de ses pas s'éloigner et la porte se refermer. Un silence retomba sur le rez-de-chaussée.

« J'arriverai bien à t'aimer, Timmy », murmura-t-elle tristement.

Puis elle reprit le journal, l'ouvrit sur la page trois et relut l'article. Elle n'arrivait d'aucune manière à croire que Francis pût être responsable de la disparition de son épouse.

Le violent fracas de verre dans le salon et les furieux éclats des voix de Francis et de sa femme résonnaient encore dans sa tête. La teneur des propos lui avait échappé, mais, au ton, il y avait eu menaces de part et d'autre. De toute évidence, Evelyn avait confronté son mari avec ce qu'elle avait vu dans la bibliothèque. Et si, prise de désespoir, sa femme avait commis un geste irréparable? Christopher lui avait dit qu'elle avait attenté plus d'une fois à sa propre vie. Il craignait qu'elle ne recommence. Evelyn Seton pouvait simplement s'être suicidée. Mais tant qu'on ne la retrouverait pas, morte ou vivante…

Tout ça était de sa faute. Si elle avait empêché Francis de l'embrasser, si Evelyn ne les avait pas surpris… Si elle n'avait pas accepté de produire ce portrait…

Un grondement de frustration s'enfla dans sa poitrine et elle frappa de son poing dans le journal. Elle aimait Francis et elle doutait de lui… C'était abominable.

❧

Dans le ciel d'un noir d'encre clignotaient des milliers d'étoiles. L'air était sec et le froid, mordant. Marchant main dans la main, Timmy et Dana venaient de quitter le logis de Potter Row et rentraient dans West Port.

La *Auld Reekie*[5] était plus enfumée que jamais. Une forte odeur de suie stagnait dans la ville, rappelant l'incendie qui avait complètement rasé la salle des *wash stills* de la distillerie Lochrin. Plus de trente hommes se retrouvaient sans travail en plein cœur de l'hiver. La compagnie avait émis un communiqué de presse indiquant que les travaux de reconstruction débuteraient dans quelques jours. On embauchait des hommes de métier. Dana avait suggéré à Timmy de postuler. Il avait répondu évasivement qu'il le ferait quand son œil irait mieux.

Ils avaient dîné d'huîtres et de la cuisine de Miss Young, une voisine à l'allure un peu excentrique mais très aimable, et qui acceptait parfois de cuisiner pour Timmy. Ensuite Dana avait changé le pansement de Timmy et appliqué de la pommade sur ses plaies. Ils avaient disputé quelques parties de backgammon et, las de perdre, Timmy avait commencé à parler de cette idée qu'il avait eue la veille et qui lui trottait dans la tête depuis : il voulait prendre en main la boutique de son père. Cela surprit Dana, qui avait toujours vu Timmy rébarbatif face aux affaires de la famille.

« Il mûrit », songea-t-elle, pleine d'espérance.

Timmy la consultait sur les meilleures tactiques à prendre pour convaincre Charles Nasmyth de la lui confier. Si les relations entre le père et le fils étaient au beau fixe, elles ne s'étaient guère améliorées pour autant. Et Dana doutait que son oncle ne considérât Timmy apte à gérer le commerce dans West Port.

— Ton père n'est pas près de se retirer, argua-t-elle, non pour le décourager, mais pour vérifier jusqu'où il était prêt à se battre pour lui tenir tête.

---

5. La Vieille Enfumée. Surnom donné à la ville d'Édimbourg justement parce qu'elle était si enfumée que les murs de ses édifices étaient perpétuellement couverts de suie.

— Il devra le faire un jour ou l'autre. Il souffre de crises de goutte depuis dix ans, et elles durent de plus en plus longtemps. D'autre part, ses articulations se déforment, il a des pierres à la vessie et il commence à avoir de la difficulté à tenir son équilibre. Je ne lui donne pas plus de cinq ans avant qu'il soit obligé de s'arrêter. D'ici là, avec l'expérience que j'aurai acquise, je serai en mesure de prendre l'affaire en main moi-même.

— Mais d'ici là?

— Je ne m'attends nullement à ce que mon père accepte mon plan d'emblée, Dana. Dans un an…

— Peut-être qu'en lui démontrant un intérêt sérieux pour les affaires de la famille, avait-elle suggéré.

— En retournant au moulin pour endurer ses sarcasmes continuels? Dana, tout redeviendra comme avant. Si tu en parlais à ma mère? Je veux dire, à mots couverts, pour lui mettre l'idée en tête. Elle pourrait tranquillement convaincre mon père de la considérer.

Dana n'aimait pas cette façon de faire, mais elle s'accordait avec lui sur le fait que de retourner au moulin était un recul vers l'arrière. Elle promit d'essayer. Au fond, que Timmy héritât de la boutique réglerait bien des problèmes. D'abord, l'épouse de James, enceinte de son deuxième enfant, ne montrait aucun intérêt à prendre la barre après Flora. Dana aimait l'endroit et la clientèle. Elle commençait à comprendre le fonctionnement des affaires. Tante Flora, qui ne cachait pas son désir de posséder plus de temps pour elle, lui en montrait tous les rouages et les subtilités. Et Dana apprenait vite. Quant à Timmy, il pourrait enfin réaliser son rêve de gérer sa propre affaire, et le nom des Nasmyth resterait accroché au-dessus de la porte pendant une autre génération, ce qui ne pouvait que plaire au fondateur, Charles Nasmyth. Mais encore fallait-il le convaincre du bien-fondé du plan.

Un vent frisquet s'engouffrait dans la venelle qu'ils traversaient pour rejoindre Bristo Street et tourbillonnait autour d'eux. La pelisse de Dana se gonflait comme un ballon: le vent s'immisçait sous le vêtement, lui donnant de grands frissons. Elle souleva son col pour se couvrir le nez. Le murmure de la clientèle d'une taverne tout près avait quelque chose de réconfortant dans cet endroit sombre et insécurisant. Mais Timmy connaissait la venelle comme le fond de sa poche. Elle se laissa guider en marchant serrée contre lui.

L'inspecteur Weir n'était pas revenu. Sans doute avait-il compris qu'elle n'avait rien à voir avec la disparition de Mrs Seton. Mais elle ne se réjouissait pas trop vite. Le policier devait savoir qu'elle avait vécu chez les Seton pendant plusieurs semaines et, en interrogeant les domestiques, il avait probablement appris qu'elle n'avait pas été qu'un simple témoin du drame.

Ils débouchèrent enfin dans Bristo Street, pratiquement déserte. Ils progressaient vers le nord sur le côté opposé de la rue où se dressait le sinistre Bedlam, l'asile pour les malades mentaux. C'est là, dans les minables conditions de l'une de ces cellules, qu'était mort à seulement vingt-quatre ans le malheureux poète Robert Ferguson. Ému et scandalisé par ce déplorable évènement, un médecin, Andrew Duncan, avait effectué une collecte de fonds pour la construction d'un nouvel asile. Bedlam étant surpeuplé et la ville n'ayant à sa disposition que douze cellules de plus dans le sous-sol de la Royal Infirmary, on avait fait construire un deuxième établissement, le Edinburgh Lunatic Asylum, qui avait ouvert ses portes deux ans plus tôt. Chaque fois que Dana passait devant Bedlam, elle ne pouvait réprimer un frisson de peur. On lui avait raconté que, les nuits de pleine lune, les pensionnaires de l'établissement de pierres grises étaient pris de folie et qu'on pouvait entendre leurs hurlements des rues à la ronde.

Derrière Bedlam se situait la Charity Poorhouse pour enfants et, plus en retrait, celle pour adultes. Dana se souvenait de cette histoire qu'avait relatée Logan concernant deux enfants qui travaillaient à broyer des os du matin au soir pour en faire de l'engrais. L'un d'eux avait trouvé attaché sur l'un des os un reste de viande pourrissante. Comme il avait refusé de partager sa trouvaille avec son compagnon, une bagarre s'était déclarée. Logan avait décrié dans un article la médiocrité des conditions de vie dans ces maisons de charité gouvernées par des règlements trop souvent d'un barbarisme datant de temps immémoriaux.

Pour rédiger son article, qui lui avait valu la reconnaissance de ses pairs, il s'était servi des témoignages de trois sources différentes n'ayant aucun lien entre elles : une vieille prostituée, un jeune délinquant, tous deux pensionnaires, et un médecin qui visitait régulièrement l'endroit. De cette façon, il relevait les informations qui se recoupaient et rejetait ce qui lui semblait contrefait dans un sens ou dans l'autre, selon l'origine de l'information. Logan ne croyait qu'en la vérité. De jeunes enfants en bas âge étaient punis par un confinement la nuit dans de minuscules cellules sans fenêtres, d'autres avaient droit à la bastonnade ou au fouet. Une jeune fille de douze ans était morte trois jours après qu'une matrone lui eut frappé la tête contre le mur parce qu'elle avait parlé dans le dortoir passé l'heure du couvre-feu. Décrire la réalité de ce qui se passait derrière les murs de ces bâtiments ne faisait peut-être pas changer les choses dans l'immédiat. Les gens étaient lents à absorber l'horreur des faits. Mais avec le temps les consciences fragiles finiraient par poser des actions qui apporteraient des améliorations. Logan croyait à la diffusion réfléchie d'informations qui attaquaient les aberrations du système social. « L'ignorance empêche l'évolution et la révolution des systèmes », disait-il toujours comme un leitmotiv.

À l'extrémité nord des terrains des *poorhouses*, Bristo Street prenait le nom de Candlemaker Row. À partir de ce point, la rue se bordait sur les deux côtés d'une rangée continue d'édifices disparates, pressés les uns aux autres. La vie y grouillait d'un peu plus de badauds traînant le pas et de gens pressés de rentrer. Les rez-de-chaussée abritaient depuis des décennies des ateliers de chandelles, d'où le nom de la rue, mais aussi plusieurs estaminets dont les fenêtres projetaient de larges flaques lumineuses sur le pavé, les éclairant au passage.

Dana tenait serrée la main de Timmy. Elle entrevit, entre deux pans d'édifices sur le côté ouest, l'ombre de Greyfriars Kirk. Le cimetière de l'église, soustrait aux regards par les habitations, occupait ce qui avait été jadis le potager de l'ancien monastère de l'ordre des franciscains, situé dans Grass Market, tout en bas de la pente. Les mausolées et les tombes s'appuyaient contre les murs des maisons, leur rappelant quotidiennement la brièveté de la vie humaine.

Le trajet de Potter Row à West Port était relativement court en soi, mais dans l'air froid il devenait essoufflant. Dana exhalait des nuages de vapeur qui humidifiaient son nez emmitouflé dans son col ; ses pommettes s'engourdissaient.

Deux silhouettes furtives traversèrent la rue en courant devant eux et grimpèrent un escalier en spirale qui menait à des logis. Un chien se mit à japper furieusement, mettant Dana sur ses gardes. Timmy exerça une pression rassurante sur ses doigts.

Ils approchaient de Merchant Street ; Timmy ralentit sa foulée.

— Je suis capable de tenir le rythme, Timmy.

— Attends…

Une jeune femme surgit de l'ombre près d'eux et se planta dans un jet de lumière coulant d'une fenêtre éclairée d'une lanterne, comme l'obligeait la loi. Ses lèvres d'un rouge brillant s'entrouvraient sur un bout de langue rose animé. Elle roula des hanches en lorgnant vers Timmy et en émettant un ronronnement langoureux.

— On s'ennuie, mon beau ? roucoula-t-elle en ouvrant son manteau pour lui dévoiler une opulente poitrine blanche débordant d'un corset scandaleusement relâché.

La belle-de-nuit ne portait que ses vêtements de corps. Dana poussa une exclamation de surprise choquée. La femme referma instinctivement son manteau et plissa les paupières pour percer l'obscurité. Timmy tira sur le bras de sa compagne. Encore stupéfiée, Dana passa devant la prostituée qui la dévisageait d'un air tout aussi surpris.

— C'est lui, j'en suis certain… murmura Timmy.

Il s'était immobilisé à pas plus de deux yards de la femme, qui les considérait toujours.

— Hé, mon beau, si tu paies bien, j'ai aucune objection à prendre la fille avec toi.

Mais Timmy lui tournait le dos, l'ignorant ostensiblement. La prostituée les lorgna encore un moment, puis retourna dans son coin d'ombre.

— Mais qu'est-ce que tu fais, pour l'amour de Dieu ? demanda Dana.

— Là, désigna-t-il d'un doigt.

Une voiture noire tirée par deux chevaux de la même couleur était garée tout en bas de la pente, de l'autre côté de la rue.

— À qui est cette voiture ? Pourquoi tu…

Le reste de la question devint inutile quand elle reconnut le cocher à la lueur d'une lanterne qui oscillait au-dessus de la porte d'une maison. Le sang qui se mit à circuler dans son corps à une vitesse fulgurante lui fit oublier le froid qui mordait sa peau et brûlait ses poumons. C'était bien Spittal qui était debout, là, à attendre.

Dana tourna la tête en direction de l'endroit où était apparue la prostituée. La façade de la maison devant laquelle elle se tenait n'affichait rien de ce qu'elle abritait, mais elle en conclut qu'il devait s'agir de celle de la maquerelle, Mrs Blake. Et peut-être même que la belle-de-nuit était Lizzie, la sœur d'Alison.

— Timmy…

— Je ne le croyais pas assez bête pour revenir mettre les pieds ici, déclara sourdement son fiancé.

Parlait-il du bordel ?

— Viens…

Une secousse sur son bras la força à avancer et elle trébucha sur les pierres du pavé. Timmy l'entraînait de l'autre côté de Candlemaker Row. Ils longèrent un mur de pierre et s'immobilisèrent devant les grilles du cimetière. Une brèche dans le rang de maisons offrait d'ici une vue montante sur le cimetière de Greyfriars auquel on avait accès par un escalier de pierre et un sentier de terre. Sous la faible lueur du ciel étoilé, on distinguait facilement les silhouettes des pierres tombales et les arbres qui hérissaient le terrain. Quelques plaques de neige blanche, qui avaient résisté au doux temps des derniers jours, formaient des taches lumineuses dans l'obscurité.

— Qu'est-ce que ?...

— Chut !

Les chevaux de l'attelage qui attendait s'ébrouèrent. Un rire guttural ponctua la douce rumeur de la ville qui se préparait pour la nuit. Spittal ne pressentit pas leur présence toute proche. Timmy tâtonna les grilles du cimetière et les entrouvrit doucement. Puis il invita Dana à les franchir.

— Tu surveilleras la voiture d'ici tandis que j'en ferai autant de la ruelle de l'autre côté de la maison. Je peux la prendre par le cimetière.

— Je ne veux point entrer là, souffla Dana, terrifiée au souvenir de sa mésaventure dans le cimetière de St. Cuthbert's.

— Si tu restes ici on te prendra pour l'une des putains qui font leur commerce dans le coin.

— Nous n'avons qu'à continuer notre chemin, protesta-t-elle vivement. Et puis, est-ce que j'ai l'air de l'une de... ces filles ?

Offensée plus qu'outragée, elle dégagea son bras d'un geste brusque et recula, déterminée à ne pas le suivre.

— Allons, Dana, c'est pas ce que j'ai voulu dire.

Scrutant l'obscurité, Timmy voulut tout de même obliger Dana à le suivre dans le cimetière.

— Non ! Je refuse d'y aller. Qu'est-ce que tu fais, à la fin ? Raccompagne-moi chez ton père...

Spittal, dérangé par les chuchotements, se détourna légèrement vers l'endroit où ils se cachaient. D'instinct, Dana se tut. Le jeune homme s'arrêta et dévisagea l'ombre que formait le visage de Dana. Il ne pouvait voir son expression, mais à ses inflexions il la savait véritablement effrayée.

— Écoute, chuchota-t-il pour tenter de la convaincre, la nuit du seize je passais ici... par hasard... j'avais pris un verre avec des copains au Paterson's Inn et...

Il se mordit la langue et enchaîna aussitôt.

— J'ai vu le docteur avec sa femme exactement à cet endroit. Ils se disputaient.

Le sang se figea dans les veines de Dana et son regard devint flou pendant quelques secondes.

— Tu dois t'être trompé, tu auras vu Mr Seton avec… l'une de ces filles…

Bien qu'elle fût moins dramatique, cette hypothèse ne lui plaisait guère plus.

— Dana, je suis certain qu'il s'agissait bien de la femme du docteur. Et je l'ai entendue prononcer le nom de Francis à deux reprises. Je me tenais suffisamment près pour bien la voir et l'entendre.

— De quoi parlait-elle? questionna Dana, intriguée malgré son incrédulité.

— Je ne sais pas exactement. Mais ce n'est guère important. On ne l'a plus jamais revue depuis cette nuit-là.

— Mr Seton t'a vu? demanda-t-elle, inquiète.

— Non. Il me tournait constamment le dos. Je ne pouvais distinguer que le visage de sa femme.

Et il était convaincu de ne pas se tromper sur l'identité d'Evelyn Seton, cette beauté qu'il avait déjà pu admirer à quelques reprises en compagnie du chirurgien ou d'Elphinstone, l'ami de ce dernier.

— La lumière t'aura joué des tours, Timmy. Il devait s'agir de l'une de ces filles dans la rue avec un client qui portait le même prénom que le docteur.

— Et, par un pur hasard, la fille ressemblait à sa femme? Tu crois vraiment que le docteur a besoin d'une prostituée quand il a une aussi jolie maîtresse qu'Amy Stanfield? Et c'est quand même sa voiture qui est là, non?

Il semblait sincère. Elle hésitait quand même à croire à cette histoire farfelue. S'il avait pris un verre de trop, il pouvait avoir imaginé la voir.

— Ça ne veut rien dire.

— Je suis prêt à te jurer sur ce que tu voudras, Dana, que c'est Mrs Seton que j'ai vue cette nuit-là. C'était pas une des filles de Mrs Blake.

— Tu connais la propriétaire de ce… cette maison ? s'étonna-t-elle soudain.

Il haussa les épaules, pestant intérieurement. Le nom lui avait échappé.

— Tout le monde sait qui est Mrs Blake, Dana, laissa-t-il tomber d'un air qui signifiait qu'elle devait bien être la dernière à ne pas être au courant. Viens. Je suis certain que le docteur a caché sa femme ici et qu'il est revenu ce soir avec la voiture pour chercher le corps.

Elle sentit l'impatience dans le ton dicté. Déterminé, il esquissa un geste pour l'entraîner avec lui. Mais, résolue à ne pas entrer dans ce cimetière, elle résista.

— Je ne veux pas me mêler à ça, Timmy. Et puis, qu'est-ce qui te dit qu'elle est morte, Mrs Seton ? Il peut tout simplement la garder enfermée. Je reste ici, s'obstina-t-elle, d'humeur boudeuse, en prenant appui contre la grille.

Encore indécis, Timmy se tourna vers les pierres tombales. Puis il se décida : il empoigna le bras de Dana et l'entraîna de force de l'autre côté.

— Tu surveilles par la grille et tu ne bouges pas de là jusqu'à ce que je revienne, lui intima-t-il.

— Timmy !

Il avait déjà détalé. La tache claire que formait sa cravate et qui dépassait le col de sa redingote fut rapidement avalée par l'obscurité. Et Dana se retrouva seule. Quelques minutes s'écoulèrent pendant lesquelles elle demeura totalement immobile, les yeux ronds de peur. Comme si de bouger un seul doigt risquait d'attirer l'attention des esprits qui habitaient l'endroit. Puis elle plaqua son dos contre le métal froid, son regard allant et venant entre les pierres tombales.

Le vent sifflait dans les branches d'un arbre qui remuaient tout près. Leur ombre donnait l'impression de longs doigts griffus se recourbant vers elle. Le bois grinçait, évoquant le cri lugubre d'une créature tapie dans les ténèbres. L'affolement la pénétrait inexorablement.

Le cimetière se prolongeait en pente ascendante vers le sud, jusqu'à la *kirk*. Çà et là des pierres tombales jalonnaient le terrain, dernières empreintes dans le monde des vivants laissées par ceux qui avaient trouvé leur ultime repos ici. Juste devant elle, un obélisque se tenait bien droit sur son socle, marquant l'emplacement de la sépulture d'un personnage fortuné. Sur sa gauche, elle devinait un charnier familial adossé contre une maison. Pour éviter de trop regarder ce qui l'entourait, elle se mit à contempler les contours luminescents du quartier. Sur sa droite, dépassant la hauteur du mur de pierre, se dressaient les petites tourelles aux quelques fenêtres illuminées de l'orphelinat du Heriot's Hospital construit selon les vœux du philanthrope et orfèvre royal, George Heriot, au début du XVIIe siècle. Au-delà, Dana devinait de vastes jardins et potagers, puis Hope Park. Elle se souvenait de la vue magnifique qu'offrait le parc, d'une perspective inversée. Émergeant d'une escalade de pignons, la cathédrale St. Giles apparaissait alors à la droite de Heriot, alors que la forteresse s'élevait sur sa gauche.

Quelque chose remua près d'elle, la tétanisant.

— Timmy... murmura-t-elle en frissonnant autant de froid que d'effarement.

Mais ce n'était que le vent qui soufflait des feuilles mortes sur la neige. Dana expira de soulagement. Des voix se répercutant dans Candlemaker Row détournèrent son attention et elle en oublia momentanément sa frayeur. Elle se rappela la voiture de Francis. Elle ne voulait pas croire à l'histoire de Timmy. Francis n'avait pas tué sa femme. Mais que faisait-il dans Candlemaker Row, tout de même?

Les voix continuaient de résonner sur les façades de pierre. Se souvenant brusquement de ce que lui avait demandé Timmy, Dana épia ce qui se déroulait dans la rue. Le froid de la grille traversait ses gants. Ses pieds explorant à l'aveuglette les reliefs du terrain avant de se poser, elle avança prudemment pour trouver l'angle qui lui donnerait une meilleure vue. Des plaques de glace se dissimulaient sous une mince couche de neige et, par deux fois, elle faillit perdre l'équilibre.

Spittal parlait avec quelqu'un derrière une porte ouverte. La lumière sculptait son visage émacié, les ombres accentuant les angles et lui conférant une allure un peu sinistre. La discussion prit fin et la porte se referma. L'ombre du cocher se déplaça vers la voiture. Il ouvrit la portière et, presque au même moment, la lumière jaillit de nouveau dans la rue. Une silhouette allongée d'un haut-de-forme et vêtue d'un long et ample manteau surgit dans le faisceau. En trois enjambées et deux coups de canne, elle traversa l'espace qui la séparait de la voiture dans laquelle elle s'engouffra. Spittal referma la portière, grimpa sur son siège et mit la voiture en marche.

Timmy ne s'était pas trompé sur un point : il s'agissait bien de Francis Seton. Mais ce qu'il faisait ici demeurait obscur. Il pouvait être venu visiter un malade. Ce qui n'expliquait toutefois pas ce qu'il aurait fait ici avec sa femme le soir de sa disparition. Si vraiment c'était ce qu'avait vu Timmy. Ébranlée, Dana écouta le martèlement des sabots et les grincements des ressorts tandis que le véhicule s'éloignait vers le sud. Quelques secondes plus tard, son cousin surgissait devant elle en courant, l'air fortement mécontent. Jurant tout haut, il regarda la nuit engloutir la voiture.

— Par la queue du diable ! Je ne l'ai pas vu sortir !

— Moi si, murmura Dana. Il était seul.

La tête pleine de questions sans réponses, Dana rejoignit Timmy dans la rue et ensemble ils reprirent le chemin de West Port en silence.

Chapitre 20

Dans les jours qui suivirent, Dana et Timmy passèrent souvent dans Candlemaker Row. Mais ils n'y revirent plus la voiture des Seton. Puis le projet de prendre en charge la gestion de la boutique les détourna peu à peu de l'affaire de la disparition de Mrs Seton. Enfin, ce fut le cas pour Timmy. Et il semblait que Mr Weir l'avait aussi oubliée. Mais Dana n'avait cessé d'y repenser et les diverses conclusions qu'elle tirait de tout ce qu'elle savait lui volaient de précieuses heures de sommeil la nuit.

Le jour, elle s'efforçait de penser à autre chose. Deux lettres parvenues de Kirkcaldy arrivèrent assez bien à la distraire pour un temps. La première lui venait de Harriet. La vie se réorganisait chez les Chalmers, sans Mama. «Elle est toujours présente, lui écrivait-elle, dans le fauteuil où elle avait l'habitude de s'asseoir pour faire sa broderie, comme à table parmi nous.» Avec le temps son fantôme se disperserait dans leurs souvenirs et un nouveau Chalmers occuperait la chaise vide aux repas. Ainsi continuait la vie.

Harriet s'ennuyait. «Tante Flora n'aurait pas besoin de compagnie après ton départ?» *L'idée n'est pas mauvaise,* songea Dana. Elle en parlerait avec sa tante. Sa sœur venait de fêter ses vingt et un ans et elle ne connaissait rien de la ville. Soudain, un souffle de joie intense emplit la poitrine de Dana. Harriet auprès d'elle! Ce serait le plus merveilleux cadeau qu'on pût lui faire.

Quant à Maisie, sa grossesse l'alourdissait, et Fanny redoublait d'ardeur pour aider sa mère à vaquer aux tâches ménagères et pour s'occuper des deux derniers. Elle n'allait plus à l'école que deux jours par semaine. Ce qui chagrina profondément Dana. Ainsi était le lot des filles.

La deuxième enveloppe renfermait une convocation chez l'avocat Stuart Maclellan, dans Niddry Street. Il était question de l'héritage de sa mère.

— Mais Mama ne possédait rien, indiqua-t-elle à Timmy.

— Peut-être qu'elle conservait ce que ton père a laissé pour vous, avança-t-il. Le bénéfice de Kirkcaldy en est tout de même un assez important.

— Si mon père a vraiment laissé quelque chose, ce dont je doute, elle aurait dû le donner à Maisie et à ses six enfants. Je ne comprends pas.

— Tu veux que je t'accompagne chez ce Mr Maclellan?

— Ce serait gentil, Timmy.

— J'attellerai Sugar Plum et nous en profiterons pour aller visiter le hangar dont je t'ai parlé, dans Queensferry Road.

Les rêves de Timmy prenaient l'ampleur de ses ambitions. Dana avait tout juste soufflé mot de ses intentions à Tante Flora qu'il imaginait déjà des plans d'expansion. Il croyait que son père devait investir dans l'achat d'un hangar stratégiquement situé à un endroit où, sans être trop loin du moulin, il éviterait aux fournisseurs et acheteurs d'avoir à circuler dans la ville. Un canal reliant Édimbourg au Forth and Clyde Canal, à Falkirk, était projeté. Cette nouvelle route d'eau permettrait le transport fluvial jusqu'à Glasgow. Sa proximité serait un atout.

Ce hangar servirait à l'entreposage des chiffons achetés aux filatures de coton et de lin du Fife et du Forfarshire, ainsi qu'à celui du produit fini prêt à être livré. L'achat de ce bâtiment leur ferait de plus gagner de l'espace au moulin, permettant d'augmenter la production. La place dans la boutique de West Port pourrait servir à l'aménagement d'un coin pour exposer du matériel d'artiste, et ainsi augmenter et diversifier la clientèle. Ce qui plut grandement à Dana, qui commençait déjà de son côté à projeter de donner des cours de dessin.

Ils voyaient déjà le nom de Nasmyth peint un peu partout en grosses lettres et le renom de leur papier s'installer aussi sûrement que celui du papetier Whatman, en Angleterre. La fébrilité la gagnait d'autant plus que Tante Flora prenait part à leur excitation. Pourquoi ne pas mécaniser la production? La demande sans cesse grandissante de papier finirait par tuer les petites entreprises qui ne pourraient suivre l'évolution de la technologie. Il fallait entrer dans le courant.

On avait entendu parler de cette nouvelle méthode de fabrication de papier élaborée et brevetée par les frères Fourdrinier, à Londres. La première de leurs machines avait été installée à Frogmore Mill, dans l'Hertfordshire, au début du siècle. Constamment améliorée depuis, elle produisait commercialement maintenant depuis plus de deux ans. Présentement, trois prototypes de cette machine étaient en fonction en Grande-Bretagne. Réduisant les coûts de main-d'œuvre qu'exigeait la méthode artisanale, ce nouveau système permettait de fabriquer, avec de la pulpe de bois, matière première beaucoup moins onéreuse que le chiffon, une bande de papier de plusieurs yards de long qu'on découpait ensuite selon le format de papier désiré.

Le principe du procédé mécanique était relativement simple: une roue à écopes déversait la pâte à papier préalablement affinée dans une cuve agitée par des cylindres sur une toile métallique sans fin en rotation. Une vibration animait cette toile et assurait l'égouttage de la pâte, qui passait ensuite entre des cylindres de presse garnis de feutres. La feuille formée s'enroulait finalement sur des bobines installées au bout de la machine. L'ensemble était actionné par un moteur à vapeur.

Emportée dans le tourbillon de ses nouvelles aspirations, la grogne de Timmy à propos du portrait de Seton s'était assoupie. Et Dana en avait presque oublié les bleus qu'il avait laissés sur ses bras cette première nuit de l'an, quand elle lui avait annoncé son désir d'accepter l'offre. Mais peut-être s'était-il réellement tranquillisé depuis qu'elle lui avait annoncé qu'elle ne retournerait plus chez les Seton. Quoi qu'il en fût, il avait retrouvé sa gentillesse et ses attentions de naguère, et cela rendait leurs rencontres agréables. Dana ne pouvait qu'espérer un mariage heureux. Il ne restait que trois semaines avant le grand jóur.

Dana étant orpheline, les frais du mariage seraient assumés par son oncle. Et Tante Flora s'était mise à la tâche de tout organiser : les invitations, le traiteur, l'embauche de serviteurs et des musiciens, les voitures, l'église… enfin, tout ! Se posait le problème de la toilette de Dana. Sa magnifique robe de crêpe rose ne convenait plus en raison du deuil qu'elle devait respecter. Dana avait suggéré de la faire teindre, mais Flora avait catégoriquement refusé de gâcher cette splendeur. La future mariée dut se soumettre à de nouvelles séances d'essayage. De coupe beaucoup plus sobre, la nouvelle robe de soie avait néanmoins un effet flatteur et mettait en valeur la délicatesse du teint de Dana.

Timmy porterait son frac marine qu'il fit garnir de boutons ornés de brillants pour lui donner plus d'éclat. Dana se désolait de ne pas posséder assez d'argent pour lui offrir une épingle à cravate neuve. Elle en avait aperçu une dans la vitrine du joaillier Arbuthnot, dans la chic Prince's Street. Mais toutes ses économies étaient passées dans le remboursement de la tabatière. Et puis, le trousseau n'était pas complet. Elle comptait sur les quelques livres de l'héritage pour acheter des draps de belle qualité et peut-être quelques bons morceaux de porcelaine. Sans vouloir imiter le faste de celle des Seton, elle tenait à ce que sa table soit présentable quand ils recevraient des invités.

÷÷

Le ciel avait viré au gris. Les nuages étaient très bas, alourdis du poids de la neige qui commençait à tomber sans bruit. Les flocons flottaient doucement autour de Dana et de Timmy, ensevelissant le paysage et camouflant la route. Ils revenaient de la visite du hangar et se rendaient maintenant chez l'avocat Maclellan, où Dana était attendue. La jeune femme écoutait les commentaires enthousiasmés de son cousin d'une oreille distraite. Elle était nerveuse.

Le secrétaire les fit attendre dans une antichambre minuscule sans fenêtre. Mr Maclellan se présenta et demanda à Dana de le suivre dans la pièce attenante aux dimensions tout aussi réduites, mais meublée avec goût. Timmy allait leur emboîter le pas.

— Je verrai Miss Cullen seule, monsieur, fit l'avocat, d'une contenance condescendante qui fut loin de plaire au jeune homme.

— Nous sommes fiancés, je considère que les affaires de Miss Cullen me regardent… protesta Timmy.

— Peut-être le considérez-vous comme tel, mais Miss Cullen est présentement encore maîtresse de ses avoirs, monsieur, releva l'avocat.

Rouge d'humiliation, Timmy pinça les lèvres et se rassit. Dana accepta le fauteuil installé en face du bureau d'inspiration française de Maclellan. Sans plus de préambules, l'avocat, un homme au cheveu rare, plutôt trapu et d'apparence soignée, ouvrit une chemise de carton et en sortit des feuilles.

— Voilà, j'ai été mandaté pour traiter l'exécution testamentaire en ce qui a trait à votre partie, Miss Cullen, dit-il sans détours. Maître Dennison de Kirkcaldy et lord Fowler d'Aberdeen s'occuperont des autres parties. Selon les instructions, contrairement à la tradition, pour vous éviter de vous déplacer, les legs seront traités séparément entre vos deux sœurs, votre frère et vous-même.

Maître Maclellan souleva un regard brun vers Dana, qu'il examina en plissant le front comme s'il évaluait sa capacité à comprendre ce qu'il allait lui dire.

— Cette succession est des plus particulières, Miss Cullen. En fait, la testatrice qui a rédigé les dernières instructions que je dois suivre, votre mère, en l'occurrence, a abrogé son testament quelques mois avant sa mort par un codicille. Et ce qu'il y a de si… particulier, c'est que ce codicille n'a pas été préparé par votre mère.

Un froncement de sourcils confirma à l'avocat que la situation ne serait pas saisie du premier coup.

— Ma mère connaissait l'existence de ce… codicille ?

—Nécessairement, Miss, sinon il ne serait pas valide. Elle l'a signé et tout a été attesté par deux témoins désintéressés sous les yeux de maître Dennison.

—Qui sont ces témoins?

—Mr Hugh Balfour et une certaine personne dont l'identité doit demeurer anonyme pour l'instant.

—Le docteur Balfour?

L'homme lui laissa le temps d'absorber ce qu'il venait de lui déclarer.

—Ma mère connaissait donc l'identité de cette autre personne, en déduisit-elle.

Ainsi que le docteur Balfour.

—De toute évidence, approuva l'avocat.

—Cette façon de faire n'est pas un peu... inhabituelle?

—Oui et non. Il arrive souvent que les gens abrogent une partie de leur testament pour rectifier un détail qui leur avait échappé avant. Mais ce changement-ci a été fait à la demande de cette tierce personne. Évidemment, votre mère approuvait. Tout est légal, Miss. Est-ce que je peux procéder?

—Allez-y, maître Maclellan, fit Dana pensivement.

—Bon... Au nom de notre Dieu tout-puissant, amen... commença-t-il sa lecture. En ce vingtième jour du mois de novembre de l'an mil huit cent treize au lieu de Kirkcaldy, comté de Fife...

L'avocat lut le testament de Janet Reid Cullen, qui indiquait la façon dont elle désirait partager ses biens terrestres, à savoir quelques modestes bijoux, objets et meubles qu'elle avait tenu à conserver après leur départ du presbytère. Il aborda par la suite le mystérieux codicille:

—... Concernant les dispositions monétaires qui apparaissent au susdit testament dudit vingtième jour de novembre de l'an mil huit cent treize, ladite Janet Reid Cullen veut et ordonne qu'après son décès elles soient exécutées selon les formes et teneurs confirmées par le codicille...

Ces dispositions consistaient en une rente versée semestrielle-ment. D'abord son frère en était exclu et la rente dont il était question était partagée de façon inégale entre les trois sœurs, leur part établie chacune selon leur capacité à subvenir à leurs moyens au moment de l'exécution testamentaire. Maisie, qui était mariée, recevait donc annuellement, et sur une période de dix ans, une rente de soixante livres, tandis que Harriet et Dana, qui étaient toujours célibataires, recevraient respectivement un montant annuel de cent vingt livres jusqu'à leur mariage. Après, le montant serait réduit de moitié, sur le même nombre d'années.

Médusée, Dana écoutait silencieusement les termes du codicille. Qui avait rédigé ce texte et dans quel but? Cent vingt livres, cela représentait deux ans de salaire pour le dur labeur d'un ouvrier.

— Ma mère ne m'a jamais parlé de ce testament ni de cette rente. D'où vient tout cet argent? Mon père n'aurait jamais pu lui en laisser autant.

— Je ne peux répondre à cette question, Miss Cullen. Un compte a été préparé en votre nom à la Bank of Scotland. Vous aurez à passer à la succursale de Bank Street pour signer les formulaires nécessaires avant de prendre possession du premier versement qui sera effectué dans la semaine qui suivra. J'ai bien compris que vous étiez fiancée?

— Oui… fit Dana, un peu brouillée. Le mariage est prévu pour le vingt-cinq février.

— Dans un peu plus de trois semaines, conclut l'avocat en notant cette information. Vous toucherez donc le plein montant comme prévu par le codicille. Par la suite, ce montant se réduira comme il se doit pour le second versement annuel, qui aura lieu dans six mois.

— Je peux voir ce codicille, Mr Maclellan?

— Je suis désolé, mais il m'est interdit de vous laisser le consulter sans qu'on m'en ait donné l'autorisation. Vous devez me faire confiance.

— Cette personne anonyme vit donc toujours?

— Oui, répondit l'avocat après un moment de silence.

Mille questions s'inscrivant sur son visage, Timmy se leva à sa sortie du cabinet. Encore abasourdie par ce qu'elle venait d'apprendre, Dana noua son chapeau sous son menton et passa sa pelisse que lui présentait son cousin.

— Je te raconterai en chemin, dit-elle pour toute explication.

Ils s'arrêtèrent chez Dowie's pour manger un plat de saucisses épicées, de pommes de terre à la crème et de chou braisé. Dana raconta en détail la nature du testament de sa mère. Timmy l'écoutait, perplexe, mais enchanté de cette bonne nouvelle qu'il voulut fêter en commandant une bouteille du meilleur clairet de la maison.

— Dommage que la rente soit coupée de moitié après le mariage, observa-t-il, songeur, mais soixante livres par an nous assurera quand même un minimum de sécurité financière.

— Je ne sais pas d'où provient cet argent, Timmy.

— Un héritage reçu dernièrement d'un oncle éloigné sans postérité?

— De mes oncles vivants, tous ont une descendance. Et je doute qu'il existe un parent qui fût de toute façon assez riche pour léguer un tel montant étalé sur dix ans. Tu réalises combien cela représente? Au bas mot, il y en a pour deux mille deux cent cinquante livres. C'est beaucoup d'argent, Timmy.

— Qu'importe! Ta mère savait d'où il venait et elle voulait qu'il vous revienne.

— Ce n'est pas ça, insista Dana. Au moment de sa mort, ma mère n'avait rien à elle. Pourquoi aurions-nous vécu aux crochets de mon beau-frère si elle avait possédé tout cet argent?

— Qui te dit qu'elle ne versait pas déjà un montant à Chalmers? Ta sœur était peut-être au fait de cette rente et aurait évité d'en parler par crainte de créer des dissensions familiales.

— C'est ridicule, Timmy. Nous ne nous serions jamais disputées pour de l'argent, surtout que de nous trois c'est Maisie qui mérite la plus grosse part.

— Ta mère devait avoir ses raisons.

Dana secoua la tête. Cette surprise, bien qu'agréable, la rendait perplexe. Elle but un peu du vin que Timmy lui avait servi.

— Avec ça nous pourrions envisager de louer une maison dans la New Town, avança-t-il joyeusement.

Les joues du jeune homme se coloraient d'excitation. Il parla d'acheter un buggy et peut-être un deuxième cheval de course. Et peut-être même entraîner son propre jockey.

— Timmy, l'arrêta Dana, qui voyait les chiffres s'accumuler dans la colonne de débit, il faudra placer une partie de cet argent pour nous assurer…

— Les placements pourront attendre un an ou deux. Pourquoi ne pas en profiter un peu?

Elle n'avait pas envie de se disputer pour ça aujourd'hui. S'informant de l'heure, elle se rappela qu'elle devait encore se rendre chez Mrs Elgin pour un essayage.

— Tu souhaites que je t'accompagne pour ça aussi? demanda Timmy, visiblement moins intéressé.

— L'atelier de la couturière est tout près. Je vais m'y rendre à pied.

Timmy s'emballait trop vite et l'empêchait de penser. Elle avait besoin de laisser décanter tout ça, seule. Elle voulait aussi trouver un moyen de l'empêcher de tout dilapider. Une fois qu'ils seraient mariés, cet argent appartiendrait à Timmy et cela l'inquiétait soudain.

— D'accord, fit Timmy en souriant, je vais faire un tour chez Andy. Nous nous retrouverons ce soir chez ma mère.

Timmy s'assombrit brusquement. Après le dîner, James et lui avaient l'intention de soumettre son plan d'investissement dans la modernisation de l'équipement du moulin à leur père. Leur mère les appuierait. Mais Charles avait toujours cru en la supériorité de ses produits artisanaux et il était fermé à toute entreprise de modernisation du moulin. Il pouvait se montrer parfois très obstiné quand il s'agissait de la gestion de ses affaires. Dana l'encouragea d'un sourire.

Comme prévu, les blessures sur le visage de Timmy guérissaient rapidement. La lacération de la paupière droite n'était plus qu'une mince cicatrice rose vif et la tuméfaction avait complètement disparu. Il retrouvait son charme séducteur d'avant et le mit à profit en lui rendant un sourire auquel elle ne put résister quand il se pencha sur elle pour l'embrasser dans la rue avant de la quitter.

La neige tombait toujours aussi mollement. D'un pied précautionneux, Dana marchait sur le pavé mouillé de Libberton's Wynd, qui descendait en pente raide vers la Cowgate, dans laquelle elle s'engagea. L'atelier de Mrs Elgin était situé en face de la Magdalen Chapel, dans Alison's Close. Les retouches ne durèrent guère plus d'une heure. Pendant que Mrs Elgin prenait la longueur de l'ourlet, Dana repensa à cette rente mystérieuse. Pourquoi sa mère ne lui en avait-elle pas parlé? L'origine de ce pécule serait-elle douteuse? Janet n'aurait jamais touché à de l'argent provenant d'une source suspecte. Son père avait-il amassé une somme sans que personne ne le sache? Non, il ne touchait qu'un bénéfice moyen. Mais alors?

Elle aurait dû insister auprès de Mr Maclellan pour connaître le nom de cette personne inconnue qui avait rédigé pour sa mère ce singulier codicille. Se disant qu'elle devait écrire à Maisie sitôt rentrée chez son oncle, elle contourna une file de gens attendant avec des cruches et des seaux devant le puits à l'angle de Cowgate et de Candlemaker Row. Un phaéton passa devant elle, faisant gicler une gerbe d'eau boueuse qu'elle évita de justesse en bondissant par-derrière. Pestant intérieurement contre le manque de courtoisie du conducteur, elle s'engagea dans la rue, suivant le véhicule des yeux. Il passait devant l'entrée nord du cimetière de Greyfriars Kirk sur laquelle son regard courroucé s'arrêta. Puis elle contempla la façade de la maison de laquelle avait surgi le chirurgien quelques jours plus tôt. Derrière quelle fenêtre était cachée Evelyn Seton? Elle s'était maintenant persuadée que le chirurgien avait enfermé sa femme dans un logement de l'immeuble. Ce ne fut qu'à ce moment qu'elle remarqua…

— Hé! Poussez-vous! hurla une voix.

Une force brutale s'abattit sur elle et Dana trébucha sur le bas-côté du chemin. Un passant l'avait tirée par le bras. Une énorme charrette chargée de tonneaux dévalait la pente de Candlemaker Row qui menait jusqu'à Grass Market. Les chevaux lui passèrent sous le nez, leur odeur chatouillant ses narines qui se mirent à frémir d'émoi. L'homme qui l'avait écartée du chemin s'informait si elle allait bien. Mais elle ne l'écoutait pas, son attention complètement obnubilée par la voiture noire garée qui lui avait fait commettre son imprudence.

Le cocher ouvrait la portière du véhicule. Trop tard, ses pieds soudés au pavé, le cœur battant, Dana croisa son regard qui s'écarquilla sous des sourcils marquant l'étonnement. Puis la silhouette de Francis muni de sa canne surgit. Le cocher dit quelques mots au chirurgien, qui se retourna dans sa direction. Il y eut un moment de flottement. Francis réagit le premier en esquissant un mouvement vers Dana. Saisie d'une frayeur inexplicable, elle se mit à courir.

— Dana !

Une poigne solide la tira derrière.

— Par le Christ ! Dana, pourquoi fuyez-vous ainsi ?

Sans la lâcher, Francis la fit pivoter devant lui. Ils haletaient tous les deux et se jaugeaient mutuellement. Devant les grands yeux vairons, l'homme sentit son cœur battre à lui rompre les côtes.

— Mr Seton… parvint-elle à articuler après quelques secondes.

— Que faites-vous ici ? demanda-t-il un peu durement.

— Ce que je fais ici ? Mais je passais, simplement ! s'écria-t-elle, plus affolée qu'indignée. Les rues sont aux habitants de la ville, non ?

— Oui, concéda-t-il un peu bêtement en libérant son bras.

Les traits de Francis se détendirent, prirent une allure chagrine qui émut Dana malgré tous les soupçons que Timmy faisait peser sur lui.

— Comment allez-vous ? s'enquit-il plus doucement.

— Bien…

Il fixa le bout de ses bottes.

— Vous savez… pour ma femme ?

— J'ai lu l'article dans le journal.

Le silence s'étirait. Les bruits de la rue l'enveloppaient.

Les yeux de Dana allaient du chirurgien à la voiture et à la maison de pierres. Francis nota sa nervosité et il devinait ce qu'elle pensait. Percy lui avait relaté ce qu'on racontait à son sujet sur la place publique. Si la police n'avait porté aucune accusation contre lui, c'était uniquement dû au fait qu'elle ne possédait aucune preuve de sa responsabilité quant à la disparition de sa femme. Il n'avait aucun alibi, mais personne ne l'avait vu en compagnie d'Evelyn cette nuit-là. Et on n'accusait jamais un membre d'une famille aussi influente sans preuves solides. Et puis, de quoi l'accuserait-on finalement? Sans corps, on ne pouvait rien faire. Ce qui n'empêcherait pas la police, il le savait, d'attendre que quelque chose survienne. Donc, pour l'instant, l'affaire n'était pas considérée classée.

— Et vous en avez déduit?

Il parlait de l'article.

— Je n'en ai rien déduit, Mr Seton.

— Vous n'êtes pas revenue terminer le portrait, Dana.

Il l'éloignait du sujet. Elle se mordit la lèvre.

— J'ai cru… qu'il valait mieux en rester là.

Il opina de la tête.

— Je comprends, dit Francis. Je vous ferai parvenir tout de même ce que je vous dois.

Son regard scrutait les environs, comme s'il cherchait quelqu'un parmi les gens qui allaient et venaient.

— D'où arrivez-vous? s'enquit-il.

— De chez Dowie's Tavern, répondit prudemment Dana, s'appliquant à dissimuler sa crainte. J'y ai déjeuné avec Timmy.

— Avec Nasmyth, oui, c'est vrai… vous êtes toujours fiancés.

— Nous le sommes toujours effectivement, Mr Seton.

Il grimaça et, dans un geste qui marquait son agacement, frappait mécaniquement le sol de sa canne. Bizarrement, il avait pensé qu'elle aurait annulé ce mariage. Mais, apparemment, en dépit de tout, elle était déterminée à épouser son cousin. Pouvait-il lui en vouloir? Il frissonna plus du remuement de la revoir que de cette froide humidité qui le perçait jusqu'aux os. Ils se dévisageaient présentement sans savoir quoi se dire. Les mots ne venaient tout simplement pas. Francis ressentait le vif désir de la toucher.

— Vous vous souvenez de ce que je vous ai dit ? lui murmurat-il en s'approchant d'elle.

Sans répondre, elle s'écarta de lui.

— Vous avez peur de moi ?

— Non…

Il serra les lèvres. Le gris métallique la sondait à travers la mince fente des paupières.

— Vous avez peur de moi, Dana. Pourquoi ?

Elle haussa les épaules.

— Vous croyez ce que racontent les gens. C'est ça ?

Elle secoua la tête de gauche à droite, mais son expression n'appuyait en rien sa réponse.

— Je crois qu'il est temps que vous sachiez, dit-il en lui reprenant le bras.

— Où… où m'emmenez-vous ? bégaya-t-elle en résistant.

— Est-ce que vous me faites confiance ?

— Je veux savoir où vous voulez m'emmener, s'énerva-t-elle en cherchant à se libérer.

— Dana, regardez-moi.

On commençait à les observer de façon suspecte. La jeune femme recula et s'immobilisa contre la grille de fer du cimetière.

— Je vous effraie vraiment ?

— Je n'ai nullement peur de vous…

Une crainte irraisonnée la gagnait pourtant. Ici, dans la rue, il ne pouvait rien faire contre elle. Mais dans un endroit à l'abri du regard des passants… Et si ce que l'on racontait était vrai ? S'il avait vraiment tué sa femme et que son corps reposait quelque part entre les murs de cette maison ? Et s'il l'avait tout simplement disséquée avant de s'en débarrasser morceau par morceau ? Comme tout le monde s'était trompé sur le diacre Brodie, elle pouvait aussi se tromper sur la vraie nature de Francis Seton. Elle ne savait plus.

— Je veux seulement vous montrer quelque chose… commença-t-il en lorgnant vers Spittal, qui les surveillait discrètement. Je veux que vous compreniez enfin, Dana.

— Comprendre quoi?

— Il y a des choses que je vous ai cachées.

— Pourquoi me dévoiler maintenant vos secrets, monsieur?

— Parce que je vous fais confiance.

Elle était maintenant terrifiée et n'arrivait plus à le dissimuler. Mais dans le regard qui la suppliait presque, elle ne vit aucune malice, sinon encore plus de tristesse. De la détresse, même. Et cela la rasséréna suffisamment pour qu'elle reconsidère le chirurgien. Un couple passa près d'eux. De sous son chapeau cabriolet de serge bleu, la femme lança un regard chargé de mépris à Dana, remarquant, d'une voix qui se voulait audible, que cet endroit avait besoin d'être purifié d'une certaine engeance qui corrompait la faiblesse des hommes au profit des œuvres de Satan. On la prenait pour l'une des filles de Mrs Blake.

L'insulte fit réagir Dana, qui se décida. La femme du chirurgien avait probablement attenté de nouveau à sa vie et il l'aurait enfermée ici pour empêcher que cela se sache. Elle prit la main qu'il lui présentait et le suivit jusqu'à la porte de la maison, qu'il ouvrit. S'écartant, il l'invita à entrer. Un suave arôme de soupe aux choux et de viande grillée flottait dans le petit hall dallé de marbre gris. Plongé dans la pénombre, un étroit escalier en spirale leur faisait face. Francis y précéda Dana jusqu'au troisième étage, où il s'arrêta. Deux portes s'offraient à eux. Il frappa deux coups sur celle de droite et attendit. Quelques secondes plus tard, une petite femme aux cheveux blancs et à l'apparence un peu rêche mais énergique leur ouvrit.

— Mr Seton, fit-elle en voyant le chirurgien, votre f… Oh!

Elle venait de s'apercevoir de la présence de Dana et elle se tut brusquement.

— Bonjour, Mrs Alderman, voici Miss Dana Cullen.

— Bonjour, Miss Cullen, fit la femme en ouvrant la porte plus grand pour les laisser passer.

— Comment va-t-elle aujourd'hui ? s'informa Francis.

Elle ? Les faits se confirmaient.

La femme, sa chevelure soigneusement tirée en un chignon serré sous sa coiffe de dentelle, présentait les mains. Elle se tenait étonnamment droite malgré son âge avancé. Francis retira ses gants et son chapeau et les lui tendit avec sa canne.

— Son état reste stable, monsieur. Elle a de la difficulté à bouger et sa respiration est toujours aussi laborieuse. Elle ne cesse de vous demander.

Elle ne s'était pas trompée : Mrs Seton avait tenté de se suicider une autre fois.

— Je lui avais promis de venir la voir aujourd'hui. Mais j'ai été retardé à l'hôpital.

La femme hocha la tête. Elle lança un regard vers Dana qui, stupéfaite, n'avait pas bougé.

— Elle tenait à se faire belle pour vous. Je lui ai passé sa robe de soie verte et je l'ai parfumée. Elle réclamait de prendre un bain, mais j'ai refusé. Il fait trop froid et elle risquerait d'empirer son état.

— C'est bon, Mrs Alderman. Elle est dans sa chambre ?

— Elle vous attend dans son lit.

Un nouveau regard inquisiteur vers Dana finit de mettre la jeune femme mal à l'aise. Si Dana avait compris que c'était Evelyn que Francis cachait dans cette maison, elle ne saisissait pas pourquoi il tenait à ce qu'elle la vît.

— Monsieur… vous êtes certain de vouloir… dit encore Mrs Alderman nerveusement en lorgnant vers Dana.

— Miss Cullen vient avec moi.

— Mr Seton, répliqua enfin Dana. Je ne crois pas que je devrais…

— Retirez votre manteau et suivez-moi, Dana, je vous en prie.

Dana regarda Mrs Alderman, qui n'approuvait visiblement pas l'initiative prise par le chirurgien. Elle s'exécuta néanmoins. Dans la maison régnait un silence tranquille. Francis la guida vers le fond d'un sombre corridor.

« C'est de ma faute… C'est moi qui ai poussé Evelyn Seton à commettre ce geste », se morigéna Dana.

Elle n'avait brusquement aucune envie de sentir le regard de la femme de Francis posé sur elle. Elle ne le supporterait pas. Evelyn les avait vus s'embrasser.

— Je ne souhaite pas la voir, murmura-t-elle en s'immobilisant devant la porte.

Francis se retourna vers elle et la dévisagea, une expression si-bylline s'imprimant sur son visage.

— Vous savez qui est dans cette chambre ? demanda-t-il.

Réalisant qu'elle avait pensé tout haut, Dana essaya de se re-prendre.

— Vous avez parlé d'une personne souffrante, monsieur… Je ne crois pas que ce soit une bonne idée de la déranger.

— Je vous pensais d'une nature compatissante, Miss Cullen, déclara-t-il avec des inflexions qui démontraient de l'amertume. Et Dieu sait combien cette personne en a besoin.

— Je ne pense pas être la personne la mieux désignée pour ça, Mr Seton.

Quelque chose passa au fond des yeux gris. Les traits de l'homme s'adoucirent et Dana le revit comme elle l'avait vu quand il l'avait embrassée, dans la bibliothèque. Francis prit ses mains et les serra dans les siennes. Un sentiment de culpabilité devait le ronger lui aussi et il voulait souffrir avec elle.

— Dana, vous êtes la seule personne que je connaisse qui peut comprendre sa souffrance. Je préfère néanmoins vous prévenir. Ce que vous verrez n'est qu'une enveloppe de chair. Mais je sais que vous arriverez à voir au-delà.

Une enveloppe de chair. Que sous-entendait-il ? Evelyn s'était-elle mutilée ? Que s'était-il passé après que Timmy les eut vus ? À moins que cette mutilation ne fût l'œuvre de… Non, Francis n'irait pas jusque-là.

La porte s'ouvrit sur une chambre tapissée d'un bleu pâle qui évoquait un ciel d'été. Les boiseries et les lambris étaient peints en jaune paille, réchauffant la lumière qui entrait par deux grandes fenêtres dont le tiers supérieur était à meneaux. La pièce était vaste. Il y avait des meubles aux formes gracieuses alourdies des ornements extravagants du rococo français. De part et d'autre des fenêtres, deux hautes étagères remplies de livres. Entre les fenêtres, un bonheur-du-jour[6] abritait de jolies figurines de porcelaine aux couleurs vives. Il y avait aussi un superbe cheval de bois à bascule monté par une grande poupée de cire, un peu malmenée, mais encore élégamment vêtue. Occupant l'espace devant la cheminée où crépitait un feu, un fauteuil invitant aux courbes galbées tendu de velours beige dont le siège permettait d'allonger confortablement les jambes.

Le lit à baldaquin habillé de damassé d'un bleu soutenu constituait sans doute la pièce maîtresse du mobilier. Dans la pénombre des rideaux, Dana distingua une forme qui reposait sous les couvertures. Si petite…

Francis se dirigea de ce côté et tira doucement l'un des pans pour laisser entrer la lumière.

— Bonjour, mon joli colibri, fit-il en se penchant sur le lit.

Le bruit d'un baiser se fit entendre, puis une petite voix, un peu aiguë, répondit.

— J'ai invité quelqu'un.

— Qui c'est ? questionna la voix d'oiseau.

— Tu te souviens de cette dame dont je t'ai parlé ? Celle qui aime dessiner.

— Elle est ici ?

— Oui. Et j'aimerais te la présenter.

Un silence accueillit la demande de Francis. Sidérée, Dana n'avait guère remué. Il ne s'agissait nullement d'Evelyn Seton.

— Est-ce que je suis assez jolie pour qu'elle me voie ?

Dana fronça les sourcils, maintenant intriguée par cette voix qui rappelait celle d'une vieillarde.

— Tu l'es pour moi, Lydia. Tu le seras pour Dana.

---

6. Petite table surmontée d'une armoirette à vantaux vitrés.

Lydia ? Sur le coup, le prénom n'évoqua rien pour Dana. Quand Francis se redressa pour s'adresser à elle, Dana le découvrit différent, comme transfiguré. Elle sentit un courant d'émotion la submerger en même temps que Francis tirait le rideau plus loin pour dévoiler celle qu'il dissimulait au regard du monde : sa fille Lydia. Timmy s'était trompé. Elle s'était trompée.

Ce qu'elle vit d'abord fut une petite chose de la taille d'un enfant de quatre ou cinq ans à la pâleur d'une colombe. Le visage étroit, à la mâchoire inférieure diminuée et au nez en bec d'oisillon, lui souriait timidement. Une frange de cheveux clairsemée d'une blondeur presque blanche couvrait à peine la tête au volume disproportionné. La peau, d'une minceur de papier de soie, anormalement flétrie et parcourue de sombres veines bleutées, soulignait tristement les reliefs de son ossature.

Des oreillers entassés maintenaient Lydia en position semi-assise. Au-dessus d'un sourire coquin, elle regardait Dana de ses yeux tout ronds et brillants, un peu exorbités, d'un bleu pur. Francis tenait dans sa main celle de sa fille. De sous la manche à bouffant sortait un petit bras terriblement maigre, fragile. À moins de neuf ans, Lydia semblait en avoir cent.

— Bonjour, Lydia, fit Dana, en proie à une bouffée d'émoi qui lui fit monter les larmes aux yeux.

— Bonjour, Miss Dana. Vous êtes la dame qui peint le portrait de mon papa ?

Son papa… la fille de Francis. Les larmes venaient et Dana n'arrivait pas à les endiguer. Elle se mordit les lèvres, incapable de se raisonner. Elle se sentait stupide et voulait s'enfuir en courant. Francis aurait dû l'avertir de ce qu'elle verrait. Pleurer devant sa fille ne pouvait que lui rappeler son apparence disgracieuse.

— Oui, c'est moi.

L'enfant vit qu'elle pleurait et lui sourit.

— C'est parce que vous me voyez pour la première fois que vous pleurez ? Je pleurais aussi beaucoup quand je voulais aller dehors et que Mrs Alderman me l'interdisait. Maintenant je pleure seulement quand j'ai mal. Mrs Alderman dit que les larmes font pousser les fleurs dans le paradis. Alors il faut pleurer parfois.

Dana hocha la tête.

— Je suis… désolée, fit-elle en reniflant.

Puis, rassemblant ses esprits, elle essuya ses joues et s'approcha du lit.

— J'ai hâte de voir le portrait de papa, dit l'enfant. Il m'a dit qu'il me le donnerait quand il sera terminé.

— Quand il sera terminé ? Oh !

Dana sentit son cœur se briser. Les larmes revinrent.

— Faut quand même pas noyer les fleurs, Miss Dana.

Le sourire espiègle s'élargit, éclairant la singulière frimousse de la fillette.

— Je sais, dit bêtement la jeune femme en se forçant à sourire de même. Je ne savais pas que ton papa avait une petite fille aussi… charmante.

Elle voulut rattraper le mot, croyant qu'on penserait qu'elle s'en servait avec ironie. Mais Lydia parut se réjouir du compliment.

— Papa m'a dit que vous étiez aussi charmante.

— Il a dit… il t'a parlé de moi ?

— Oh, souvent. Il m'a dit que vous connaissiez l'histoire du Chat botté par cœur. Vous connaissez beaucoup d'histoires ?

— Quelques-unes.

— J'ai tous les contes de Grimm et toutes les fables de La Fontaine. Vous pourriez m'en lire une ?

— Miss Dana n'a pas le temps, Lydie. Elle doit rentrer chez elle pour le dîner. Elle ne faisait que passer te dire bonjour. Une autre fois peut-être.

— Elle ne dînera pas avec nous ?

La déception se lisait sur l'étrange faciès. N'eut été l'importance de ce repas chez son oncle, Dana aurait tout de suite accepté l'invitation de Lydia.

— Pas aujourd'hui, répondit Francis après une pause de silence.

— Une autre fois, peut-être, suggéra Dana.

Le père s'assit sur le bord du lit et se pencha sur sa fille. Dana s'éloigna pour ne pas troubler leur intimité. Mais elle les observa pendant que Francis examinait la petite malade. La fillette se pencha légèrement; il lui demanda d'inspirer, de retenir son souffle et de le relâcher. Tout au long de l'exercice, du bout de deux doigts, une oreille en position d'écoute, il percutait la cage thoracique. Ensuite il lui posa quelques questions pendant qu'il prenait son pouls. À la fin de l'examen, elle réclama d'être installée dans le récamier, qui était le fauteuil au siège allongé.

Francis souleva délicatement le petit corps et l'installa confortablement. Il lui donna le livre qu'elle voulait. Dana dit au revoir à Lydia et suivit Francis dans le corridor. Puis ils se rendirent au salon, où les attendaient une théière fumante et une assiette de petits sablés au beurre.

— Vous saviez que j'avais une fille, dit Francis en lui offrant la tasse qu'il venait de remplir.

Elle l'accepta et s'assit dans un fauteuil.

— Je le savais. Mais on m'avait raconté qu'elle était morte.

— Légalement, elle l'est.

— Je ne comprends pas, dit Dana en relevant un regard perplexe vers le chirurgien.

Les détails des versions de Christopher et d'Alison lui revenaient. Parti à Londres avec sa fille, Francis en était revenu seul. L'enfant n'avait pas survécu à une infection pulmonaire. Pourquoi, pendant toutes ces années, faire croire à la mère qu'elle était morte et la garder prisonnière dans un logis de Candlemaker Row? C'était inhumain.

— C'est une longue histoire, dit Francis comme s'il suivait le déroulement de ses pensées.

Il s'installa dans le fauteuil en face d'elle, but une gorgée de son thé et déposa la tasse sur la table basse qui les séparait. Puis il commença à raconter l'histoire. La grossesse d'Evelyn, leur joie d'avoir un premier enfant, la naissance difficile de Lydia. C'était un bébé normalement constitué, comme les autres. Rien ne les avait préparés à cette curieuse et rare maladie qui avait commencé à apparaître vers la fin de sa première année. D'abord le poupon avait présenté des retards de croissance, qu'ils avaient attribués simplement à une nature fragile. Les cheveux poussaient rares, les dents tardaient et le faciès prenait peu à peu son aspect singulier. Puis d'autres symptômes s'accumulèrent : raideurs articulaires, cyanose de la peau caractéristique des problèmes respiratoires, dislocations fréquentes des hanches et maigreur excessive, qui compliquaient l'état de santé de Lydia. Leur vie s'était peu à peu transformée en cauchemar.

— C'est comme si elle vieillissait dix fois trop rapidement, dit Francis.

— Et votre épouse craignait qu'on ne la traitât en curiosité ?

— Evelyn ? s'écria-t-il en esquissant une grimace comme s'il se rappelait un mauvais rêve. Ma femme n'a jamais accepté Lydia. A-t-elle déjà éprouvé de la compassion pour sa fille ? Elle refusait catégoriquement de la prendre, de la voir même. Quand j'étais absent, ce qui arrivait malheureusement trop souvent, Lydia était confinée dans la nursery avec Mrs Alderman. Alors, quand je rentrais, c'est Evelyn qui s'enfermait, quand elle ne sortait tout simplement pas de la maison. Nous en étions venus à vivre séparément sous le même toit.

— Oh ! Ce n'est pas…

— Ce que l'on vous a raconté ?

— Non.

— C'est Christopher qui vous a raconté ce que vous savez ?

— Oui.

— Evelyn lui a donné *sa* version. Je n'ai jamais cherché à la corriger. Pour être franc, cela m'arrangeait. Elle expliquait tout ce que je ne désirais pas avoir à expliquer : la profonde mélancolie de ma femme et pourquoi j'ai caché Lydia.

Il soupira. On entendait Mrs Alderman s'activer dans la cuisine. Des effluves d'oignons caramélisés et de sauce au vin se répandaient dans le salon. Dana imagina le père et la fillette en train de manger en tête à tête. Soudain devant elle se tenait un homme qu'elle ne reconnaissait plus. Un chirurgien taciturne, avare de ses sourires parce qu'il les gardait pour Lydia, qu'elle devinait être la prunelle de ses yeux.

— Ne dites plus jamais que je suis incapable de sentiments, lui avait froidement lancé Francis après l'opération sur Lisbeth. Mais son expression n'était guère arrivée à contenir l'émotion qui le tenaillait. Sans le savoir, elle l'avait blessé injustement, profondément.

— Pourquoi avez-vous caché votre fille ici? questionna-t-elle avec douceur.

Une douleur indicible contorsionna les traits de Francis. Il avait cru n'avoir jamais à raconter ça. Mais pour Dana, il le devait.

— Evelyn a tenté de tuer Lydia en l'étouffant avec un oreiller pendant son sommeil, expliqua-t-il sans ambages.

Le torse de Dana se redressa et elle déposa sa tasse à côté de celle de Francis sur la table basse. Elle considéra un moment l'homme assis devant elle. Il décroisa ses longues jambes et les recroisa dans l'autre sens. Une froide lueur animait le fond de son regard. Evelyn avait-elle découvert la cachette de sa fille? Dana se demanda s'il pourrait aller jusqu'à tuer pour protéger Lydia. L'instinct pouvait dans des situations extrêmes amener l'homme à se retrancher dans ses habitudes animales d'origine.

— Donc, feignant être parti à Londres avec votre fille pour la faire examiner, vous êtes resté ici avec elle pour la cacher.

Il acquiesça.

— Elle vit ici depuis. Mrs Alderman s'en occupe depuis sa naissance. Que Dieu bénisse cette femme. Je viens les voir quand je peux. Candlemaker Row est près de l'université et de la Royal Infirmary. Quand je dispose de quelques minutes, je viens. Lydia comprend qu'il m'est impossible de vivre ici avec elle.

— Elle sait que sa mère a…

Elle n'arrivait pas à répéter l'horreur qu'elle avait entendue. Une mère ne pouvait tuer son enfant.

— Elle sait qu'elle ne peut plus vivre avec elle. Je ne crois pas que Lydia soit consciente de ce qui s'est réellement passé. Elle n'avait que quatre ans quand cela s'est produit. Je lui ai dit que sa mère était gravement malade et qu'elle ne pouvait plus s'occuper d'elle. Si cela l'a rendue malheureuse, elle ne m'en a jamais soufflé mot. Evelyn n'a jamais démontré de marque de tendresse envers Lydia. Pour Lydia, sa mère est Mrs Alderman. Et, en dehors de nous, seuls Halkit, Spittal, les Dawson et le docteur John Thomson savent qu'elle vit toujours. Ces gens me sont d'une loyauté indéfectible. Comme ils l'ont toujours été envers les Seton à travers les épreuves. Sans eux, je ne sais pas ce que je serais devenu. Je pense... que je leur dois la vie, d'une certaine façon.

Le visage de Francis s'assombrit. Dans sa voix traînaient des notes qui exprimaient la lourdeur de son accablement. Il se leva et exécuta quelques pas. Lui tournant le dos, il se posta devant la fenêtre et s'absorba dans le mouvement de la rue, trois étages plus bas.

— J'ai fait des recherches sur ce mal qui afflige ma fille. Sur une période de cinquante ans, seulement trois autres cas ont été découverts, dont un vit toujours sur le continent. Selon les informations répertoriées, il semblerait que ces enfants aient souffert de défaillances cardiaques comme s'ils étaient effectivement des vieillards et leur longévité n'atteindrait pas douze ans. Il n'existe encore aucun nom pour ce mal. Lydia aura neuf ans au printemps. Elle présente des troubles cardiaques sérieux depuis trois ans et elle souffre beaucoup de douleurs aux articulations. Elle n'en a plus pour longtemps, déclara-t-il. Elle le sait. J'entends la ramener à Weeping Willow. Là est sa véritable place.

« Mais Evelyn ? » allait demander Dana. La réponse vint sans qu'elle eût à le faire.

— Je ne sais rien de ce qui est arrivé à ma femme, dit gravement Francis en quittant la grisaille de l'hiver pour la regarder. Je soupçonne qu'elle a enfin réussi à mettre fin à sa vie. Après avoir voulu étouffer Lydia, Evelyn a fait une première tentative. Mais elle a avorté.

Elle avait ouvert ses poignets et Mrs Rigg l'avait trouvée dans son bain. Francis corrobora l'histoire. Evelyn avait récidivé quelque temps plus tard en ingurgitant un fort cocktail à base d'opium et de digitale pourprée. Cette fois, c'était Christopher qui l'avait découverte. Il lui avait fait prendre, in extremis, une bonne dose de sirop d'ipéca. Lui était en voyage à Londres.

Pourquoi s'était-il acharné à sauver cette femme qui avait voulu tuer leur enfant?

— Je croyais sincèrement que, si Evelyn sortait de cette mélancolie, elle arriverait peut-être…

Il marqua un temps, soupira.

— Evelyn a toujours été comme une balançoire dans le tourbillon du vent. C'est pourquoi je dois transporter Lydia chez moi. Si ma femme vit toujours et qu'elle est au courant que notre fille est ici… je ne sais pas ce qu'elle peut faire.

— Vous pensez qu'elle aurait découvert que Lydia vit toujours?

— Je ne le crois pas, mais… qui sait?

— Elle n'est jamais venue ici avec vous?

— Jamais je ne l'aurais permis! fit-il, presque choqué.

— Vous croyez sincèrement qu'elle s'en prendrait à elle une seconde fois?

Son silence était des plus éloquents. Perplexe, Dana commençait à douter de ce qu'avait vu Timmy. Peut-être s'était-il trompé sur l'identité de la femme. Ce n'était sans doute qu'une des filles de Mrs Blake.

— La nuit où votre épouse a disparu, enchaîna Dana, vous vous trouviez ici?

— Oui. J'ai passé la nuit avec Lydia. Elle sort très rarement le jour pour les raisons que vous devinez. Alors il m'arrive de l'emmener au bord de la mer pour lui permettre d'admirer les reflets de la lune sur l'eau. Lydia n'a jamais…

Manifestement Francis était très ému et il arrivait difficilement à raconter son histoire.

Dana avait une brusque envie de lui prendre les mains pour lui apporter un peu de réconfort. Elle avait surtout envie de lui dire qu'elle compatissait pour son malheur et que, s'il avait besoin de son soutien, elle le lui offrait.

— Pardonnez-moi, fit-il d'une voix étranglée, et il se détourna brusquement vers la fenêtre.

Plus rien ne fut prononcé pendant un long moment. Désemparée, Dana ne savait quoi dire. L'odeur du repas qui mijotait dans la cuisine lui rappela que Tante Flora l'attendait pour l'aider à préparer celui des Nasmyth qui se réunissaient ce soir. Et la réalité de sa vie la happa comme un vent du boulet. Elle se leva.

— Je… je dois partir, Mr Seton, murmura-t-elle.

— Oui, fit-il simplement.

« Je l'aime malgré tout », reconnut-elle en elle-même. Il suffisait de se retrouver en sa présence pour oublier tout sauf qu'elle l'aimait.

L'homme ne bougea pas. L'avait-il entendue ? Elle attendit quelques secondes, puis, à l'encontre de ses désirs, s'éloigna vers le vestibule. Francis ne l'y suivit pas. Le cœur lourd, la jeune femme s'habilla, attendit encore. Rien. Elle sortit.

Debout devant la fenêtre, Francis était demeuré immobile. Quand la porte se fut refermée, il expira tout l'air qu'il retenait dans ses poumons. Tendue par les sanglots comprimés, sa poitrine lui faisait mal. Ses épaules s'affaissèrent soudain et se secouèrent de gros sanglots. Tous ses secrets n'étaient pas libérés. En demeurait un encore, plus terrible pour Dana.

❦

Le poing s'abattit avec force sur la surface du comptoir. Dana tressaillit. Mais elle s'entêta à faire face à Timmy.

— Je refuse ! Je t'interdis de retourner là-bas !

Ses yeux noirs projetant le feu de sa fureur, il criait.

— Je veux achever ce que j'ai commencé, Timmy.

— Cet homme est un assassin, Dana. Et tu es bête, vraiment bête de vouloir remettre les pieds chez lui. Même pour cent livres. Par tous les diables ! Qu'est-ce qui te prend soudain ?

— J'entends achever ce que j'ai commencé. Ce tableau est important pour moi.

— Nous n'avons plus besoin de cet argent.

— Ce n'est pas pour l'argent, argua-t-elle. C'est ma première œuvre d'importance. Tu ne peux pas comprendre.

Ce qu'il ne pourrait pas comprendre et qu'elle ne pouvait certainement pas lui dire, c'était qu'elle voulait surtout le faire pour Lydia.

— Non, je ne comprends pas. Hier encore tu t'accordais à ma raison, et aujourd'hui tu me mets au défi.

— Je ne te mets aucunement au défi.

— Si! Tu défies mon autorité. »

Dana ouvrit la bouche, estomaquée. Pendant quelques secondes, ils entendirent le vacarme que faisaient les Nasmyth dans le salon, au premier. Timmy et Dana étaient descendus dans la boutique pour se retrouver seuls, comme chaque fois que Timmy se préparait pour rentrer dans Potter Row. Le dîner s'était bien déroulé. Et, à la grande surprise de tous, Charles Nasmyth avait écouté Timmy lui débiter ses projets d'expansion pour la papeterie Nasmyth. Il n'avait rien répliqué quand son fils eut terminé. Cela était déjà une victoire en soi. La graine était semée. Il fallait être patient et attendre de voir ce qui en émergerait.

— Ton autorité! lâcha-t-elle en même temps que son souffle.

— Une femme doit obéir à son mari. Et je préfère te prévenir tout de suite que je ne tolérerai point que tu commences à peindre tous ces « messieurs » de la bourgeoisie d'Édimbourg.

La bouche de Dana s'ouvrait et se refermait, aussi muette que celle d'un poisson. Timmy avait redressé les épaules dans une attitude de supériorité qui l'agaça au plus haut point.

— Je ne suis pas encore ta femme, Timmy Nasmyth. Et tu n'as pas à me dicter ma conduite comme si je n'étais qu'une enfant.

— Tu agis pourtant comme une enfant. Et têtue de surcroît!

Les lèvres de Timmy s'amincirent et pâlirent. Il croisa les bras sur sa poitrine. Ses muscles se bandaient dans tout son corps et il avait un terrible besoin de soulager la tension qui s'accumulait.

— Je refuse catégoriquement que tu retournes là-bas, répéta-t-il en se forçant au calme.

— J'y tiens, Timmy. Tu ne peux tout de même pas m'empêcher de finir ce portrait parce que tu crois le chirurgien Seton responsable de la disparition de sa femme?

— Je l'ai vu avec elle. Il l'a tuée, j'en suis persuadé.

— Être persuadé ne signifie pas être sûr au-delà de tout doute. Tu pourrais jurer sur la Bible que c'est bien lui que tu as vu ce soir-là? La police n'a porté aucune accusation contre Mr Seton.

Les poings de Timmy se serraient et se desserraient contre ses biceps gonflés. Il perdait ses moyens. S'il allait trouver la police et tout lui raconter? Mais il avait d'autres projets pour l'information qu'il détenait et il entendait s'en servir au moment propice. Pour l'instant, il devait établir un plan.

— Si tu retournes chez lui…

Les longs bras se déplièrent lentement. Dana s'avisa de la tension qui crispait Timmy en une masse de muscles et d'os qui pourrait l'écraser comme une petite mouche de rien du tout. Et elle eut peur.

— Que feras-tu si je décide d'y retourner? osa-t-elle quand même.

Le visage de son fiancé se colora d'un rouge violent et ses traits se déformèrent au point qu'elle ne le reconnut plus. Il avança d'un pas; elle recula de deux. Un grondement sourd de bête furieuse s'éleva dans la gorge de l'homme et Dana vit le dragon qu'avait dû affronter Tristan pour gagner la main de la belle Iseult. Le grondement se mua en un cri rauque et Timmy libéra toute sa rage sur les rames de papier qui avaient été soigneusement empilées sur le comptoir. Dana devait les ranger sur les rayons le lendemain matin. Les feuilles du précieux papier Fabriano et de soie japonaise volèrent tout autour d'eux comme les feuilles d'un arbre soufflées par un magnifique ouragan. Dana protégea son visage de ses bras et se retrancha derrière une étagère en gémissant. Les dernières feuilles tombèrent dans un doux bruissement. Pesa ensuite un affreux silence.

Les yeux fermés, elle attendit. La respiration sifflante de Timmy cadençait les battements de son cœur affolé. D'une seconde à l'autre, elle s'attendait à ce que la main s'abattît sur elle. Mais rien ne vint. Il y eut un froissement de papier, le grincement des lattes du plancher de bois. Et la porte se referma.

La peur se dilua et Dana s'effondra au sol. Elle resta longtemps allongée sur le plancher, à pleurer. Une voix l'appela doucement. Prenant conscience de l'état de la boutique et de sa propre image, elle se leva d'un bond et essuya promptement ses yeux. Logan la dévisageait d'un air inquiet.

— Pour l'amour du Christ ! Qu'est-ce qui se passe ici ?

— J'ai fait tomber les piles de feuilles, raconta-t-elle tout en s'obligeant à les rassembler.

— Où est Timmy ?

— Oh, il est parti. Il était très fatigué et…

— Trop fatigué pour t'aider à les ramasser ?

Logan se plia sur le désastre et entreprit de porter secours à sa cousine. Ne la voyant pas remonter au salon après un si long moment, il s'était inquiété. Il avait vaguement entendu du bruit venant du rez-de-chaussée. Il avait pensé à une entrée par effraction. C'était toujours à craindre pour un commerçant dans une ville où la pauvreté gagnait du terrain.

— J'avais décidé de les ranger ce soir, expliqua Dana. Je me suis bêtement pris les pieds dans la lame déclouée.

L'extrémité d'une lame de bois avait tendance à retrousser quand on marchait sur l'autre. Flora s'y était accroché le pied à deux reprises et avait failli s'étendre sur le plancher avec une boîte pleine de bouteilles d'encre. Mais Logan avait réparé la lame ce matin même.

— Donne-moi ça, dit-il en prenant la pile que tenait Dana. Je vais le faire.

— Je peux très bien me débrouiller… renifla Dana, butée.

— Dana, fit son cousin en lui touchant le bras.

Elle leva son regard rougi vers lui.

— Va te coucher, tu es exténuée.

Ils se dévisagèrent le temps de comprendre que personne ne dupait personne. Dana acquiesça silencieusement.

— C'est de ma faute, murmura-t-elle.

Logan ne dit rien, pressa son bras. Sa cousine se leva et le remercia avant de s'éloigner. Pensif, Logan contempla le fouillis de papier qui tapissait le plancher autour du comptoir.

◆◆

La neige tombait toujours et le paysage se couvrait d'un épais manteau lilial qui éblouissait. Les sons ne se répercutaient plus sur les immeubles avec la même intensité, absorbés qu'ils étaient par les flocons qui tombaient en douces virevoltes du ciel. Le vent s'était levé et soulevait des lames de poudre blanche qui donnaient l'impression de marcher sur un nuage. Mais l'air était agréable à respirer.

Ayant très peu dormi, Dana s'était levée tôt pour terminer ce qu'elle avait à faire dans la boutique avant l'ouverture. Logan, fidèle à sa nature bien intentionnée, avait fait disparaître toutes les traces de la colère de Timmy. Tante Flora lui avait accordé son congé avec une certaine retenue et un froncement de sourcils. Elle n'avait jamais vu d'un bon œil cette affaire de portrait pour le chirurgien Seton. Pour elle, la place de Dana aurait dû être chez les Nasmyth. Elle était même allée jusqu'à lui faire valoir le déshonneur que devait ressentir Timmy de voir sa future épouse travailler pour autrui. Et ce qu'elle entendait dire sur l'homme n'avait rien de rassurant. Mais Dana était décidée. Elle terminerait ce portrait.

Pour Lydia.

Elle emprunta l'allée de gravier qui menait à Weeping Willow. Ses pieds s'enfonçaient jusqu'aux chevilles dans la neige. Le chemin n'était plus qu'un long ruban blanc se terminant en boucle autour de la vasque de pierre dans laquelle Junon, sous un manteau de pureté, s'était figée pour l'hiver. Sous le portique attendait un phaéton qu'elle ne reconnut pas. Le cocher, qui se tenait debout dans un coin à l'abri des bourrasques, la salua d'un coup de sa pipe sur le bord de son chapeau.

Halkit lui ouvrit, visiblement surpris de la trouver là. Il ne portait pas sa perruque et arborait sa chevelure naturelle, épaisse et ondulée. Le majordome la vit sourire. Il porta sa main gantée de blanc à cette toison aux reflets d'ivoire bouclée comme celle d'un mouton. Il sourit à son tour.

— Oui… monsieur m'a fait cette suggestion, Miss. Je le préviens que vous êtes là… Il est occupé avec quelqu'un pour l'instant.

Comme au premier jour, elle s'assit sur l'une des chaises du grand vestibule. Dans ses chaussures, un léger fourmillement parcourait ses pieds. Elle n'avait pas senti le froid l'engourdir. Le fourmillement s'étendit à ses cuisses, qu'elle frictionna pour activer la circulation. La voix autoritaire de Mrs Rigg admonestait Alison pour avoir répandu de la cendre sur le parquet de la salle à manger. Avec cette pétulance qui la caractérisait si bien, la servante rouspéta quand la femme de charge s'éloigna de son pas lourd cadencé par le cliquetis de son trousseau de clés. Avec les sons familiers de la maison lui revenaient des souvenirs. Son amie lui manquait.

Il y eut une explosion de rires dans la cuisine. Une porte s'ouvrit et d'autres voix résonnèrent dans le hall. Celle de Halkit, puis celle, plus grave, de Francis. Le majordome s'éloigna. Dana avisa alors la superbe pelisse de *broadcloth* cramoisie à la hussarde et entièrement doublée de fourrure abandonnée sur une chaise dans le hall.

— … Je ne te comprends pas, Francis, s'écria une voix féminine. Tu refuses chaque fois de m'accompagner à ces dîners chez Henry Siddons. Le directeur du Théâtre donne ce repas en mon honneur pour souligner mes dix années dans la troupe et je tiens vraiment à ce que tu sois avec moi.

— Je t'en prie, je ne changerai pas d'avis ! Vas-y avec Mr Haxel. Il sera plus qu'heureux de t'y accompagner. »

Dana se leva.

« Je fais une erreur… » marmonna-t-elle.

Elle reconnaissait cette voix, hautaine et mielleuse. Elle fit quelques pas sur les dalles de marbre blanc. Son cœur se serra. *Qu'Amy Stanfield soit ici ne devrait en rien me choquer.*

Elle était choquée.

Il me dit qu'il m'aime, sa femme disparaît et sa maîtresse rapplique ici…

— C'est avec toi que j'ai envie d'y aller, Francis. Mais qu'est-ce qui t'arrive? Nous devrions profiter un peu du fait que…

— Tais-toi, Amy…

La voix de Francis se fit plus forte et franche. Prise de panique, Dana regarda vers l'entrée. Elle se précipita sur la poignée de porte et la tourna. Les pas résonnaient dans le hall. Se sentant ridicule de s'enfuir de cette façon, elle ouvrit tout de même le lourd battant.

— … Tu oublies que je suis toujours marié. Je ne peux pas accepter de t'accompagner à ce dîner. Ce serait tout à fait inconvenant! Maintenant j'ai du travail et je pense qu'il serait préférable que tu ne reviennes plus ici pendant un temps. On commence à croire que… Dana?

Une bourrasque l'enveloppa de neige, lui coupant le souffle. Elle prit une grande respiration et fonça dans la blancheur du paysage.

— Dana!

Francis courait sur sa trace. Il la rattrapa assez rapidement.

— Dana, que faites-vous là, pour l'amour de Dieu?

— Et vous? rétorqua-t-elle.

— Mais… j'habite ici! C'est vous qui êtes chez moi, vous ferai-je remarquer.

— Vous allez mourir de froid, Mr Seton.

C'était la chose la plus stupide à répliquer, mais elle n'avait pas trouvé mieux.

Pendant qu'il la dévisageait, tout haletant, un étrange sourire étira les lèvres de Francis. Le vent fouettait sa chemise et soulevait ses boucles en tous sens. Il avait l'allure d'un épouvantail oublié dans une tempête. Il lui présenta la main.

— Rentrons.

Dans le hall, aidée de Halkit, Amy passait sa pelisse. Elle lança un air surpris vers Dana qui était restée près de la porte. Puis les paupières se refermèrent sur le vert de son regard, qui se refroidit spontanément.

— Si tu changes d'avis, Francis… dit-elle en se détournant de la jeune femme.

— Je ne changerai point d'idée, Miss Stanfield.

La voix, froide mais polie, se voulait sans réplique. Quand la femme finit d'attacher les boutons dorés de son manteau, elle attrapa le manchon que lui présentait le majordome. Amy s'approcha du chirurgien et glissa son index sous le menton qui n'avait pas encore été rasé. Dana constata alors la mauvaise mine de Francis. Avec sa chemise toute froissée et tachée çà et là de marron, avec ses yeux soulignés de cernes, il avait de toute évidence passé la nuit en compagnie d'un cadavre à la cave. Amy Stanfield eut cette remarque dérangeante :

— Les arts vous passionnent sous toutes leurs formes, mon cher. Je vois que vous avez décidé d'explorer plus à fond une nouvelle sphère.

Elle posa sur Dana un regard qui en disait long, l'évaluant de la tête aux pieds avec une morgue blessante. Toujours plaquée contre le mur, la jeune femme subit l'examen sans ciller.

— J'ai idée que vous avez appris à manier le… pinceau en maître, Miss Cullen, gloussa-t-elle méchamment. Mais je suis certaine que votre expérience…

— Amy ! Je t'en prie, pas de ça ici !

La froideur du gris métallique qui braquait l'actrice suffit à la faire taire. Amy prit son réticule sur la console et, empruntant une digne prestance, passa devant Dana, qu'elle toisa une dernière fois. Puis elle quitta la maison.

Dans une parfaite immobilité, ils écoutèrent le phaéton s'éloigner. Francis bougea seulement lorsque le tintement des clochettes se fut atténué dans l'espace. Il s'approcha de Dana. Au parfum d'eau de Cologne se mêlait cette douceâtre odeur qui l'accompagnait toujours quand il passait des heures à la cave. Elle s'y était habituée.

— Vous êtes revenue…

La voix bloquée, il la regardait intensément.

— J'ai pensé, dit-elle d'entrée de jeu avec autant d'émotion, que votre fille apprécierait de voir le portrait fini.

Francis avala la salive qui s'était accumulée sous sa langue. C'était inouï ; Dana reprenait ses pinceaux. Pour Lydia. Il en était sincèrement bouleversé, d'autant plus qu'après qu'elle l'eut quitté la veille il avait cru ne plus jamais la revoir. Il s'était consolé en sachant qu'elle le soupçonnait coupable de ce dont tout le monde l'accusait sans le dire ouvertement.

Puisque nulle réponse ne lui parvenait, Dana interpréta le long silence à sa façon.

— Est-ce que j'arrive à un moment inopportun, Mr Seton ? Vous étiez manifestement occupé à… avec un sujet. Je peux revenir un autre jour si…

— Non !

Il s'était exclamé si abruptement qu'elle en avait sursauté.

— De toute façon, j'avais terminé. Je monte me rafraîchir et… tout est resté comme vous l'avez laissé. Je demande à Halkit de décrocher les rideaux.

L'odeur de la peinture, le bruit du couteau qui grattait la palette, celui de la pendule qui comptait les minutes de silence, cette connivence entre leurs regards qui disaient des mots qu'ils n'osaient prononcer ; tout leur avait manqué. Ils avaient replongé dans cette complicité coupable avec délices, en savourant secrètement chaque instant. La seule présence de l'autre suffisait à leur faire tout oublier. Même le temps qui passait et celui qui sévissait maintenant en soulevant des tourbillons d'une neige folle qui aveuglait.

Ils avaient déjeuné léger sur place et avaient repris le travail aussitôt. Quelques minutes avaient suffi pour que Francis tombât endormi dans le fauteuil. Dana le laissa récupérer de sa nuit d'insomnie. Elle n'avait plus besoin qu'il tienne la pose.

Elle peignit. Par touches successives de couleurs solides et brillantes, elle mettait la main finale au portrait. Blanc coupé, laque de garance et noir de suie rehaussaient la luminosité, intensifiaient les profondeurs. Subtils apports qui magiquement donnaient relief au sujet dans son environnement austère. Le drapé des vêtements était souple et, malgré leur sobriété, on devinait le souci de l'apparence. À première vue, rien ne transcendait de l'essence du sujet. Il fallait savoir où regarder pour découvrir l'homme derrière l'image. La lumière ne pétillait que dans le regard.

Les minutes s'écoulaient à la vitesse de grains de sable s'échappant de la paume d'une main et se perdant dans la mer. Le temps qui passait, ils ne pourraient plus le reprendre. Et la lumière du jour s'estompait graduellement. Son pinceau hésitant dans sa main, Dana prit du recul et contempla son ouvrage. Elle soupira, plongea le pinceau dans le pot de térébenthine, essuya ses mains sur le torchon et tourna le chevalet vers Francis, qui avait ouvert les paupières sans qu'elle s'en aperçoive.

Le portrait était enfin achevé.

— Qu'en pensez-vous ? demanda-t-elle, fébrile.

Il avait quitté son fauteuil pour s'approcher et étudier l'œuvre de plus près.

— Non, prenez un regard distancé d'abord. Que voyez-vous ?

Penchant la tête d'un côté et de l'autre, il s'imprégna de l'atmosphère que dégageait le portrait. Au premier coup d'œil, il l'avait jugée un peu froide. Le jeu d'ombre et de lumière sur la portion de squelette en arrière-plan avait quelque chose de sinistre. Mais le jet de lumière diffus sur le microscope et sur la dorure des livres conférait une note chaleureuse qui, sans déranger l'œil, invitait subtilement à pénétrer ce monde mystérieux qu'était celui du chirurgien. Ce monde dont il s'entourait et qu'il aimait.

Et ce personnage qui habitait ce sombre décor et qui lui retournait son regard…

— C'est moi, dit-il dans un filet de voix.

Dana s'écarta pour le laisser contempler le portrait sans être distrait. Elle nota chacune de ses expressions. Il plissait les paupières, son front se barrait, tantôt soucieux, tantôt étonné de ce qu'il découvrait. À l'occasion, les deux visages qui se faisaient face reflétaient la même expression.

— C'est moi, répéta-t-il encore en la cherchant des yeux. Moi, à travers vous.

Ou moi, à travers mon modèle, rajouta Dana en elle-même. Ce portrait représentait la perception unique de l'esprit qui l'avait peint. L'exposition des secrets de son âme. Ce qu'elle avait craint. Ce dont elle était pleinement consciente en acceptant ce contrat qui absorberait tout son être et qui, elle le savait, changerait le cours de sa vie. C'est pourquoi elle n'avait pas encore signé son œuvre, ce qui serait l'équivalent d'un aveu public impossible.

— Aimez-vous?

L'anxiété lui tordait les mains. Dans ce portrait vivait beaucoup plus que son art.

— Et vous, Dana?

Une chaleur réchauffa le teint de ses joues.

Francis la fixait avidement, intensément, dans les yeux, comme s'il cherchait à voir plus loin en elle. Avec un peu d'acuité, il y découvrirait la même chose que dans le mélange des couleurs étalé sur la toile.

— Vous pourrez le faire installer dans un cadre dans quelques jours, dit enfin Dana, prise de gêne par cette intrusion dans son âme. Si le temps reste humide, cela pourra… Oh!

Elle venait de faire le constat du temps. Si éprise de son travail, elle n'avait guère porté attention à la tempête qui s'était levée dehors. Dans moins d'une heure, le soleil aurait passé l'horizon et leur monde se recroquevillerait dans l'obscurité et les volutes de neige. Dana réalisa rapidement qu'elle ne pourrait rentrer. Elle s'agita. On allait s'inquiéter de son retard. Logan irait trouver Timmy. Timmy allait venir la chercher. Il s'inquiéterait et viendrait.

La nuit tombait et la tempête, pour alourdir le désarroi de Dana, prenait de l'ampleur. Ils dînèrent d'une soupe à l'orge et d'une côte de bœuf aux oignons. Halkit se retira à la demande de Francis, qui s'occupa du service du vin lui-même. On referma les portes de la pièce sur eux.

Francis parla de Lydia, de son bonheur de la voir enfin venir vivre à Weeping Willow. Le déménagement était prévu pour le surlendemain. Christopher avait pris une chambre dans St. Peter's Close, à deux pas de l'université. Le jeune homme lui avait rendu sa démission, comme il l'avait annoncé à Dana. Il supportait mal la pression des examens finaux. Mais il y avait aussi que la disparition d'Evelyn l'avait fortement ébranlé.

D'évoquer l'épouse du chirurgien jeta un froid entre eux. Francis avait alors commencé à poser des questions à Dana, s'intéressant à sa famille. Avait-elle reçu des nouvelles de ses sœurs? Dana raconta le désir de Harriet de venir vivre en ville. De fil en aiguille, la jeune femme se mit à lui raconter son enfance dans le vieux presbytère de Kirkcaldy. Son amour de l'océan et le jardin de sa mère. Le parfum des pois de senteur et des roses aux petits matins humides de juin. Les choux énormes qu'ils mangeaient pendant tout l'hiver suivant la récolte et dont la seule odeur finissait par lui donner la nausée. Les espiègleries de Harriet et ses nombreuses disputes avec son frère, Thomas. Sa maladie et sa longue convalescence.

Ils vinrent tout naturellement à évoquer Jonat. À la suite de quoi Francis lui formula une demande des plus troublantes:

— Je vous en prie, parlez-moi de lui.

— Il était le meilleur homme de la terre. Sans lui, je ne serais pas ce que je suis. Jonat a été pour moi plus qu'un frère. Il a été un père et je me souviens même avoir déjà pensé pouvoir l'épouser un jour…

Elle rit en lui confiant ce secret.

Pendant que Dana racontait son frère, Francis demeurait étrangement attentif et silencieux. Dana éprouva une impression inexplicable. Les questions du chirurgien ne cherchaient en aucune façon à cerner Jonat, mais plutôt à explorer la profondeur de l'âme de son frère. Et quand elle lui dit qu'il lui avait offert son tout premier coffret d'artiste, il hocha la tête en souriant, comme s'il l'avait déjà deviné. Et Dana lui dit ce qu'elle lui avait déjà dit une fois, dans la bibliothèque, après cette orageuse discussion sur l'origine de l'homme:

— Vous et lui vous seriez bien entendus, j'en suis convaincue.

La bouche de Francis se tordit dans un drôle de rictus et il versa encore du vin dans sa coupe qui était pourtant encore pleine.

L'horloge qui sonna minuit les surprit. Les heures avaient filé et Timmy n'était pas venu. Les domestiques avaient fermé les rideaux pour empêcher les vents coulis de refroidir la maison. Will'O avait chargé les âtres de charbon et on éteignit presque toutes les lampes. Halkit vint prévenir Dana qu'une chambre avait été préparée pour elle: celle qu'avait occupée Christopher. Dana aurait aimé retrouver la chaleur d'Alison et leurs conversations de naguère avant de s'endormir. Mais elle devinait que son amie lui poserait des questions auxquelles elle n'aurait nulle envie de répondre. Elle demanda à Francis si elle pouvait reprendre le dernier roman de Jane Austen, celui qu'elle n'avait pas eu le temps de finir. Il avait été replacé sur les rayons de la bibliothèque.

Les bras repliés sur sa poitrine, l'épaule calée contre le chambranle, Francis se tenait dans l'embrasure de la porte et la regardait fureter parmi les livres. Si l'intimité partagée les avait poussés vers la confidence, elle avait aussi ravivé le souvenir de certains aveux échangés. «Elle n'est pas revenue que pour le portrait», ne cessait-il de se dire. Encore moins pour l'argent, il le savait.

Dana mit enfin la main sur le bon livre et se retourna pour gagner sa chambre. Le bras de Francis frôla sa joue, sa main enveloppa sa nuque. Avant qu'elle eût le temps de comprendre ce qu'il faisait, il lui avait volé un baiser sur la bouche. Et elle en demeura pantoise, les jambes toutes flageolantes.

— Je nous trouve pitoyables, murmura-t-il âprement. Nous agissons comme si rien ne s'était jamais produit. Comme si rien n'avait jamais été dit. Dana…

Il avait raison. Mais cela devait rester ainsi.

Il approcha son visage de celui de Dana, la sondant, cherchant à l'embrasser de nouveau. Mais cette fois elle esquiva.

— Pourquoi rendre la situation plus compliquée qu'elle ne l'est, Francis ?

— C'est pourtant ce que vous avez fait en revenant ici. Et vous le savez parfaitement.

Il y avait dans la voix un souffle de colère, une lueur de tristesse dans les yeux.

— Je suis revenue pour Lydia.

— Seulement pour elle ?

De sa main, il força le visage de Dana vers le sien. Elle fuit derrière ses paupières.

— Si vous ne m'aimiez pas, seriez-vous revenue ?

Elle dégageait encore des parfums d'huile et de térébenthine et il les respira profondément, se rappelant qu'elle avait maintenant terminé la toile et qu'après avoir quitté cette maison elle ne reviendrait plus.

— Dana, insista-t-il devant son mutisme, seriez-vous revenue ?

La lampe qu'ils avaient emportée dans la pièce n'éclairait qu'un côté du visage de Francis. Dana le contempla longuement avant de répondre.

— Non.

— Je vous aime aussi…

Comme des aimants, les bouches se trouvèrent enfin. Francis resserra son étreinte sur Dana. Tout le petit monde de Jane Austen se retrouva pris au piège entre les deux cœurs qui battaient follement de désir. Le baiser prit les couleurs qui n'existaient que dans les rêves. Il les ranima et les remua. Le besoin de prendre ce qu'offrait l'autre devenait impérieux. Leurs corps se collaient, se moulaient l'un à l'autre. Dana voulait que ce moment ne s'arrêtât jamais. La pression des mains de Francis dans son dos la rassurait, l'effrayait. À ses lèvres elle buvait un rêve d'amour comme boit celui qui revient de la traversée du désert. Et le désir était l'eau se déversant sur le sable brûlant.

Le livre coincé imprimait ses coins dans la poitrine. Soudain, Dana se prit à penser à la façon dont Jane Austen aurait inventé le dénouement de son histoire à elle. La romancière savait comment orchestrer les intrigues et marier le comique au dramatique. À la fin, elle guidait toujours ses personnages vers le bonheur. Certainement, comme pour Fanny Price, elle lui aurait fait emprunter la voie de la sagesse. Dans un monde où l'étiquette régissait la vie des gens, le mépris des règles ne pardonnait jamais.

Le vent soufflait dehors, faisait vibrer les vitres et mugissait dans la cheminée qui aspirait trop vite la chaleur du feu. Les émotions se faisaient prisonnières d'une tout autre tempête dans l'esprit de Dana. Il y avait Evelyn. Il y avait Timmy. Le désir se muait maintenant en une autre chose qui ressemblait vaguement à de la honte. « Je souffre autant que je prends de plaisir avec Francis. Je blesse Timmy comme je peux le rendre heureux », songea-t-elle. La honte se mua en crainte. Elle revit la colère de Timmy. Comme lorsque sa main avait frappé les rames de papier, elle en fut secouée.

Dana repoussa Francis et, brusquement libéré, le livre tomba au sol dans un bruit mat. Ceci n'était pas un roman…

— Il faut s'arrêter là, Francis.

Il respirait fort et refusait de se détacher d'elle.

— Nous ne faisons que nous meurtrir davantage, murmura-t-elle.

La fille du pasteur Cullen disait vrai. Et la vérité étouffa toute protestation dans la gorge de Francis. Il se mordit les lèvres sur lesquelles le goût de Dana était resté. La douleur lui rendit un peu du plaisir de cette étreinte. Mais le plaisir était une sensation si fugace. Bientôt la souffrance le domina entièrement. Il s'écarta, ses mains s'accrochant au rayon de l'étagère derrière la jeune femme. Elle se faufila et se sauva. Le chirurgien demeura longtemps immobile, les bras allongés, comme s'il embrassait un fantôme. La tête lourde d'amertume et de chagrin, il courba l'échine. Le livre était resté là, entre ses pieds. Lentement il se pencha pour le récupérer. Le carton avait conservé la chaleur de leurs corps et il le pressa entre ses paumes, très fort. Avec la force de cette douleur qui lui broyait le cœur.

Chapitre 21

Sous les regards des Seton suspendus au mur pour la postérité, Dana escalada le grand escalier. Un voile de larmes lui brouillait la vue. Ses pieds se prenant dans l'ourlet de sa robe qu'elle avait négligé de soulever, elle trébucha à deux reprises, se raccrochant à la rampe de bois. Poursuivie par l'écho du claquement de ses talons, elle se pressa vers sa chambre et s'y enferma. Un feu brûlait dans l'âtre et une chandelle avait été allumée sur la table de chevet. Pendant un bref moment, elle crut voir le corps nu de Christopher se matérialiser devant elle et elle cligna des yeux pour le chasser. Ce fut le visage défait de Francis qui lui apparut.

Sa poitrine s'enflait de sanglots. Elle plaqua ses mains sur sa bouche pour les contenir. En vain. Elle céda sous la pression et laissa se déverser librement sur son visage ces larmes qui faisaient pousser les fleurs du paradis. Si ce que lui avait dit Lydia était vrai, quel fabuleux jardin devait être le ciel.

Elle se calma enfin un peu. Elle s'assit sur le lit, où une chemise de nuit avait été déposée pour elle, soigneusement pliée. Elle allait dormir une dernière nuit à Weeping Willow, cette fois dans le quartier des maîtres, tout près de la chambre de Francis. Cette pensée la ramena dans ses bras et elle en frissonna. Elle ne pouvait rester dans cette chambre. C'était le supplice de Tantale. Elle avait besoin de la chaleur d'Alison, de son souffle sur sa nuque, de sa présence réconfortante.

Dana se dévêtit et passa la chemise. Puis elle s'enroula dans une couverture de laine laissée sur le pied du lit et se fondit dans l'obscurité du hall. Un silence feutré régnait dans la maison. Elle réalisait que tout le monde dormait… sauf Francis, qui était sans doute resté dans la bibliothèque. À pas de loup, Dana traversa le hall jusqu'au quartier des domestiques et s'engouffra dans l'étroit couloir jusqu'à la chambre des filles. La porte s'ouvrit sans bruit. Une douce chaleur l'accueillit. Le feu du charbon qui brûlait dans le petit poêle de fer ronronnait comme un gros matou satisfait dans son coin.

Dana se glissa entre les draps du grand lit où dormait apparemment toujours Alison. Sa flamboyante chevelure s'éparpillait comme des coulées de lave autour de son visage paisible. Le mouvement du matelas fit grogner son amie et elle se retourna. Dana cessa de respirer.

— Dana?

Encore tout ensommeillée, Alison se souleva sur son coude. La faible lueur du poêle creusait des ombres dans son visage froissé.

— Qu'est-ce que tu fais ici? Je croyais que tu dormais dans la chambre bleue.

La gorge serrée, Dana ne put que renifler. Croyant comprendre la raison de son chagrin, son amie se pencha sur elle et caressa sa chevelure.

— Tu n'as même pas défait ta coiffure, fit-elle remarquer dans un soupir. Tu es triste parce que ton fiancé n'a pu venir te chercher. C'est ça?

Un hoquet s'échappa de la poitrine de Dana.

— Allons, il viendra demain, ne t'en fais pas. Assieds-toi que je défasse ce chignon, sinon les épingles vont te piquer la tête.

Dana obéit et les doigts d'Alison se mirent au travail, relaxant la chevelure qui retomba en cascade sur ses épaules. Elle prit sa vieille brosse à laquelle il manquait bien des poils de sanglier et fit lustrer les longues mèches brunes.

— Je suis heureuse que tout s'arrange pour toi, Dana, dit la jeune femme après un moment de silence songeur. Mais tu me manques énormément, tu sais. Abigail n'a pas ton talent pour jouer la mort du chevalier Durandarte et cela ne fait plus larmoyer Rachel autant.

Touchée du compliment, Dana tourna son visage vers Alison et la gratifia d'un sourire.

— Tu l'aimes beaucoup, hein ? Tu as de la chance, tu sais, Dana. Je t'envie, mais je te souhaite beaucoup de bonheur quand même.

Les larmes revinrent mouiller les yeux vairons. Sans deviner la vraie raison du chagrin de Dana, Alison ouvrit les bras et étreignit très fort son amie.

❧❦

Dana écoutait le souffle d'Alison s'accorder avec celui du vent qui continuait de faire doucement vibrer les fenêtres. Elle n'osait bouger de peur de réveiller son amie. Mais elle avait l'impression que si elle ne le faisait pas, le régiment de fourmis qui avait assiégé sa jambe s'étendrait au reste de son corps. Elle remua un peu et attendit. Alison changea de position, mais continua de dormir.

Jonglant avec ses doutes et ses questions, Dana n'avait pas trouvé le sommeil. La tempête continuait de balayer la région, les emmitouflant dans un doux et blanc cocon qui étouffait petit à petit les sifflements du vent. Timmy avait-il essayé de venir la chercher ou était-il furieux au point de la laisser se débrouiller elle-même pour rentrer ? Peut-être qu'il s'était perdu dans les bourrasques aveuglantes.

Fatiguée de tergiverser, elle décida de se lever et de lire un peu. Le sommeil viendrait. Elle se rappela avec consternation que le livre était resté dans la bibliothèque. Un bol de lait chaud ferait peut-être tout aussi bien l'affaire.

Le contact du plancher était froid à travers ses bas de laine. Elle s'enroula dans sa couverture, puis alla à la fenêtre. Derrière le rideau, tout était noir. Un vent coulis se faufilait à l'intérieur. Elle repoussa l'étoupe dans l'interstice avec le bout de son ongle et laissa retomber l'épaisse toile. Le charbon ne faisait plus que rougeoyer dans le poêle. À tâtons, Dana s'aventura hors de la chambre.

La maison dormait sous son manteau d'hiver. L'obscurité avalait l'espace des couloirs et Dana se guidait en longeant les murs comme une petite souris. Un courant d'air refroidissait ses pieds. Elle se reprocha de ne pas avoir chaussé les pantoufles d'Alison. Un frisson la parcourut, lui faisant aussi momentanément regretter la chaleur du lit. Elle emprunta néanmoins l'escalier de service. Les marches grincèrent. Le vent gémissait dans les cheminées. Un bruit étouffé lui parvint du rez-de-chaussée. Quelqu'un d'autre ne trouvait guère le sommeil.

Mrs Dawson était penchée devant le fourneau, attisant le feu qui diffusait une douce chaleur dans la cuisine. Dana pénétra dans la pièce en provoquant assez de bruit pour annoncer sa présence et éviter d'épouvanter la cuisinière.

— Miss Dana?

— Mrs Dawson. Je n'arrivais pas à dormir.

— Vous non plus? Venez, petite. Venez manger une pointe de tarte et prendre une tasse de lait chaud avec moi.

— Le lait suffira.

Se dirigeant vers la source de chaleur devant laquelle Mrs Dawson installait une deuxième chaise, Dana se questionnait sur le changement d'attitude des domestiques à son égard. Ils démontraient une déférence nouvelle, l'appelant Miss et la vouvoyant. Ce qui la mettait mal à l'aise, comme si on l'excluait dorénavant de leur clan. Même Alison gardait certaines distances. Pourtant, ils lui témoignaient autant de chaleur qu'avant.

La femme versa le lait dans un chaudron qu'elle mit sur le fourneau et se coupa une généreuse pointe de la tarte aux pommes qu'elle avait cuisinée la veille. La collation servie, elle s'assit près de Dana.

— Si la tempête ne se calme pas, nous serons prisonniers de la neige pendant des jours. Nous devrons attendre que les chemins soient plus praticables avant de pouvoir sortir, et le docteur ne pourra pas prendre la voiture pour répondre aux urgences. Il en arrive immanquablement plusieurs après une tempête comme celle-ci. L'année dernière, un homme est resté enseveli sous plus d'un yard de neige tombée d'un toit. Il souffrait d'une fracture à la jambe et n'avait été retrouvé que plusieurs heures plus tard, à moitié gelé.

Soudain inquiète, Dana repensa à Timmy. Sans plus de commentaires, Mrs Dawson piqua sa fourchette dans la pointe de tarte et l'engloutit en quelques minutes. Écoutant les mugissements et les grincements qui résonnaient dans la maison, les deux femmes burent en silence leur lait sucré aromatisé de noix de muscade.

Dana déposa sa tasse vide sur la table et remercia la cuisinière. Le lait l'avait réchauffée, mais le sommeil la fuyait toujours, définitivement chassé par un sentiment d'inquiétude qui allait grandissant.

— Vous retournez vous coucher, Miss ?

— Oui.

Qu'y avait-il d'autre à faire ?

— Je vous souhaite une bonne fin de nuit, petite. Le matin nous révélera un magnifique paysage, vous verrez. Peut-être que cela vous inspirera pour une œuvre future.

— Peut-être. Bonne nuit, Mrs Dawson. Merci pour le lait.

La bonne femme lui sourit affablement.

— Dommage que vous n'ayez pas goûté à ma tarte.

— Pour déjeuner, alors.

— Je vous en garde une part, c'est promis.

La jeune femme lui rendit son sourire et se détourna.

— Miss Dana ! Emportez ceci.

Une chandelle. Dana la remercia encore une fois et, accompagnée de son ombre qui, géante, glissait sur les murs, elle se dirigea vers l'escalier. Elle s'arrêta sur la quatrième marche.

— Mrs Dawson, pourquoi m'appelez-vous tous Miss ?

— Vous n'êtes plus de la maison, Miss Dana. Vous êtes une invitée de Mr Seton qui vous considère avec beaucoup de bien. Voilà pourquoi.

Les joues rebondies de la cuisinière se creusèrent davantage et elle s'inclina. Muette d'ébahissement, Dana hocha la tête. Qu'avait dit Francis aux domestiques?

Un bruit résonna dans la maison, la faisant tressaillir. La flamme de sa chandelle vacilla.

— C'était quoi? s'alarma Mrs Dawson, qui l'avait aussi entendu.

— Je ne sais pas. On dirait du verre qui se brise.

— Une fenêtre?

Dana haussa les épaules. Mrs Dawson dans sa foulée, elle gagna le hall, d'où leur était venu l'écho du fracas. Les pièces qui les entouraient étaient sombres et tranquilles. Un bref remue-ménage leur fit dresser la tête. Quelque chose se produisait au premier.

— Un voleur! s'écria la cuisinière en levant les bras au ciel. Il y a un voleur dans la maison! Mr Dawson! Je dois réveiller mon mari!

— Mrs Dawson! l'arrêta Dana. Cela vient d'en haut. Si un voleur cherchait à entrer ici, il serait passé par une fenêtre du rez-de-chaussée, non?

La femme s'immobilisa et regarda Dana, indécise, aux aguets.

— Il y a le docteur à l'étage, releva-t-elle.

— Peut-être devriez-vous vérifier si tout va bien. Il peut avoir eu un malaise.

Un nouveau bruit les fit sursauter. Les deux femmes échangèrent un regard où se lisait maintenant une réelle inquiétude. Elles se précipitèrent dans le grand escalier. Au premier, tout semblait être redevenu tranquille. Les portes des chambres étaient toutes fermées. Tel un œil aveugle, le dôme était obscur, couvert de neige.

La cuisinière frappa à la porte de la chambre du maître en l'appelant. On ne lui répondit pas. Elle eut un air alarmé. Quand Dana était montée se coucher, Francis était resté dans la bibliothèque. Mais il n'y était plus.

— Il est peut-être à la cave, avança Dana. Il n'en avait peut-être pas terminé avec… son travail.

— Mr Seton ne passe jamais deux nuits consécutives dans la cave. Mr Seton! appela-t-elle de nouveau en frappant sur le bois. Nous avons entendu du bruit. Nous voulions savoir si tout va bien.

— Allez-vous-en ! rugit la voix de l'homme.

Les deux femmes furent frappées de stupeur, ne sachant trop que faire.

— Il est bien agité depuis que Mrs Seton a disparu, observa tristement la cuisinière. En plus de Miss Lydia qui revient…

La cuisinière lança un regard vers Dana.

— Mr Seton nous a avertis que vous étiez au courant, Miss Dana.

Mais Dana croyait deviner ce qui agitait vraiment Francis. Elle colla l'oreille contre la porte, qui s'ouvrit d'un coup et, en perte d'équilibre, Dana plongea dans la pièce. Francis la rattrapa par le bras.

— Dana ?

— Mr Seton…

— Vous êtes blessé, Mr Seton ? Que s'est-il passé ? s'écria en s'énervant la domestique qui entrait dans la chambre à son tour.

La main libre de Francis était enroulée dans un mouchoir taché de sang.

— Rien de grave, Mrs Dawson, fit-il en s'écartant de Dana. Une petite coupure de rien du tout.

— Oh ! se désola la femme en s'apercevant de l'état des lieux à la faible lueur des braises mourantes dans l'âtre. Par tous les saints du ciel ! Que s'est-il passé ici ? Vous vous êtes battu avec des démons, Mr Seton ?

— Si on veut, marmonna le chirurgien sur un ton qui dévoilait tout de son agacement de devoir donner des explications à sa domestique.

Une chaise était renversée, des papiers étaient éparpillés sur le sol. Sur le mur à côté du lit en désordre luisait une tache jaunâtre qui dégoulinait jusqu'au sol où s'éparpillaient des morceaux de verre.

Mrs Dawson repoussa son maître avec autorité pour passer et constater de plus près les dégâts. Dana remonta sa couverture sur ses épaules, réalisant brusquement avec embarras qu'elle ne portait que sa chemise de nuit. Si Mrs Dawson ne lui avait pas fait observer

sa tenue négligée, Francis, qui la suivait des yeux, n'avait certainement pas manqué de la remarquer.

— Miss Dana, voulez-vous m'aider et commencer à ramasser
tout ça ? demanda la cuisinière en se dirigeant vers la porte. Je descends chercher un balai, des torchons et de quoi panser la main de
ce pauvre Mr Seton.

Les talons de la femme résonnèrent jusque dans l'escalier, où
ils se perdirent. Francis s'assit sur le bord du lit en soupirant de
dépit. Dana s'accroupit pour ramasser les morceaux de ce qui avait
été une carafe de verre taillé et les jeta dans une corbeille qu'elle
dénicha sous le bureau de correspondance. Elle remarqua que
quelques éclats du verre avaient déjà été empilés sur la table de
chevet. Francis avait dû se couper en les ramassant.

— Laissez Mrs Dawson faire ce travail, Dana. Vous allez vous
blesser. Le verre est tranchant.

Le conseil avait été lancé d'une voix lourde d'ironie. Dana
l'ignora et jeta à la corbeille les derniers gros éclats.

— Évitez de marcher là tant que le balai n'aura pas été passé.
Montrez-moi votre main, lui intima-t-elle en cherchant à prendre
le membre blessé.

Il l'esquiva en plaçant sa main sous son aisselle.

— Peut-être préférez-vous que ce soit Halkit qui y jette un œil ?

— Non. Je n'ai besoin de personne, déclara-t-il sèchement. La
coupure est peu profonde.

Il avait mauvaise mine avec ses cheveux en bataille, et sa chemise, toute fripée et tachée de ce qu'elle devinait être du whisky,
était à moitié sortie de sa culotte. Elle examina ses yeux. Ils étaient
injectés de sang. Il avait bu. Beaucoup ? Difficile à dire. Elle l'observa plus minutieusement pour guetter les symptômes de l'ivresse.
Il se tenait parfaitement immobile et ne la quittait toujours pas des
yeux, ce qui l'obligea à la fin à détourner les siens.

Pour s'occuper en attendant le retour de Mrs Dawson, Dana
ramassa les vêtements qui traînaient et les plia soigneusement
avant de les poser sur le dossier d'un fauteuil. Ensuite ce fut au tour
des feuilles de papier qu'elle empila sur le bureau.

— Que faites-vous ici, Dana ?

La jeune femme se retourna d'un bloc. Le regard un peu vague, il la dévisageait d'un air mi-figue, mi-raisin.

— La tempête, vous vous souvenez… voulut-elle expliquer en se disant qu'il était, tout bien considéré, peut-être plus ivre qu'il n'en avait l'apparence.

— Je veux dire, pourquoi n'êtes-vous pas couchée ?

— Je n'arrivais pas à dormir. Je suis descendue à la cuisine boire une tasse de lait chaud. Mrs Dawson et moi avons entendu du bruit à l'étage.

Il hocha la tête, un étrange sourire courbant ses lèvres, et, dégageant sa main, il déroula le pansement improvisé pour examiner sa blessure.

— Quel piètre spectacle je vous offre, n'est-ce pas ?

Elle réalisa soudain la cause de son humeur rébarbative et crut bon de le laisser seul avec Mrs Dawson.

— Voudriez-vous un peu d'eau avant que je parte, Mr Seton ?

Elle chercha un gobelet et vit celui dont il s'était manifestement servi sur la table de chevet. L'homme ne répondait pas. Elle versa tout de même un peu d'eau dans le verre et le lui offrit. Il l'accepta. Leurs doigts s'effleurèrent. Sans même tremper ses lèvres dedans, Francis le déposa exactement à l'endroit où elle l'avait trouvé. Il leva les yeux vers elle, la fixant intensément, réveillant ces mêmes émotions qui avaient enflammé son ventre dans la bibliothèque.

— Vos cheveux… murmura-t-il avec une douceur aussi soudaine qu'inattendue.

Un claquement de talons fit taire la suite. Armée de tout son attirail, la cuisinière fit irruption dans la pièce, rompant le charme du moment. Il était trop tard pour se sauver. Les deux femmes se mirent à la tâche et, plusieurs minutes plus tard, le mur et le plancher étaient lavés et essuyés et tout le reste rangé. Mrs Dawson alimenta le feu dans l'âtre et fit une dernière inspection de la chambre.

— Je pense que nous pouvons laisser Mr Seton se coucher.

À ce dernier, elle lança un regard réprobateur.

— Vous savez que votre estomac supporte mal l'alcool, Mr Seton.

Il haussa les épaules, un sourire narquois suspendu aux lèvres, en prenant l'expression du gamin qui n'a que faire des réprimandes. La femme forma une moue agacée et poussa un soupir qui en disait long sur ce qu'elle pensait de son comportement. Dana attendait dans l'ombre près de la porte avec le balai et la corbeille.

— Merci, Mrs Dawson, dit Francis. Je me débrouillerai pour le reste.

Il avait retiré l'une de ses bottes et se débattait avec la deuxième, qui résistait. Il tomba à la renverse sur le lit.

— En êtes-vous certain ?

Ricanant, le chirurgien se rassit et se remit à la tâche. La botte céda enfin sous l'effort et alla voler contre le mur, manquant un tableau de peu. Il sourit aux deux femmes qui le regardaient d'un air hésitant.

— Certain.

Déchaussé, il se mit debout et souleva l'ourlet de sa chemise. Sur ce, Mrs Dawson poussa Dana hors de la chambre et referma la porte derrière elle.

— Ce n'est point un spectacle pour une jeune femme, maugréa-t-elle en allégeant Dana du fardeau qu'elle portait. Les hommes ! Tous des enfants qui refusent de grandir ! Allez vous coucher, Miss. Je me charge de ranger tout ça.

— Merci, Mrs Dawson, dit Dana en tirant la couverture sur sa chemise. Bonne nuit.

— Bonne nuit, petite.

La femme disparut dans l'escalier, abandonnant Dana devant la porte de la chambre de Francis. L'air froid courait sur le parquet, le refroidissant. Ses pieds glacés, Dana fixait bêtement la porte sans bouger, comme en attente de quelque chose. On entendit la domestique s'affairer pendant encore quelques minutes au rez-de-chaussée, puis tout redevint silencieux dans la maison. Dehors, le vent cherchait à s'infiltrer par toutes les bouches à feu de la maison, grondant et gémissant. Lui vint le souvenir doux-amer du baiser dans la bibliothèque et, avec lui, la sensation qu'il avait provoquée.

Puis ce regard dont Francis l'avait enveloppée tout le temps qu'elle s'était activée dans la chambre. Le même qu'elle avait senti posé sur elle toute la soirée pendant qu'elle attendait l'arrivée de Timmy, qui n'était jamais venu. Elle pensa qu'elle aurait dû suivre le conseil de son cousin. Revenir ici représentait certains dangers pour elle. Mais aucunement ceux qu'il pouvait imaginer. Elle poussa un long soupir. Refoulant ces émotions qu'elle jugeait inappropriées, sa chandelle à la main, elle allait prendre le chemin de sa chambre.

Un remous d'air fit vaciller sa flamme. Francis se tenait dans l'embrasure, à demi nu, l'air à la fois ravi et surpris de la trouver encore là.

— Dana… Je voulais… je voulais vous dire…

Les jambes de Dana se mirent à trembler. Il lui semblait que tous ses os étaient secoués par le son grave de la voix de Francis.

— Me dire quoi, Mr Seton?

Il s'approcha d'elle. Tout son corps était maintenant en proie au malaise.

— Vos cheveux… ils sont superbes.

Elle sentit ses doigts glisser dans sa chevelure qui tombait librement sur ses épaules. Il la soupesa, la palpa, la lissa. La main plongea plus profondément dans la masse soyeuse, caressa délicatement la nuque, procurant à Dana de délicieux frissons. Il y appliqua une légère pression, l'obligeant à approcher davantage son visage du sien. Il l'attirait vers lui, vers la chambre. Guidée par une force qu'elle n'avait plus envie de combattre, elle l'y suivit.

— Francis…

— Chut! fit-il en s'écartant et en la contemplant. Vous êtes magnifique.

L'homme referma doucement la porte sur eux. Il lui retira la chandelle, la souffla et alla la poser sur la commode. Puis il lui tendit la main. L'invitation était explicite, manipulatrice, indécente et merveilleusement tentante. Mais aussi terrifiante. Elle regarda cette main ouverte. La main d'un homme qui ne cherchait qu'à se poser sur elle, à la voler et à la salir. Mais cette même main pouvait lui offrir en échange quelque chose qu'elle ne posséderait jamais que par elle. Le sentiment d'être une femme désirée et aimée. La certitude d'être une femme à part entière.

Il y avait quelque chose d'affreusement excitant dans l'interdit. Sans s'y abandonner complètement, elle l'avait appris avec Timmy. Résister à la tentation était-il plus délicieux que d'y céder?

Après quelques hésitations, Dana inséra une main tremblante dans la paume tiède. Il lui sembla que ce seul petit geste avait arrêté la course du temps. Les doigts de Francis se refermèrent dessus avec douceur, comme s'il s'agissait d'un objet fragile et précieux.

Leur cœur se débattait dans leur poitrine au même rythme qu'eux luttaient contre leur conscience respective.

Francis fit le premier geste; il se dirigea vers le lit et entraîna Dana derrière lui. Il l'y fit asseoir et s'immobilisa debout devant elle. Là, dans les draps froissés, un masque d'ombre sur le visage, elle gardait le regard baissé sur ses mains croisées sur ses genoux. L'image était tendre et émouvante. Un tableau inspirant. Un rêve troublant. Une torture qui sapait sa raison. Qu'il était faible! Qu'il était lâche! Face à ses désirs, face à la raison.

Il s'agenouilla et posa ses mains sur les siennes. Elle leva lentement son regard vers lui.

—De ma vie, jamais je n'ai forcé une femme, murmura-t-il, troublé.

Incapable de répondre, elle hocha la tête. Au fond d'elle-même, elle savait maintenant que de terminer le portrait pour Lydia n'était qu'une excuse. Et Francis devait le savoir aussi.

Les mains de l'homme quittèrent celles de la femme. Elles glissèrent sur les genoux, les mollets tordus. Dana ferma les yeux quand une douce chaleur caressa ses pieds glacés. La délicatesse des gestes fit fuir la pudeur et la gêne de son apparence. Les doigts remontèrent le long des jambes jusqu'aux jarretières. Avec une lenteur mesurée, ils les dénouèrent, l'une après l'autre. Puis les doigts se remirent à voyager, retrouvant les hanches sur lesquelles ils se moulèrent. Francis se courba sur elle. Elle sentit son souffle sur son ventre à travers l'étoffe. Le poids de son torse pesait sur ses cuisses et les réchauffait. Les muscles de son dos jouaient sous la peau que doraient les flammes. Alors elle posa ses propres mains sur la douceur de sa chevelure. Elle la découvrait soyeuse comme celle d'un enfant.

Francis n'osait aller plus loin. Il était déjà allé trop loin.

Dana fit glisser ses mains de chaque côté du visage de l'homme et l'écarta pour le regarder. Mais la brûlure du souffle demeurait sur sa peau, pénétrait son ventre. Elle en ressentit une vive et délicieuse douleur. Ce visage, ces yeux… Elle avait aimé les peindre, les contempler, chercher à en percer les mystères, croire qu'ils n'appartenaient qu'à elle le temps d'une séance de pose.

L'immobilité devint insupportable. Les mains de Francis s'animèrent soudain d'une vie nouvelle. Elles se firent plus audacieuses, remontant le long des flancs, suivant les contours de la fine ossature qui tendait maintenant la musculature par à-coups sous l'effet d'une vive émotion. Il savait qu'il commettait une grave erreur. Mais il n'arrivait plus à se détacher d'elle. Dana le hantait depuis cette chaste étreinte dans sa voiture sur la route de Kirkcaldy.

Il la força à s'allonger et se hissa sur elle. Le souffle de la jeune femme s'intensifia. Il n'entendait plus qu'elle, ne voyait plus qu'elle, ne sentait plus qu'elle. Il perdait tout sens de la réalité. Il oubliait presque qui elle était vraiment.

La sœur de Jonat…

Cette vérité devenait infernale. Francis enfouit son visage dans la tiédeur du cou et gémit.

—Dis-moi d'arrêter. J'ai envie de toi, terriblement. Mais demande-moi de ne pas aller plus loin.

La sincérité de son tourment la toucha. La fébrilité du désir dans ces mains qui s'accrochaient à elle l'émut. Quelque chose de nouveau se produisait en elle. C'était comme si l'image de Dana Cullen, la fille du pasteur, se déchirait pour en libérer une autre demeurée enfouie dans les abîmes de son être. *C'est moi qui décide de la fin de mon histoire. Je suis l'auteur de ma propre vie.*

— Je suis déjà perdue, fit-elle en guise de réponse.

Elle le regarda, les yeux humides, brillants dans la pénombre dorée de la chambre. Elle enveloppa de nouveau son visage de ses mains et l'attira vers le sien. Elle voulait être l'amante parfaite et, en même temps, l'élève qui a soif d'apprendre.

— Apprends-moi comment faire.

— Montre-moi, et je t'apprendrai, murmura-t-il en posant doucement sa bouche sur la sienne.

Alors s'entremêlèrent les langues, les mains, les jambes. Frémirent les ventres, les nuques, les reins. Ils se déshabillèrent, se caressèrent, sentirent, mordirent, goûtèrent, pressèrent, cajolèrent, effleurèrent, griffèrent, se respirèrent. Tout venait naturellement, avec une simplicité désarmante. Dana n'y croyait pas, tant cela ne ressemblait pas à ce qu'elle avait imaginé. À la vérité, cela ne ressemblait à rien de ce qu'on lui avait raconté. Il fallait l'éprouver, le sentir. Il fallait le vivre. Et, en cet instant, elle était transportée de joie de vivre.

Les mains et la voix de Francis la portaient, la façonnaient. Il murmurait doucement son prénom ; elle répondait par une pression des doigts. Elle chuchotait le sien ; il en tremblait. Il la désirait et elle le voulait : l'entente parfaite. Lorsqu'il entra en elle, ce fut comme si le ciel se déchirait, lui ouvrant une brèche sur les mystères de la vie et de l'univers dont elle et lui étaient le centre.

Francis gémit du plus profond de son ventre pendant qu'il pénétrait celui de Dana. Tout venait si naturellement qu'il en restait ébahi. Dieu avait bien fait les choses. Elle gémissait avec lui, bougeait au même rythme que lui. Il n'y croyait pas. Dans les yeux mi-clos qui le fixaient, il voyait la crainte, l'étonnement et le désir. Mais il voyait aussi autre chose d'insaisissable. Une chose étrange et merveilleuse. Cette chose qui changeait tout, qui faisait tout oublier. Cette chose qu'il n'avait jamais encore étreinte entre ses bras, entre des draps, et qui lui venait au cœur. Cela ne pouvait ressembler à rien d'autre qu'à de l'amour.

Il fallait le souffrir, s'en effrayer. Il voulait en mourir. Et, en cet instant très précis, c'était comme si la vie le quittait.

Il murmura son prénom. Il l'embrassa.

— Je t'aime… chuchotaient sa bouche et son corps.

Il plongea en elle, se retira et replongea, doucement, avec brutalité. Elle le retint en gémissant, le repoussa en s'accrochant à lui. La violence du mouvement était formidable. La douleur qui se concentrait au point d'union était édénique: épicentre d'une secousse qui ébranla chaque cellule de leur corps dans une onde de choc les propulsant dans l'infini des étoiles. Ils s'y égarèrent et ne voulurent plus en revenir. Les mots se perdirent dans leur souffle et rien ne fut plus dit. Les mots n'étaient plus nécessaires: l'âme parlait un autre langage.

Le cœur de Dana martelait sa poitrine. Elle sentait et écoutait celui de Francis pendant que ses doigts reposaient sur sa peau humide. Elle ne bougea plus. C'était donc ça, faire l'amour à un homme. L'acte lui avait fait franchir les limites physiques de son être. Mais elle n'arrivait guère à saisir lesquelles. Jusqu'où l'amour pouvait-il nous transporter? De ne pas le savoir l'effrayait.

Les corps mollissaient d'apaisement, se recroquevillaient dans la chaleur des draps, l'un contre l'autre. Ici, le froid de l'hiver ne les atteindrait plus. Le temps ralentit et le silence, lourd de sommeil, calma les sens. Une question flottait dans l'esprit de Dana juste au moment de sombrer.

Et maintenant?

❦

Des voix les rejoignaient dans leurs songes. Un corps remua; l'autre s'écarta légèrement. Le rêve se poursuivit encore quelques secondes. Des éclats de voix s'insinuèrent jusque dans les cerveaux, rompant la quiétude, tel un glas. L'esprit encore un peu engourdi, Dana se redressa d'un bond. Ses yeux croisèrent ceux, égarés, de l'homme nu allongé à ses côtés. Il roula sur le dos, calant sa nuque sur son avant-bras. Clignant des paupières, elle prit quelques secondes pour comprendre où elle était et ce qu'elle y faisait. Après avoir lancé un regard affolé vers la porte de la chambre, elle se mit à fouiller frénétiquement les draps à la recherche de sa chemise de nuit.

Émergeant peu à peu des brumes du sommeil, Francis contemplait le corps de femme qui s'agitait dans le lit près de lui. La douce lumière matinale l'effleurait, la nimbait comme une aura. La chevelure brune en broussaille masquait une partie du visage et des seins. Il les admira, jolies poires blanches, sautillant à chacun de ses gestes. Il en suivit le mouvement de va-et-vient et eut cette brusque envie de les cueillir dans ses mains, de les porter à sa bouche et d'en goûter la chair tendre, comme il l'avait fait… Il l'avait fait! Au souvenir de leur nuit d'amour, il sentit son cœur se remettre à battre et sa peau se réchauffer.

La femme poussa un lourd soupir de dépit, cessa de bouger et fixa d'un air alarmé les taches cramoisies sur le drap.

« Oh! C'est inutile… ils le découvriront tôt ou tard. »

Mais elle préférait plus tard que tôt.

— Qu'est-ce que tu fais? marmonna-t-il d'une voix un peu éraillée.

— Ma chemise… Où est-elle?

— Je ne sais pas… elle doit être… mais qu'est-ce qui se passe, Dana?

Pour répondre à sa question, les voix d'Alison et de Halkit parvinrent jusqu'à eux.

— Par le Christ! souffla-t-il en refermant ses paupières.

La réalité le réveillait brutalement.

— Mr Seton, s'il vous plaît, fit une voix chuchotante.

— Dieu tout-puissant, où est-elle? s'énerva Dana.

Elle ne trouvait pas son vêtement de nuit.

Francis prit brusquement conscience des conséquences qu'entraînerait leur étreinte amoureuse. Tout ce qui lui avait paru si simple il y avait quelques heures à peine lui semblait présentement se compliquer. Il roula sur le dos en grognant et frictionna son visage avec vigueur. Un bout d'étoffe froissée apparut sous lui. Dana le vit et s'en empara en tirant dessus pour le dégager. Sa chemise de nuit recouvrée, elle l'enfila et sauta du lit pour récupérer un bas traînant sur le plancher.

Et maintenant?

La question lui revenait comme un coup de masse sur le crâne avec la régularité du tic tac de l'horloge.

Francis s'assit sur le bord du lit et lui tendit le deuxième bas.

—Cela ne se reproduira plus, murmura-t-elle d'une voix à peine audible.

Maintenant complètement éveillé, Francis saisit le visage de Dana entre ses mains et l'immobilisa devant le sien. La regardant directement dans les yeux, il déclara:

—Dana, je ne regrette en rien ce que nous avons fait, crois-moi. Je le voulais et j'espère que c'est la même chose pour toi.

Deux coups discrets furent frappés.

—Mr Seton?

—Nous sommes perdus... hoqueta Dana, au bord des larmes.

Libérant le visage de son amante morte d'appréhension, Francis attrapa sa culotte et l'enfila en vitesse. Il fourragea dans les draps à son tour pour trouver sa chemise. Après s'être décemment couvert, il se dirigea vers la porte. Dana finissait de nouer ses jarretières. Hésitant, il frotta nerveusement sa mâchoire qu'un chaume orangé couvrait. Il se décida et ouvrit.

—Que voulez-vous, Halkit?

—Je cherche Miss Dana partout, monsieur. Alison dit qu'elle n'est pas dans sa chambre et...

La voix du majordome s'était éteinte au milieu de sa phrase. Au regard que lui lança son maître, il sut que la jeune femme était avec lui. La servante, qui se tenait en retrait derrière le majordome, étouffa un cri dans ses paumes.

«Timmy est arrivé!» pensa aussitôt Dana. Et son cœur manqua un battement. Se précipitant sur la porte, elle écarta Francis et fixa durement son amie.

—Est-ce qu'il est là?

—Là? Qui?

—Pourquoi me cherches-tu?

— Je ne t'ai pas trouvée à mon réveil... Je croyais que tu étais retournée te coucher dans l'autre chambre. Mais tu n'y étais pas. Alors j'ai craint que tu n'aies essayé de rentrer chez toi par ce temps et...

— D'accord, fit Dana en rassemblant ses idées. Qu'est-ce que tu as dit à Mrs Dawson?

— Rien encore, je n'ai rien dit à personne. Je ne suis même pas encore descendue à la cuisine. Il n'y a que Mr Halkit qui...

— Miss Alison ne dira rien, la rassura Francis en toisant durement la servante.

— Jure-le-moi, Allie.

Affolés, les yeux clairs passaient du visage suppliant de Dana à celui, impénétrable, de Francis.

— Jurez-le, Alison!

— Je... je garderai, je le jure.

Devant l'air sincère de la servante, Dana souffla, soulagée.

Elle se laissa aller contre le mur. Francis dit quelques mots à Halkit et parla encore à Alison. Puis il referma la porte.

La magie de cette nuit s'était évaporée comme un doux parfum emporté dans un tourbillon. Timmy n'allait sûrement pas tarder à arriver. Qu'allait-elle lui dire? Oh Dieu! Elle n'arriverait plus jamais à le regarder dans les yeux.

Atrocement accablée, elle glissait le long du mur. Francis l'attrapa par les épaules. Le gris de ses yeux avait pris une nuance plus sombre. Il ouvrit la bouche pour dire quelque chose, mais Dana le devança.

— Je suis fiancée... et vous êtes marié. Cela ne doit plus se reproduire. Plus jamais.

— Dana...

— Votre femme, on ne sait toujours rien de ce qui lui est arrivé, Francis.

Il la relâcha doucement, comme avec regret. Elle se sauva.

— Tu es folle? l'apostropha Alison en faisant irruption dans sa chambre. Qu'est-ce qui t'a pris? On ne couche pas avec le maître!

— Il n'est pas *mon* maître, Allie !

— Il t'a forcée ?

Le cœur cognant dans sa poitrine, Dana s'affairait à s'habiller. Alison l'arrêta en voyant ses joues humides.

— Il t'a forcée, Dana, c'est ça ?

— Non !

Alison la dévisageait, pétrifiée.

— Tu l'as fait pour de l'argent, alors ?

Refoulant l'envie de relever l'insulte, Dana la foudroya.

— Aide-moi au lieu de poser tes questions idiotes.

— Je veux savoir, Dana. Dis-moi que tu n'as pas fait ça en retour de quelque chose.

— Je ne l'ai pas fait pour de l'eau de senteur. Est-ce que cela te rassure ?

— Non.

Alison attachait les boutons dans le dos tandis que Dana montait son chignon.

— Ça va comme ça ? s'enquit la jeune femme en se retournant et en essuyant ses yeux rougis. Je dirai à Mrs Dawson que j'ai passé une mauvaise nuit. Elle ne posera aucune question.

Dana allait sortir ; son amie, l'air fâché, lui prit le bras.

— Tu es fiancée à ton beau Timmy, Dana. Pourquoi as-tu fait ça ? Je ne comprends pas.

— Tu comprendras quand tu seras assez amoureuse d'un homme pour gâcher ta vie pour lui.

Alison libéra Dana et regarda, songeuse, son amie s'éloigner.

✦✦

Armés de pelles de fer, Spittal, Will'O et Halkit œuvraient pour dégager les entrées de la maison. Protégée par le portique, celle de devant n'avait requis que quelques minutes. Mais la neige s'était accumulée jusqu'aux genoux devant celle qui menait au petit vestibule du cabinet. Transfigurée, la ville avait été complètement ensevelie sous près d'un pied de neige que le vent soufflait encore avec force. Jamais encore Dana n'avait vu Édimbourg aussi blanc de propreté.

Elle avait lu tout l'avant-midi, son attention alternant entre Jane Austen et Timmy. Francis avait pris son petit déjeuner en sa compagnie. Mais ils n'avaient échangé que quelques banalités. Puis le chirurgien s'était isolé dans son cabinet pour travailler jusqu'au déjeuner, durant lequel il avait essayé de l'aborder plus sérieusement. Mais Dana avait éludé toute allusion à ce qui s'était passé la nuit précédente.

L'après-midi s'écoulait trop lentement. Dana s'était désennuyée sur les touches du pianoforte pendant un moment, puis avait repris sa lecture. Mais, n'arrivant plus à se plonger dans l'histoire, elle avait abandonné le livre sur la table et pensait se remettre au dessin. Dans le carnet qu'elle avait récupéré dans la bibliothèque étaient restées quelques études du visage et des mains de Francis. S'installant dans l'un des canapés, elle les contempla, se souvenant des émotions qui l'avaient chavirée la nuit dernière en prenant ce visage pour l'embrasser. Et quand ces mains s'étaient posées sur elle... Elle en rougit.

Un instant Dana cala sa tête contre le dossier et crut ressentir encore leur caresse sur sa peau. Elle avait fait l'amour avec Francis Seton. Ces mots lui revenaient sans arrêt, comme s'ils voulaient s'imbriquer dans son crâne, s'imprimer dans sa chair, définitivement. Elle avait fait l'amour avec un homme. Pour la première fois. L'avait-il seulement deviné? Héloïse était comblée. Quel souvenir en garderait-elle dans dix ans?

Elle choisit deux des croquis et les plaça à côté d'elle de façon à bien les voir. Puis elle tourna une page vierge du carnet, choisit un bâton de sanguine et en appliqua la pointe sur le papier chamois portant le filigrane très recherché du fabricant de papier anglais James Whatman. Une image lui était revenue en tête.

Guidée par son inspiration, la main se mit au travail. Le croquis prit lentement forme. Absorbée par ce qu'elle dessinait et par l'étrange sensation qu'elle éprouvait à le faire, elle n'entendait plus les bruits de la maison.

—À moins de vouloir se perdre et périr gelé, ton fiancé ne viendra pas.

Bondissant sur son siège, Dana en échappa sa sanguine, qui alla se fracasser sur le parquet. Elle referma prestement le carnet et le déposa près d'elle. Alison lui apportait une tasse de chocolat et des biscuits que venait de cuisiner Mrs Dawson. La servante déposa la collation sur un guéridon placé à côté du canapé où elle était assise. Elle évitait de la regarder directement. Dana la savait profondément déçue.

—Je sais, Allie, dit-elle avec dépit en se levant.

L'odeur de la boisson chaude et des pâtisseries attisa son appétit. Des petits sablés. Elle adorait les petits sablés. Sa mère ajoutait parfois des noix à la pâte. Mais Dana les préférait nature, trempés dans du caramel fondu. Elle en choisit un et le huma.

—À moins qu'il ne soit lui aussi au courant de ce qu'on raconte, murmura sournoisement la servante.

S'apprêtant à mordre dans le biscuit, Dana suspendit son geste et fixa Alison avec intérêt.

—Qu'est-ce qu'on raconte?

—Que c'est à cause de toi que Mrs Seton a disparu.

Le visage de Dana perdit toute expression pendant quelques secondes.

—C'est ridicule, Allie… Qui raconte ça?

—J'ai entendu Mrs Rigg dire ça à Mrs Dawson après que l'inspecteur Weir les eut interrogées.

—Elle a dit ça aussi au policier?

—Tu penses? Mrs Rigg n'est pas aussi bête qu'elle en a l'air. Elle sait qu'elle devra se trouver un autre emploi si elle raconte des choses qui ne la regardent pas. D'ailleurs, Mr Weir ne lui a rien demandé te concernant.

Pensive, Dana croqua dans le biscuit. Le sablé fondit sur sa langue.

Donc, tout le monde dans cette maison savait ce qui se passait entre Francis et elle. Et tout le monde, sous des manières de politesse obligée, faisait mine de ne rien remarquer. L'un d'eux aurait-il médit sur elle au marché ou ailleurs? Est-ce que Timmy aurait pu en avoir eu vent? Il était si en colère quand elle lui avait annoncé son intention de reprendre ses pinceaux. Quoiqu'il n'eût fait aucune allusion à une quelconque aventure entre elle et son modèle.

— Mrs Seton n'est pas partie à cause de moi, tu le sais très bien, Allie. Ils se sont disputés à propos d'un sujet qui ne me concerne nullement. Ils le font depuis des années.

— Parce que le fait que tu couches avec le maître ne la concerne pas?

La réplique déstabilisa Dana. Le regard éloquent, Alison leva le menton avec un air suffisant qui lui déplut.

— Il ne s'est jamais rien passé entre Mr Seton et moi avant la nuit dernière, Alison, et tu le sais parfaitement.

— Ce que tu as fait est très mal.

— Ce que j'ai fait… Oh! Aimer est-il mal?

— Un homme marié, oui.

— Tu ne peux pas comprendre… Dommage que tu ne connaisses pas les histoires d'Héloïse et Abélard, de Roméo et Juliette et de Tristan et…

— C'est des romans, tout ça. C'est pas pour rien que la Kirk ne voit pas ces livres d'un bon œil. Toi et Mr Seton, c'est la vraie vie, Dana. Et ce que tu as fait avec lui est un très, très grave péché. Celui de la luxure. Si Dieu ne te punit pas bientôt, il le fera plus tard, sois-en assurée. Et ce sera l'enfer pour toi.

Pleine de ressentiment, Dana toisait Alison. Sourdait en elle la frustration de ne pouvoir la contredire. Car son amie n'avait pas tout à fait tort.

— Ce que j'ai fait… Ça ne te regarde en aucune façon, à la fin! Et puis tu vois le mal partout, Allie, lui lança âprement Dana. À vouloir l'ivraie tu saccages le blé. Tu juges ce que tu vois trop rapidement, sans rien connaître. Tu accuses sans te regarder toi-même. Le Christ a dit: que celui qui n'a jamais péché jette la première pierre. Es-tu si pure, Alison Mackay?

— Et toi, tu ne fais pas la différence entre le bon grain et l'ivraie, Dana Cullen, riposta abruptement la servante. Ne me crois pas si stupide que ça. Tu es sur le point de te marier à un homme amoureux de toi et tu l'as trompé de la façon la plus ignoble qui soit. Et voilà que tu l'attends pour te jeter dans ses bras comme si de rien n'était. Comment peux-tu faire ça, toi, Dana? Je ne te croyais pas si vaniteuse. Je te croyais différente des autres… Mais je me suis trompée. Le docteur, il t'a d'abord donné le travail de copie, puis il t'a invitée à dîner avec lui à la table des maîtres. Ensuite il abandonne sa femme et ses malades pour te reconduire à Kirkcaldy. Pour finir, il te demande de faire son portrait. Pourquoi, tu crois? C'est pas des bouteilles d'eau de senteur, ça? Il a bien eu ce qu'il voulait de toi. Au fond, tu es comme toutes les autres qui se laissent emberlificoter par les belles paroles et les attentions intéressées des hommes. En définitive, tu es comme cette Miss Stanfield, comme Mrs Seton et même… même comme Lizzie… Et je vous hais toutes!

Les yeux clairs débordaient de chagrin, lapidaient de haine.

— Allie… murmura Dana, sidérée. Tu n'as aucun droit de me juger ainsi. Pourquoi tant de méchanceté? Que t'ai-je fait, à toi?

— Tu étais… hoqueta la servante, tu étais mon amie… et…

— Mais je le suis toujours, Allie. Pourquoi penses-tu le contraire?

— Non, tu ne l'es plus. Tu t'en vas. Tu m'abandonnes. Comme maman, comme Hattie Mae, comme Lizzie… Et… et maintenant il faut t'appeler Miss!

N'arrivant plus à réprimer ses sanglots, Alison pinça les lèvres, lança un dernier regard chargé de déception sur son amie et sortit en courant du salon. Dana la poursuivit pour la rattraper, mais elle stoppa net dans l'embrasure de la porte du salon. Alison s'éloignait seule vers la cuisine. L'écho de sa course se répercutait encore dans le hall quand Francis, qui avait suivi avec stupéfaction la fuite de la servante, se retourna vers elle.

Dans l'inertie du moment, leurs regards s'accrochèrent. Le cœur galopant, Dana se retrancha prestement dans le salon et alla se réfugier près du feu. Le chant des pinsons qui sautaient d'une branche à l'autre dans leur cage ne la tranquillisait guère. Rien n'allait plus dans sa tête ni dans son cœur.

La porte se referma doucement dans un faible chuintement. Le parquet de bois grinça. Les mains appuyées sur le manteau de marbre, Dana gardait son dos tourné et les yeux baissés sur les flammes. Un long silence lui permit de remettre un peu d'ordre dans son esprit et de retrouver un souffle plus lent.

— Votre chocolat refroidit.

Était-ce tout ce qu'il pouvait trouver à dire pour la réconforter? Les mâchoires serrées, elle ferma très fort ses paupières pour empêcher ses larmes de couler.

— Votre cadavre aussi, lança-t-elle sur un ton acerbe, le regrettant aussitôt.

Ses phalanges se recroquevillèrent dans ses paumes; ses ongles s'enfonçaient dans la chair. Le chirurgien ne releva pas le trait. Elle l'entendit s'éclaircir la gorge et se déplacer.

Le feu crépitait. Des escarbilles rougeoyaient sous la grille. L'enfer et ses flammes éternelles que lui promettait Alison hantaient Dana. Elle se concentra sur les morceaux incandescents pendant que s'écoulaient de longues minutes d'un silence pesant. Elle se disait que l'amour ne pouvait être puni aussi durement. Francis n'avait toujours pas prononcé un son. Alors elle se redressa et se retourna. Campé devant l'une des fenêtres, lui aussi lui tournait le dos. Ne sachant que faire, elle attendit. Mais Francis s'obstinait dans un mutisme qui la mettait de plus en plus mal à l'aise.

Se rappelant d'un coup le carnet laissé sur le canapé et ce qu'il recelait, elle s'en empara et, discrètement, en retira son dernier croquis qu'elle plia rapidement avant de le faire disparaître dans la manche de sa robe. Puis elle décida de prendre son poste devant une autre fenêtre.

L'une des deux tables de jeu les séparait. Elle était d'essence de bois de rose et richement incrustée de motifs d'influence égyptienne en acajou et en ébène. Sur le mur au-dessus était suspendue une œuvre du peintre Turner, que Dana connaissait peu, mais dont elle avait entendu parler par Mr Whyte. L'intérêt de la jeune femme revint sur le meuble. Des appliques de bronze brillant représentant des têtes de pharaon en ornaient chaque coin, au sommet de chacune des pattes.

Le style était représentatif du mobilier datant de la fin du siècle précédent. La campagne d'Égypte menée par Napoléon et à laquelle avait participé l'armée britannique avait fortement influencé la mode de l'époque, autant vestimentaire que décorative.

Du bout de son pied elle fit rouler le canterbury[7] vers le pianoforte et s'approcha de la fenêtre où elle entreprit d'imiter Francis. Se prolongea un silence contemplatif. Timmy occupa aussitôt ses pensées et raviva ses préoccupations. De toute évidence, il ne viendrait pas. Comment interpréter ce silence, cette indifférence? Qu'il fût au fait de ce qui se passait entre Francis et elle était peu probable. Elle refusait toutefois de penser qu'il avait renoncé à elle parce qu'elle l'avait défié. Timmy continuait de croire que Francis avait tué sa femme. Mais Francis était avec sa fille cette nuit-là. La femme qu'il avait vue dans Candlemaker Row n'avait possiblement été qu'une prostituée ressemblant à Mrs Seton, après tout. Il devenait de plus en plus probable qu'Evelyn Seton se fût enlevé la vie. Son corps devait se trouver quelque part sous l'épais manteau de neige…

Un frisson secoua Dana. Le chirurgien n'avait ni bougé ni prononcé un mot depuis sa réplique acide. Elle admira le profil droit, la ligne de la mâchoire que soulignaient les longs favoris. La peau se contractait sur l'ossature un peu anguleuse. À quoi pensait-il? À sa femme? À sa fille? Ou à elle?

Le froid s'immisçait par les fissures dans le bois du cadre de la fenêtre. Dana croisa ses bras sur sa poitrine. Son châle lui aurait été utile, mais elle n'avait pas jugé nécessaire de l'apporter en venant ici. Son attention retrouva l'éblouissant paysage. La nature se recroquevillait sous l'attaque du mauvais temps. Les buissons de houx prenaient l'allure de gros hérissons frissonnants et les branches des arbres oscillaient comme si elles s'amusaient à attraper les milliers de flocons qui les taquinaient. Il y avait quelque chose d'à la fois terrifiant et magnifique dans les déchaînements du ciel. Ils tournaient

---

7. Petit casier à musique d'époque Régence. Le nom lui serait resté après qu'un évêque de cet archevêché eut pour la première fois commandé un tel meuble.

l'homme vers un sentiment d'humilité face à l'incommensurabilité de la nature.

Arthur's Seat était à peine visible derrière les pans de neige folle secoués par les bourrasques. Elle imagina la vue d'en haut bien différente aujourd'hui de la fois où elle s'y était rendue avec Timmy après la furieuse chevauchée dans les communs, à la fin de l'été précédent. Il lui avait fait la surprise du merveilleux panorama du réveil du monde à ses pieds. Et il lui avait donné son premier baiser. Elle pensa que ce serait là le dernier spectacle qu'elle aimerait revoir avant de mourir.

— Elle est déjà montée sur la colline ?

Francis se tourna vers Dana, dont le visage restait rivé vers la fenêtre.

— Lydia ! spécifia-t-elle en le regardant enfin.

— Non.

Dana ne dit rien momentanément, cherchant à percer l'imperturbabilité de Francis.

— Vous devriez l'y emmener pour qu'elle voie le soleil se lever sur la ville. Le spectacle est merveilleux. Je suis certaine qu'elle apprécierait beaucoup.

— Oui, fit-il, sans doute.

— J'aime voir le soleil se lever, poursuivit-elle en se détournant. Depuis que je suis toute petite, quand l'occasion se présente, à l'instant où il franchit l'horizon, je fais un vœu. C'est un moment magique.

— Ils se réalisent ?

— Parfois. Mais pas toujours. On ne peut rien contre ce qui est déjà écrit, n'est-ce pas ? Tout est prédestiné.

Une parenthèse de silence.

— Je m'excuse pour ma réaction de tout à l'heure, fit-elle en le dévisageant de nouveau. Je n'ai nul droit de jeter sur vous ma colère contre Alison.

— Alison n'a pas à défouler sur vous ses frustrations.

— Elle est blessée et cherche à soulager sa souffrance en blessant en retour.

Après cette remarque, Francis resta muet. Mais l'éloquence du regard fit baisser les yeux à Dana.

— Je peux faire préparer la voiture pour vous reconduire chez votre oncle, annonça-t-il à brûle-pourpoint.

— Peut-être, murmura-t-elle, se replongeant dans la blancheur du paysage.

Elle avait considéré lui faire cette demande. Mais elle avait hésité à l'obliger à risquer son attelage dans cette tempête. Il était sans doute plus sage d'attendre encore que Timmy vienne.

— Mon cousin arrivera certainement avant la tombée de la nuit. Sur quoi travaillez-vous en ce moment?

Francis s'éclaircit la gorge.

— Un cas de grossesse extra-utérine.

— Qu'est-ce que c'est, au juste?

— Il s'agit d'une grossesse qui se développe hors de l'utérus.

— Cela se peut? s'étonna-t-elle.

— Ça arrive parfois. Dans ce cas-ci, l'embryon s'est développé au niveau de l'ampoule du tube utérin, qu'on appelle aussi la trompe de Fallope. Cette pathologie n'est pas particulièrement rare. Mais quand elle survient, elle est fatale. La femme décède avant la fin du premier trimestre de sa grossesse par rupture de la trompe. L'hémorragie interne qui en résulte engendre une péritonite. Si l'hémorragie est cataclysmique, la patiente perdra massivement son sang dans la cavité abdominale et mourra rapidement. Il n'existe aucun moyen pour détecter ce genre de pathologie. Mais, en apprenant à en connaître les causes, nous pourrions peut-être les prévenir… Peut-être, je dis bien. Dans le cas qui nous concerne, je soupçonne une ancienne infection de… des tubes.

Il allait s'excuser de l'ennuyer avec tous ces détails morbides. Mais dans le regard qui s'était accroché au sien, il avait dénoté un soudain et franc désir d'en apprendre plus.

— Comment savez-vous qu'il y a eu infection s'il n'y en a plus? demanda Dana.

Encouragé, le chirurgien s'élança dans une explication plus élaborée des pathologies caractéristiques d'une infection. Il lui décrivit brièvement les différences tissulaires et les réactions qui étaient propres à l'inflammation. Les muqueuses épaissies et les nombreuses adhérences témoignaient d'une infection ancienne, signes probables d'une gonorrhée qui avait causé l'occlusion de la trompe.

— C'était l'une de vos malades ?

— Non… la femme est arrivée à l'hôpital il y a quelques jours. Je me trouvais là par hasard pour modifier quelques changements à mon horaire.

— Vous quittez l'hôpital ?

— Pour un temps indéterminé, j'abrège mes heures de garde et j'ai arrêté de donner des conférences. Vous pouvez comprendre qu'avec tout ce qui arrive… et je désire consacrer du temps à Lydia.

— Son déménagement sera retardé à cause de la tempête, nota Dana, qui s'assombrit en pensant que ce même temps exécrable l'empêchait de rentrer chez son oncle.

Rester ici plus longtemps ne faisait qu'aiguiser la souffrance de la séparation, qu'elle savait inévitable. Et elle se rendait compte que cette souffrance à laquelle elle ne pouvait rien l'incitait à agir de la même façon qu'Alison. Partager la douleur aidait à mieux la supporter, à ne pas y penser, à mieux l'oublier. Elle soupira, s'appuya au seuil de la fenêtre et emprunta une attitude détachée.

— Comment avez-vous su que cette femme souffrait d'une grossesse extra-utérine si vous ne disposez d'aucune méthode pour le découvrir ?

Comprenant que Dana cherchait à éviter les sujets qui les rapprocheraient, il s'engagea dans un exposé avec le même enthousiasme que s'il s'adressait à des étudiants de médecine clinique.

— À l'examen, elle présentait certains symptômes qui le laissaient croire : douleurs violentes au bas-ventre, pertes sanguines anormales, contracture de l'abdomen, nausées et vertiges. Des corrélations ont déjà été faites précédemment en rapport avec ces symptômes et la rupture d'une trompe de Fallope chez plusieurs sujets. Mais la seule façon de découvrir si mon diagnostic se révélait exact était de demander à cette dame de nous dévoiler son secret après sa mort.

— Cela aurait-il pu aussi être une inflammation de l'appendice?

— Oui… en effet, fit-il en exprimant une certaine surprise devant sa perspicacité. Mais cette femme se savait enceinte.

— Avez-vous eu l'autorisation de procéder à cet examen? questionna-t-elle encore en le dévisageant.

Il pinça les lèvres, répondant ainsi à sa question.

— Les examens *post mortem* autorisés se déroulent dans l'amphithéâtre devant les étudiants de la Royal Infirmary. Le corps n'ayant pas encore été réclamé trois jours après son décès, sans m'en donner officiellement l'autorisation, l'hôpital a fermé les yeux sur sa disparition temporaire de la morgue. Il devait y retourner ce matin… mais, pour des raisons bien évidentes, il attend encore dans ma salle de dissection.

Francis marqua une pause, soupira, puis enchaîna:

— Je comprends, Dana, vos réticences face à ce que je fais. Nous entretenons tous des préjugés vis-à-vis de la mort. Mais j'aimerais que vous compreniez la nécessité de ces examens pour l'avancement de la science.

— Je les comprends. Mais je pense que vous oubliez trop rapidement l'aspect spirituel de l'évènement pour les proches qui doivent vivre les affres d'imaginer leurs bien-aimés disparus charcutés sur vos tables.

Il la regardait, le masque indéchiffrable. Voilà qu'elle allait encore le confronter à son point de vue religieux. Il n'en avait nulle envie. Pas en ce moment alors qu'il n'arrivait plus à oublier l'odeur et la douceur de sa peau nue contre la sienne. Il emprunta un ton plus conciliant.

— Ne vous imaginez point que je sois ignorant de ce côté des choses, Dana. Mais, en tant que chirurgien, je ne peux me permettre de trop m'y arrêter. Si les hommes de science s'étaient attardés aux épanchements, l'humanité en serait encore à traiter le cancer avec des sangsues, des lavements et des ventouses. L'expérience clinique est d'une importance capitale dans l'évolution de la médecine. Vous le savez, n'est-ce pas, Dana ?

Il y avait une forme de supplication dans sa question, comme s'il avait besoin de son appui. Et Dana savait qu'il disait vrai. Mais son éducation dans les sombres et étroites vues de l'Église presbytérienne l'empêchait encore de lui donner ouvertement raison.

Lui revenait en écho la voix de son père, *le cercueil n'est pas un puits du savoir…*

Les morts expliquent la vie… s'opposait opiniâtrement celle de Jonat.

Les préjugés face à la mort étaient difficiles à surmonter quand ils étaient entretenus par l'ignorance. Était-ce ce qu'elle faisait ? Elle se demanda à quoi ressemblait une salle de dissection et comment celle-ci se déroulait vraiment.

Une image s'imprima dans l'esprit de Dana. Elle avait un jour vu une série de gravures, *The Four Stages of Cruelty*[8], dans laquelle le peintre et moraliste William Hogarth dépeignait l'escalade de la cruauté et de la violence dans la vie d'un Tom Nero qu'il avait pris en effigie. La dernière gravure représentait Nero qui, après avoir été pendu pour le meurtre d'une femme, reposait le ventre ouvert sur une table de dissection autour de laquelle s'activait avec fébrilité une assemblée de médecins avides. Fait troublant, on avait donné à manger à un chien le cœur du mécréant.

— Est-ce que je peux visiter cette salle de dissection ?

— Vous voulez vraiment que je vous montre la salle de dissection ? Le cadavre s'y trouve toujours.

Elle sembla hésiter. Jamais il n'aurait osé lui offrir de visiter cette pièce.

— Mais si la vue d'un corps mort vous est supportable…

— Il est décent ?

— Il est recouvert d'un drap.

— D'accord, répondit-elle après une dernière hésitation.

---

8. *Les quatre étapes de la cruauté.*

Le plaisir de voir Dana franchir les murs de son bastion suprême dessina un timide sourire sur le visage de Francis.

Assis devant la porte du fourneau qui chauffait, son menton calé sur sa poitrine, Mr Dawson somnolait. Sa pipe éteinte était dangereusement suspendue dans une main molle. Le bas de sa culotte était encore mouillé de la neige qu'il avait pelletée. Will'O et Spittal étaient assis à la table et disputaient une partie de cartes. Une grosse théière fumait près d'eux. Debout devant une armoire ouverte dans la dépense, Mrs Rigg dressait la liste des achats à faire pour le mois prochain. Mrs Dawson et Rachel préparaient les légumes du dîner qu'elles lançaient dans une grosse marmite. Abigail et Alison arrivaient du premier, les bras chargés de linge sale. Sur le sommet de la pile que tenait la servante, Dana vit des petites taches brunâtres maculer un drap. Alison, les yeux encore rouges, lui jeta un regard de travers qui en disait long. Elle avait sciemment placé le drap souillé de façon à disposer la preuve humiliante bien en évidence. Et Mrs Dawson ne fut pas longue à la remarquer.

— Qu'est-ce que c'est que ça ? marmonna-t-elle en examinant le tissu de plus près.

— Ma blessure a saigné, cette nuit, Mrs Dawson, expliqua Francis en lui montrant la cicatrice de la coupure qu'il s'était infligée la veille.

Il assena à la servante un regard dur. Cette dernière, sans un mot, fit volte-face et remonta l'escalier de service.

— Des taches de sang ! s'exclama la cuisinière en plissant l'espace entre ses sourcils.

Ses yeux allèrent des taches au chirurgien sur qui ils se fixèrent et se durcirent.

— Humph… fit-elle d'un air buté en emportant la pièce de tissu avec elle vers l'évier. Faut frotter ça avant que Mr Halkit ne descende le linge destiné à la buanderie en bas, sinon le drap ne sera bon qu'à faire des torchons.

Mortifiée, Dana avait devancé le chirurgien jusqu'à la porte de
la cave où il la rejoignit. Elle évitait de le regarder, mais elle sentait
son regard peser sur sa nuque.

— Vous retournez à la cave, monsieur?

La voix de Mrs Dawson leur parvint.

— Oui.

— Ce n'est peut-être pas une bonne idée, chuchota Dana. Si je
descends avec vous, que penseront-ils?

— Rien, fit le chirurgien. Rien du tout.

Apparemment indifférent à cette préoccupation, il lui présenta
l'épais châle de laine de Rachel suspendu au mur et ouvrit la porte,
qui grinça doucement. Puis il alluma l'une des deux lampes à huile
qui étaient accrochées près de la porte. Le silence était revenu dans
la cuisine et Dana entendit son cœur battre très fort.

— Viens, l'invita-t-il simplement en s'engouffrant dans l'étroit
couloir.

La petite lampe allumée en permanence en haut de l'escalier
projetait un halo poudreux de lumière jaune sur les murs de pierres.
Francis la précéda dans les profondeurs frigorifiées de la terre. Le
mur était glacé sous la main de Dana qui s'y appuyait. Lui revint
l'affreux souvenir du jour où elle avait poursuivi ici le malheureux
Mr Bogus.

Il régnait toujours cette fade odeur un peu dégoûtante et celle
du bois humide. Cette fois, la porte de la salle de dissection était
fermée. Un trousseau de clés tinta et Francis joua avec la serrure,
qui produisit un déclic. Puis il poussa doucement sur le battant.
S'écartant, il lui libéra le passage. Elle regrettait déjà son audace.
Dana avala une bonne goulée d'air qui emplit ses poumons d'un
infect parfum. Elle passa le seuil et attendit près du mur.

Francis entra à son tour et referma derrière lui. La petite fenêtre avait été placardée et seule la lampe qu'il balançait éclairait
l'endroit, créant des ombres lugubres: créatures immatérielles
rampant sur les murs et le plancher. L'homme posa la lumière sur
un meuble et s'éloigna vers le fond de la salle. Une corde reliée à ce
qui devait être un appareil d'éclairage suspendu aux poutres du

plafond était nouée à un crochet au mur. Il fit descendre l'appareil à la hauteur de ses épaules. Il s'agissait en fait d'un cerceau de fer sur lequel étaient fixés cinq quinquets, identiques à ceux qui éclairaient le cabinet et la bibliothèque. Chaque flamme allumée fit fuir des ombres qui allèrent se réfugier sous les meubles. L'appareil remonté et bloqué produisait un éclatant éclairage, dévoilant avec une vivacité crue tout ce qui habitait la pièce.

— Est-ce que ça va jusqu'ici ?

Soufflant des nuages de vapeur blanche dans l'air froid, Francis avait tourné vers elle un visage empreint d'incertitude. Les mâchoires serrées, elle opina d'un mouvement sec et resserra le châle autour de ses épaules. Partout le métal étincelait et le verre des vitrines et des bocaux reluisait. Mais c'était la forme que recouvrait le drap jauni sur la table placée au centre de la salle qui attirait le regard de Dana.

— Donc c'est ici que tout se passe, marmonna-t-elle nerveusement.

Il acquiesça.

Elle gardait les yeux rivés sur le drap, s'attendant à le voir bouger.

— Vous êtes certaine que ça va ? Nous pouvons remonter si…

— Non, ça va aller.

Elle découvrait le royaume de Francis, qui avait aussi été celui de Jonat. Et malgré tout le dégoût qu'il lui inspirait, elle était fascinée.

Ici les morts expliquaient la vie.

Le chirurgien la dévisageait encore d'un air hésitant. Pour se donner contenance, Dana redressa les épaules. Puis elle visita la salle des yeux. Des instruments et des piles de serviettes propres étaient soigneusement rangés sur les étagères et les plateaux. Elle reconnut le cahier dans lequel le chirurgien notait ses observations, qu'il faisait ensuite recopier. Pas de visqueuses mares de sang sur le plancher ; pas de membres ou de viscères sanguinolents dans des seaux comme elle l'avait imaginé. Tout était d'une propreté irréprochable.

Elle s'approcha craintivement de la table. La forme demeurait inerte. Elle en devinait les contours et la position.

— Qui est-ce, en fait ? questionna-t-elle en s'efforçant d'avoir l'allure détendue.

— Elle s'appelle Anne Baird. À mon avis, elle n'a guère plus de dix-sept ans. Qui était-elle au juste, je ne le sais pas. Peut-être qu'Anne n'était pas son vrai nom. Mais ça, nous ne le saurons probablement jamais.

Ne sachant que répliquer, Dana hocha la tête.

— Je peux... la voir ?

De plus en plus étonné, Francis étudiait les réactions de Dana. L'état du corps était supportable. Le froid des derniers jours avait aidé à la conservation. Mais, pour un profane, les effets de la mort n'étaient jamais agréables à voir.

Le drap vola doucement comme un voile soulevé par une brise. Aurait-elle essayé de fermer les yeux qu'elle en aurait été incapable. Pétrifiée, elle fixait le corps inerte. Comme dans la gravure de Hogarth, Dana s'était attendue à le découvrir éventré, ses entrailles répandues tout autour, remuant de vers. Il n'en était rien. Pas de sang, pas d'entrailles dégoulinantes, pas d'insectes grouillants. Seule une longue incision médiane bien nette se terminant en un T impeccable juste au-dessus du pubis avait été pratiquée et suturée. Tout était parfaitement propre et bien asséché. N'eût été de l'odeur tenace et des quelques taches verdâtres apparaissant çà et là sur la peau d'un gris terne et marbrée de bleu, Anne Baird aurait eu l'air de dormir sereinement.

Un spasme gastrique incontrôlable incommoda Dana. Elle ravala un filet de bile et ferma momentanément les yeux, se concentrant sur sa respiration. Lui monta soudain à la tête un suave parfum de citron et de lavande. Rouvrant les paupières, elle vit le visage préoccupé de Francis devant le sien. Il tenait un mouchoir sous son nez.

— Cela aide à chasser la nausée. Ne vous en faites pas, j'ai mis quatre séances à m'habituer. Peut-être ne me croirez-vous pas, mais la première fois je me suis évanoui.

Il lui souriait pour l'encourager. Elle sentit sa main, chaude et réconfortante, envelopper la sienne, crispée sur son châle. Il s'écarta doucement.

— Le truc est de ne pas s'attarder sur l'ensemble, mais de plutôt considérer les parties comme s'il s'agissait de pièces mécaniques individuelles. Enfin, c'est ce que me disait mon père.

Sentant la bile remonter dans sa gorge, elle appliqua le mouchoir sur son nez et prit une profonde respiration. Le malaise disparut peu à peu et elle s'efforça de regarder la morte.

Le corps svelte et bien proportionné, les traits du visage réguliers, Anne avait sans doute été jolie. Dana prenait maintenant lentement conscience de ce qu'elle voyait. Sa propre matérialité, sa constitution organique, son corps. Ce corps vivant dont elle disposait à sa guise et qui pourrait lui être confisqué en tout temps, sans préavis. Et d'en prendre conscience devant Francis était plus que troublant.

Francis avait cessé de parler et, appuyé contre une console, il contemplait Dana. Elle soutenait l'épreuve avec un stoïcisme qui le surprenait. En fait, elle réagissait mieux que lui ne l'avait fait à ses débuts. Il se souvenait de ce jour où son père lui avait ouvert la porte de cette mystérieuse pièce où nul autre que lui et ses collègues n'avaient le droit d'être admis. En pénétrant dans cette salle, il avait pénétré le monde de son père, le monde des hommes et de la science. Cette chose métaphysique qu'était le savoir et qui faisait l'orgueil des érudits. Il avait voulu en être… si ardemment. Mais, à douze ans, que pouvait attendre un enfant des mystères de la médecine quand il n'en avait vu que la forme livresque? Cela avait été une expérience stupéfiante, traumatisante.

Pour l'initier, son père s'était procuré le cadavre d'une vieille femme morte depuis cinq jours. Ils étaient en avril et le temps avait été plutôt doux; l'état du corps était épouvantable. Mais c'était le seul cadavre que le chirurgien avait à sa disposition. Mal préparé à ce qu'il allait voir et malgré tous les efforts déployés, Francis n'avait pu surmonter son dégoût et ses nausées. Quand la lame du scalpel avait dessiné sa fine ligne rouge sur la peau grise, c'était comme si elle avait glissé sur son propre abdomen. Et lorsque le ventre s'était ouvert enfin comme la pelure d'un fruit trop mûr…

Un nouveau malaise saisit Dana. Jugeant qu'elle en avait assez vu, Francis rabattit le drap sur le corps.

— Quelle triste mort, murmura-t-elle dans le mouchoir plaqué sur son nez.

Elle était certaine que l'odeur allait l'imprégner jusqu'à la moelle pendant des semaines. Après avoir soufflé un nuage de vapeur sur ses doigts pour les réchauffer, Dana s'éloigna de la table.

— Oui, acquiesça-t-il. Morte, tuée par la vie qui poussait en elle.

Francis lui avait expliqué que normalement le fœtus se développait dans cet organe qui avait la forme d'une poire et qu'on appelait utérus. Elle en avait déjà vu la représentation sur une gravure dans un des livres de Jonat. Elle réalisait qu'elle connaissait bien peu de choses sur ce mystère de la vie qu'était la procréation. Ce qu'elle en savait était qu'il fallait qu'un homme semât le bébé dans le ventre de la femme. Et elle n'était plus ignorante de la façon dont il s'y prenait pour le faire. Instinctivement, sous son châle, elle posa le plat de sa main sur son ventre. Est-ce que cela arrivait chaque fois?

Elle leva un regard un peu effrayé vers Francis. Il lui tournait le dos, occupé à recouvrir le corps de la malheureuse Anne Baird. Que ferait-elle si elle se retrouvait enceinte de Francis? Que le ciel bénisse son prochain mariage avec Timmy. Que le ciel la foudroie si l'enfant naissait blond avec des yeux gris.

Le chirurgien éteignit l'un après l'autre les quinquets, replongeant graduellement la pièce dans une pénombre caverneuse. Il prit la petite lampe qu'il avait laissée sur un meuble en entrant et se retourna vers Dana. Elle lui parut très pâle et le fixait avec de grands yeux brillants. On frappa à la porte.

— Mr Seton, chuchota la voix de Halkit.

Francis alla ouvrir. Son domestique lui présenta une enveloppe bleu ciel.

— C'est le petit Johnny qui vient de la porter à l'instant, monsieur.

— Par ce temps ?

Pressentant une nouvelle urgente, il allait ouvrir sur-le-champ le message. Il s'arrêta. Il venait de noter l'endroit d'où la lettre avait été expédiée et il pâlit.

◆◆

Le vent s'était calmé et la neige ne tombait plus que très légèrement. Mais Timmy ne se présenta pas et Dana commençait à vraiment s'en inquiéter. Les routes étaient encore très difficiles d'accès et elle refusait de croire qu'il s'attendait à ce qu'elle rentre par ses propres moyens, non plus qu'il acceptait qu'elle reste ici une nuit de plus. Un voile sombre s'étendait sur le pays et Dana comprit avec consternation que c'était ce qu'elle serait obligée de faire.

Elle avait encore dîné seule avec Francis. Mais cette fois, l'un comme l'autre étaient demeurés taciturnes. Fortement éprouvée par les évènements de la journée, Dana avait montré son désir de se retirer sitôt le repas terminé. Après lui avoir souhaité bonne nuit, Francis s'était enfermé dans la bibliothèque. L'esprit tourmenté, elle s'était glissée dans le lit de la chambre bleue avec Jane Austen dont elle n'arrivait pas à lire plus de deux pages sans que son esprit s'éloigne de Mansfield Park pour retrouver Francis.

Ses pensées se bousculant, elle referma le livre sur ses genoux et reprit le croquis qu'elle avait fait dans l'après-midi. Il n'était pas achevé. Mais l'essentiel avait été rendu. Peut-être s'était-elle trompée sur les proportions du corps. Les mains et le visage, en revanche, étaient parfaits. Elle suivit du bout de son index le contour de ce corps allongé à demi nu, l'imaginant encore près d'elle. De cette façon, elle se souviendrait de cette nuit d'amour. Se laissant pénétrer des sensations que lui procurait le souvenir, elle demeura quelques instants immobile.

Un léger crépitement contre la fenêtre détourna Dana de sa douce méditation. Elle plia le croquis, le glissa dans son réticule et alla vérifier. La vitre se couvrait d'un mince film de glace. Elle pesta intérieurement. Allait-elle maintenant rester prisonnière du verglas ? Puis Francis revint occuper son esprit.

Elle repensa à ce pli qu'il avait reçu plus tôt dans la journée. La morosité du chirurgien l'avait suivi depuis qu'il en avait pris connaissance. S'agissait-il d'un mot de sa femme lui dévoilant enfin qu'elle allait bien et qu'elle vivait dans un pays lointain ? Une lettre égarée et recouvrée un peu tard expliquant un geste définitif ? Une demande de rançon ? Lui annonçait-on que le corps avait été retrouvé à des lieues d'ici ?

Ses paupières se faisaient lourdes. Elle décida d'éteindre. Un silence paisible habitait la maison. Pour chasser Francis de sa tête, elle s'efforça de penser à autre chose. Elle se retourna entre les draps, cherchant une position plus confortable. Les paroles d'Alison lui percutaient maintenant l'intérieur du crâne comme le battant d'une cloche sonnant le tocsin. Les gentillesses du chirurgien recelaient-elles ces intentions malhonnêtes que s'entêtait à lui laisser entendre son amie ? Son attitude refroidie de ce soir l'avait dérangée malgré tout. Il avait renouvelé sa proposition de la reconduire chez son oncle. Il avait obtenu d'elle ce qu'il désirait, à la fin.

C'est Timmy qui tourmenta son premier rêve. Armé d'un long couteau, il la poursuivait dans les obscurs passages souterrains de Mary King's Close. Ses yeux flamboyaient d'une fureur démente. Complètement affolée, Dana cherchait à lui échapper. Des chats, miaulant, lui filaient entre les jambes et son pied bot la ralentissait. Timmy gagnait du terrain. Elle l'entendait souffler juste derrière elle. Il allait la rattraper…

Elle trébucha et plongea dans le noir d'un gouffre. Une poigne de fer la saisit et la remit de force sur ses jambes. Une folie meurtrière animait les yeux noirs.

— Tu es comme les autres… comme cette Miss Stanfield, comme Mrs Seton, comme Lizzie…

Dana vit l'éclat de la lame. Puis elle ressentit une douleur atroce qui lui déchirait le bas du ventre. Le cri de Lisbeth sortit de sa gorge enflammée : mon bébé, il va tuer mon bébé !

Ses paumes plaquées contre sa bouche ouverte, Dana se dressa d'un bond dans le lit. Elle n'entendait que le sifflement de sa respiration hachée et cette damnée pluie qui mitraillait la fenêtre. Rien de plus. On ne venait pas à son secours. Les mains pressées sur la poitrine, elle réalisait qu'elle n'avait pas réellement crié et que Timmy ne l'avait pas vraiment poignardée. Ce n'était qu'un affreux rêve. Elle se recoucha et se recroquevilla sur le côté. C'est alors qu'elle remarqua la lueur qui dessinait le contour des objets dans la chambre. D'où venait cette lumière ? Intriguée, elle se rassit et découvrit que la porte de la chambre était ouverte. Elle l'avait fermée, pourtant. Elle s'en souvenait très bien. Mais alors ?

Scrutant l'obscurité, elle examina la chambre d'un regard circulaire. Personne ne s'y trouvait. Elle se leva. La lumière provenait de la nursery, située juste en face. Cette vaste pièce avait vu grandir les enfants Seton. Plus personne n'y entrait. Pieds nus sur le parquet de bois froid, elle s'y aventura. Un lit occupait le centre de la pièce et faisait face aux deux fenêtres qui offraient une vue, elle le devinait, sur Arthur's Seat. La flamme d'une chandelle placée sur une table de chevet soulignait la délicatesse du travail d'ébénisterie du mobilier. Décoré de jolies arabesques et de rinceaux, il était dans le style Chinoiserie Chippendale, très populaire au milieu du siècle précédent. À travers les gracieux entrelacs de serpentins qui formaient la tête du lit, Dana aperçut l'éclat d'une chemise et d'une chevelure blonde désordonnée. Francis était là, allongé sur le matelas.

Froissant le sol, elle allait rebrousser chemin quand l'homme dressa la tête. Son regard capta le sien à travers les ajours, la pénétrant de la profonde tristesse qu'elle y lisait. Cette chambre devait être celle destinée à Lydia. Poussée par un élan de compassion, Dana s'approcha et posa ses mains sur le bois sombre patiné par les années. Après l'avoir fixée un moment sans bouger, Francis se souleva du matelas et mit ses mains sur celles de Dana, les emprisonnant.

La chandelle derrière lui laissait son visage dans l'ombre, mais Dana vit les yeux briller. Il s'approcha d'elle jusqu'à ce que leurs haleines se mêlent. Elle eut pour réflexe de reculer; Francis agrippa ses poignets pour la retenir. Toujours muet, il continuait de la pénétrer de son regard.

— Dites-moi, débuta-t-il enfin d'une voix modulée par l'émotion, vous, Dana, qui croyez si fermement en ce Dieu qui est le nôtre, dites-moi pourquoi Il afflige des enfants innocents? Pourquoi les condamne-t-Il à vivre une vie d'enfer pour leur arracher ensuite cette vie comme s'ils ne la méritaient plus?

— Je ne sais pas, Francis, murmura-t-elle, saisie d'un brusque émoi devant les larmes qui coulaient sur les joues de l'homme. Il y a de ces questions qui ne trouvent réponse que dans l'au-delà.

— Une petite fille dans un corps de vieillarde… Lydia n'a que huit ans, Dana. Elle est comme toutes les petites filles de huit ans, avide de jouer et d'apprendre. Elle veut plaire et elle désire être aimée. Moi, je l'aime… moi, je l'aime…

La voix se disloqua. Les traits de Francis se contorsionnèrent dans l'effort qu'il faisait pour retenir ses sanglots. Il s'accrocha à Dana, enserra les poignets plus fortement, jusqu'à les broyer.

— Est-ce de ma faute? Suis-je un monstre pour engendrer pareille créature? Est-ce qu'Evelyn a raison? Je ne connais rien de l'affection dont souffre Lydia. Tout ce que je sais, c'est qu'il a existé un cas en Allemagne, un garçon, qui avait quatre frères tous sains. Et, parmi leurs descendants, jamais ce mal n'a reparu. J'aurais pu avoir d'autres enfants, mais… Evelyn…

La pression sur les poignets se raffermit puis se détendit et le visage torturé de Francis se détourna. Sa voix se fit plus basse.

— Dieu sait ce que je donnerais pour rendre à Lydia une apparence et une vie normale.

Le cœur brisé par le chagrin du père, Dana voulut le réconforter.

— Vous avez fait tout ce qui était en votre pouvoir, Francis.

— Non… murmura-t-il faiblement. J'ai fui. Dans mon travail, ma carrière. Que de la poudre aux yeux. J'aurais dû concentrer mon énergie sur Lydia au lieu de la cacher en prétextant vouloir la protéger. Je me suis trompé. J'ai agi égoïstement. Au fond, je ne voulais pas me l'avouer, mais j'avais peur de la réaction des gens. Sur ce point, Evelyn avait raison. Je craignais que la maladie de Lydia soit mal comprise et que cela mette un terme à ma carrière. À cette époque...

Une ombre passa sur son visage.

— Oh ! La superstition est encore trop profondément ancrée dans nos traditions. Les gens auraient imaginé n'importe quoi. Puis mon mariage avec Evelyn... Un échec depuis le début. Quand elle a tenté d'étouffer notre fille, j'aurais dû demander le divorce. Mais je me suis entêté et j'ai enduré, par principe, parce que je refusais d'admettre l'échec, pour ma carrière et mes rêves de merde ! rugit-il de colère. Et c'est ma fille que j'ai punie en la cachant dans ce misérable logis de Candlemaker Row. Elle n'a jamais vu les rues d'Édimbourg que par la vitre d'une voiture. Elle n'a jamais senti l'air des Meadows et de la mer que sous la lune. Et voilà qu'Evelyn réclame le divorce et que moi je persiste à le lui refuser, encore par égoïsme. Même... même après vous avoir avoué que je vous aimais.

Le regard qu'il tourna vers elle balaya tous les soupçons dans le cœur de Dana. Il pencha la tête, s'abritant dans l'ombre, comme par pudeur, comme par crainte de dévoiler par une expression le dernier de ses secrets. Mais Dana ne l'aurait pas vu. Elle avait fermé ses yeux brûlants de larmes. Francis s'approcha davantage d'elle et les goûta sur les joues.

— Je t'aime, Dana, souffla-t-il en cherchant les lèvres qui s'entrouvrirent à son contact.

Il l'embrassa, d'abord tendrement, puis le feu naissant embrasa tout. Sans se détacher d'elle, il descendit du lit pour la retrouver. Ses mains parcouraient le corps sous le fin coton qui le recouvrait. Il était tendu, mais consentant. Dana s'offrait de nouveau à lui.

Il l'avait espéré, rêvé. En s'immisçant dans sa chambre, cette nuit, il l'avait contemplée pendant qu'elle dormait. Mais il n'avait pas osé. Jamais il ne l'aurait forcée dans une nouvelle étreinte.

Francis souffla la chandelle et la souleva dans ses bras.

—Pas dans cette chambre, dit-il tout bas.

Allongée sur le lit, elle retira sa chemise et attendit pendant qu'il refermait la porte et se débarrassait de ses vêtements. Francis s'étendit ensuite à côté d'elle et, après avoir trouvé sa main et l'avoir serrée très fort, ils restèrent sans bouger. Apparemment calmes, les yeux tournés vers le plafond, leurs respirations hachées trahissaient le désir qui les dévorait. Le feu de charbon réchauffait tant bien que mal la chambre et projetait des jets de lumière orangée sur leurs corps, les sculptant comme dans de l'ambre, courbes fluides et saillies anguleuses. Il faisait un peu froid. La peau se tendait, frémissait de l'excitation qui courait en dessous, se couvrait de chair de poule dans l'attente de la caresse qui la réchaufferait et la ranimerait. Un couple de gisants irradiant des feux qui couvaient en eux.

—Toute la journée j'ai cru que vous m'en vouliez, dit doucement Francis. Pour cela j'ai regretté la nuit dernière et en même temps…

Il se tut brusquement. Puis il bougea, se hissant sur ses genoux au-dessus d'elle. D'un regard où brillait la convoitise, il la contempla. Dana éprouva le désarmant pouvoir qu'avaient les yeux. Le sang tournait à un rythme fou dans son corps fébrile.

—Je t'aime, lui souffla-t-elle dans l'obscurité.

« M'aimera-t-elle assez pour me pardonner ? » songea-t-il.

—Je t'aime aussi, Dana, et je te veux. Pour moi et pour Lydia. Mais…

Assez de mots, les gestes prirent le contrôle. Soumises et dominatrices, la bouche et les mains de Francis se posèrent avec douceur sur sa peau, qui réagit par un violent frémissement. Puis elle se détendit doucement, se languissant sous leur chaleur. Les mains du chirurgien revisitaient les formes du corps de la femme tandis que celles de Dana découvraient celui de l'homme avec un étonnement renouvelé : les épaules, larges et robustes, les hanches étroites, une pilosité soyeuse et les muscles gonflés par la force brute retenue sous une peau aussi douce que celle d'un enfant. Autant de différences qu'elle se plaisait à reconnaître chez son partenaire et qui attisaient son envie d'en découvrir encore plus.

Le désir donnait vie à leur souffle. Dana se crispa quand la bouche s'insinua dans le repli humide de l'aine. Mais elle ne résista pas longtemps aux sensations nouvelles qui déferlaient en elle. Un cri étouffé dans l'oreiller, elle se cambra. Leur venait sur les lèvres le goût de l'autre. Ils se permettaient de croire que ce moment durerait toujours. Ils s'appartenaient et la prison du mauvais temps se tapissait de soie et de velours, d'amour et de bonheur éternel. Ils se vautraient dans leur innocente naïveté. Car le plaisir qu'elle leur procurait était sans égal.

Les doigts enchevêtrés aux longues et soyeuses mèches brunes, Francis roula sous Dana. Les siens enfoncés dans les épaules, Dana inversait leur position. L'amour les berçait comme la vague jouait avec un coquillage sur la plage. Ils se laissaient porter par les sensations. Francis s'accrochait à Dana, terrifié à l'idée que cette fois fût la dernière. Ils s'aimaient et s'embrassaient encore. L'amour était plaisir. Du plaisir naquit la jouissance. La jouissance engendra la douleur. Comme dans une musique venue d'ailleurs, toute la gamme des émotions se confondait pour n'en créer qu'une seule qui s'extirpait de leurs poumons dans un cri.

Leurs cœurs subissaient encore les effets de la secousse qui les avait emportés. Ils demeurèrent immobiles, soudés l'un dans l'autre, chacun perdu dans ses pensées. Dans celles de Dana cette terrible question revenait : et maintenant ? Tandis que, dans la tête de Francis, à ses désirs se heurtait sa conscience. Il avait fait de la fille du pasteur Cullen sa maîtresse. Mais, tant qu'il ne serait pas libéré de son secret, il ne pouvait se permettre d'aimer la sœur de Jonat. La réponse d'Irlande tant attendue lui était enfin parvenue dans l'après-midi. Le jeune Johnny Burnet, qui faisait les courses pour Mrs Alderman, avait bravement affronté le mauvais temps pour la lui remettre. La lettre était arrivée à Édimbourg par malleposte le matin de la tempête, avec des nouvelles frustrantes. Les informations que venait d'obtenir son correspondant par le biais de sa dernière missive l'avaient bouleversé. Il voulait prendre le temps de réfléchir avant de lui donner une réponse finale.

De longues minutes s'écoulèrent. La respiration de Dana dans son cou se fit plus régulière. La croyant assoupie, il s'écarta légèrement et rencontra un regard vairon attendri. Un affreux frisson le secoua en imaginant ces mêmes yeux pétris d'amour le vriller d'une haine indicible. Dana l'aimait, pour le moment… Francis se pencha sur elle pour l'embrasser sur le front, puis sur le nez et sur la bouche. De ce moment il se gava le cœur.

— Quoi qu'il arrive, quoi que tu entendes, Dana, je veux que tu saches que je ne me suis jamais joué de toi. Sans le vouloir, je t'ai souvent blessée et… il arrivera que tu le sois encore à cause de moi. Alors souviens-toi de ce moment et de rien d'autre.

— Francis, dit Dana, inquiète du ton que prenait son amant, je…

Francis fit taire sa protestation dans un baiser qu'il prolongea sur tout son visage et dans son cou. Leurs corps encore tièdes de l'étreinte réagirent. Secouée par ces paroles qu'il lui disait pour la deuxième fois, Dana se tut. Les paupières fermées, elle se concentra sur ce que lui faisait Francis. Mais le malaise persista même quand il se glissa en elle. Cette fois, le désir prenait un goût de tristesse, ternissait son plaisir. Pendant que le doux râle de son amant coulait dans son oreille, elle gémit de douleur.

Francis serra Dana entre ses bras à l'étouffer. Elle se rendit compte qu'il pleurait avec elle. Elle encadra de mains tendres le visage baigné d'un chagrin qu'elle ne comprenait pas vraiment.

— Par le Christ, Dana ! dit-il d'une voix éteinte. Toi et moi… cela aurait dû se produire il y a dix ans. Par conséquent, rien de tout ceci ne serait arrivé.

À la frustration vint se greffer cette vieille rancune contre Jonat. Elle minait Francis d'autant plus qu'il refusait de revenir sur sa parole pour en finir une fois pour toutes avec cette scabreuse histoire. Car la valeur d'un homme s'estimait à celle de sa parole et non à celle de sa bourse. C'est ce que lui avait appris son père. C'est ce que lui avait répété Jonat. Il les damnait tous les deux. Sa parole lui coûtait son amour. Et, à cause de Lydia, il ne pouvait entreprendre un voyage aussi long que celui de se rendre en Irlande pour tout régler. Lydia faiblissait de jour en jour. Elle quitterait sa misérable enveloppe charnelle avant le retour des oiseaux et des fleurs. Elle n'atteindrait pas ses neuf ans. Et là, il serait trop tard. Il aurait irrémédiablement perdu Dana.

Mais l'idée seule que d'autres bras puissent serrer cette femme le rendait fou de douleur.

— Ne l'épouse pas… Tu ne dois pas…

Les paumes couvrant son visage, Francis luttait contre cette furie et ce goût de révolte qui le martyrisait. Il devrait lui dire ce qu'il soupçonnait sur Timmy Nasmyth. Le corps de cette prostituée qu'on avait reconnue sur la table du théâtre d'anatomie, c'est par son entremise qu'il l'avait obtenu. L'un des étudiants avait raconté à la blague l'avoir bien travaillée la veille. Qu'il l'avait sans doute fait mourir par trop d'ardeur. C'était pathétique. Mais il n'y avait aucune preuve de ce qu'il soupçonnait. Pour la première fois, le manque de preuves jouait contre lui.

— Alors je ne l'épouserai pas, lui répondit-elle gravement en cherchant son regard.

— Non, gronda-t-il en s'écartant avec rudesse et en roulant sur le ventre. Je n'ai nul droit de te demander cela. Bon sang ! Je n'ai pas le droit.

— Et si c'était mon choix ?

— Il y a toujours qu'Evelyn…

Evelyn.

Un long moment de silence creusa un fossé entre eux.

— Tu as reçu des nouvelles d'elle ? le pressa enfin Dana, anxieuse.

— Non.

— Ah ! J'avais cru…

Il souleva un sourcil.

— À quoi ?

— Cette lettre que tu as reçue aujourd'hui.

La lettre !

— Le porteur est le garçon de courses de Mrs Alderman. L'état de Lydia a empiré.

En fait, il ne mentait pas. Mais cette information, il l'avait reçue de la bouche même de Johnny, avant que le garçon retourne dans Candlemaker Row malgré son insistance de le voir passer la nuit ici.

— Je suis désolée.

— Elle souhaite dîner avec toi, ajouta-t-il plus calmement.

Le gris des yeux prit une chaleureuse teinte mordorée. Avait-elle vu un sourire soulever les coins de la bouche de Francis?

— J'aimerais bien.

D'un doigt léger, Dana suivit le contour de ce mince sourire, se disant qu'elle pouvait encore annuler le mariage. Mais qu'adviendrait-il d'elle ensuite? Personne ne savait exactement ce qui était arrivé à Evelyn. Elle ne voulait aucunement prendre la place qu'occupait Amy Stanfield dans la vie du chirurgien Seton. La situation lui semblait sans issue.

— Que dois-je faire, Francis?

Il prit un long moment avant de répondre. Le tourment redessina les lignes de son visage.

— Je ne le sais pas.

Le silence retomba, lourd et triste. Francis soupira et ouvrit un bras sous lequel Dana alla se blottir. Il les couvrit des draps et de la couverture. Les corps se moulèrent l'un contre l'autre. Francis lui embrassa le dessus du crâne, puis il fit cette réflexion:

— Suis le chemin que te dicte ton cœur.

Laissant libre choix à son esprit d'interroger son cœur, elle apprit qu'il lui disait de ne plus quitter cette maison. Mais son esprit, qui l'avait toujours guidé jusqu'à ce que l'amour le déraisonne, ne s'accordait guère à ce vœu. Malgré tout ce qu'elle éprouvait pour Francis, elle nourrissait toujours une crainte diffuse à son endroit. Un peu comme lorsqu'on s'aventure dans une forêt sombre qu'on sait habitée par des créatures malveillantes invisibles. Avec Timmy, le danger, elle pouvait le regarder dans les yeux.

Chapitre 22

Une lame de lumière grise traversait timidement la pénombre de la chambre, scindant en deux les corps allongés dans un désordre de membres et de draps. L'un d'eux frissonna et remua. Puis il se souleva du matelas avec douceur pour s'asseoir, de peur de réveiller l'autre. Le rai de lumière frappa une pupille, qui se rétracta douloureusement. Francis plissa les yeux et allait tirer sur la couverture qui s'était entassée à leurs pieds. Il arrêta son geste et considéra cet autre corps allongé près de lui. Le drap s'entortillait autour des jambes. Il les imagina, longues et fines, comme elles auraient dû être si la maladie ne les avait pas déformées. Quant au reste... Les fesses, rondes et lisses, versaient le filet d'ombre qui les séparait dans la chute des reins qui formait un vallon et coulait son chemin dans le creux de la colonne vertébrale, sombre rivière se courbant gracieusement jusqu'à la nuque.

La chevelure s'étalait sur les épaules et sur l'oreiller. Il déplaça délicatement les longs écheveaux de soie pour admirer la saillie anguleuse d'une omoplate. Puis son regard reprit son chemin vers le bas, cahotant sur chacune des épines des vertèbres jusqu'au léger renflement du sacrum. « Quelle merveilleuse machine que le corps humain », songea-t-il. Magnifique œuvre de la nature. Il se pencha sur celui qui lui offrait si impudiquement ses charmes et déposa ses lèvres sur la rondeur d'une hanche. Le baiser laissa une trace humide sur laquelle il souffla. La peau frissonna, se couvrit d'une chair de poule qu'il avait envie de caresser de nouveau des lèvres.

Mais la hanche se déroba et le corps roula, lui dévoilant d'autres délices.

— Que fais-tu là ? marmonna une voix endormie.

— Je t'aime…

La bouche avide se posa sur la peau tiède, qui réagit en frémissant.

Prenant conscience que le jour était levé, Dana prit la tête de son amant entre ses mains et la souleva.

— Alison va venir me chercher. Je dois…

— Non, pas ce matin. Personne ne viendra nous déranger.

Les fins sourcils bruns s'abaissèrent. Francis embrassa à nouveau la chaleur de la peau.

— Qu'est-ce que tu veux dire ?

— Que personne ne viendra frapper à la porte ce matin, Dana », répéta Francis en traçant un sentier humide sur le ventre qui se contracta.

Agrippant les boucles blondes, Dana força le visage de l'homme vers le sien et l'interrogea. Francis prit appui sur un coude.

— Mrs Dawson a vite compris pour les draps dans le panier, expliqua-t-il.

L'ahurissement agrandit le regard vairon. Puis la crainte froissa le visage.

— Mrs Dawson sait ? Mais… elle a cru que c'était le sang de ta coupure.

— Dana, chuchota Francis en se hissant sur elle, je connais Mrs Dawson depuis toujours. Les domestiques ne sont ni aveugles ni sots. Mais ils me sont loyaux.

D'une main câline, il caressa le visage de la jeune femme comme pour lisser les plis d'inquiétude qui le marquaient. Elle reposa sa tête sur l'oreiller et poussa un soupir en se tournant vers les fenêtres. La lumière blafarde annonçait un ciel gris. Mais ni le vent ni le grésil ne frappait plus les vitres. Timmy allait enfin venir. Elle ne savait plus si elle désirait rentrer dans West Port.

— Francis…

Au son de la voix, Francis soupira à son tour et roula sur le côté. Il savait d'expérience que l'inquiétude n'avait pas son égal pour faire fuir le désir chez une femme. Dana s'assit et ramena le drap sur sa nudité.

— Je dois m'habiller. Timmy peut arriver et...

Le chirurgien la fixait de son regard impénétrable. Franchement, elle ne savait que faire. Loin de tout, elle pourrait réfléchir et prendre une décision. Deux choix s'offraient : elle épousait Timmy ou elle ne l'épousait pas et retournait à Kirkcaldy jusqu'à ce que... quoi, en fait ? Francis ne lui avait rien promis. Pour le moment, rentrer lui paraissait la meilleure chose à faire.

— Je dois m'habiller, lâcha-t-elle avec humeur en sautant du lit.

S'accordant quelques secondes pour apprécier les courbes du corps enveloppé du drap qui s'éloignait vers la fenêtre, Francis décida de se lever à son tour. Dana entrouvrit un pan du rideau.

— Il pleut.

Quand elle se retourna, son amant avait déjà revêtu sa culotte et passait une chemise propre.

— Je vous rapporte vos vêtements et je descends prévenir Mrs Dawson que vous prendrez votre petit déjeuner dans votre chambre. Comme ça vous n'aurez pas à affronter toute la domesticité d'un coup.

— Merci, fit Dana, touchée par cette marque d'attention.

Un sourire trop mince s'esquissa sur les lèvres de Francis. Il s'approcha d'elle et se pencha sur le visage qui cherchait à cacher une gêne subite. Avec tendresse, il l'embrassa sur la bouche. Puis il sortit. Restée seule dans la chambre du maître, Dana frissonna de froid. Le charbon n'émettait plus qu'une chaleur diffuse. Alison attendrait que le maître le lui demande avant de nettoyer le panier dans l'âtre pour que Will'O le remplisse à nouveau. Elle trouva sa chemise tombée sur le sol et l'enfila. Puis elle s'assit dans le lit et attendit.

Halkit surgissait du grand escalier au même moment où Francis refermait la porte de sa chambre.

—Monsieur, dit le majordome. Mr Aitken et le docteur Thomson sont ici.

Francis fronça les sourcils.

—John Thomson? Mais que fait-il ici par un temps pareil?

—Il ne m'a rien dit, monsieur. Mais il vous attend dans la bibliothèque.

Oubliant les vêtements de Dana, Francis se précipita vers l'escalier. Sur la quatrième marche, il s'immobilisa.

—Oh! Halkit, pourriez-vous dire à Mrs Dawson que Miss Cullen prendra son petit déjeuner dans la chambre bleue.

Impassible comme toujours, Halkit opina. Francis descendit encore deux marches.

—Qu'est-ce qui amène Christopher ici?

—Il avait oublié des notes dans sa chambre, monsieur.

—Dans sa chambre? Oui… elles doivent être rendues dans le cabinet, alors.

—Je l'en informe, monsieur.

—Merci, Halkit.

Le majordome suivit la descente de son maître jusqu'au plancher de marbre où ses pas résonnèrent pendant qu'il s'éloignait vers la bibliothèque. Il avait vu grandir ce garçon et s'y était profondément attaché. Francis avait toujours démontré une nature taciturne, presque sauvage. Constamment rabroué par une mère sans tendresse et recherchant sans cesse la reconnaissance d'un père trop sévère, l'enfant s'était tourné vers les domestiques de la maison pour trouver du réconfort quand il avait des chagrins.

Pour Mrs Alderman, qui avait été la gouvernante des enfants Seton, pour le couple Dawson et pour lui-même, le maître était un peu comme leur fils. Le garçon avait grandi parmi eux, partageant ses repas à la même table qu'eux parce qu'il avait refusé de se soumettre aux manières mondaines qu'exigeait de lui sa mère à la grande table des maîtres. Sous ses airs de chien battu, le garçon cachait une nature enjouée et avide d'apprendre. Combien de parties d'échecs Halkit avait-il disputées avec le jeune maître, pensant tout haut ses réflexions avant chacun de ses mouvements? L'enfant avait rapidement saisi la stratégie du jeu et bientôt Halkit n'eut plus à le laisser délibérément gagner rien que pour voir la fierté faire pétiller ses yeux gris.

Adolescent, Francis fut envoyé au High School où il se lia d'amitié avec le turbulent cadet des Elphinstone. Ce fut le début d'une longue et difficile période où le jeune Seton devint un garçon arrogant et rebelle. Sous l'influence de Percy, il fit la découverte de ses capacités de séduction, ce qui le rendit méprisant et ambitieux. Mais il demeura malgré tout respectueux de ceux qui lui avaient toujours témoigné de l'affection. Chaque matin, avant de prendre le chemin de l'école, et plus tard celui de l'université, Francis avait descendu manger avec eux. Entre les murs de la cuisine, Francis Seton était demeuré l'enfant qu'ils avaient toujours connu. Il bavardait comme autrefois, essayant de résoudre lui-même les petits problèmes domestiques, promettant de rapporter les plus gros à l'attention de son père. Petit à petit, c'était vers lui que les domestiques s'étaient tournés et, sans s'en rendre compte, il avait appris le rôle de maître de la maison.

Puis étaient survenues l'affaire du meurtre de la prostituée sur le bord de la Leith et, un peu plus tard, l'arrivée de Jonat Cullen à Weeping Willow. Cullen était un jeune homme d'une beauté et d'une intelligence qui suscitaient l'admiration. Les Seton, père et fils, étaient tombés sous le charme. Le premier l'avait mis sous sa tutelle en échange de son travail en tant qu'assistant. Avec le second s'était développée une solide et profonde amitié qui avait duré jusqu'au malheureux drame qui avait fait éclater la famille Seton. C'était en 1804.

Un an plus tard, Francis avait épousé Miss Evelyn Hamilton et son père partait avec l'armée pour les Indes orientales. Puis était née la petite Lydia. En 1807, Francis senior était mort d'un projectile à la tête, attaqué par un voleur qu'il aurait surpris dans sa chambre en pleine nuit. C'était la version officielle. Bien peu de monde connaissait la vérité. En même temps que leur était parvenue cette atterrante nouvelle, on avait découvert une anomalie chez la fille du nouveau couple Seton. Puis Francis avait pris possession de son héritage, qu'il gérait avec rigueur et intelligence. Il fut nommé à la place de son père sur le conseil de la Royal Infirmary, où il conjuguait avec brio pratique et enseignement. Il fuyait les évènements mondains, limitait ses voyages. Francis Seton refusait, à cause de Lydia, de quitter Édimbourg plus de deux semaines d'affilée. Lentement, comme le saule qui donnait son nom au domaine, le chirurgien se repliait sur lui-même à l'ombre de Weeping Willow.

Le jour où cette jeune Miss Cullen avait mis les pieds dans cette maison, ils avaient tous rapidement compris qu'elle bousculerait à nouveau la vie du maître. Francis était tombé amoureux, enfin. Ils auraient pu s'en réjouir si la jeune femme n'avait été celle qu'elle était.

Halkit secoua sa tête chenue et, après un regard vers la chambre du maître, redescendit au rez-de-chaussée où il prit le chemin de la cuisine.

—●—

— John ! s'écria Francis en pénétrant dans la pièce.

Debout devant le portrait de Francis, John Thomson se retourna et lui sourit. Le professeur de chirurgie militaire à Édimbourg était un ami de longue date des Seton.

— Mon ami, je suis désolé de te déranger de si bonne heure.

— Cela doit être important pour que tu te risques sur les chemins par un temps aussi exécrable. Ciel de malheur !

— C'est l'hiver. J'ai croisé ton jeune protégé sur le chemin. Une chance pour lui.

— Hum… Comment se débrouille-t-il ?

— Pour être honnête, Francis, il m'inquiète. Il a beaucoup changé depuis quelques semaines. Je crains qu'il n'échoue l'épreuve des examinateurs pour l'obtention de sa licence. Il a manqué plusieurs cours importants. On m'a rapporté qu'il est devenu plus agressif.

— Christopher, agressif ?

— Selon l'avis de plusieurs étudiants qui le côtoient.

— Hum… Et toi, qu'est-ce qui t'amène ?

— D'abord, Lydia, dit gravement Thomson en prenant le fauteuil qu'on lui indiqua.

Francis se figea au moment où il allait s'asseoir à son tour.

— Mrs Alderman m'a fait appeler. Ta fille va très mal, Francis.

Le chirurgien se laissa tomber dans son fauteuil.

— Oui, je sais, Mrs Alderman m'a fait porter un mot, hier.

— Elle n'a pas dévoilé tout ce qui est arrivé. Je le lui ai demandé pour ne pas t'inquiéter davantage. Lydia a eu un malaise cardiaque. Une crise d'angor. Je l'ai traitée à l'*ammonium carbonicum*. J'ai fait cesser tout autre traitement pendant quarante-huit heures. Elle m'a paru mieux quand je l'ai quittée.

— C'est la deuxième en une semaine… murmura Francis. J'ai ordonné à Mrs Alderman de lui donner une seule décoction d'aubépine et de camomille par jour et d'augmenter à six grains par deux jours l'*arsenicum album*. Je ne peux rien faire de plus.

— Elle te réclamait, hier. J'ai dû lui administrer du laudanum pour la calmer. Elle pensait mourir avant de te revoir. Pour être franc, je crains qu'elle ne survive plus de deux mois.

— Je sais…

Sa poitrine se gonfla et il enfouit son visage dans ses mains pour cacher l'émoi qui le prenait. Thomson, par respect, attendit que son ami se reprenne avant de poursuivre.

— J'ai pensé que tu apprécierais profiter de ma voiture pour te rendre dans Candlemaker Row. Moi, je dois retourner à l'hôpital. Par manque d'effectifs d'expérience à cause de cette tempête, on doit refuser des malades. Il y a bien des étudiants, mais tu sais…

— Merci, John, dit Francis en frottant ses paupières encore bouffies d'un sommeil agité. Je vais me rendre chez Mrs Alderman. J'essaierai de faire un saut à l'hôpital après.

— Ce serait apprécié. Je sais combien c'est difficile pour toi, Francis.

— Je suis médecin avant tout.

— Non, Francis, le reprit son ami d'une voix compatissante, tu es père avant tout. Je le suis aussi.

— Je me sens si impuissant, John, déclara Francis après un moment. Je ne peux rien faire de plus qu'attendre. Je… j'espérais la faire transporter ici aujourd'hui, mais… à essayer, je risque de la tuer.

— Oui, je comprends. La pluie rend les chemins encore plus difficiles. Ma voiture s'est embourbée à trois reprises. Écoute, j'ai avec moi des sels de Derosne[9]. Je sais que Lydia souffre beaucoup.

Thomson attendit la réaction de Francis avant de poursuivre. Ce dernier prit quelques secondes avant de le regarder.

— Des sels de Derosne?

— Cette substance extraite de l'opium…

— Oui, je connais. J'ai lu la publication de Seguin à ce sujet. Il s'agit d'une substance très puissante.

— Cinq grains dissous dans trois onces d'huile d'olive ou dans de l'acide hydrochlorique dilué devraient suffire pour Lydia.

Un long silence suivit le commentaire de Thomson, qui sortit d'une poche de sa vieille houppelande élimée une petite fiole contenant des cristaux blancs. Il la déposa sur le guéridon à côté de lui.

— Je ne sais pas, John, dit Francis. Elle est si fragile.

— Ce sera à toi d'en juger, mon ami.

Se sentant dans une position inconfortable, Thomson remua, puis montra du doigt le portrait qui séchait sur son chevalet.

— Eh bien, c'est très réussi, mon ami, s'exclama-t-il en se levant pour le regarder de plus près. À l'odeur, je devine qu'il vient tout juste d'être achevé.

— Oui, répondit Francis, laconique.

Dana revint occuper son esprit. L'image de son corps en contre-jour devant la fenêtre remua ses sens et lui fit momentanément oublier ses soucis.

— Hum… fit Thomson en quittant le tableau.

---

9. Les sels de Derosne ou sels narcotiques étaient la première forme isolée d'un combiné de morphine et de narcotique réalisé par le Français Charles Derosne en 1803. Le nom de morphium ou morphine ne sera attribué qu'en 1817 par le chercheur allemand Friedrich Wilhelm Sertürner.

Apparemment, autre chose le préoccupait encore. Il sortit une enveloppe de la poche de sa veste.

— C'est arrivé il y a trois jours.

— Qu'est-ce que c'est? dit Francis en prenant l'enveloppe. Ça vient d'Amérique?

— C'est un ancien élève, William Campbell, qui m'a écrit. On a besoin de bons professeurs à Philadelphie, notamment en anatomie. Les Américains commencent aussi à s'intéresser sérieusement à la clinique pathologique. Moi, je suis trop vieux pour entreprendre une carrière à l'autre bout du monde. Donc j'ai pensé à toi. J'ai longtemps hésité avant de t'en parler.

— Tu as cru que j'aurais besoin de m'éloigner.

— Pour voir d'autres horizons, peut-être. Ta désertion de l'hôpital ces dernières semaines combinée à toute cette affaire entourant la disparition de ta femme soulève bien des commentaires parmi les membres du conseil. Certains ont suggéré ton expulsion.

Les traits de Francis se durcirent, mais il ne dit rien. Se plongeant dans la réflexion, il se mit à pianoter sur l'accoudoir du fauteuil.

— Toi, quel est ton avis, John? questionna-t-il après un moment.

— Moi, je te connais, Francis. Mais ce que je crois ne pourra rien changer à ce que les autres pensent. Quant à tes responsabilités reliées à ton engagement, il est vrai que tu les négliges depuis quelques semaines.

— Pour Evelyn, tu me crois coupable?

— Non.

Il aurait dû s'en sentir soulagé, mais il n'y arrivait pas. Quelque chose lui disait qu'il n'était pas au bout de ses peines et que le pire était encore à venir. Et, à cause de cela, il devrait renoncer à Dana. Il ne voulait pas la mêler à tous ces scandales qui risquaient d'éclater.

— Pour l'offre de Philadelphie, je ne peux rien décider tant que Lydia vivra.

— Je le sais.

— Pour le conseil d'administration de la Royal Infirmary… je refuse de donner ma démission, John.

— Tu auras à te battre.

— Je le ferai. Je n'ai rien à me reprocher. Je n'accepterai jamais que le nom des Seton soit entaché par des faussetés inventées par des collègues qui ne désirent que me voir tomber. Les vieilles rancunes se transmettent de père en fils. Alexander Monro junior en voulait à mon grand-père d'avoir dénoncé publiquement son plagiat des travaux de William Hunter sur le fonctionnement du système lymphatique. Et maintenant le fils de Monro s'en prend à moi parce que j'ai l'appui de la majorité des membres du *senatus* et des conseils d'administration pour la mise en place de la chaire de pathologie médicale. Il clame qu'il est celui à qui cette chaire devrait revenir parce qu'il est celui qui en a eu l'idée et que son nom figure en haut de la liste sur la pétition adressée au bureau du secrétaire d'État Addington. C'est tout à fait ridicule ! Par le Christ ! C'est moi qui ai rassemblé tous les documents, fait tous les travaux, rédigé toutes les demandes de fonds. Il en a eu l'idée ? Qui n'y a pas songé ? À commencer par toi, John. Tu l'avais suggérée il y a trois ans et personne n'a cru bon de la retenir.

Thomson s'abstint de commenter et baissa les yeux. Francis savait toutefois ce qu'il pensait. Il avait raison. Mais avec les soupçons qui pesaient sur lui à propos de la disparition d'Evelyn, sa réputation était probablement déjà assez entachée pour lui faire perdre ses chances de se voir octroyer la chaire. Il entendait encore les murmures des étudiants dans son dos. Il voyait les regards en coulisse qu'on lui lançait. Il en était blessé, profondément. Si le gouvernement accédait à leur demande de subvention, Monro, troisième du nom, en deviendrait sans doute le bénéficiaire.

Il avait l'impression d'assister à l'écroulement de sa vie. Les châteaux de cartes étaient si faciles à démolir. Car il prenait conscience que depuis dix ans tout ce qu'il avait réussi à se construire n'était qu'un château de cartes.

❦

— Pour l'amour du ciel, ronchonna Dana en sautant du lit, qu'est-ce qu'il fabrique?

Lasse d'attendre, elle s'était mise en devoir de ranger un peu la chambre. Des vêtements traînaient çà et là sur le sol et les meubles. Elle les ramassa et les inspecta, pliant ceux qui étaient encore propres et faisant une pile du reste. Elle enfouit son visage dans la chemise qu'il avait portée la veille. L'odeur de l'homme l'imprégnait. Cet homme avec qui elle avait envie de rire. Le rire, l'expression ultime du bonheur pur, d'un bonheur naïf.

Les épais rideaux des quatre fenêtres furent tirés. Une lumière froide s'invita aussitôt dans la pièce. Dana entreprit de rallumer le feu, débarrassant elle-même la grille des cendres refroidies. Elle en fit un tas qu'elle repoussa de côté sur la base en ardoise et les remplaça par une grosse pelletée de charbon conservé dans un seau à côté de la cheminée. Quand les flammes léchèrent le cœur de l'âtre, elle replaça le pare-étincelles et lui tourna le dos pour faire face à la chambre.

Peinte d'un blanc coquille d'œuf, elle paraissait plus spacieuse qu'elle ne l'était vraiment. La lumière, par un jour ensoleillé, devait la rendre lumineuse. Elle imagina aussi le couchant y colorer les murs de teintes chaudes, inspirantes. Mais, pour l'heure, le gris du temps volait la chaleur dorée du bois de citronnier du Ceylan des meubles de style Sheraton que Dana trouvait tout à fait dans le goût de Francis.

Elle avisa le tiroir laissé ouvert du chiffonnier où il avait pris sa chemise et voulut le refermer. Y étaient soigneusement rangées d'autres chemises de coton ainsi que des cravates de lin d'Irlande tissé avec art. Dana caressa la finesse des étoffes. Les chemises de Francis. Elle referma le tiroir. L'envie d'ouvrir les autres la fit hésiter. Fouiller ainsi l'intimité d'autrui sans y être invitée n'était pas bien. Mais c'était horriblement tentant. Elle résista toutefois et alla s'asseoir sur le lit pour attendre le chirurgien, qui tardait à lui apporter ses vêtements à elle. Les draps retenaient encore la chaleur de leur corps et elle les caressa, pensive. Elle était persuadée qu'en les tendant dans un cadre, comme une toile, pour le plaisir égoïste de son seul regard, y apparaîtraient sans censure des couleurs aux nuances inexplorées.

Un poème chromatique : *Éveil de l'amour*.

Une œuvre qui ne pourrait qu'être tragique.

❖—❖

Assis au bout de la table de la cuisine, les yeux cernés par le manque de sommeil, Christopher trempait son bout de pain dans son lait sucré. Mrs Dawson fit tomber deux saucisses encore grésillantes sur une assiette qu'elle déposa sur le plateau où attendaient un bol fumant de porridge, un œuf poché dans le vin, un morceau de fromage et une pomme.

— Abigail, va le porter chez Miss Dana.

Le jeune homme leva la tête, son pain dégoulinant suspendu entre ses doigts au-dessus du bol.

— Dana est ici ?

Les domestiques présents se regardèrent. Mrs Dawson ouvrit la bouche pour répondre. Alison la prit de vitesse.

— Miss Dana est ici depuis le début de la tempête. Elle est revenue pour terminer le portrait de Mr Seton. Elle occupe votre chambre, Mr Aitken.

— Ma chambre ?

— Enfin… elle est supposée l'occuper.

Mrs Rigg lui lança un regard noir. Celui de la cuisinière l'aurait clouée au mur. Alison vida son bol de lait, attrapa les serviettes propres et sortit. Son plateau entre les mains, Abigail l'imita. Songeur, Christopher fixa la porte qui se refermait.

❖—❖

Un tic tac régulier rythmait le temps qui passait. Dana chercha l'objet des yeux. L'horloge indiquait huit heures trente. L'élégant secrétaire dos-d'âne sur lequel elle reposait soulevait maintenant son intérêt. Elle se rappela la lettre qu'elle devait écrire à Maisie concernant cet étrange codicille qui abrogeait le testament de leur mère. Francis devait certainement conserver de quoi écrire dans ce meuble. Voilà qui la désennuierait le temps qu'il revienne.

Le panneau décoré d'incrustations d'ébène et de bois de buis s'abaissait pour former la table d'écriture. Il était supporté par le tiroir du haut, que Dana tira. Les pages manuscrites qu'elle entrevit dans ce tiroir avant d'abattre le panneau dessus n'attisèrent pas sa curiosité sur le coup. Elle avait maintenant l'habitude des notes que Francis laissait traîner un peu partout dans le cabinet et dans la bibliothèque. Elle s'assit donc devant le meuble et cherchait une plume quand elle s'immobilisa, fronçant les sourcils. Soulevant le panneau, elle examina les pages avec plus d'intérêt. Le papier était jauni et malodorant, comme s'il avait passé des années enfermé dans un endroit humide. Intéressant... Ce manuscrit était-il de la main du chirurgien Seton senior ? L'écriture n'était ni celle de Francis ni celle de Christopher. Elle approcha l'une des feuilles de ses yeux. La calligraphie lui disait cependant quelque chose. Un tracé d'une grande régularité, petit, d'un mouvement qui se devinait pondéré, avec quelques arrondis. Il y avait quelque chose de familier dans ce trait de plume. Elle lut quelques mots, comme ça, au hasard, s'imprégnant de l'écriture.

— Dans toutes les inflammations articulaires, il y a du gonflement à cause de l'extravasation qui se fait...

Sa voix se suspendit en même temps que son cœur s'arrêta de battre. Elle s'empara du reste du manuscrit. Croyant rêver, elle le posa sur le panneau qu'elle rabaissa devant elle et en tourna quelques pages. L'écriture de Francis y apparaissait aussi à plusieurs endroits.

— Je dois me tromper, murmura-t-elle. C'est une coïncidence. Rien de plus. Francis m'en aurait parlé. Il m'aurait dit... Il m'aurait dit...

Elle revint sur un dessin représentant un homme assis sur un rocher, courbé dans une attitude de réflexion. Dessous était inscrit : *La rationalisation des données sensibles est le premier degré du processus de la connaissance.*

— Le second passe par le creuset de la pratique… acheva-t-elle de lire d'une voix monocorde.

Ce faisant, ses pupilles se fixèrent sur le paraphe sous le dessin : J. C.

Éperdue, elle sentit son sang se figer dans ses veines. Puis son regard capta l'éclat d'un objet métallique dissimulé dans l'ombre de l'un des multiples compartiments du meuble. Encore sous le choc de ce qu'elle venait de découvrir, elle vit sans réagir le vermeil et la nacre chatoyer. Puis un cri monta dans sa gorge et elle le contint dans sa paume.

✦✦

— Où est Miss Dana ? interrogea Christopher en quittant la chambre bleue.

Alison sortait de la lingerie et traversait le hall. Elle ralentit sa foulée, lançant un regard glacial vers le jeune homme. Ce dernier le lui rendit.

— Allons, Alison, tu dois bien savoir où se trouve cette chère Dana, non ?

Elle n'hésita qu'un très bref instant, se disant que la réputation de Dana ne valait en fin de compte pas qu'elle risquât sa situation dans la maison. Christopher l'avait surprise à fourrager dans les affaires de Mr Seton alors qu'elle était entrée dans la chambre du maître pour nettoyer la baignoire de cuivre. Cela s'était passé le soir où Mrs Seton avait disparu. Elle tourna son visage vers la porte de la chambre en question et la désigna d'un coup du menton. Christopher, qui avait suivi son regard, hocha la tête. La servante disparut en courant tandis qu'il franchit en longues enjambées l'espace qui le séparait de la chambre de Francis.

La porte s'ouvrit à toute volée comme il l'atteignait. Une silhouette livide se dressait devant lui, ses mains couvrant sa bouche, ses yeux vairons noyés dans les larmes. Dana chancela. Elle avait l'impression que tout allait s'effondrer sous ses pieds, qu'elle allait sombrer dans un vide profond. Sous le regard un peu surpris de

Christopher, elle se cramponna au chambranle pour éviter de tomber et respira très fort pour trouver un peu d'air.

— Dana? Que vous a-t-il fait?

Christopher cherchait à la soutenir, mais elle le repoussa avec une force qui la surprit elle-même. Quelques secondes plus tard, elle s'enfermait dans la chambre bleue où un plateau avait été déposé sur une table d'appoint. L'odeur des saucisses lui souleva le cœur. Le visage imprégné d'un mélange de chagrin et d'horreur, elle se débarrassa de sa chemise de nuit et passa à toute vitesse ses vêtements. Le poing de Christopher faisait vibrer le bois de sa porte.

— S'il vous plaît, Dana!

Elle ne comprenait pas. Comment cela se pouvait-il? Francis connaissait Jonat. Francis lui avait menti depuis le début, sur tout. Sur TOUT! Pourquoi?

— Ouvrez-moi, Dana. Il vous a fait du mal, je le sais. J'aurais dû vous avertir… vous empêcher de peindre pour lui.

Négligeant de boutonner sa pelisse, elle attrapa son réticule et sortit de la chambre. Christopher lui bloquait le passage. Elle voulut le contourner, mais il l'en empêcha sans difficulté.

— Laissez-moi, Christopher, geignit-elle en contorsionnant ses épaules prisonnières du jeune homme.

— Attendez, Dana! Laissez-moi vous aider. Je suis désolé. J'aurais dû vous dire bien avant ce à quoi vous vous exposiez avec Seton. Dites-moi ce qu'il vous a fait, pour l'amour de Dieu!

Elle perçut la colère.

— Je dois… je dois… partir, Jonat, dit-elle pour seule explication comme elle cherchait à se libérer.

Les sanglots se coinçaient dans sa gorge trop serrée.

— Jonat?

— Mon… frère. Il connaissait Jonat.

— Ah! Votre frère, oui… Mrs Seton savait que son mari avait… entretenu une relation avec votre frère il y a des années. Elle m'a avoué avoir menacé son mari de divulguer ce secret s'il ne lui accordait pas le divorce. Et… elle a curieusement disparu peu après.

Les traits de Dana grimacèrent pour exprimer une incompréhension encore plus profonde.

— Vous aussi le saviez ? Je ne comprends pas… pourquoi ? Pourquoi ne m'en avoir rien dit ?

C'était trop. Elle n'arrivait plus à absorber tout l'absurde de ce qu'elle apprenait. Francis l'avait trompée. Il lui avait menti sur toute la ligne.

— Il vous a forcée, Dana ? C'est ça ?

— Il m'a dit… murmura-t-elle, perdue dans son cauchemar, il m'a dit qu'il m'aimait.

— Et vous lui avez cédé ?

— Je l'ai cru…

Elle le regardait, ses traits ravagés par la douleur, baignés par ses pleurs. Le visage de Christopher, où se lisait un mélange de dédain et de tristesse, se ferma et il la relâcha.

« Timmy avait raison. Alison avait raison », pensa Dana. Elle avait été naïve de croire que cet homme eût pu l'aimer véritablement. On entendit la voix du chirurgien au rez-de-chaussée. L'affolement la gagna. Une colère brutale, comme elle n'en avait jamais ressenti auparavant, la submergeait. Elle esquissa un geste pour s'éloigner. Christopher ne l'en empêcha plus. Par la cuisine. C'était le seul moyen d'éviter de croiser Francis dans sa fuite.

Se rappelant brusquement les vêtements de Dana qu'il avait oublié de lui apporter, Francis gravit les dernières marches. Comme il atteignait le palier, un bruit de course retentissait dans le couloir du quartier des domestiques. Il n'y porta guère attention. Christopher semblait l'attendre, le dévisageant d'un air étrange. Francis s'arrêta près de lui.

— Tes notes de cours sont dans le cabinet. J'avais dit à Halkit de…

— Il m'en a informé.

Le mépris teintait la réplique. Intrigué, Francis étudia Christopher avec minutie.

— Des mauvaises nouvelles ?

— Elle est partie, dit simplement le jeune homme en toisant le chirurgien.

— Elle ?

— Dana.

Il ne comprit pas tout de suite, continuant de fixer son ancien assistant. Il nota le teint hâve de celui qui ne dort plus et ne se nourrit que pour survivre. Mais qu'arrivait-il donc ?

Christopher exécuta un geste comme pour l'inviter à se rendre à sa chambre. La porte était ouverte. Le mauvais pressentiment s'intensifia et Francis s'élança. La pièce était effectivement vide.

— Tôt ou tard, Dieu finit toujours par rendre Sa justice, Francis Seton, murmura gravement Christopher dans son dos.

Le chirurgien ne l'entendit pas. Le regard rivé sur le secrétaire ouvert, il eut un moment d'une intense angoisse. Sur le panneau abaissé et un peu partout sur le sol s'éparpillaient les pages du manuscrit. Et là aussi, dans la fade lumière brillait le vermeil de la tabatière de son père qu'il avait recouvrée chez le prêteur sur gages.

Tous les mots qui lui venaient aux lèvres s'évanouissaient avant de les franchir. La distance qui le séparait du secrétaire parut lui prendre une éternité à parcourir. Il constata les faits. Tremblant, il prit d'une main la tabatière qu'avait volée Timmy Nasmyth et, de l'autre, ce qui restait du manuscrit. Ses doigts se crispaient de rage et de désespoir. Le manuscrit se froissa. Le cri qui enflait sa poitrine déchira le silence qui était retombé. Le papier vola tout autour de lui comme les feuilles arrachées d'un arbre par une violente tempête. Puis suivit un fracas épouvantable. La tabatière rebondit sur le chiffonnier, frappa rudement le mur et tomba au sol, brisée au milieu des dizaines de morceaux d'un pichet de faïence.

✦✦

L'eau ruisselait du ciel comme un cataclysme. Elle imbibait la neige sur le sol, l'alourdissait et rendait l'avancée difficile. Elle imprégnait les vêtements, et le froid perçait Dana jusqu'aux os. Les poumons enflammés, elle s'engagea dans Potter Row. À la pluie se mêlaient les larmes, et sa vue se brouillait constamment. Les seuls passants qu'elle croisait étaient trop pressés de se mettre à l'abri pour la remarquer.

Complètement éperdue, elle finit par trouver la porte du *land* et s'y engouffra. Sa pelisse détrempée était si légère en comparaison au poids du chagrin qui pesait sur son cœur. Épuisée, elle grimpa l'obscur escalier jusqu'au logis de Timmy. Elle frappa sur le bois. Elle frappa avec violence, avec fureur, avec acharnement, comme elle aurait frappé son amant. Elle voulait le fracasser, le détruire, le réduire à néant, le faire disparaître de son chemin comme de sa vie. Elle voulait que s'arrête cette douleur intenable qui lui tenaillait le ventre. Elle voulait mourir.

Pleurant à chaudes larmes, elle s'effondra et se laissa glisser contre la porte jusqu'au sol. C'est là que la découvrit Timmy en lui ouvrant, l'air égaré. Il se précipita sur la forme recroquevillée à ses pieds.

— Par le diable… Dana?

— Tu n'es pas-pas… venu, sanglota la jeune femme en s'accrochant désespérément à lui. Tu n'es pas venu… me chercher… Ti-Timmy.

— Je sais, c'est que la tempête… Oh! Dana, j'aurais dû le faire. Pardonne-moi. Pardonne-moi, mon amour.

— Tu n'es pas ve-venu… pourquoi?

Il croisa l'air stupéfié de sa voisine, Miss Young.

— C'est… vous vous souvenez de Dana, ma fiancée, raconta-t-il bêtement.

— Mais qu'est-il arrivé?

— Ça va aller. Je m'en occupe.

Le moment n'était pas aux explications. Soulevant dans ses bras sa fiancée qui claquait des dents, Timmy referma la porte.

Après avoir déchaussé Dana, il s'attaqua aux vêtements trempés. Ils résistaient et sa cousine, aussi molle qu'une chiffe, ne lui rendait pas la tâche facile. Il s'arma néanmoins de patience. Un affreux sentiment de culpabilité l'y forçait. Il avait voulu la faire languir, par vengeance, par stupidité. Il avait peut-être mis leur mariage en jeu. Dana croirait inévitablement qu'il se moquait d'elle. Pourtant, le soir de la tempête, il avait parcouru la moitié du trajet et aurait très bien pu poursuivre sa route jusqu'à Weeping Willow. Mais la colère n'avait pas diminué d'intensité et l'effort qu'il avait déployé pour affronter les bourrasques n'avait fait que la décupler. Il avait tourné bride et était rentré ronger son frein. Le lendemain, sa mère, s'inquiétant de l'absence de sa nièce, avait envoyé Logan chez lui. Timmy lui avait raconté que Dana lui avait fait parvenir un mot disant qu'elle rentrerait quand les conditions climatiques seraient plus favorables. Et pendant tout ce temps, elle l'attendait, lui.

Les yeux fixés au plafond, elle ne bougeait plus que pour grelotter par secousses. Par pudeur, même s'ils étaient imprégnés d'humidité, il lui laissa sa chemise de batiste et ses bas. Il recouvrit Dana des draps et s'assit sur le bord du lit. Que faire maintenant ? Faire venir sa mère ? Elle risquait de tomber malade sous cette averse. Mais Dana aussi. À cause de lui. Il pensa à Miss Young. Elle saurait comment soigner Dana.

L'eau frémissait sur le feu et un délicieux arôme de soupe au poulet flottait dans le petit logement. Assis dans le seul fauteuil qui le meublait, Timmy attendait que Miss Young finisse de préparer Dana. Les vêtements avaient été mis à sécher devant le poêle. Elle revint quelques minutes plus tard.

— C'est quoi ces manières ! gronda-t-elle.

Se dressant promptement dans son siège, Timmy dévisagea la femme avec circonspection. Meredith Young était une excellente cuisinière, mais elle était aussi reconnue pour son excentricité. Chanteuse d'opéra dans son jeune âge, à peine avait-elle franchi le cap des trente ans que sa carrière avait connu une fin dramatique après qu'une infection de la gorge lui eut cassé la voix. Aujourd'hui âgée d'une quarantaine d'années, elle portait ses fastueuses toilettes de naguère, se maquillait à outrance et posait comme si sa vie continuait de se dérouler sur une scène. Elle avait malgré tout réussi à conserver cette fine taille et la délicatesse des traits qui avaient tant mené les hommes à de douces et peu chastes pensées. Mais, pour l'heure, les larges yeux d'un bleu profond braquaient Timmy avec mécontentement.

— Ce n'est pas vous qui êtes à l'article de la mort, Timmy Nasmyth, grinça-t-elle en plantant ses poings sur ses hanches. Vous auriez pu mettre le couvert et ranger un peu.

N'osant défier sa précieuse aide au risque de la voir lui claquer la porte au nez, il obtempéra sans répliquer. Pestant contre la fainéantise des hommes, la femme servit un bol de soupe et l'emporta dans la chambre. Timmy s'assit devant le sien, hésitant à l'entamer avant le retour de Miss Young. Elle allait certainement encore l'admonester sur ses manières peu courtoises. Mais le fumet le faisait saliver et il n'y résista plus.

— Elle dort, annonça-t-elle en revenant comme il avalait sa première cuillerée.

Le bol posé sur la table, elle prit place devant lui et commença à manger.

— Si la fièvre apparaît, faudra mander le docteur. Qu'est-ce qui lui a pris de venir jusqu'ici sous cette pluie d'abat ?

Une horrible grimace déforma le faciès de Timmy. Il grogna qu'il n'en savait rien et replongea sa cuillère dans son bol. La voisine ne lui posa plus de questions et vida le sien. Dana dormait encore quand Miss Young les quitta. Timmy avait approché une chaise du lit et la veillait : elle ne devait en aucun cas se découvrir. Et, dès son réveil, il devait lui faire avaler la soupe.

Du charbon avait été ajouté dans le poêle, réchauffant un peu mieux le deux-pièces, mais tuant à peine l'humidité. L'après-midi était presque écoulé et la lumière faiblissait au point où une lampe dut être allumée. La pluie avait enfin diminué d'intensité ; ne tombait plus qu'un crachin qui continuait de rendre flou le paysage. Mais, dans la chambre, le temps qu'il faisait n'avait plus d'importance.

Timmy songea qu'il devrait trouver quelque chose de mieux. Avec la rente de Dana et l'argent du portrait... Il se demanda soudain si elle l'avait achevé. Le réticule était sur la commode. Il se leva et le prit, hésitant. N'osant l'ouvrir, il le secoua. Rien ne sonnait à l'intérieur. Deux jours et elle n'avait pas encore terminé? Elle avait pourtant dit qu'elle n'en avait que pour un jour, deux tout au plus. À moins que le docteur ne lui ait signé un bon de caisse. C'était risqué de se promener avec une telle somme sur soi. Il allait vérifier quand Dana se tourna dans le lit en geignant. Oubliant l'argent pour le moment, il accourut auprès d'elle.

Les paupières battirent sur un regard vairon égaré que soulignaient des cernes bleuâtres. Dana vit un visage se pencher sur elle et eut le réflexe de se pousser dans le lit. Mais la voix de Timmy la rassura. Un grand frisson la secoua. Timmy disparut de son champ de vision, pour réapparaître l'instant d'après, dégageant un délicieux parfum de riche bouillon.

— Il faut manger, Dana.

Il l'aida à s'asseoir. De voir Dana porter l'une de ses propres chemises lui fit un plaisir étrange. Ainsi, il la trouva jolie, désirable… tentante.

— Tu y arriveras seule? s'enquit-il en lui présentant la soupe.

Elle acquiesça en silence et prit le bol sur ses genoux. La cuillère tintait sur la faïence dans le silence qui s'était installé. Pendant qu'elle avalait le gras bouillon, Timmy l'observait. Les longs cheveux bruns avaient été brossés et brillaient dans la lueur de la lampe, tout comme le regard qui se levait sur lui de temps à autre. Il prit brusquement note de l'état pitoyable dans lequel elle était arrivée: décoiffée, le manteau à moitié fermé, les pieds pataugeant dans l'eau qui remplissait ses chaussures. Comment est-ce que le chirurgien Seton avait-il pu la laisser partir par un temps aussi affreux? Il aurait pu lui offrir de la conduire jusqu'ici, lui qui l'avait fait jusqu'à Kirkcaldy.

— Merci, dit Dana en lui rendant le bol vide.

— Tu en veux encore? Miss Young nous a laissé le reste de la marmite.

Elle secoua la tête pour dire non. Elle grelottait et ne voulait que se recoucher.

— Tu as froid?

Recroquevillée dans le lit, elle évitait de le regarder. Une grosse larme roula sur la joue trop pâle de sa fiancée. Que s'était-il passé à Weeping Willow? Timmy se pencha sur elle et voulut l'embrasser sur la joue. Elle esquiva en enfouissant son visage dans l'oreiller et y étouffa du même coup un gros sanglot.

Timmy conclut qu'elle lui en voulait encore. Il devrait se montrer très patient et compréhensif.

La nuit était tombée depuis peu et Dana avait avalé un deuxième bol de soupe agrémenté d'un morceau de pain avant de sombrer dans un sommeil profond. Ayant troqué la chaise pour le fauteuil, Timmy s'était installé près d'elle aussi confortablement qu'il l'avait pu avec une couverture. La lampe projetait des ombres sur les murs et ciselait les traits de la dormeuse. Un silence tranquille avait enfin investi le *land*. Parfois Timmy se disait que la seule intimité dont ils jouissaient était celle que leur offrait l'écran des murs. Il entendait chacun des sons dans chacun des logis jouxtant le sien. Mr Finlay souffrait de flatulences et de dyspepsie. Les Macintosh se querellaient constamment. Miss Young continuait de faire ses vocalises. La marmaille du voisin au-dessus de lui, aussi nombreuse qu'une armée, jouait constamment à la guerre. Vraiment, il devrait trouver autre chose.

Il se réveilla dans un sursaut. Calée dans sa main, sa tête avait glissé et avait rudement heurté le dossier. Clignant des yeux, souffrant d'ankyloses, Timmy revint lentement à lui. La lampe brûlait toujours. Il vérifia le lit: Dana y dormait. Les draps repoussés et empêtrés autour de son corps indiquaient un sommeil agité. Il toucha son front; il était chaud. Pas brûlant, mais tout de même un peu chaud. L'inquiétude le gagnait. Tirant sur les couvertures, il allait la recouvrir lorsqu'elle se tourna. Il entrevit le brillant des yeux dans la fente des paupières un peu gonflées et rouges qui s'entrouvrirent et se rabaissèrent aussitôt.

La chevelure s'étalait autour du visage, tout emmêlée. La chemise bâillait largement sur la poitrine qu'elle moulait, découvrant la moitié d'un sein, le sombre contour d'une aréole. La transpiration lustrait la peau. Dans l'agitation, la chemise avait remonté sur les cuisses, dévoilant là aussi le lisse renflement d'une fesse. Une foudroyante bouffée de désir monta en lui. Dana était là dans son lit tandis que lui s'accommodait dans un minable fauteuil. Ils seraient bientôt mariés. Au fond, quel mal y avait-il à partager le lit pour dormir?

Lentement il retira son gilet et fit tomber sa culotte sur ses chevilles. Il se débarrassa de ses bas et, ne conservant que sa chemise, il s'allongea avec douceur près d'elle, sous les draps. Il passa un bras autour de la taille et l'attira plus près de lui. Il conserva cette position pendant près de cinq interminables minutes de torture. Le chatouillement dans son ventre se muait en véritable lancinement et il ne ressentait plus que le besoin de le soulager.

Consciente de ce que faisait Timmy, Dana demeurait immobile. Les mains de son fiancé suivaient le même parcours que celles de Francis alors que le souvenir de leurs étreintes incendiait toujours sa chair. Elle serrait les dents pour s'empêcher de se répandre en sanglots. Mais elle ne possédait plus l'énergie de le repousser. Sans nul doute s'en rendit-il compte, car ses caresses se firent de plus en plus véhémentes. Il la sentit mollement réticente quand il lui empoigna un sein sous la chemise. Elle ne fut que pauvrement consentante lorsqu'il l'embrassa.

— Dana, mon amour, susurra-t-il dans le creux de son cou, je ferai tout pour que tu sois heureuse. Je te le jure.

— En amour, ne jure jamais de rien, murmura-t-elle si faiblement qu'il crut à un délire.

De toute façon, son esprit était déjà ailleurs et il n'écoutait plus que ce que commandait son désir. Évitant de s'alanguir dans les préliminaires, il se glissa entre les cuisses de Dana et souleva sa chemise. Devant l'inévitable, elle poussa enfin un gémissement, qui ressemblait plus à une plainte de bête blessée qu'à un doux chant de volupté.

— J'irai doucement, dit-il pour la rassurer. Tu verras, quand la douleur disparaîtra, tu aimeras ça.

Les larmes coulaient sur les joues de Dana. Quand Timmy entra en elle, elle se crispa si fort que la sensation en fut douloureuse pour tous les deux.

— Détends-toi, mon amour… Tu sais que je t'aime. Oui, c'est bien comme ça…

Tandis qu'il reprenait avec plus de délicatesse son mouvement, elle se concentra sur les yeux sombres qui la fixaient avidement à travers la frange de longs cils noirs. Le visage de Timmy exprimait tant de désir qu'elle en fut toute retournée. Tout à coup, dans un éclair elle prenait pleinement conscience de ce qu'elle avait fait. Elle avait ignoblement trompé son fiancé qui lui chuchotait des « je t'aime » en l'aimant.

Son cœur se déchirait et elle gémit de douleur pendant que Timmy prenait son plaisir. Quelques secondes plus tard, il s'écrasait, poussif, sur elle.

— C'est fini, souffla-t-il d'une voix hachée, c'est fini. Tu vois, ça n'a pas été si mal.

Il embrassa la poitrine qui se soulevait par à-coups. Toute réflexion faite, il estima même que cela avait été mieux qu'il ne l'avait imaginé. Il n'avait jamais connu de vierges. Contrairement à certains hommes, il préférait les femmes d'expérience. Les effarouchées ne l'excitaient pas. Et ces histoires d'hymen déchiré, aussi bien que le sang, le dégoûtaient. Il avait entendu des choses sur les nuits de noces à faire frémir d'appréhension n'importe quel jeune marié.

Toutefois, Dana avait toujours été réceptive à ses caresses et à ses baisers. Cette nuit, elle n'avait été qu'un peu tendue, ce qu'il considérait comme normal. Et le passage avait cédé assez facilement. Peut-être un peu trop facilement. Songeur, il roula à côté d'elle et, comme elle, il fixa le plafond. Discrètement, il caressa son sexe encore raide et porta ses doigts à ses yeux : pas de sang. Mais peut-être qu'il arrivait qu'il n'y en eût pas. Il tourna son visage vers celle qui serait sa femme devant Dieu dans quelques jours. Elle avait détourné le sien vers le mur.

— Est-ce que ça va, Dana ?

—Oui, renifla-t-elle en retenant un sanglot.

Se soulevant sur un coude, il se pencha sur elle et approcha la main de son front. Elle eut un léger mouvement de recul. Il hésita, puis la posa néanmoins sur la peau chaude.

—Peut-être que je devrais faire venir un docteur, demain.

—Non! s'insurgea-t-elle avec vivacité. Pas de docteur… je t'en prie, Timmy.

Quelque chose s'insinuait dans le cœur de Timmy. Une chose à laquelle il ne s'était aucunement préparé la concernant: le doute. Pendant un long moment, il observa Dana. La lumière effleurait sa peau moite, enluminant l'angle de la mâchoire, la courbe de la pommette et les saillies claviculaires qui se soulevaient au rythme accéléré de sa respiration. Que s'était-il passé exactement à Weeping Willow?

❦

Après la pluie, Édimbourg avait baigné dans une gigantesque soupe de neige et de boue. Le soleil et un temps plus clément mirent cinq jours à faire en sorte que les rues soient de nouveau praticables sans risquer de s'embourber. Mais Dana ne les vit pas passer. Une forte fièvre la cloua au lit et l'abrutit au point où Timmy craignit pour sa vie. Il fit appeler à son chevet le médecin de famille, le docteur Collier. Entre les saignées, les purges et l'administration de vomitifs, dans ses délires la malade se plaignait de feu dans la poitrine et dans la gorge et dormait peu. Ses sommeils la plongeaient dans des rêves agités. Elle fut astreinte à un régime antiphlogistique et une diète légère. En alternance avec Flora et avec l'aide de Miss Young pour les soins corporels, Timmy la veilla pendant ses mauvaises nuits, la nourrissant à la cuillère même si elle rechignait, et lui donnant à boire quand elle le réclamait.

Après quatre jours de traitements, la fièvre diminua enfin; deux jours de plus et Dana arrivait à marcher jusqu'à la cuisine, où Flora et Timmy lui tenaient compagnie, à la fois navrés et heureux. C'est que le mariage devait être célébré dans deux semaines et Timmy songeait que Dana n'avait pas meilleure mine que les cadavres qu'il avait livrés dernièrement. Lui non plus, d'ailleurs. Mais qu'à cela ne tienne, le mariage aurait lieu, dût-il pour cela porter sa fiancée jusqu'aux pieds du pasteur.

Le mariage eut lieu un matin de ciel sans couleur. Pour Timmy, Dana s'efforça de sourire. Mais encore trop faible pour participer à la fête qui était donnée en l'honneur des nouveaux époux, elle demeura en retrait dans le salon des Nasmyth, à regarder d'un œil sans joie les convives s'amuser et trinquer à sa santé.

Dans le calme des jours qui suivirent, Mrs Timmy Nasmyth s'efforça de se refaire une santé. Flora annonça une nouvelle qui lui donna le courage de poursuivre : Harriet viendrait à Édimbourg en juin prochain. Sa tante avait considéré l'idée de Dana avec intérêt. Elle s'était habituée à la présence de sa nièce sous son toit. La vivacité de Harriet saurait la consoler de son départ. C'est en se concentrant sur ces retrouvailles que Dana s'absorba dans l'aménagement de leur logement de Potter Row et s'efforça de se rendre plaisante et chaleureuse envers son mari.

Maintenant qu'elle allait mieux, alléguant qu'il allait chercher du travail, Timmy commença à quitter le foyer peu après le déjeuner pour ne revenir qu'au dîner. Il rentrait avec tantôt un bouquet de fleurs, tantôt un beau morceau de viande qu'elle apprêtait aussitôt. Au début de la deuxième semaine de mars, il rentra plus tôt que de coutume avec un exemplaire du *London Times*. On annonçait en grosses lettres l'évasion de Napoléon Bonaparte de sa prison insulaire. Le pays arrivait à peine à surmonter le monumental déficit qu'avaient creusé dans le trésor britannique les dernières années de guerre. On ne voulait pas croire à l'éventualité d'une reprise des conflits. On avait trop sacrifié de fils, de frères et de pères à la patrie. On voulait du repos.

Ce qui inquiétait vraiment Timmy, c'était un nouveau ralentissement de l'économie qui pourrait compromettre ses projets pour la papeterie. Deux jours après cette inquiétante nouvelle, Dana toucha le premier règlement de la rente. Timmy invita son épouse et ses amis au Blue Oyster Cellar. La petite fête suffit pour lui faire oublier ses craintes : le lendemain il arriva à la maison dans un joli buggy peint en jaune avec des sièges et une capote en cuir noir auquel était attelé Fair Lad. Une aubaine qu'il n'avait pu laisser filer, prétexta-t-il.

Pendant deux semaines, Dana coupa sur les rations de viande, enrichissant la soupe de lard, qui était moins coûteux que le bœuf mais de meilleur goût que le mouton. Un après-midi qu'elle rentrait de la boutique dans West Port, elle eut la surprise de découvrir dans le coin séjour un nouveau canapé et deux tables Pembroke[10] en acajou de très bonne facture. Un Gainsborough[11] avait remplacé l'inconfortable fauteuil de Timmy.

— Alors, qu'est-ce que tu en penses ? questionna-t-il avec fierté en désignant avec amplitude ses nouvelles acquisitions.

— Où as-tu pris l'argent ? demanda-t-elle en retour.

Le visage de Timmy s'assombrit et il réprima un grognement de mécontentement.

— Si je n'avais pas eu les moyens de t'offrir ces meubles, je ne l'aurais pas fait, Dana.

Prenant conscience de son erreur, elle se força au calme et déposa ses courses sur la table de la cuisine. Elle fit mine d'examiner les achats de Timmy.

— Je ne peux nier qu'ils nous seront utiles.

Son mari l'observa en silence, s'attendant quand même à une nouvelle remarque négative, qui ne vint toutefois pas. Dana se laissa tomber sur le canapé et en vérifia le confort. Une moue satisfaite courba ses lèvres.

— Ils sont beaux, Timmy.

— Ils te plaisent vraiment ? s'enhardit spontanément le jeune homme, qui en retrouva sa bonne humeur.

— Bien sûr qu'ils me plaisent, qu'est-ce que tu crois, idiot !

---

10. Petite table à allonges latérales, nommée ainsi d'après Henry Herbert, 9e comte de Pembroke. Cette pièce était en vogue en Angleterre durant l'époque géorgienne.

11. Large fauteuil anglais de l'époque géorgienne à haut dossier et aux accotoirs ouverts. L'équivalent de la marquise française. Ce fauteuil prit le nom du célèbre peintre qui avait l'habitude d'asseoir ses modèles dans ces fauteuils.

— Je le savais, s'écria-t-il en bondissant sur ses pieds pour l'embrasser.

Il la souleva dans ses bras et la fit tourner dans les airs, l'étreignant si fort qu'elle en eut le souffle coupé.

— Ce n'est que le début, mon amour. Tu verras, je ferai de notre maison un château. Rien que pour toi. J'ai même déniché un logement plus spacieux dans Thistle Street.

— Mais c'est dans la New Town, Timmy! fit Dana. Il faudrait prendre le temps d'y réfléchir. Je pense que pour le moment nous n'avons pas besoin de plus que ce que nous avons.

— Pour le moment, j'ai besoin de toi, lui murmura-t-il en la couvant de ses yeux noirs amoureux.

Dana tenta de se dégager de l'étreinte de Timmy. Mais il la resserra plutôt, la pressant contre lui et l'embrassant de façon à lui faire comprendre ce qu'il attendait d'elle. Son haleine lui indiqua qu'il avait bu.

— J'ai envie de toi…

— Mes courses… le dîner, souleva-t-elle pour protester.

— Nous dînerons plus tard, c'est tout. Pour l'instant, j'ai envie de t'entendre gémir…

Tout en parlant, il avait d'une main soulevé la jupe de sa robe et caressait ses cuisses, cherchant à s'immiscer entre elles. D'instinct, elle les resserra.

— Allons, Dana, s'impatienta-t-il d'une voix râpeuse. Tu vas me jouer le jeu de la vierge bien longtemps? Nous sommes mari et femme. Ce que je demande de toi est tout à fait légitime et de me le refuser après tout ce que je fais pour toi est contre la volonté de Dieu. N'ai-je pas droit à une marque de gratitude? Est-ce que je ne t'aime pas?

À contrecœur elle desserra ses cuisses, permettant aux doigts de Timmy de l'explorer à sa guise. Mortifiée de ce qu'il lui faisait subir, elle ferma les yeux et se mordit les lèvres. Si, dans le quotidien routinier, le comportement de son mari était généralement agréable, quand il s'agissait des rapprochements physiques, il devenait abusif, à la limite méprisant. Elle devinait que sa propre attitude n'arrangeait en rien la situation. Sa passivité devait l'excéder. Mais elle n'y pouvait rien. La blessure que lui avait infligée Francis était trop profonde et, chaque fois que Timmy la touchait, c'étaient les mains de Francis qu'elle sentait sur elle. Si elle en souffrait terriblement, Timmy en ressentait malheureusement les effets.

Ce que Francis lui avait fait était d'une ignominie consommée. Elle avait beau essayer de comprendre, elle n'y parvenait pas. Ce n'était pas là l'homme qu'elle avait appris à aimer. Celui qui avait rugi de colère devant un Cowan bouffi de perversité. Qui avait compati quand sa mère était malade. Qui avait pleuré devant son impuissance à sauver sa fille. Qui l'avait aimée avec tant de douceur…

Timmy l'entraînait dans leur chambre. Elle soupira et, servilement, commença à retirer ses vêtements. Adossé contre la commode, les bras croisés, l'air narquois, il la regardait faire sans bouger. Prise de gêne, elle lui tourna le dos. La robe glissa au sol et elle s'attaqua aux lacets de son corselet.

— Dis-moi, Dana, où est l'argent du portrait ?

Un lacet lui échappa. Elle fixa un motif de la couverture du lit.

— L'argent du portrait ?

Un silence suivit en écho à la voix de Dana.

Le chirurgien avait payé, comme convenu, le montant dû pour son travail. Il avait fait porter l'argent avec un mot par un garçon, Johnny Burnet. Elle avait brûlé le mot sans le lire et caché l'argent, le considérant comme étant le sien, dûment gagné. Elle ne voulait pas le donner à Timmy. Il voyait grand, il voulait beau. Ses rêves de géant dépassaient les possibilités de leur modeste réalité. Et ce qu'elle avait craint arrivait : Timmy dépensait tout inconsidérément. Avait-il déjà dilapidé les soixante livres du premier versement de la rente ? C'était ahurissant. Des familles de six et plus vivaient une année complète avec la moitié de ce montant. Et son mari, en l'espace d'un mois, l'aurait fait partir en fumée ?

— Mr Seton a décidé de me payer par versements, annonça-t-elle enfin en remettant ses doigts à l'ouvrage.

Ils tremblaient, maintenant.

— Par versements ? Qu'est-ce que c'est que ça ? Combien t'a-t-il donné ?

— Dix livres.

— Rien que dix livres ? Et en plus il t'a renvoyée sous cette foutue averse qui a failli te tuer ?

— Il versera dix livres par mois, jusqu'à paiement complet.

— Regarde-moi, fit-il soudain d'une dure froideur.

Ne désirant pas provoquer davantage sa colère, Dana s'exécuta. Timmy la dévisageait avec circonspection, un rictus exprimant ses doutes quant à ce qu'elle venait de lui dire. Son regard accrocha le reflet de la peau qui tendait la poitrine haletante.

— Où est cet argent ?

— Il… il est placé sur un compte à mon nom.

Elle craignait son mari. Il le savait et, étrangement, de constater ce pouvoir qu'il avait sur sa femme l'excitait. Timmy s'approcha d'elle ; son rictus s'étira en un sourire qui se voulait moqueur et peu avenant. Il pinça le menton tremblant de Dana entre ses doigts et souleva son visage vers le sien.

— À ton nom ? Mais ton nom est le mien, Dana. Tu es Mrs Timmy Nasmyth, ne t'en souviens-tu pas ?

— Oui…

Sa respiration hachée par l'excitation qui bandait maintenant tous ses muscles, d'un geste brusque il tira sur sa chemisette et découvrit les seins qu'il entreprit de masser avant de les prendre tour à tour dans sa bouche.

— Tu es à moi, Dana… murmura-t-il plus doucement, comme si sa poitrine avait le pouvoir d'atténuer l'emportement des sens.

L'effet ne dura que le temps que s'enflamme à nouveau le désir de Timmy. Il la fit basculer sur le matelas grinçant. Déboutonnant sa braguette, il retroussa le jupon jusqu'à la taille et la prit sur-le-champ. Après quelques secondes, il poussa son cri de jouissance et s'effondra sur elle, tout pantelant. Inerte, Dana luttait contre ses larmes. Si Francis l'avait anéantie, Timmy la décevait profondément. Et elle commençait à penser aux paroles d'Alison qui ne cessait de clamer que les hommes étaient tous des brutes.

Plusieurs minutes s'écoulèrent avant que son mari remuât et se dégageât d'elle avec des relents éthyliques. Il roula sur le dos en poussant un soupir, reboutonna sa braguette et, d'un élan gaillard, sauta du lit. Se tournant vers elle, il lui annonça qu'il sortait vider quelques pintes avec Andy avant le dîner et, juste au moment où il quittait la pièce, il exigea qu'elle lui rende les dix livres du portrait.

La porte claqua. Enfin seule, Dana se recroquevilla sur le lit comme un petit animal blessé et pleura.

L'obscurité commençait à s'infiltrer dans le logis. Dana se leva et se rhabilla. Alors qu'elle replaçait les mèches qui s'étaient échappées de son chignon, elle s'efforçait de ne rien afficher de ce qu'elle ressentait. Elle arriverait à en prendre l'habitude, avec le temps, avec les coups que la vie lui réserverait. Il le fallait si elle voulait passer au travers. Seuls les plus forts survivaient, non?

Pinçant ses joues pour leur redonner un peu de couleur, elle imprima sur son visage un sourire compassé et sortit de la chambre. Elle se dirigea vers le vaisselier, tira sur le tiroir qui contenait les couverts. Après l'avoir sorti du meuble, elle inséra son bras dans l'espace et tâta le fond de la cavité. Ses doigts effleurèrent une pochette de cuir, la saisirent et la retirèrent.

Elle fit sauter la pochette dans le creux de sa paume et un tintement retentit. Elle en répandit le contenu sur la table et rapidement recompta les cent quarante livres. Soit cinq de plus que ce que lui devait Francis Seton. Car il lui avait aussi rendu le montant de la tabatière. Elle supposait qu'il considérait ces cinq livres en surplus comme un juste montant compensatoire pour les dommages encourus. Elle considérait que tout l'or du monde ne suffirait pas.

Elle pigea dix livres et remit le reste dans la pochette, qui retrouva sa cachette. Sa main effleura un autre objet qui avait aussi été caché là. D'un geste hésitant, elle se décida à le prendre. Le bout de papier plié craqua entre ses doigts. Le croquis de Francis. *Je devrais le brûler.* Mais, chaque fois qu'elle s'apprêtait à le faire, quelque chose la retenait. D'un geste plein de colère, elle le remit dans la cavité et replaça le tiroir. Puis elle commença à préparer le dîner.

Trois heures plus tard, Timmy rentrait de fort bonne humeur. Il s'assit à table, où l'attendait patiemment sa femme.

— Quand iras-tu chercher ces dix livres ?

— Demain.

Il opina d'un air satisfait en piquant sa fourchette dans un morceau de hareng, annonçant de but en blanc qu'il venait de trouver un emploi à la distillerie Sunbury.

Chapitre 23

—**M**r Seton ! s'écria Abigail.

La femme de chambre se tenait dans l'encadrement de la porte du cabinet. Son visage rouge de sa course exprimait une vive inquiétude. Le chirurgien se leva à son arrivée et, pressentant ce qu'elle venait lui annoncer, se mit en route sans attendre qu'elle lui expliquât ce qui se passait. À fond de train, il grimpa le grand escalier et entra en trombe dans la nursery. Mrs Alderman était assise au chevet d'une Lydia au teint souffreteux. Il se précipita et prit la place que lui céda la gouvernante.

—Une nouvelle crise d'angine de poitrine, je le crains, monsieur. Douleur intense au thorax jusque dans l'épaule gauche, le bras et la mâchoire. Elle se plaint particulièrement d'avoir mal aux dents.

—C'est caractéristique. Vous lui avez donné les médicaments que je vous ai indiqués ?

—Oui, monsieur. Elle les a tous pris.

—C'est bon. Cela dure depuis combien de temps ?

—Le temps que je m'en rende compte et que je lui donne les pilules et le sirop. Je dirais dix minutes.

Dix minutes, c'était long. Si Lydia passait au travers de cette crise, son petit cœur malade n'aurait plus la force d'en subir une autre. Et ce serait la fin. Serrant les mâchoires de colère devant l'injustice de la vie, il se pencha sur sa fille.

—Tu as encore mal, Lydie ?

—Un peu… mais c'est mieux que tout à l'heure, papa. C'est parce que Mrs Alderman a fait une prière pour moi.

—Oui, mon petit colibri. C'est sans doute à cause de ça que le mal s'en va.

Les chuchotements des domestiques qui se pressaient dans le hall l'irritaient. Il comprenait la commotion qu'avait provoquée le retour de l'enfant dans la maison. Si les domestiques les plus vieux étaient au courant de l'existence clandestine de Lydia, les autres l'avait apprise le matin même où elle avait enfin pu être transportée à Weeping Willow. Ils n'avaient obtenu aucun détail concernant les raisons qui avaient poussé le maître à cacher sa fille. Ils n'avaient pas à les connaître. Tout ce qui importait, c'était que Miss Lydia fût servie comme elle le méritait, avec respect, et que sa vie s'éteigne dans la paix.

Il ordonna à Mrs Alderman de fermer la porte. Et la tranquillité retomba dans la chambre de la fillette.

—Tu souhaites que je te lise une histoire? demanda-t-il avec douceur en replaçant précautionneusement les oreillers sous elle.

Elle grimaça de douleur: elle s'était encore luxé la hanche en voulant se déplacer elle-même.

—Oui, répondit-elle dans un sourire crispé. Je veux entendre celle du Chat botté. Miss Cullen ne viendra plus pour me la lire, n'est-ce pas?

—Non, ma chérie, dit Francis, la gorge serrée. Elle… elle s'est mariée et doit être bien occupée maintenant dans sa nouvelle vie.

La fillette tourna son visage disgracieux vers le tableau qui avait été installé au pied de son lit.

—Elle peint bien. On dirait que tu es là quand tu n'y es pas. Maintenant, grâce à Miss Cullen, tu es toujours avec moi. Et si je meurs…

—Ne dis pas ça, l'interrompit un peu rudement Francis.

Les grands yeux bleus d'oiselet un peu exorbités se levèrent vers l'homme qui fermait les siens. La main fragile toucha son bras et ce fut à peine s'il la sentit.

— Faut pas pleurer, Papa. Dieu sait que je suis trop fatiguée. Il m'a déjà préparé une place près de lui sur son grand nuage.

Les larmes devenaient difficiles à contrôler ces derniers jours pour Francis. Mais, devant sa fille, il redoublait d'efforts pour les contenir. Il se ressaisit et respira profondément avant de regarder son enfant. L'air vague, elle plissait le front et les paupières.

— Tu as encore mal?

— Je me demandais… dit-elle, songeuse, comment on fait pour ne pas passer à travers les nuages s'ils sont comme la brume.

— Je ne le sais pas, ma chérie. Mais toi, tu es un petit colibri. Si tu vois que tes pieds veulent passer au travers, tu n'auras qu'à faire aller tes ailes.

La petite éclata d'un rire aigu qui fit du bien à Francis. Son teint demeurait crayeux, mais la crise d'angor passait.

— Mais, Papa, tout le monde a des ailes, dans le ciel, fit-elle observer. Tu ne le savais pas?

— Bien sûr… c'est que toi tu en auras deux paires. Comme ça, si l'une d'elles est fatiguée, tu n'auras qu'à te servir de l'autre.

Lydia sourit à son père et lui rappela sa lecture. Constatant que l'enfant allait mieux, la gouvernante les laissa seuls. Le père trouva le livre de contes et lui raconta cette même histoire qu'avait racontée Dana à la pauvre Lisbeth pour la calmer. Au fil de sa lecture, il eut cette affreuse impression de refaire la même chose avec Lydia, et un malaise s'installa dans le creux de son ventre, formant une grosse boule de tristesse qui finit par lui étrangler la voix. Il s'interrompit au milieu de la scène où le Chat tentait de convaincre le méchant Ogre de se changer en souris. Lydia attendit pendant un moment avant de le rappeler à elle.

— Il l'a fait?

— Quoi? demanda Francis, arraché à ses rêveries.

— L'Ogre. Il s'est changé en souris?

— Euh… oui. Mais je croyais que tu connaissais l'histoire.

— Elle aurait pu changer. Ça faisait longtemps que je ne l'avais pas entendue.

Francis rit.

— Eh bien, non. C'est toujours la même. Le Chat est plus futé que l'Ogre. Et quand il se change en souris, le Chat le poursuit et le mange.

La fillette sembla réfléchir sur la fin horrible de l'Ogre.

— Mais quand il va redevenir un géant, il va gonfler le ventre du Chat, non?

— Non. Maître Chat l'a mangé. Alors l'Ogre est mort. Il ne grandira plus…

Il y eut un bref silence.

— Qu'arrive-t-il ensuite? Je veux entendre la fin. Une histoire sans fin n'est pas une vraie histoire.

— Tu as raison. Donc le marquis de Carabas prend possession du château de l'Ogre et le roi lui donne sa fille, la princesse, en mariage.

— Et ils vécurent heureux jusqu'à la fin des temps.

— C'est un peu ça. Et le Chat est récompensé pour tous ses bons services et n'a plus à chasser de souris du reste de sa vie.

— C'est une bonne histoire. Et la morale, c'est que l'on pourrait dire que l'intelligence rusée du pauvre finit toujours par avoir raison du riche sot.

Un instant de réflexion.

— C'est juste. Mais je pense que Perrault…

— C'est pas les frères Grimm qui ont écrit cette histoire?

— Ils n'ont fait que la traduire des *Contes de ma mère l'Oye*, de Charles Perrault, qui était un homme de lettres français du XVIIe siècle. Et, selon lui, la morale est que «l'industrie et le savoir-faire valent mieux que les biens acquis».

— Hum… fit Lydia, est-ce que c'est mieux que la mienne?

— Je pense qu'au fond les deux reviennent à dire la même chose.

Il referma le livre, vérifia le pouls de sa fille et la recouvrit chaudement.

— Tu devrais dormir un peu avant le dîner.

Au-delà des fenêtres le ciel se fardait de teintes suaves et Francis s'attarda un peu dans sa contemplation.

— Lydie, fit-il dans un murmure, tu aimerais faire quelque chose de spécial? Je veux dire... tu aimerais que je t'amène sur cette colline que tu vois, là?

L'enfant fixa la sombre masse de roc. Son visage s'éclaira d'un sourire.

— Tu pourrais m'y amener? s'écria-t-elle.

Il savait qu'il exposait sa fille à de graves risques en voulant l'emmener là-haut. Mais Lydia n'avait plus que très peu de temps à vivre encore et il désirait tant lui faire découvrir le spectacle du soleil levant.

— Eh bien... le temps s'y prête. Si tu es chaudement habillée et avec l'aide de Spittal et de Halkit.

— Tu crois qu'ils vont vouloir monter là-haut?

— Pour toi, ils iraient à pied jusqu'à Londres.

Une onde d'émotion passa sur les traits de Lydia.

— Ils sont gentils avec moi. Alors je veux bien aller sur la colline après le dîner.

— Non, on ira pour voir le soleil se lever, ma chérie.

— J'ai jamais vu le soleil se lever, dit-elle, émue.

— Il faudra se lever tôt. Tu devras te coucher de bonne heure et prendre beaucoup de repos. Ce sera une grande excursion.

— Une fabuleuse excursion.

❦

La voiture attendait devant la maison. Mrs Dawson avait donné à Spittal trois briques pour placer sous les pieds de Miss Lydia. Réveillée quelques minutes plus tôt, la fillette présentait des signes de fatigue qui firent hésiter Francis quant à cette folle sortie. Mais l'enfant lui avait assuré qu'elle allait bien. Elle tenait à faire cette excursion qui avait rempli ses derniers rêves de couleurs qu'elle n'avait encore jamais vues.

Mrs Alderman la revêtit de ce qu'elle possédait de plus chaud. On l'emmitoufla dans un manteau de belle laine mérinos et encore dans un large plaid. Les mains protégées par un gros manchon de renard, Lydia attendait dans les bras de Halkit. Mrs Dawson revint de la cuisine avec cette fois deux bouteilles d'eau chaude enroulées dans des serviettes, pour placer l'une sur le ventre de la fillette, l'autre dans son manchon.

— Vous voulez me faire cuire comme un œuf de caille ! s'exclama Lydia en riant.

Ses yeux cernés brillaient d'un bonheur intense. Tous ces gens qui s'étaient réveillés au milieu de leur nuit et qui allaient et venaient autour d'elle, rien que pour elle. Sa petite poitrine déformée se gonflait de joie. C'était comme un gros cadeau d'amour, juste pour elle.

Francis monta dans la voiture le premier et, après avoir posé un moelleux oreiller de plumes sur ses cuisses, il tendit les bras. Halkit y cala la petite. Le voyage serait court, mais la route serait cahoteuse et Francis craignait qu'elle n'en souffre. Une dernière brique chaude apportée par Mrs Dawson fit rire Lydia, qui se blottit contre le cœur de son père. Il était sa véritable source de chaleur.

— Prête, mon colibri ?

— Prête.

Le trajet fut heureusement des plus brefs. Lydia, même si elle ne voulait pas le faire inutilement, n'avait pu s'empêcher de laisser échapper quelques plaintes. Elle désirait se rendre jusqu'au bout de cette aventure. La nuit était très claire. L'humidité avait déposé une délicate couche de givre sur toutes choses qui, sous le clair de lune, s'illuminaient comme une couverture de lumière. Sur fond noir d'encre, le paysage était féerique.

L'herbe gelée craquait sous les semelles. L'ascension fut plus laborieuse que ne l'avait estimé Francis. Le terrain glissant de boue rendait le sentier périlleux par endroits. Les dangers encourus lors de la descente en seraient décuplés. Et puis, le ciel commençait déjà à pâlir.

— Nous n'irons pas plus haut que la vieille chapelle, déclara-t-il.

Supporté par Spittal d'un côté et par Halkit de l'autre, il parvint à atteindre les ruines de St. Anthony. Lydia tenait bon.

Après avoir choisi un endroit protégé du vent, Francis installa confortablement la petite sur ses genoux et la recouvrit des pans de son carrick. Ils attendirent, fébriles.

Une douce lueur opalescente irradiait maintenant la ligne d'horizon, nimbait le château sur son roc et effleurait les flèches des églises et les ardoises des toitures. Sa tête appuyée contre le torse de son père, Lydia ne voulait rien manquer du spectacle. C'était magique. Comme si un monde nouveau se peignait soudain devant ses yeux. D'abord ternes, les couleurs prenaient de l'intensité. Puis peu à peu les nuances froides se réchauffaient. Bientôt le soleil incendiait Édimbourg et c'était le plus magnifique spectacle qu'avait vu Lydia. Elle en pleura de tristesse. Ce serait son ultime feu de joie.

— Où vais-je aller quand je vais mourir, Papa?

La petite voix avait résonné dans le silence. Le ventre de Francis se noua.

— Au paradis, ma chérie.

— Ça, je sais. Mais le paradis, c'est où?

— Je ne le sais pas. C'est un endroit secret réservé à ceux qui méritent d'y entrer.

— Tu vas venir m'y rejoindre, n'est-ce pas?

Une note d'inquiétude bousculait la voix de Lydia. Au pied de son incontournable destin, elle commençait à l'appréhender. La réponse de son père tardait un peu trop pour la rassurer.

— Papa… tu ne me laisseras pas toute seule là-haut?

Luttant contre les larmes, Francis n'arrivait plus à articuler un mot. Il serra sa fille aussi fort qu'il put sans risquer de la blesser et embrassa le dessus de son bonnet. Les petits doigts fouillaient sa chemise pour s'agripper à lui.

— Oui, Lydie… j'irai te rejoindre un jour. Tu le sais, jamais je ne t'abandonnerai. Notre séparation ne durera qu'un moment… mais je suis certain qu'elle me semblera plus longue qu'à toi.

Elle acquiesça de la tête et étouffa un sanglot.

— Et ma mère, elle y viendra aussi?

Francis leva les yeux vers le ciel pour puiser dans le jour naissant le courage qui lui manquait.

— Ta mère... elle... elle ira certainement.

Que pouvait-il dire d'autre ?

— Tu crois qu'au paradis elle va enfin pouvoir s'occuper un peu de moi ?

— Lydie...

La voix se brisa. Un long silence permit à Francis de reprendre ses moyens. Même si le questionnement de sa fille le déchirait, il savait qu'il devait y répondre. Elle avait tant besoin de se sentir rassurée devant ce qui l'attendait. Qui pouvait se déclarer totalement serein face à la mort ? Pourtant cette destination finale commune était la seule certitude de l'homme.

— Même si elle est malade, tu aimes ma mère, n'est-ce pas, Papa ?

— Parce qu'elle m'a donné la meilleure petite fille du monde, oui, ma chérie.

— Et Miss Cullen ?

Un serrement de cœur. Lydia leva ses yeux brillants vers lui, comme pour le sonder.

— Pourquoi me parles-tu de Miss Cullen ?

Il refusait de l'appeler Mrs Nasmyth. De toute façon, pour sa fille, elle était Miss Cullen.

— Parce que. C'est dans ta façon de la regarder dans le portrait. Parce qu'il a bien fallu que tu la regardes pour qu'elle te peigne, non ?

La perspicacité de Lydia l'étonnait toujours. Recluse toute sa vie durant, elle avait néanmoins réussi à développer une vivacité d'esprit surprenante. Mrs Alderman y était certainement pour beaucoup. Une sainte femme, que cette gouvernante. Elle avait été une mère pour lui. Elle en était maintenant une pour sa fille, qu'elle considérait sans doute comme sa petite-fille.

Mais pouvait-il dire à une enfant, aussi intelligente fût-elle, qu'il aimait une autre femme que celle qui l'avait mise au monde ? Comprendrait-elle ?

— Miss Cullen m'est très chère, fut tout ce qu'il trouva de décent à dire sans mentir.

— J'aurais aimé la connaître, soupira Lydia en revenant sur le spectacle du ciel que les ondes de lumière noyaient.

Et chacun se replongea dans ses réflexions pendant encore un moment. Les délicates mains de Lydia se retenaient à son père avec une force surprenante. Elle se crispa.

— J'ai peur, papa.

— Je sais, mon colibri. Je sais. Souviens-toi que je t'aime plus que tout.

— Je… je sais…

Elle gémit. Les doigts s'enfoncèrent plus profondément dans les flancs de Francis. Il pencha la tête pour la regarder. Le visage exsangue se convulsait.

— Lydie?

Elle fit un effort pour le regarder dans les yeux. Il sembla à Francis que les lèvres n'étaient plus qu'une mince ligne de craie.

— Lydie! paniqua-t-il en l'écartant pour mieux l'examiner. Tu as mal?

Un léger hochement de tête lui confirma ce qu'il craignait.

— Par le Christ!

Il avait oublié d'emporter les sels de Derosne.

La fillette se retenait désespérément à lui. La douleur qui lui déchirait la poitrine, encore pire que toutes celles qu'elle avait subies jusqu'ici, l'empêchait de parler. Elle comprenait qu'elle s'en allait. Et elle voulait le faire dans les bras de son père. Elle regrettait seulement… de ne pas pouvoir emporter son portrait avec elle sur les nuages où attendaient Dieu et les anges.

— Lydie… mon colibri.

La fillette ferma les paupières sur les couleurs du monde qui lui avaient été refusées de son vivant. La douleur devenait insupportable. Peut-être que c'était parce que ses ailes voulaient sortir de son corps pour se déployer. Oui… elle allait enfin s'envoler librement dans le ciel et jouer avec les rubans roses et violets qui y flottaient…

Les doigts relaxèrent doucement, se détachant mollement de Francis. Sa fille glissait entre ses bras, si fragile, si légère. La souffrance l'avait quittée avec sa vie. Il poussa un long gémissement.

C'était fini.

Sans plus de retenue, il l'étreignit avec toute la force de l'amour qu'il éprouvait pour elle. Lydia avait été l'ancre qui l'empêchait de dériver. Elle avait été la bouée qui le retenait de sombrer. Et Lydia n'était plus là.

Alertés par les gémissements, le majordome et le cocher, qui avaient gardé une distance respectueuse jusque-là, avaient accouru. Devant la navrante scène, ils s'immobilisèrent, profondément consternés. Francis berçait son incommensurable chagrin d'avant en arrière ; les sanglots secouaient ses épaules. Il n'y avait rien qu'ils pussent faire pour le soulager. Halkit comprenait l'affliction de son maître. Avant de se placer au service des Seton, il avait été marié. Sa femme et son fils de deux ans avaient été tués dans un accident de diligence alors qu'ils venaient le rejoindre à Édimbourg où il avait trouvé du travail. Ils s'étaient noyés dans la rivière où avait plongé leur voiture. Au moment où ceux qu'il aimait le plus au monde mouraient, lui jouait avec entrain de son violon dans l'orchestre du Théâtre Royal. Plus jamais il n'avait retouché à un instrument de musique.

Miss Lydia avait eu la chance de mourir dans les bras de son père.

◆◆

L'air était humide et portait les effluves putrides des égouts de la vieille ville. Il y avait une foule active dans High Street. Un soleil ténu donnait l'espoir de voir enfin le beau temps percer les derniers nuages qui avaient déversé leur contenu sur la ville. De bonne humeur, les gens parlaient fort. Les visages exprimaient la joie à l'approche d'un autre printemps après un hiver si rigoureux. Son panier sous le bras, Dana marchait rapidement. Elle se rendait dans

West Port, comme tous les samedis, lundis et mercredis, pour seconder sa tante dans la boutique.

Un crieur sur la place de la Mercat Cross annonçait les derniers prix de la laine brute. L'armée se tenant sur le qui-vive depuis que Bonaparte avait débarqué en France. Les prix, qui n'avaient cessé de grimper pendant les dernières années, étaient demeurés stables. La perspective qu'éclatent de nouveaux conflits sur le vieux continent laissait espérer une remontée pour bientôt et atténuait la grogne des marchands. La guerre avait ses bons côtés que les éleveurs de moutons appréciaient.

Un peu plus loin, devant la cathédrale St. Giles, s'était formée une assemblée d'ouvriers en colère. Attirés par la rumeur, les gens s'aggloméraient et écoutaient ce qui se disait. Daniel Smith, un radical reconnu pour ses propos séditieux à l'endroit du système politique, levait le poing et décriait l'oligarchie qui dirigeait le pays et qu'il comparait à une seigneurie esclavagiste des plantations des îles du Sud. Il pointait son doigt diffamateur sur un mannequin de coton au visage grotesquement peint, suspendu en effigie à une potence, et qu'un acolyte venait de finir de remplir de crottin de cheval. On fit balancer l'objet au-dessus d'un feu qu'alimentaient des journaux pendant que Smith clamait hargneusement à pleins poumons que le gouvernement tory était un Babylonien antiréformiste et corrompu.

Des troubles de ce genre commençaient à perturber le pays çà et là. À l'ère de l'industrialisation, le mécontentement se généralisait. Il y avait eu quelques grèves sans conséquences graves dans des filatures de coton et de lin. On avait eu vent que dans les fonderies de Carron un début de révolte avait été étouffé : trois employés avaient été tués et sept autres gravement blessés après qu'une poche d'acier en fusion se fut rompue. Petit à petit, la population artisane et ouvrière se levait dans toutes les villes industrielles de la Grande-Bretagne. On réclamait le droit de vote pour tous les hommes, l'abolition du vieux système administratif aristocratique et de meilleures conditions de travail pour tous les *esclaves* exploités par une industrie dirigée par des Nabuchodonosor.

Le ton monta quand le mannequin s'enflamma. Des officiers de l'ordre arrivaient et repoussaient les gens, les exhortant à se disperser. La cohue se fendait, s'écartait, et Dana, craignant de se retrouver coincée entre elle et les forces de l'ordre, suivit son mouvement qui la mena jusque dans Parliament Square. Là une voix l'interpella. Logan lui faisait signe. Elle allait le rejoindre quand un autre visage attira son attention : Alison. La servante l'avait repérée bien avant qu'elle ne la vît. Elle se tenait dans l'enfoncement d'une porte et l'observait, se composant une mine indéchiffrable.

Dana fut sur le point de continuer son chemin quand Alison se décida enfin à bouger. Comme elle venait vers elle, Dana l'attendit.

— Bonjour, Dana, dit la servante.

Sans emprunter les notes méprisantes qu'elle avait eues à son endroit la dernière fois qu'elles s'étaient parlé, Alison conservait une attitude distante qui causa du chagrin à Dana. Elle comprit qu'elle avait irrémédiablement perdu son amie.

— Bonjour, Allie, répondit-elle en cherchant à mettre un peu de chaleur dans sa voix.

Elle accompagna son air convivial d'un large sourire.

— Tu fais des courses avec Mrs Dawson ?

Alison jeta un œil par-dessus son épaule et secoua la tête.

— Non. Je ne travaille plus chez Mr Seton, annonça la jeune femme un peu tristement.

Dana ne put cacher sa surprise.

— Oh ! Mais… que fais-tu, alors ? Allie, j'espère que tu… tu n'es pas allée retrouver Lizzie, n'est-ce pas ?

— Ne t'en fais pas pour moi, Dana. Mr Seton m'a placée chez Mrs Winter. C'est une amie des Seton et elle me traite bien. Cependant, je… je m'ennuie un peu de Weeping Willow.

— Pourquoi est-ce que Mr Seton t'a congédiée ?

— Il ne m'a pas congédiée, en fait. En fait, c'est moi… qui ai exigé de partir. Il y a une malédiction sur la maison des Seton, reprit-elle gravement. D'abord la disparition de Mrs Seton, ensuite toi… et cette Lydia.

La servante fut secouée d'un grand frisson et esquissa une moue qui exprimait trop bien le degré de répulsion que lui inspirait l'apparence de la fille de Francis. Dana s'en désola.

— Elle est enfin chez Mr Seton? Comment va-t-elle?

— Elle est morte, laissa tomber Alison.

Les cris de protestation de la foule qui se dispersait maintenant devant la menace des policiers meublèrent le silence qui venait de tomber entre les deux jeunes femmes. Un serrement de cœur étreignit Dana.

— Quand? s'informa-t-elle, consternée.

— Il y a eu deux semaines hier. Je suis partie trois jours après. Je n'en pouvais plus. Je suis certaine que les fantômes de Mrs Seton et de… cette Lydia rôdent dans la maison.

— Mrs Seton n'est pas forcément morte, Allie.

— C'est ce que tout le monde pense, pourtant.

— Et… Mr Seton, comment il va?

Alison la dévisagea un moment sans parler.

— C'est difficile à dire. Il restait enfermé tout le jour dans son cabinet.

Une vague de compassion emporta momentanément les sentiments amers que nourrissait Dana envers le chirurgien. Elle se mit à l'imaginer assis à sa table de travail, le teint pâle, le regard éperdu de tristesse. Si seul…

— C'est arrivé comment, pour Lydia?

— Mrs Dawson dit que c'est son cœur qui a cessé de battre parce qu'il était trop fatigué. Mr Seton l'avait emmenée voir le lever du soleil sur Arthur's Seat. Elle est morte dans ses bras.

Là, l'émotion fut trop forte et Dana porta une main à sa bouche. Ses yeux s'emplirent de larmes. Alison la regardait en mordillant sa lèvre inférieure.

— Tu l'aimes vraiment, alors, le maître?

Si elle l'aimait? Certes elle l'avait aimé. Mais l'aimait-elle encore? Après ce qu'elle avait découvert, elle aurait dû se réjouir de son malheur. Pourtant, elle n'y arrivait guère. Elle était triste de la mort de Lydia. Mais c'était l'immense chagrin que devait ressentir Francis qui la touchait le plus.

— Je suis mariée, maintenant.

— Je sais. On me l'a dit. Tu es heureuse ?

Avant de répondre, Dana sonda le regard d'Alison. La servante ne démontrait aucun signe de malice.

— Je m'habitue à ma nouvelle vie. Ce n'est pas facile.

Un appel venant d'une chaise à porteurs les interrompit. Alison répondit à sa nouvelle maîtresse qu'elle arrivait.

— Je dois m'en aller. Mrs Winter est gentille, mais elle n'aime pas attendre.

Faisant mine de partir, elle s'arrêta et se retourna vers son amie.

— Dana… je te souhaite sincèrement tout le bonheur que tu mérites.

Avant que Dana ne puisse répondre, Alison s'était frayé un chemin parmi les gens. Encore stupéfaite, la jeune femme regarda la servante suivre la chaise portée par deux colosses aux allures rustaudes sous leurs livrées colorées typiques des gens des Highlands et enfin disparaître à l'angle d'une rue. Demeurée seule au milieu de la place, elle resta songeuse. Ses pensées la portèrent brusquement vers Weeping Willow, ce terrible matin où elle avait quitté la maison en jurant de ne jamais y remettre les pieds.

— Quelle tête tu fais ! Aurais-tu appris avant moi que la guerre fait rage en Europe ?

— Oh ! Logan, fit Dana, arrachée à ses rêveries. Non… je viens d'apprendre la mort de… d'une fillette.

Plissant le nez, Logan prit un air plus sérieux.

— La fille du chirurgien Seton ?

— Comment tu sais ? s'exclama Dana en ouvrant les yeux plus grands.

— Je suis journaliste, cousine. Et la nouvelle a fait la manchette il y a quelques jours.

— Je… je l'ignorais. Je ne lis plus beaucoup depuis…

— Depuis ton mariage, acheva pour elle Logan, un peu attristé.

Puis il soupira, se disant qu'il aurait peut-être dû chercher à dissuader Dana d'épouser son frère. Timmy n'était pas un mauvais garçon en soi, mais il n'était pas celui qui convenait idéalement à sa cousine. Un couple mal assorti n'était jamais heureux.

— Donc tu couvres la manifestation ? enchaîna Dana en adoptant une allure plus enjouée.

— Oui. On me refile toujours le travail risqué. Mais je ne me plains point. Demeurer assis devant un minuscule bureau n'est guère divertissant.

La voix de Logan s'aggrava en même temps qu'il fouillait dans la poche de son gilet.

— Horace… un collègue, il m'a donné ceci, dit-il en lui présentant un bout de journal froissé. C'est lui qui a couvert l'évènement de la mort de la petite Seton et il lui est revenu à la mémoire un autre fait concernant ce médecin. Il a fouillé les archives et a retrouvé ceci.

Les yeux rivés sur l'article, Dana avait déjà commencé à le parcourir et ses joues pâlissaient. Combien de secrets recelait ce personnage mystérieux ?

Son cousin se dandinait d'un pied sur l'autre.

— Écoute, Dana. Personnellement, j'ai apprécié le docteur Seton. Il m'a paru être un homme honnête. De toute façon, je suis persuadé que tu as eu le temps de te faire une idée sur lui. Sans doute, n'as-tu plus à le fréquenter… mais il est tout de même bon de savoir à qui on a affaire, non ? J'ai pensé que ce serait sage que tu le saches.

— Je te remercie, Logan.

Il la couva d'un regard équivoque qui fit penser à Dana qu'il devinait tout de ce qui s'était passé entre elle et le chirurgien et qu'il compatissait à sa situation actuelle.

— Bon… je dois terminer mon article pour ce soir sinon on me relègue aux faits divers.

Il s'inclina et lui embrassa la main, lui souhaitant bonne journée et à bientôt. Le fragment de journal dans sa main crispée, Dana le vit s'éloigner. Ses yeux cherchèrent ensuite un endroit plus tranquille. Apparemment, une frénésie s'était emparée aujourd'hui des habitants d'Édimbourg. Elle repéra l'abri des arcades des immeubles. Un fétide relent de déchets pourrissants stagnait. L'air printanier réveillait ces affreuses odeurs de la ville. Adossée contre le mur, plus tranquille, elle reprit la lecture du texte :

Meurtre d'une jeune prostituée à Dean Village

L'aube du dix-huit juin précédent aura donné lieu à un spectacle des plus macabres sur les berges de la Water of Leith, à environ un quart de mile en amont du vieux pont. Une équipe d'éboueurs prenant son quart de travail aurait découvert le corps inanimé d'une jeune fille dans un boisé. Elle ne portait…

Sautant les détails scabreux, elle passa directement au plus important.

Selon certaines sources, le Cercle d'Esculape serait une fraternité étudiante aux mœurs dissolues qui perpétrerait des actes de nature hérétique. Des témoins ont avoué avoir vu et entendu dans la nuit du meurtre, aux abords de l'endroit où le corps a été retrouvé, une procession de personnages revêtus de longues tuniques scandant des incantations. S'agissait-il ici d'un rituel de sacrifice ou bien était-ce simplement une fête de mauvais goût qui aurait mal tourné ? Selon la police, aucune accusation n'a encore été portée contre les cinq jeunes hommes âgés de dix-neuf à vingt-deux ans. Ces derniers, tous des étudiants en droit ou en médecine, venaient d'être agréés par le comité examinateur de l'Université d'Édimbourg pour l'obtention de leur licence. Parmi eux, nous retrouvons avec étonnement le fils cadet de l'industriel et conseiller municipal de la ville James Elphinstone, le fils unique du médecin et chirurgien Francis Seton senior, l'aîné de l'avocat à la Cour des sessions William Grant, l'aîné du capitaine de la Marine George Mitchell et le benjamin du juge de la Haute Cour de justice James Berkeley. Une enquête est présentement en cours afin de faire la lumière sur cette horrible histoire, et les suspects seront maintenus incarcérés jusqu'à leur interrogatoire avant d'avoir droit à une libération sous caution.

Lentement Dana replia l'article découpé et le glissa dans son réticule. Elle resta sans bouger, son regard suivant le mouvement d'un petit garçon qui s'amusait à chevaucher un balai de paille. Il passa devant elle en criant « Hue ! hue ! » et en fouettant le balai avec un bout de ceinture de cuir. Puis il disparut sur la place publique.

Dans sa tête lui revenaient sans cesse les mots « Cercle d'Esculape ». Ils lui disaient quelque chose. Elle les avait déjà entendus quelque part.

« Le Cercle d'Esculape… » murmura-t-elle dans un froncement de sourcils.

Une main tremblante d'émoi sur son ventre, Dana ferma un instant les paupières. Pourquoi était-ce le son de la voix de son père qui résonnait dans son crâne ? Il était question de fille tuée et de rites sataniques. Le Cercle d'Esculape… elle se souvenait, maintenant. Son père en avait fait mention la nuit où Jonat avait définitivement quitté le toit familial pour ne plus jamais revenir.

Et ce parfum d'eau de Cologne. Il lui sembla le sentir de nouveau et elle ouvrit grands les yeux. Cette impression de déjà-vu ressentie dans la voiture, lors du voyage à Kirkcaldy. Le pommeau d'argent de la canne de Francis Seton. Son regard gris dérangeant. Tout lui revenait comme la foudre s'abattant sur elle. Elle en trembla, en suffoqua.

L'homme dans la voiture, le matin du mariage de Maisie. C'était Francis. L'ami de Jonat ! Comment avait-elle pu ne pas le reconnaître avant ?

Arrogante et décidée, la pointe du sabre plongea. Francis bondit en retraite et para le coup d'estoc. Sa défense était faible. Il réfléchissait trop paresseusement. Reprise de la tierce ; le dos droit, il présenta le flanc. Le souffle court, il se concentra et tenta d'anticiper le prochain mouvement de son adversaire. Si lui excellait avec le scalpel, Percy était redoutable avec le sabre. Il dirigeait son arme vers lui et en remuait la pointe en esquissant un sourire narquois.

— Tu es mou et lent, mon ami, observa-t-il cyniquement en faisant deux pas dans sa direction. Ton sixième sens est mort, ma foi !

Sans attendre, il exécuta deux feintes consécutives, créant chez Francis une ouverture qui lui permit de tenter une attaque par prise de fer. Mais son adversaire esquiva d'une parade en cédant et, de pied ferme, contre-attaqua. Ayant presque regagné sa souplesse féline, Percy exécuta une parade de distance et Francis tomba dans le vide. Le hussard enchaîna aussitôt avec un redoublement qui se solda en un coup passé qui le fit jurer.

Francis soufflait fort. Ses cheveux collaient à son front mouillé par la transpiration et sa barbe mal rasée irritait sa peau. De son bras libre, il s'essuya le visage de sa manche et reprit sa position de garde. Déterminé à gagner cet assaut, Percy lança aussitôt une fausse attaque, provoquant une mauvaise parade de riposte qui lui donna l'avantage. Il rompit alors la mesure, revint à la charge en projetant rapidement sa jambe à l'avant dans une fente.

— Mais quel ferrailleur tu fais, Francis ! s'esclaffa-t-il en portant son coup de Jarnac.

Dans un froissement métallique, le sabre de Francis lui fut arraché de la main. Désarmé, il s'immobilisa, paumes vers le ciel en signe de reddition. La pointe du fer de son adversaire le piqua directement sur le cœur.

— Je dois vous avouer… Mr Elphinstone… mon soulagement de n'avoir point… à croiser le fer… avec vous autrement… qu'en duel… amical.

Satisfait, Percy recula courtoisement d'un pas et s'inclina. De la pointe de son arme, il souleva celle du vaincu et la fit voler. Francis la saisit.

— Il est certain qu'en matière de duel, mon ami, j'ai déjà vu mieux. Sans parler du fait que tu te mesurais à un homme qui se remet tout juste d'une sérieuse blessure au mollet.

—Je manque de pratique… avec les lames plus longues que dix pouces. La prochaine fois… je te mets au défi de disséquer proprement un porcelet avec ton sabre. Nous serons quittes.

Un éclat de rire vibra dans l'air tiède de cette fin de mars. Reprenant son souffle, Francis invita son ami à rentrer.

—Tu ne feras jamais de moi un bon épéiste, Percy, déclara-t-il en déposant bruyamment son fer sur le bureau de la bibliothèque.

—Et de moi, un bon charcutier.

—Est-ce ainsi que tu considères mon travail, l'ami ?

—Jamais de la vie ! Quoique avec une épée…

—Gare à toi le jour où j'aurai percé le mystère de ta botte secrète !

—Dans ma botte, il n'y a de secret que le mot, Francis. Tout réside dans la chorégraphie destinée à confondre les véritables intentions de l'escrimeur. Prends le temps de l'analyser et mon jeu deviendra pour toi aussi clair que l'eau de roche.

Retirant son frac, Francis se déplaça vers le guéridon sur lequel étaient posées les carafes d'alcool. Il en prit une, en retira le bouchon et huma le contenu.

—Armagnac d'Ognoas 1780. L'année qui m'a vu naître et celle qui m'a damné. J'ai déniché cette bouteille dans la cave l'année dernière. Je suppose que mon père la conservait pour une occasion particulière. Souhaitons qu'elle ait mieux vieilli que moi.

Le liquide ambré coula doucement dans les verres. Francis en souleva un et l'offrit à Percy, qui huma à son tour la boisson avant d'y tremper les lèvres.

—Pas mal, remarqua-t-il. Une touche de vanille, je dirais. À quoi boit-on ?

Les coins de la bouche de Francis s'ourlèrent en un sourire railleur.

—À nous ?

—À nous ! fit en écho la voix du hussard, qui imita le geste du chirurgien.

Par-dessus son verre, Percy observait son ami, mal à l'aise. Les épreuves qui s'abattaient successivement sur Francis l'avaient fait maigrir, vieillir et, surtout, l'avaient rendu cynique. Un mois plus tôt, le dévoilement de l'existence de la fille de Francis avait soulevé une surprise générale et jeté la consternation chez ses proches, qui apprenaient la raison de ce secret si bien gardé pendant des années. Mary Seton n'avait jamais répondu à la longue lettre que lui avait fait parvenir son fils. Caroline avait expliqué dans la sienne que leur mère avait fait une syncope à la suite de la lecture de cette nouvelle. Arabella était accourue aussitôt prêter son soutien à son frère. Quant à Percy, d'apprendre que Francis lui avait caché un si gros secret l'avait choqué. Sur le coup, il avait refusé de croire qu'Evelyn eût pu commettre de tels gestes sur sa propre fille. Puis, après quelques jours à décanter cette horreur, il en était venu à admettre que Francis lui avait dit la vérité. Tout concordait : les périodes de crise et de dépression, les tentatives de suicide. Il avait dû se rendre à l'évidence : Evelyn était gravement malade. Et il savait jusqu'où elle était prête à aller pour obtenir ce qu'elle désirait.

Percy avait tout sacrifié pour elle. Et il avait tout perdu à cause d'elle. Mais chaque fois qu'il la retrouvait, il se disait que tout ça en valait la peine. Ne fût-ce que pour une seule nuit en un mois, en un an, en trois. Il aimait Evelyn d'un amour déraisonné. Elle était devenue son obsession, son rêve et son cauchemar. Un cauchemar qu'il s'était créé lui-même.

Réunis par le hasard, ils avaient commencé à se fréquenter en secret. Percy était devenu amoureux fou d'elle au premier regard. Au bout de quelques mois, Evelyn voulait qu'ils se marient. Il avait stupidement soulevé que les divergences d'opinions politiques de leurs familles respectives poseraient un problème et n'avait pas donné suite à cette demande. La vérité était qu'il avait pris peur. Depuis la nuit où ils avaient fêté leurs diplômes, celle où la prostituée avait été tuée, il avait été incapable d'avoir un rapport avec une femme.

Humiliée, Evelyn s'était tournée vers Francis. Pour faire réagir Percy, elle avait usé de son charme pour séduire son ami. Francis, qui vivait des moments difficiles après la perte de Jonat, n'avait pu résister. Mais, au fond, quel homme en aurait été capable ?

Le poison avait été versé. Blessé et terriblement amer, Percy avait choisi d'attendre qu'elle se lasse de ce petit jeu. Mais c'était mal connaître Evelyn. Alors qu'il avait rejoint son régiment à Brighton, elle acceptait la demande en mariage de Francis, qui ne savait rien de leur relation. Il avait appris la nouvelle dans une lettre de son ami. Anéanti, il s'était mis à boire et à consommer des opiacés plus que de coutume. Ce qui n'avait été qu'un plaisir occasionnel était devenu une nécessité.

Il connaissait dans le détail la première nuit de noces des Seton. Pour pousser la perversion du jeu plus loin, Evelyn la lui avait racontée uniquement pour le rendre jaloux. L'arme parfaite pour faire sortir un homme amoureux de sa retraite. Des réminiscences de cet après-midi dans la chambre, qu'elle partageait encore à cette époque avec son mari dans leur luxueux appartement de Mayfair, à Londres, lui laissait encore un souvenir doux-amer dans la bouche. En redécouvrant enfin les doux plaisirs de la chair, il trahissait son meilleur ami. Dix années de trahison s'accumulaient maintenant sur sa conscience. Le regard de Francis posé sur lui devenait de jour en jour plus difficile à supporter.

Il avait songé à tout lui raconter : la liaison et ce qui s'était produit le soir du seize janvier. Mais il ne se résolvait pas à frapper sur un homme déjà brisé. La détresse de Francis était trop profonde. Comme celui qui porte son propre cercueil jusqu'à la fosse, Percy aurait à continuer de porter le poids de sa conscience. Et cette froide colère qui l'inondait quand il repensait à toutes ces années gâchées finirait par l'achever. Evelyn Hamilton était de ces femmes qui n'aimaient qu'elles-mêmes. Le regard d'un seul homme ne lui suffisait pas. Il le savait maintenant. Il l'avait appris à ses dépens. Et ils en payaient tous le prix.

L'alcool qui coula dans sa gorge ne réussit guère à faire complètement disparaître son amertume. Il toussota.

— Est-ce que tu as pris une décision concernant ce poste à Philadelphie ? questionna-t-il pour chasser ses mornes pensées.

Apparemment perdu lui aussi dans de tristes rêveries, le chirurgien leva la tête d'un mouvement brusque et dévisagea son ami en sourcillant.

— Pour Philadelphie, reprit Percy, tu as décidé quelque chose ?

— Euh... non. Je ne me résous pas à abandonner Weeping Willow à des étrangers.

— Qui t'oblige à vendre tout de suite ? Trouve un régisseur. Loue la propriété. Plus tard, tu aviseras.

— L'Amérique ne me tente pas particulièrement.

— Alors pars en voyage.

— J'ai lu dans les journaux que Bonaparte a gagné la France avec près d'un millier d'hommes sous son commandement. À l'heure qu'il est, je devine que le Grand Tour d'Europe est à proscrire.

— À moins de s'engager dans l'armée en tant que chirurgien, suggéra Percy, un sourire en coin.

Francis ne put retenir un éclat de rire.

— Tu plaisantes ?

L'idée l'avait toutefois effleuré. Une lettre lui était enfin parvenue d'Irlande la semaine précédente. Le porteur de la clé de sa prison s'était embarqué pour la Belgique avec le régiment d'Argyll, mettant fin à tout espoir de se voir enfin libéré de son secret pour encore un temps. D'imaginer seulement la haine que devait maintenant nourrir Dana à son endroit lui devenait insupportable. Prendre lui aussi le chemin de la Belgique devenait la seule option envisageable.

Percy se cala dans un fauteuil et afficha un sourire détendu.

— L'armée britannique aura certainement besoin de bons charcutiers pour finir le travail bâclé des Français, répondit-il, railleur, mais sans malice, appréciant le changement de sujet. Pendant qu'à Vienne notre bon vieux Wellington et tous ces grands ambassadeurs se disputaient et redessinaient la carte du monde, l'Ogre de Corse a quitté son île pour foutre sa merde encore une fois sur le continent. Le roi Louis a fui les Tuileries. Bonaparte reprend la tête d'une nouvelle croisade qui ne pourra qu'être sanglante. Je crains que l'affrontement ne soit inévitable. Le gouvernement de

Castlereagh a déjà fait accepter par les Communes les crédits solli-
cités pour préparer une nouvelle campagne.

— Donc c'est vrai. A-t-on idée où se trouve Bonaparte en ce
moment?

— Les informations se contredisent. Tout ce dont on est certain, c'est qu'il a débarqué dans le golfe Juan et qu'il marche vers
Paris. Quand il est passé par Grenoble, son armée aurait grossi de
façon significative. Au moment où je te parle, il peut être à Paris,
confortablement installé devant un cognac à discuter avec son
nouvel état-major des mesures à prendre pour asseoir son pouvoir
une fois pour toutes. Chose certaine, les principales puissances
d'Europe ne s'accorderont pas à dire que le retour de Bonaparte est
une bonne chose.

— Provocation?

— Je dis qu'il veut tâter le pouls de l'Europe. Il doit connaître
ses ennemis, calculer ses risques avant d'élaborer un plan de stratégie offensive. Quand cela sera fait, l'Aigle sera aussi vif que l'éclair.

— Parce qu'il attaquera?

— Mais que veut véritablement Bonaparte? Reconstituer l'empire
que le congrès de Vienne a démantelé après son abdication. Comment
s'y prendra-t-il? Eh bien, de la seule façon qu'il connaisse: par la force.
C'est un guerrier dans l'âme et un fin stratège, reconnaissons-le.
On s'inquiète déjà aux frontières franco-belges. L'armée du duc
Wellington cantonnée de Bruxelles à Anvers pourrait être sa pre-
mière cible. Nous protégeons la cour de Louis XVIII installée à
Gand. Or c'est là qu'il doit inévitablement frapper en premier lieu.

— En finir avec les Bourbons une fois pour toutes installerait
définitivement Bonaparte sur son trône.

— Mais reste à savoir si la France le suivra dans son entreprise.
À Louis on réclamait un gouvernement plus libéral. Bonaparte est
absolutiste. Cédera-t-il sous la pression de la population pour la
rallier à lui?

Francis fit mine de réfléchir.

— En conclusion, mal pour mal, il faut prendre le moindre. Ce
dix-huitième Louis a tout de même fait promulguer une charte

visant à établir une monarchie constitutionnelle. C'est un début de souffle démocratique modéré sur cette vieille France éprouvée.

— Ne va pas croire qu'il pratique la démocratie pour autant, mon ami. La Charte n'est pas une constitution et Louis a le sang bleu. Il est roi. Un roi que je croyais cependant plus futé que son infortuné frère, Louis XVI, contre qui il aurait comploté lors des troubles de la Révolution. En octroyant cette charte, il s'est réservé un pouvoir exécutif qui ne l'oblige en rien devant un parlement du peuple. Et maintenant, voilà qu'en offrant à des ultraloyalistes des postes de haut gradés dans son armée, ce gros Bourbon semble annoncer un retour à l'Ancien Régime. Le pauvre, je l'imagine se démenant comme un diable dans l'eau bénite entre ces anciens révolutionnaires, l'aristocratie survivante et leur clergé corrompu. Cela suffit à rendre le peuple français méfiant à son égard et, par revers, à l'amener à appuyer le retour de Bonaparte. Son impopularité est ce qui a encouragé l'Empereur déchu à reprendre du service.

— Il leur faut bien une nouvelle tête à couper, à ces Français, déclara Francis en ricanant.

— Je suis prêt à leur donner celle de Bonaparte.

— Ce qu'encouragerait sans nul doute toute la Grande-Bretagne.

— Et la nouvelle coalition que formera Wellington avec les Néerlandais et les Prussiens. La campagne débutera bientôt, Francis. J'ai reçu pas plus tard qu'hier une dépêche m'ordonnant de rejoindre mon régiment dans les plus brefs délais.

Un sourire ironique courba la bouche de Francis. Il leva vers Percy son verre d'armagnac.

— Ce qui explique ce retour soudain à l'entraînement.

— Je me considère complètement guéri de ma blessure. Je rentre à Londres dans quelques jours. Tu veux que j'emporte avec moi une demande pour le département médical ?

Fixant le fond de son verre, Francis fit attendre sa réponse.

— Je dois y réfléchir.

❧

— Mr Nasmyth! criait une voix de l'autre côté de la porte qu'un raffut ébranlait.

Essuyant ses mains sur son tablier, Dana accourut pour ouvrir. Un homme d'une soixantaine d'années, d'une grandeur et d'une minceur effarantes, se pliait sur elle. Son regard profondément enchâssé dans un visage en lame de couteau la fixait avec une surprise non feinte.

— Qui êtes-vous? demanda-t-il sans manières.

— Je suis Mrs Nasmyth, monsieur, répondit Dana.

Elle leva le menton vers le grossier personnage et le toisa. L'homme ne se laissa pas intimider par elle. Il redressa le torse et la détailla.

— Eh bien, Mr Nasmyth a oublié de me spécifier qu'il était marié.

— Il l'est depuis plus de deux mois, monsieur. À qui ai-je l'honneur?

— Je suis Geordie Sanders, le propriétaire de cet immeuble, des logis et de tout ce qu'ils contiennent quand le loyer est dû.

Son dos se raidissant, Dana abaissa les sourcils.

— Que voulez-vous insinuer, Mr Sanders? Mon mari a payé le loyer…

— J'exige des locataires le paiement du loyer au début de chaque mois, Mrs Nasmyth. On est le septième du mois; le paiement de ce loyer m'est dû depuis une semaine, ce qui est un délai d'attente raisonnable, à mon avis. Où est passé votre mari?

— Au travail.

Les yeux bruns de l'homme furetaient derrière Dana, dans le logis. Il plissa les paupières à la vue des nouveaux meubles que lustraient les faibles rayons qui arrivaient à pénétrer la fenêtre encrassée de suie.

— S'il travaille, il n'a aucune raison valable pour être en retard. Quand il rentrera, faites-lui ce message: s'il ne vient pas régler le loyer avant après-demain, je ne me gênerai point pour venir me payer moi-même.

— Je le ferai, Mr Sanders, fit Dana en adoptant un air pincé.

Le manque de courtoisie à son égard l'agaçait. En aucun cas cet homme, propriétaire ou non, n'avait le droit de lui manquer de respect pour un loyer en retard d'une semaine. Timmy aurait tout simplement oublié.

L'homme l'évalua encore un moment, puis s'éloigna dans l'escalier. Le bruit de ses semelles et les craquements du bois des marches se répercutèrent dans la sombre cage d'escalier. La porte claqua. Le silence retomba. Dana soupira et retourna à sa pâte.

Son mari rentra deux heures après l'heure du dîner, un peu éméché mais joyeux. Il avait fait un saut au Black Swan boire une pinte avec ses amis. Dana le servit et il mangea de bon appétit tout en lui racontant sa nouvelle lubie.

—Le père d'Andy connaît un imprimeur à Glasgow qui désire lancer un magazine pour dames et serait prêt à investir dans l'achat d'une machine à papier mécanique en échange d'un taux très compétitif pour le papier produit dont il aura besoin.

—Tu crois que ton père acceptera de s'associer à un imprimeur pour moderniser sa papeterie?

—Il ne peut pas laisser passer cette occasion. S'il veut prendre une part plus importante du marché, il devra faire des concessions pour y arriver.

—Ce n'est pas lui qui cherche à s'approprier cette place, Timmy. C'est toi. Tu sais que toute modernisation de l'équipement rebute ton père. Il n'a pas encore donné son accord pour que tu prennes en main la gestion de la boutique. Si tu cherches à le brusquer, il s'opposera carrément à tes projets.

—Ce que tu peux être rabat-joie quand tu le veux, grommela-t-il en enfournant une bouchée de pâté.

Le regard noir injecté la darda. Elle se détourna. Le moment était mal choisi pour lui parler du loyer impayé.

—Comment vont Nathan et Mary? demanda Dana pour changer.

—Mary va bien. Nathan va finalement acheter la taverne de son père. Son aîné n'en veut guère.

Il y avait de l'aigreur dans les mots. Dana comprenait le ressentiment que nourrissait Timmy face à son père et elle aurait sincèrement souhaité que son beau-père fût plus conciliant et considère la possibilité que Timmy pût participer davantage à l'affaire familiale. James ne s'y opposait pas. Au contraire, il avait pris le parti de son frère, alléguant que cela le soulagerait. Mais Charles Nasmyth était un conservateur et il avait la tête dure. Dana soupçonnait que l'homme appréhendait le moment d'abandonner le fruit des efforts de toute sa vie dans les mains de ses fils. L'hiver précédent avait été particulièrement difficile, avec trois crises de goutte, dont la dernière avait duré une semaine. Sa santé se détériorait rapidement et bientôt il n'arriverait plus à se rendre quotidiennement au moulin.

— Où est le dernier règlement du docteur Seton ? questionna du tac au tac Timmy en repoussant son assiette vide.

Dana tressaillit. Elle avait oublié de déposer les dix livres sur le compte bancaire.

— Il... a dû oublier de le déposer. Je suis certaine qu'il le fera dans les jours qui viennent.

— Humph...

Songeur, Timmy se leva et s'étira. Puis il passa derrière Dana, l'effleurant. Elle serra les mâchoires. Mais il ne la toucha pas. S'éloignant vers le coin séjour, il se laissa choir dans le Gainsborough et alluma sa pipe, comme il avait l'habitude de faire après le dîner. Quand il aurait terminé, il s'endormirait dans le fauteuil et viendrait la rejoindre dans le lit bien plus tard, la prendrait rapidement et se rendormirait comme une masse.

C'était la routine depuis deux semaines. Quand Dana se réveillait à l'aube, Timmy était déjà parti pour le travail. Elle se levait de plus en plus tard, son estomac pris d'assaut par de terribles nausées. Et ses seins avaient gonflé et étaient plus sensibles... Elle n'avait pas eu ses règles depuis son départ de Weeping Willow.

Elle était enceinte.

Cette découverte aurait dû la remplir de bonheur. Mais elle n'arrivait pas à s'en réjouir. Son esprit replongeant dans la morosité des vicissitudes de son existence, elle soupira et commença à nettoyer la cuisine. Elle se força à penser à l'arrivée prochaine de Harriet quand quelque chose la frappa : c'était aujourd'hui le jour de son anniversaire. Elle avait maintenant vingt-sept ans.

❧❦

Le lendemain matin, armée d'un seau, d'un tas de torchons et d'une brosse, Dana avait entrepris de nettoyer leur appartement. Le travail physique, même s'il l'éreintait, lui faisait du bien. Il lui évitait de trop penser. De toute façon, elle voulait que tout soit impeccable quand Harriet viendrait la visiter. Des fenêtres laissées entrouvertes pour aérer coulait une lumière limpide qui rebondissait sur le bois des beaux meubles du salon. Le parquet avait été récuré et ciré. Une agréable odeur de propreté flottait dans les pièces.

Elle s'attaqua à la chambre et s'apprêtait à vider la commode de son contenu. Elle voulait faire le tri des vêtements qui pouvaient encore servir de ceux qui avaient besoin d'être réparés ou tout simplement envoyés au débarras. Timmy était soigneux de son apparence et ses chemises étaient presque toutes neuves, tout comme ses bas et ses caleçons de laine de qualité. Indubitablement, son mari menait grand train pour un simple manutentionnaire dans une distillerie.

Attaquant le troisième tiroir, l'un de ceux réservés à son mari, elle le trouva coincé. Elle tira dessus avec vigueur pour le déloger. Il céda enfin d'un coup. Tout son contenu s'éparpilla sur le plancher. Un objet lourd atterrit avec fracas, manquant de peu son pied : le pistolet. Elle le fixa, se souvenant de l'arme passée dans la ceinture de Timmy dans le cimetière de St. Cuthbert's. Un pistolet ne servait pas pour la chasse. Un frisson de peur la secoua. Pourquoi Timmy conservait-il encore cet objet ?

N'osant y toucher, elle commença par ramasser les chemises qu'elle replia avant de les déposer sur le lit. Puis elle récupéra le tiroir. Une planche de bois demeura sur le sol : un double fond.

Le soulevant, elle découvrit un petit carnet relié de cuir noir. Intriguée, elle le prit et l'ouvrit. Les pages, organisées en colonnes à la façon d'un registre, étaient couvertes d'une écriture un peu floue : des lettres écrasées par endroits, une structure pratiquement inapparente. Elle reconnut la main de Timmy.

Un fracas venant du mur mitoyen qu'ils partageaient avec les Macintosh lui fit lever la tête. Puis un second. Comme elle s'y attendait, une voix d'homme se mit à hurler des obscénités. Un cri résonna, suivi d'un autre bruit, plus sourd. Macintosh était un ivrogne et quand il rentrait complètement ivre une bagarre ne manquait jamais d'éclater.

Quelqu'un pleurait maintenant : une femme. Puis le fils du couple se mit de la partie. Il menaçait de « le » tailler en morceaux et d'envoyer « ses » restes aux pourceaux s'il ne « la » laissait pas tranquille. Macintosh proféra une brochette d'insanités et claqua la porte. Dana regardait le mur vibrer, se demandant s'il ne faudrait pas un jour intervenir avant que le fils ne mette sa menace à exécution.

Un calme relatif planait de nouveau dans le *land* et Dana se rappela le carnet oublié dans ses mains. Elle s'assit sur le bord du lit.

Les pages avaient été classées par mois et tout était annoté par colonnes non identifiées. D'abord des noms : Knox, Barclay, Hamilton, Bell, Sutherland, Macbean, Shaw... Ensuite des dates, des lieux et d'autres noms et des montants d'argent. Elle tomba sur Seton et s'y attarda. *Jeudi le dix-neuf novembre 1812, Canongate...* ou cela y ressemblait : l'écriture n'était pas claire. *Un large mâle pour Seton. Digby et Cumming, £ 2 5s 0d chacun, £ 3 2s 0d pour moi, £ 1 10s 0d pour Fingal.*

« Qu'est-ce que c'est que ça ? » marmonna-t-elle, de plus en plus curieuse.

S'agissait-il de paris ou de quelque chose du genre ? Le bout de son index glissa sur les pages. Les mêmes noms revenaient souvent dont celui de Seton, qu'elle retrouva en date du lundi quatorze décembre de la même année : *Calton, un petit mâle pour Seton. Cumming et Wilson, £ 2 2s 0d chacun, £ 2 16s 0d pour moi.*

Elle poursuivit son investigation dans l'année suivante. *Mercredi le trois février 1813, Greyfriars, une large femelle* et encore des montants d'argent. Des courses de chevaux ? Juste en dessous de cette entrée, elle lut en date du huit du même mois une inscription troublante qui la fit douter : *Braid Place, deux jambes et la tête pour Johnson. Swann et moi, £ 3 0s 0d chacun.* Braid Place. Elle avait déjà entendu ce nom… Le cimetière juif. L'évidence la frappa : Greyfriars, Calton, Canongate, tous des cimetières. Timmy entretenait la comptabilité de son commerce de cadavres.

Horrifiée, elle fit tourner les pages jusqu'en 1814. Était-ce en septembre ou en octobre ? Elle ne se souvenait plus très bien. Elle trouva en septembre : *mercredi le vingt et un, St. Cuthbert's, une large femelle, grosse, pour Seton, Digby £ 2 5s 0d, Swann et moi £ 3 5s 0d chacun, Sinclair £ 1 5s 0d.* Sinclair devait être le bedeau qui avait caché l'outillage.

Dana s'assit sur le lit qui émit son affreux grincement, lui rappelant momentanément la tristesse de leurs ébats amoureux. Son attention revint rapidement sur le petit carnet noir. Elle en tourna encore les pages. Timmy avait apparemment délaissé ses activités de résurrectionniste pendant un temps. Du moins, jusqu'en décembre dernier. Et, ce mois-là, il n'y avait que deux entrées. La première indiquait que le corps avait été déterré dans le cimetière de Greyfriars Kirk. La seconde n'indiquait curieusement aucun endroit. Il n'y avait que le nom de Knox, évidemment le chirurgien qui avait passé la commande, et celui de… Rosie ? Elle plissa les yeux, croyant avoir mal lu. Non, il s'agissait bien de Rosie. Le nom de la morte ? Il avait été payé dix livres pour ce cadavre.

Elle tourna la page du mois de janvier. Sur cinq inscriptions, deux étaient sans cimetière d'origine et, encore là, il y avait le nom de Rosie. Qu'est-ce que cela voulait dire ?

Pour le mois de février, il avait transigé deux fois avec Knox et une fois avec Hamilton. Ces transactions répétaient la même séquence. Elle observa qu'il n'y en avait plus eu aucune passée par le chirurgien Seton depuis celle de Mrs Watts en septembre. Enfin, en mars Timmy avait commercé encore trois fois sans donner le nom du cimetière, et toujours Rosie. Rien encore pour avril.

À moins que les chirurgiens n'aient eu une prédilection pour toutes les Rosie des cimetières, ce qui était invraisemblable, Rosie serait son complice. Mais Rosie… c'était un prénom féminin… un pseudonyme? Ou bien Timmy travaillait-il avec une femme? Et tout cet argent, où était-il passé? Comptant les montants inscrits depuis le début de l'année, Dana fit le total des gains de Timmy: soixante-dix-sept livres et quinze shillings. Sa mâchoire tomba d'ébahissement. Avec les soixante livres de la rente, plus les dix qu'elle lui avait remis il y avait quelques semaines, il approchait les cent cinquante livres. C'était tout simplement incompréhensible. Et il avait négligé de payer le loyer qui n'était que de quelques shillings!

Quand Timmy rentra ce soir-là, déterminée à obtenir des réponses à ses questions et à mettre un terme à ce gaspillage ahurissant, Dana avait préparé le terrain avec un succulent rôti de bœuf comme les aimait son mari. Les délicieux arômes, comme espéré, le mirent d'humeur fort agréable. Le repas se déroula de façon plaisante. Depuis longtemps, ils n'avaient pas retrouvé cette ambiance décontractée qui avait habituellement accompagné leurs sorties avant le vol de la tabatière. Ils reprirent leurs discussions sur les projets de Timmy.

Les yeux de son mari brillaient d'un éclat si particulièrement amoureux que Dana eut envie de repousser cette discussion qui, elle le savait, serait orageuse. Mais Mr Sanders attendait le paiement du loyer pour le lendemain. Les assiettes vides rincées avaient été empilées sur le buffet et la théière avait été placée sur la table avec une assiette dans laquelle avait été dressée une montagne de petits gâteaux aux fruits confits glacés au miel. Le parfum des épices embaumait la cuisine. Avant de se rasseoir, Dana prit les dix livres qu'elle avait cachées derrière la soupière sur les étagères du vaisselier et les déposa devant Timmy.

— Sur mon retour du marché de viande, je suis passée par la banque aujourd'hui, fit-elle doucement. Le détour n'était pas tellement long et il faisait si beau.

Les pièces cliquetaient maintenant dans la paume de Timmy. Il empocha l'argent sans rien dire et prit Dana par la taille, l'attirant vers lui, la faisant basculer sur ses cuisses. Il plongea l'encre de son regard dans les yeux de son épouse, ébranlant sa détermination.

— Tu sais que tu es une femme merveilleuse ?

— Timmy…

Il courba la nuque, déposa un doux baiser sur ses lèvres.

— Hum…

Un doigt de Timmy caressait doucement la peau de son cou, lui procurant de légers frissons.

— Mr Sanders est venu.

Un grondement sourd confirma qu'il savait pourquoi. Il tira sur l'étoffe de son corsage pour dégager une épaule.

— Il doit revenir demain.

Il enveloppa un sein d'une main et appliqua délicatement ses lèvres sur la peau dénudée.

— Timmy, le rappela-t-elle à l'ordre, le loyer est dû.

Une ombre passa devant le beau visage de Timmy et il se composa un masque renfrogné.

— J'irai le payer demain.

— Pourquoi ne pas l'avoir fait avant le début du mois ?

— Tu vas encore me dire comment gérer mon argent ?

Il grogna et fit le geste de la repousser. Il quitta sa chaise. Il allait se sauver. Discuter calmement de l'épineux sujet qu'était l'argent entre eux était pratiquement irréalisable. Dana n'avait pas envie de se disputer. Elle avait soudain envie de prolonger ce souper qu'elle avait pris plaisir à préparer. Reléguant le problème du loyer à plus tard, usant de finesse, Dana fit glisser ses mains le long des flancs de Timmy, qui se contractèrent sous les vêtements. Elle les passa autour de son cou pour le retenir près d'elle. Les traits de l'homme s'adoucirent. Dana abdiqua dans un soupir.

— D'accord… tu paieras Mr Sanders demain.

Elle le vit hésiter, se composer un air suspect. Pour finir de le calmer, elle prit l'une de ses mains et la posa sur le sein qu'il avait quitté et, approchant son visage du sien, elle l'embrassa à son tour. C'était la première fois qu'elle agissait ainsi et elle se surprit elle-même à éprouver du plaisir à ce jeu.

— J'ai envie… murmura-t-elle dans un souffle d'aise.

Timmy posa ses larges mains sur ses hanches pour les caresser doucement, dans un lent mouvement circulaire, pressant son bassin contre le sien.

— Tu as envie de quoi, Dana ?

Le corps de l'homme se tendait, fébrile et réceptif aux caresses que lui prodiguait sa femme.

— Que tu restes avec moi.

Il l'embrassa dans le cou, apprécia le frisson provoqué le long de la colonne vertébrale, retrouva la bouche quémandeuse de caresses.

— Tu sais de quoi moi j'ai envie en ce moment, Dana ?

— Peut-être…

Le son rauque de la voix l'enflamma. Sans attendre de savoir ce qu'en pensait sa femme, Timmy la souleva et la porta jusque dans la chambre. Le lit grinça. La veste tomba sur le sol, la cravate et le gilet trouvèrent refuge sur la commode. Il tira sa chemise de sa culotte, sembla soudain se demander par quel morceau il devait finir de se dévêtir. Pendant ce temps, Dana s'appliquait à se départir de ses propres vêtements. Brusquement, elle avait envie de Timmy. Elle s'allongea. Quand le robuste corps à la peau mate se pencha sur elle, une excitation grandissante lui donna des fourmillements dans le creux du ventre et lui fit oublier tout ce qu'elle avait voulu lui reprocher. Cela pouvait attendre, en fin de compte. Oui, cela attendrait. Pour la première fois, elle avait vraiment envie de Timmy sur son corps.

Elle l'attira à elle, s'abandonna à l'étreinte puissante de ses bras en gémissant. Enchanté par le comportement inattendu de sa femme, Timmy l'embrassa, la caressa avec une sensualité qu'elle ne lui avait pas connue jusqu'ici. Sa peau s'enflammant, Dana découvrait chez son mari un désir sans brutalité ni domination. Il grognait de plaisir. Un plaisir qu'elle partageait enfin avec lui.

Ce fut cet instant même que choisirent les Macintosh pour recommencer leur grabuge. Les murs en tremblèrent. Timmy, le souffle saccadé, s'immobilisa soudain. Il se dressa au-dessus d'elle, la contemplant d'une étrange façon. Son visage exprimait la tristesse. Il ouvrit la bouche, comme pour dire quelque chose.

— Peut-être ferions-nous mieux de prévenir la police, observa Dana.

Les yeux la regardaient mais semblaient ailleurs. Timmy ne répondit rien. Il pinçait les lèvres comme pour réfléchir sur la question. Pendant ce temps, les Macintosh continuaient de s'engueuler.

— Timmy ?

Elle sentit les muscles du dos se contracter, puis se détendre. Il l'embrassa, cette fois avec plus de retenue. Puis il s'écarta pour la regarder encore de cette façon singulière. Il tenta une dernière fois de reprendre là où ils avaient laissé, mais la magie s'était évanouie. Poussant un soupir de déconvenue, Timmy s'assit sur le bord du lit. Il n'entendait pas les vociférations hargneuses de Mr et Mrs Macintosh. Ses voisins pouvaient bien s'entretuer, il s'en moquait. Autre chose empoisonnait son désir. Un doute qui s'était mis à lui trotter dans la tête. Le perfide poison lui fit perdre ses moyens.

— Dis-moi, Dana…

Il marqua un temps.

— J'aimerais que tu me dises… enfin…

Un malaise s'emparait de Timmy et il ne savait plus comment s'exprimer.

— Je veux dire… est-ce que tu as… en fait… t'est-il arrivé d'avoir…

— Quoi, Timmy ?

Il se sentait impuissant à lui poser la question qui lui labourait le cœur. À la vérité, il n'était pas certain de vouloir entendre la réponse. Depuis cette nuit où il lui avait fait l'amour la première fois, son instinct lui disait qu'il n'était pas son premier homme. Il avait d'abord craint que Dana se soit fait violer chez les Seton et n'avait osé lui en parler. Puis, chaque fois qu'il la caressait, cette crainte se muait insidieusement en un doute d'une tout autre nature. Rien que d'imaginer que Dana eût pu offrir à un autre homme ce qui lui revenait de droit le mettait dans un état de fureur innommable. Il avait vu l'expression de Christopher Aitken changer quand il lui avait annoncé, lors d'une rencontre fortuite, son mariage avec Dana. Le jeune étudiant ne manquait d'aucun charme. Il possédait cette intelligence qui pouvait séduire une femme comme Dana.

— Non, laisse tomber, grogna-t-il.

Il se leva et ramassa ses vêtements. Dana s'assit dans le lit et le regarda s'habiller, stupéfaite.

— Où vas-tu ?

— Je sors.

— Non, Timmy ! Pourquoi ? Reste, je t'en prie.

D'accord, les Macintosh avaient gâché l'atmosphère, mais ce n'était pas une raison pour partir. Elle voulait se coller contre lui. Sentir la chaleur de son corps la réchauffer jusqu'au cœur.

— Timmy… le supplia-t-elle, la gorge nouée.

Elle lui attrapa le bras, mais il se dégagea sans douceur. Les sanglots se comprimaient dans la gorge de Dana. Avait-elle fait quelque chose qui lui aurait déplu ?

— Je m'occupe du loyer, lança-t-il en sortant.

Complètement déroutée par la tournure des évènements, elle entendit la porte du logis se refermer dans un claquement qu'elle ressentit jusque dans ses os. Quelques secondes plus tard, le couple Macintosh cessait son raffut. Seuls les pleurs d'une femme résonnaient encore. Ceux de Dana.

❦

Quand Mr Sanders revint, Dana se préparait à sortir. Elle croisa le propriétaire dans l'escalier. Ce dernier lui bloqua le passage et la fixa d'un air sournois.

— On cherche à se sauver avec l'argent du loyer, Mrs Nasmyth ?

— Non ! s'écria-t-elle, surprise. Mon mari n'est pas allé vous payer hier soir ?

— Si votre mari avait payé ce qu'il me doit, vous pensez sincèrement que je me serais donné la peine de venir jusqu'ici ?

Évidemment, non. Timmy était rentré très tard. S'étant endormie depuis déjà un bon moment, elle l'avait vaguement senti se glisser contre elle. Il exhalait une haleine fortement parfumée au gin. Elle s'était retenue de lui demander s'il avait payé le loyer.

Sanders l'écarta de son passage et monta jusqu'au palier.

— Que faites-vous ? s'affola Dana, sur ses talons.

— Je viens me faire payer ou je vous mets dehors.

Un cliquetis métallique. Il insérait une clé dans la serrure de leur logis.

— Vous n'avez aucunement le droit de faire ça ! cria-t-elle en pénétrant à sa suite.

— J'ai tous les droits, Mrs Nasmyth. Vous me devez neuf shillings. Dans la circonstance, je prends pour neuf shillings.

Il s'approchait de l'une des deux tables Pembroke.

— Non ! l'arrêta Dana dans un cri. Je vais vous payer, Mr Sanders. J'ai l'argent.

L'homme se retourna, un sourire satisfait sur les lèvres.

Les mains tremblantes, Dana fouillait dans son réticule pour prendre le montant nécessaire. Elle compta les pièces par deux fois pour s'assurer qu'elle ne se trompait pas et les présenta au propriétaire.

— Mon mari a dû terminer trop tard et aura oublié de passer vous payer, expliqua-t-elle en redressant le buste.

Elle fixa l'homme droit dans les yeux et rajouta :

— Ce retard ne se reproduira plus, Mr Sanders.

— Ce serait souhaitable.

Avant de partir, Sanders jeta un regard appréciateur dans la pièce.

— Considérons ceci comme un regrettable malentendu, Mrs Nasmyth. Je vois que votre mari a de quoi payer le loyer pour au moins deux années consécutives.

Il lorgnait le Gainsborough. Dana comprit que le mobilier qu'il contemplait détonnait avec ce qu'il avait l'habitude de trouver dans les logis de ses locataires. L'homme empocha son loyer et la salua poliment, puis il sortit. Humiliée, refoulant ces larmes qui venaient pour un oui ou un non depuis quelques semaines, Dana referma la porte. Qu'avait fait Timmy des dix livres qu'elle lui avait données la veille? Il lui faudrait avoir une sérieuse conversation avec lui. Cela ne pouvait plus continuer ainsi. Sinon ils se retrouveraient à la rue dans moins d'un an.

✦✦

Quand Dana rentra de West Port, à sa grande surprise, Timmy était déjà à la maison. Le soleil et une lettre de Harriet lui avaient fait oublier l'incident du matin avec le propriétaire. Son mari demeura assis dans son fauteuil préféré, la regardant d'un air sombre se déshabiller. Elle pressentit une autre mauvaise nouvelle. Avait-il perdu son emploi?

— Tu rentres tôt, commença-t-elle en ajustant son tablier.

— Je termine à cinq heures.

— Je sais, c'est que tu ne reviens jamais avant six ou sept heures, alors…

Il pencha son corps lourd vers l'avant, faisant craquer son siège, puis, comme s'il avait renoncé à se lever, il se réinstalla dans sa position initiale.

— Je suis passé chez Sanders à mon retour. Le loyer a déjà été payé, m'a-t-il appris.

Le couteau s'immobilisa dans le navet que Dana avait entrepris de peler.

— C'est moi qui l'ai payé.

— C'est ce qu'il m'a dit.

Un morceau de pelure tomba sur la table dans un petit ploc qui retentit dans le silence.

— Il menaçait de partir avec l'une des tables.

Son mari ne répliqua pas. Son visage demeurait dans l'ombre et elle aurait bien voulu mesurer son expression.

— J'ai fait ce qu'il y avait à faire dans les circonstances, Timmy.

— Tu as tout ce qu'il faut pour le dîner?

— Oui… du poisson frais et…

— Le rôti d'hier a bien dû te coûter l'équivalent d'une semaine de courses. Où as-tu pris l'argent pour payer Sanders?

Dana déposa le navet et son couteau. Elle essuya ses doigts sur son tablier.

— C'était mon argent.

— TON argent! gronda-t-il en bondissant sur ses pieds. Comment se fait-il que tu possèdes autant d'argent, Dana? Je te donne ce qu'il faut pour les courses. Tu as largement dépassé ce montant cette semaine, non?

La crainte remodela les traits de Dana et elle baissa la tête pour le lui dissimuler.

— J'ai vendu quelques dessins, mentit-elle.

— Des dessins?

Était-ce l'incrédulité ou le soulagement qui altéra le ton de la voix de son mari, elle ne pouvait l'évaluer. Il ne releva toutefois pas la réplique, passant à autre chose.

— Quelle humiliation que d'apprendre que *ma* femme paie le loyer tandis que je peux amplement le faire. Si tu avais vu le visage de ce foutu Sanders, qui s'est fait une joie de me le dire. Je le lui aurais bien défoncé d'un solide coup de poing. »

Ses poings, il les serrait à s'en blanchir les jointures.

— Comment pouvais-je savoir que tu allais passer chez lui en revenant du travail aujourd'hui? se défendit-elle. Tu m'avais dit que tu irais hier. Et, apparemment, tu ne l'as pas fait. Tu aurais peut-être préféré que je le laisse partir avec les meubles?

— Oui! cria-t-il. J'aurais réglé cette affaire avec lui par la suite.

La colère menaçait aussi Dana, qui en avait assez de l'attitude de Timmy face à l'argent.

— Pour l'amour du ciel, Timmy ! s'écria-t-elle en se forçant au calme. Nous sommes deux adultes responsables. Je crois qu'il serait temps de s'asseoir et d'établir certaines règles et un budget…

— Tu es bien comme mon père, toujours à vouloir me dire comment faire comme si j'étais trop stupide pour y penser moi-même. Tu ne manques de rien. Cela devrait te suffire ! Je ne tolérerai d'aucune façon que ma femme me dicte comment dépenser mon argent !

— Il ne s'agit pas de te dicter comment faire, Timmy, se récria Dana. Nous pourrions… en discuter, seulement, pour commencer.

Il soufflait de rage. Ses yeux la foudroyaient. Elle recula devant l'air menaçant.

— Tu crois que je ne suis pas capable de nous faire vivre tous les deux ? Tu penses que je ne sais pas compter parce que je n'arrive pas à lire aussi facilement que toi ?

— Tu mélanges tout ! Où est allé tout l'argent de ma rente ? Et l'argent du portrait ? Tu dépenses trop, Timmy. Tous ces meubles, ces objets, je n'en ai pas besoin.

Il grondait comme un bœuf prêt pour la charge. Il s'empara de la belle soupière de faïence verte, l'une de ces nombreuses choses qu'il lui avait achetées.

— C'est inutile, ça ? questionna-t-il avec cynisme en la laissant tomber à ses pieds.

Le fracas fit sursauter Dana et elle demeura là, interloquée, à contempler les morceaux brisés.

— Pourquoi tu as fait ça ?

— Et ça, continua-t-il en s'emparant de l'une des tables Pembroke. Une table, c'est pas trop utile, c'est vrai.

La table s'abattit contre le mur dans un vacarme terrible. Une patte se brisa sous l'impact.

— Est-ce que je sais, moi, ce que tu fais de l'argent que *tu* gagnes, madame l'artiste ?

Il s'approcha d'elle jusqu'au point où elle put renifler son haleine. Elle se rendit compte qu'il avait bu, et beaucoup.

—Arrête, Timmy! cria Dana en tentant de maîtriser ses sens. Tu es ivre. Nous reparlerons de tout ça quand tu auras…

—Quoi? Tu vas me dire quand et comment je dois boire, aussi?

—Timmy!

Il l'avait rudement poussée contre le vaisselier, qui s'ébranla sous le choc. Le souffle coupé par la peur, Dana se retint au meuble pour éviter de se retrouver au sol. Timmy l'avait rejointe et l'avait empoignée par les cheveux, la forçant à le regarder en face. Les yeux vairons fous d'angoisse s'emplissaient maintenant de larmes.

—Tu es *ma* femme, Dana Nasmyth. Et c'est moi le maître de cette maison, mets-toi bien ça dans le crâne.

—Tu me fais mal…

—Ce que tu as fait… cracha-t-il sourdement entre ses dents. Ce que tu as fait… Un homme a le droit de remettre sa femme à sa place quand cela s'avère nécessaire.

Les yeux exorbités, le visage cramoisi, le souffle haché, il avait levé son poing devant le visage terrifié de Dana.

—Tu feras quoi, Timmy, pour que je t'obéisse? Tu me frapperas comme ton père t'a frappé?

Il la dévisageait, parvenant à peine à contenir cette rage animale qui bouillait en lui. Il tira plus fort sur la chevelure, lui arrachant un cri de douleur, et relâcha d'un coup les mèches qui retombèrent désordonnées sur les épaules. Dana mit une main sur sa poitrine comprimée. Le regard noir rougi par l'alcool la tétanisa d'effroi. Les muscles de l'homme étaient bandés sous sa chemise et Dana comprit pour la première fois que Timmy pourrait réellement la battre durement. Il pourrait la tuer.

—J'essayais seulement… reprit-elle dans l'espoir qu'il se calme enfin… de trouver une façon d'économiser un peu avant l'arrivée du bébé.

Elle l'avait dit, enfin.

Un silence lourd tomba sur eux. Dana surveillait la réaction de Timmy. Si la haine contorsionnait toujours ses traits, une tristesse indicible l'atténuait maintenant dans les yeux noirs qui se mouillaient.

— Tu es enceinte ?

— Oui, répondit-elle, s'attendant à le voir s'en réjouir.

Mais Timmy n'en fit rien. Son visage se crispa douloureusement dans son effort pour contenir ce qu'elle finit par prendre pour du chagrin.

— Je t'aime, Dana, dit-il plus doucement. Mal peut-être, mais c'est la seule façon que je connaisse. Je t'aime plus que je n'aurais jamais cru aimer une femme. Je ferais tout pour toi. Tu ne peux savoir jusqu'où j'irais pour toi. Mais je ne sais pas si je pourrai arriver à aimer cet enfant que tu portes. Car… je doute qu'il soit le mien.

Sidérée, Dana en devint aphone. Timmy essuya ses yeux, hocha la tête.

— Timmy… de quoi parles-tu ?

Comment avait-il appris ? Francis lui aurait-il parlé ? Elle voulut s'approcher de lui ; il leva les mains comme pour l'en empêcher. Il récupéra sa redingote, tourna sur lui-même et sortit.

— Timmy ! hurla-t-elle soudain en proie à un profond malaise. Qu'est-ce que tu vas faire, dis-moi ?

— Je vais lui faire payer ce qu'il m'a fait. Ce qu'il nous a fait.

— Non, Timmy ! Ne fais pas ça !

Il dévalait l'escalier et plongeait dans l'obscurité. Affolée, Dana se mit à sa poursuite. Dans son empressement, elle manqua une marche. Son cœur tressauta. Ses mains tentèrent de se retenir à quelque chose, mais elle n'attrapait que du vide. Un vide sombre dans lequel elle plongeait à son tour. Elle hurla. Sa tête heurta d'abord le mur, puis l'arête d'une marche. Le ciel devint terre et la terre devint ciel. Elle débola l'entière volée de marches jusqu'au palier du deuxième, où le mur la stoppa rudement.

Au son du premier cri, Timmy s'était retourné. Il n'avait compris ce qui se passait qu'en entendant le bruit du corps qui roulait dans l'escalier. Quand il atteignit le palier, le silence avait regagné l'endroit. Il appela. Rien. L'obscurité l'empêchait de voir.

Inquiet, le cœur malade d'appréhension, il tâtonna, la repérant enfin. Elle gisait là, inerte contre le mur.

— Dana, chuchota-t-il d'une voix tremblante. Est-ce que ça va ?

Mais elle ne lui répondait rien. Il parcourut les contours de son corps. Elle ne paraissait pas être gravement blessée. Il remonta vers le visage et effleura les joues. Une substance visqueuse glissa sous ses doigts.

— Par tous les diables… souffla-t-il.

Des voix commençaient à se faire entendre. Attirés par les cris, les locataires du *land* sortaient de leurs logis. Une lueur éclairait le palier du troisième. Meredith Young descendit quelques degrés et s'immobilisa devant la stupéfiante scène que lui dévoila sa chandelle. Sa voisine, Mrs Nasmyth, reposait sur le sol, inconsciente, le corps désarticulé. Une porte claqua quelque part plus bas. Dégringolant le reste des marches, la femme appela à l'aide.

◆◆

Une douleur intense la faisait larmoyer. Sa gorge se serra, ses poumons se contractèrent. Dana ouvrit les yeux, cherchant à prendre une bouffée d'air. Un visage se dessina progressivement devant elle… non, deux visages, en fait. Après un moment, elle reconnut Miss Young. Quant à l'autre, un homme, elle ne le connaissait nullement.

— Comment va votre tête, Mrs Nasmyth ?

— Ma tête ? Elle va… je suppose qu'elle va.

L'homme se pencha vers elle et approcha ses mains de son visage qu'il palpa, juste au-dessus de son œil droit, là où la douleur se faisait plus lancinante. Puis il étira ses paupières l'une après l'autre, inspectant méticuleusement ses pupilles.

— Combien de doigts voyez-vous ? demanda-t-il en plaçant un index devant elle.

— Un seul. Où est Timmy ?

Dans sa tentative pour s'asseoir, Dana ressentit une douleur fulgurante lui déchirer le bas-ventre.

— Restez immobile, lui ordonna l'homme. Vous avez mal ?

Trop souffrante pour répondre de vive voix, elle le fit par un hochement de tête. Et elle referma les paupières en reposant son dos contre les coussins qui avaient été placés là pour son confort. Des mains palpaient son ventre et soulevaient ses jupons de façon plutôt indécente. Mais elle était trop faible pour les repousser.

— Vous avez eu vos règles dernièrement, madame ?

— Non…

— Quand la dernière fois ?

— Plus de deux mois.

— Vous êtes enceinte, Mrs Nasmyth ? s'informa Miss Young.

— Oui…

L'homme chuchota quelques mots à sa voisine, qui s'éloigna.

— Écoutez-moi bien, Mrs Nasmyth. Je suis le docteur James Hamilton. Je crains que ce que j'ai à vous annoncer ne soit pas très agréable. Vous saignez abondamment. Tout indique que vous faites une fausse couche.

Les mots traversaient l'esprit encore embrouillé de Dana. Elle ouvrit les yeux et fixa le rond de lumière jaunâtre que formait la lueur de la chandelle au plafond. *On dirait un petit soleil… Je fais une fausse couche…* Son bébé. Elle perdait son bébé. Qu'importe de qui était l'enfant, il était le sien. Et elle le perdait.

— Je ne veux pas, geignit-elle en plantant ses ongles dans son ventre.

La douleur était vive.

— Je suis désolé, madame, compatit doucement le médecin. Je ne peux rien faire pour votre bébé. Voulez-vous que je soulage la douleur ?

— La douleur ? Non…

Il ne pourrait jamais. Cette douleur-là ne se soulageait pas.

Miss Young revint les bras chargés de serviettes et d'un bassin d'eau chaude. Le docteur Hamilton les laissa seules pendant que Dana se laissait dévêtir et laver. Après lui avoir fait un tampon de tissu entre les cuisses, la femme lui passa une chemise propre et la recouvrit d'un drap. Pendant tout ce temps, elle fredonnait un air apaisant. Dana essayait de se rappeler ce qui s'était produit.

— J'ai trébuché… marmonna-t-elle d'une voix empâtée. J'ai trébuché et j'ai perdu pied dans l'escalier.

— C'est bon, petite. Buvez ça et dormez un peu. Demain vous y verrez un peu plus clair.

Un âcre arôme lui chatouilla les narines et la fit grimacer. Le liquide tiède au goût d'herbe coula dans sa gorge.

— Où est Timmy?

— Je l'ignore, petite. Il n'est pas encore rentré.

— Quelle heure est-il?

— Onze heures passées.

— Il doit rentrer dormir… il travaille demain.

— Allons, vous avez autre chose à penser. Votre mari peut très bien s'occuper de lui-même. Dormez, maintenant.

◆◆

Le jour du lendemain déclinait et Timmy n'avait pas remis les pieds dans Potter Row. Toujours alitée, Dana fixait les ombres qui se mouvaient sur les murs de sa chambre. Elle demeurait apathique. Sur son visage il n'y avait ni tristesse, ni colère, ni rien. Un grand vide d'émotions s'était fait en elle. Comme si elles l'avaient toutes quittée avec l'enfant. Ce bébé qu'elle ne connaîtrait jamais. Cet enfant dans les traits duquel elle ne retrouverait jamais ceux du père. Elle ne saurait jamais de qui il avait été.

Elle se mit à l'imaginer. Grand, fort et costaud, avec des yeux noirs aussi malicieux que passionnés. Grand, élancé… et blond comme un soleil d'après-midi, avec des yeux gris pénétrants qui pouvaient aussi bien glacer que faire fondre le cœur.

Et si ça avait été une fille? Une jolie petite fille avec de belles boucles brunes et de grandes prunelles noisette, ou vertes, mais pas les deux. Et des jambes parfaitement droites.

Tout était prédestiné, disait toujours son père, le pasteur Cullen. Rien n'arrivait par hasard, tout était écrit. Mais alors, au fond, si tout était déterminé d'avance, pour quelle raison Dieu lui avait-il mis dans le ventre ce petit être s'il avait l'intention de le lui arracher?

Pour la punir?

La punir de son péché en la faisant souffrir de cette déchirure?

C'était une douleur indescriptible que de perdre un être que l'on n'avait jamais connu. Un être issu de sa propre chair. Elle voulait cet enfant. Elle le voulait ardemment.

— Pourquoi? gémit-elle en enfouissant son visage dans ses mains.

— Chut… allons, je suis là, fit une voix près d'elle.

Une main caressa son front moite et brûlant.

— Je l'ai perdu… mon bébé. Il m'a quittée parce que je ne le méritais pas…

— Cessez de dire des sottises, Dana.

Le visage fardé de Meredith Young apparut dans le champ de vision brouillé de larmes de la malade.

— Il ne faut point chercher à savoir pourquoi certaines choses arrivent. Elles arrivent et c'est tout. Il faut seulement apprendre à les surmonter. Et ensuite un autre mur se dressera et vous le franchirez à nouveau. La vie, c'est comme ça: un labyrinthe de murs à franchir. Je le sais. Et vous savez quoi? Un jour, on réalise que le bonheur se trouve dans l'effort que l'on met à les franchir. C'est ça, le vrai bonheur. Celui d'être capable de se relever et de continuer.

— Le bonheur ne dure guère…

— Évidemment, sinon rien ne nous pousserait à vouloir franchir de nouveaux murs.

Tout le temps qu'elle parlait, Meredith caressait ses cheveux, la recoiffant machinalement avec ses doigts. Dana la regardait de ses yeux fiévreux. L'ex-cantatrice avait le front haut, le nez, étroit. Sa bouche, encore pulpeuse, s'étirait à mi-chemin entre un sourire et une moue attristée. Sous le fard, une peau encore ferme sculptait des pommettes et une mâchoire qui conféraient un caractère anguleux et déterminé à l'ensemble des traits qu'encadrait une opulente chevelure châtain encore exempte de fils d'argent.

Elle était encore très désirable, Miss Meredith Young. Son nom la prédisposerait-elle à une éternelle jeunesse ? On racontait qu'elle avait été la maîtresse de plusieurs hommes importants. Dana essaya de l'imaginer dans sa prime jeunesse.

On chuchotait aussi que la perte de sa voix séraphique était due non à une infection, mais plutôt aux conséquences d'un ignoble acte de jalousie. L'épouse de l'un de ses nombreux admirateurs aurait versé dans son verre une substance qui aurait brûlé ses cordes vocales. Mais ça, ce n'étaient que des rumeurs et les gens adoraient fabuler et enjoliver les légendes pour les rendre plus intéressantes. On la disait folle depuis que s'était envolée la pureté de son chant. Mais dans les profondeurs du regard bleu nuit brillait comme une étoile une lucidité déconcertante. Quoi qu'il en fût, pour Dana, Meredith n'était qu'une pauvre femme un peu excentrique vivant seule, d'une générosité peu commune et qui avait le cœur à la bonne place.

— Vous avez eu des enfants ? lui demanda-t-elle d'une voix éteinte.

La caresse ralentit sur le dessus de son crâne.

— Deux.

La réponse s'arrêta là. Dana aurait voulu en savoir plus. Mais Meredith ne parlerait que lorsqu'elle en aurait envie. Pour l'instant, elle ne dit rien de plus. Dana referma les paupières. Bientôt, elle sombra dans un sommeil où elle fit la ronde avec une ribambelle de chérubins aux frimousses roses et joufflues.

◆◆

Une petite étoile dansait dans le noir, s'entourant d'un halo doré comme d'une auréole mouvante. Dana regarda la flamme vaciller. La chandelle posée sur la table de chevet était presque entièrement consumée. Elle remua son corps ankylosé et claqua sa langue dans sa bouche. Une affreuse soif la rendait pâteuse et irritait sa gorge. Roulant la tête de côté, elle heurta un objet sur l'oreiller. Une main, large et velue, reposait là. La main d'un homme.

— Timmy?

Les doigts bougèrent; un visage surgit de l'obscurité. Il était tout chiffonné et pas rasé. Au centre, deux billes noires luisaient à travers une mince fente. Prenant conscience d'où il se trouvait, Timmy se carra d'un coup dans le lit. Les deux époux se dévisagèrent un long moment avant qu'un mot ne fût prononcé.

— J'ai appris… murmura enfin Timmy, l'air contrit. Je… je suis désolé pour toi.

— Mais pas pour l'enfant, compléta Dana en ravalant sa salive.

— Tu dois comprendre.

— J'ai soif.

Le lit grinça. Timmy se leva pour lui verser un verre d'eau et il l'aida à se soulever pour le boire. Quand cela fut fait, il se rassit près d'elle. On n'entendait plus que le craquement des lattes du plancher du locataire d'en haut. Dana sonda le visage de son mari pour trouver des indices d'ivresse. Timmy était tout à fait sobre.

— Comment te sens-tu? s'enquit-il.

— Je ne sais pas… mal.

— Oui… fit-il, pris d'embarras.

Elle lui en voulait. Terriblement. Pour l'avoir abandonnée dans l'escalier. Pour avoir fui ses responsabilités. Pour la joie qu'il éprouvait à savoir l'enfant perdu, même si les chances qu'il fût le sien l'emportaient. Parce que c'était son orgueil de mâle qui souffrait le plus. Parce qu'il ne pouvait l'aimer autrement. Parce qu'elle ne retrouvait plus le goût du sucre d'orge dans leurs baisers.

Hésitant d'abord par crainte qu'elle le repousse, Timmy prit ses mains. Il reconnaissait sa faute. La peur qu'on crût qu'il avait poussé Dana dans l'escalier l'avait emporté. Les voisins devaient avoir tout entendu de leur dispute. Et puis, il savait que la voisine se serait occupée d'elle. Il pressa les mains de sa femme entre les siennes. Comment aborder le sujet? Il s'était toujours douté que Dana lui dissimulait l'argent du portrait. Qu'elle le cachait quelque part dans le logis. Il avait eu raison. Mais il ne se serait jamais douté de ce qu'il avait découvert en même temps.

— Qu'as-tu fait, Timmy? l'interrogea-t-elle tranquillement.

— Rien, pour l'instant.

Sa voix avait pris des intonations coupantes comme des lames de rasoir. Il ruminait sans arrêt les images instillées par cette atterrante découverte. Dana n'avait pas été violée. Et ce n'était pas Christopher qui l'avait séduite. Le chirurgien Seton avait été son amant. Depuis combien de temps cela durait-il ? Tous ces mois à vivre sous son toit, puis le portrait. Elle tenait tant à le faire. Il savait maintenant pourquoi.

— Je veux savoir si tu l'aimes.

Dana le fixait sans comprendre.

— Le docteur ! siffla-t-il entre ses dents.

Sidérée, Dana ouvrit la bouche.

— Tu m'as menti, Dana. Devant Dieu, tu m'as menti.

La voix maintenant altérée par la douleur s'étrangla. Il avait envie de soulager sa souffrance. Il avait besoin de se vider de cette fureur qui le tenait sous son emprise depuis deux jours. Il voulait frapper, blesser et détruire. Sentant la maîtrise de sa raison lui échapper, Timmy s'écarta de Dana et cacha son visage derrière ses mains.

Le cœur de Dana se serra. Il n'y avait rien qu'elle pût dire pour le consoler. Elle aurait bien voulu hurler au monde entier qu'elle haïssait Francis Seton de toutes les fibres de son corps. Mais le chagrin éprouvé à seulement penser que le bébé perdu pouvait être de lui la réduisait au silence. Et, pour avoir aimé Francis deux nuits, elle gâchait leur mariage pour la vie.

Cédant sous la pression, Timmy éclata en sanglots.

— Dis-moi qu'il t'a forcée… Je le supporterais plus facilement.

Le silence persistant de sa femme exaspérait Timmy et le frustrait davantage.

— C'est pour ça que tu t'es donnée à moi ? lança-t-il âprement en la dévisageant. Quand tu es arrivée ici, tu t'es donnée à moi pour que je couvre la souillure de ce… ce porc. Et tu croyais que je ne le découvrirais jamais ?

Dans le regard noir qui la braquait, il y avait la souffrance du blessé, mais aussi la haine de celui qui fait le serment de vengeance. Et Dana en ressentit un sinistre frisson qui la refroidit.

Timmy se dressa sur ses pieds, la surplombant de toute sa corpulence, ses poings serrés et tremblants plaqués contre ses cuisses.

— Réponds-moi, bon sang !

— J'ai choisi de t'épouser, Timmy, déclara-t-elle dans un souffle étranglé.

Un éclat de rire résonna dans la chambre.

— Parce que tu n'avais d'autre choix ? fit-il sur un ton sarcastique. Pour cacher ton déshonneur ?

Elle avait eu le choix. Francis le lui avait dit. Mais c'était avant qu'elle n'apprenne son secret.

— Je t'ai épousé, sanglota-t-elle, anéantie par tout ce qui arrivait, parce que je le voulais. Je t'aime, Timmy, même si c'est difficile pour toi de l'entendre. J'ai sincèrement espéré que nous puissions être heureux ensemble.

Timmy ne savait plus que penser, que croire. Il essuyait son visage et contemplait cette femme qui était la sienne et qui s'était donnée à un autre. Il ne reconnaissait plus la fille du pasteur Cullen. Cette fille d'une timidité excessive, solitaire, d'une intelligence qui le fascinait. Il avait mésestimé la candeur de cette ingénue. Et il avait été bien bête de se croire le seul à avoir découvert que sous ces airs réservés se cachait une sensualité qui ne demandait qu'à s'épanouir. Au fond de lui, il avait toujours su que la froideur de Dana dans leur lit n'était que la réaction à sa propre rudesse, laquelle était le résultat de sa frustration d'imaginer que sa femme n'était plus vierge lors de leur première nuit. Son brusque changement d'attitude lors de leur dernière étreinte le lui avait confirmé.

— Que vas-tu faire ? interrogea Dana en ravalant un sanglot.

— Te prouver quel genre d'homme est vraiment le docteur Seton.

— Ne fais pas ça, Timmy. C'est du passé, maintenant. Que le bébé soit mort devrait te suffire. Les Seton sont riches : tu ne feras que t'attirer des ennuis.

— J'ai les moyens d'y parvenir, Dana.

— Et puis après! s'écria-t-elle en martelant les couvertures. Qu'est-ce que cela nous apportera, dis-moi?

— À toi, je ne sais pas. Mais à moi, cela me permettra de retrouver un peu de dignité, lança-t-il avec hargne et mépris.

— Ensuite, que se passera-t-il?

À cela, il ne put répondre.

— Nous sommes toujours mariés, lui rappela-t-elle plus posément.

— Je dois y réfléchir…

Sentant les larmes l'étrangler de nouveau, il se détourna avec brusquerie. Que ressentait-il envers Dana, désormais? Il le saurait quand la colère se serait apaisée. Mais cela ne se ferait qu'après avoir obtenu réparation de Seton. Et il savait maintenant comment procéder pour l'obtenir.

— Reste avec moi, Timmy…

Dana pleurait à chaudes larmes. Une femme en pleurs lui faisait toujours perdre ses moyens et il détestait ressentir cette faiblesse.

— Je reviendrai plus tard.

— Timmy, je t'en prie!

Ses sentiments alternaient entre la compassion et une profonde amertume à l'égard de Dana.

— Miss Young s'occupe bien de toi.

— Timmy… gémit Dana. Je veux savoir comment… comment tu as appris.

Le lui dire eût été lui avouer qu'il avait pris tout l'argent dissimulé dans le vaisselier. Qu'il savait qu'elle lui avait menti aussi sur le montant gagné pour le portrait. Et il n'avait nulle envie de se disputer encore à ce propos. Selon les termes de la loi, cet argent lui revenait de plein droit. Il ne dépossédait sa femme de rien. Et, pour l'instant, il en avait besoin. Il lui en rendrait peut-être une partie, plus tard, quand il en aurait terminé avec ce chirurgien de malheur.

— Je le sais, c'est tout. Tu crois qu'un homme ne peut faire la différence entre une vierge et une femme qui ne l'est plus?

Elle avait craint que Timmy ne s'aperçoive de ce détail. Elle baissa le front.

— Je te supplie de laisser tomber Francis Seton. Il… il n'en vaut pas la peine, je te le jure, balbutia-t-elle.

Sa voix chargée de détresse atteignit le centre de la cible. Elle releva son regard vers lui: la fureur de Timmy baissa d'un cran dans le silence qui suivit.

— Dana… j'aimerais tant te croire. Mais je doute…

Il secoua la tête. Ses idées se brouillaient.

— Je ne sais plus… Je dirai à ma mère que tu as perdu pied dans l'escalier, que tu vas bien, mais que tu vas prendre tout de même quelques jours de repos, lança-t-il avant de sortir.

Se recroquevillant, Dana serra ses paupières brûlantes de fièvre et de larmes. La porte de leur logis claqua. Des bruits de semelles froissant à peine le parquet se firent entendre. Une main fraîche se posa sur son front et caressa sa chevelure désordonnée.

— Il reviendra, petite, l'encouragea Meredith. Il a seulement besoin de temps pour accepter ce qui s'est passé.

Dana le souhaitait avidement. Elle appuya sa tête contre la poitrine de cette femme qui était là pour elle et sans qui elle aurait sans doute rejoint son cher Jonat.

Chapitre 24

Dana ne revit guère Timmy dans les jours qui suivirent. Pas plus que sa tante ne lui rendit visite. Sur le coup, elle crut que son mari lui en voulait au point d'avoir tout raconté à Flora. Incapable de pardonner, elle aurait décidé de ne pas s'enquérir de la santé de sa nièce. Bien que cela chagrinât assez Dana pour retarder sa remise sur pied, elle pouvait comprendre la réaction. Mais un étrange pressentiment grandissait en elle au fil des jours qui passaient. Ses provisions fondaient et le peu d'argent qu'elle avait réussi à économiser en coupant çà et là disparaissait aussi. Bientôt elle n'aurait plus rien à donner à Meredith pour faire ses courses. Il lui faudrait prendre l'argent qu'elle avait gardé du portrait. Si elle ne pouvait toucher aux cent livres que lui réclamait Timmy, lui restaient toujours les quarante livres de la tabatière. Cet argent, elle le gardait en réserve pour utilisation éventuelle. C'était pour plus tard.

Mais un matin de la fin du mois d'avril, trois jours avant le versement prochain du loyer, Dana se décida. Et quelles ne furent pas sa surprise et sa consternation de constater que l'argent avait été dérobé et que le croquis avait aussi disparu. Elle savait dorénavant que c'était en découvrant le nu de Francis Seton que Timmy avait conclu à son infidélité. Sa colère et son ressentiment, sa désertion, au pire, elle pouvait les comprendre. Mais jamais qu'il prît tout l'argent avant de l'abandonner.

Complètement démoralisée, elle se laissa choir dans le Gains-borough et pleura de désespoir. Qu'allait-elle faire maintenant? Payer Sanders était sa première priorité et elle ne voyait plus qu'une façon de le faire: vendre les meubles. Elle en tirerait sans doute assez pour subsister jusqu'au retour de Timmy. Cette solution la rasséréna quelque peu. Puis elle pensa à Harriet qui devait arriver d'ici deux semaines. Quelle déplorable situation! Elle n'avait plus qu'à espérer que son mari rentre d'ici là.

❖—❖

La vente du Gainsborough suffit pour payer Sanders, regarnir le garde-manger et rembourser Meredith, qui avait avancé à Dana quelques shillings. Sans sa voisine, elle ne s'en serait pas sortie sans avoir à demander la charité à son oncle, ce qu'elle voulait éviter à tout prix. Quoique l'absence prolongée de Timmy commençât à l'inquiéter vraiment, elle se vit dans l'obligation de s'imposer une visite chez Tante Flora.

— Eh bien, ma fille! s'écria sa belle-mère en l'apercevant sur le pas de la porte de la boutique. Vous voilà remise de votre mauvaise chute? Et mon Timmy, comment il va? C'est qu'il ne passe plus me voir comme avant. Après sa dernière dispute avec son père...

— Timmy s'est disputé avec Oncle Charles?

Pour de l'argent, encore, il y avait de cela deux semaines. Il avait raconté que Dana récupérait bien de sa chute, mais qu'elle désirait être totalement remise avant de reprendre sa place à la boutique. Cependant, il y avait le docteur à payer.

Sa belle-mère remarqua son silence indigné et la rassura.

— Ne prenez pas cela pour de la charité, ma fille. Timmy a dit qu'il me rembourserait dès qu'il aurait l'argent. Mais ça ne presse pas; je sais combien c'est difficile de démarrer un ménage.

Apparemment, Flora ne savait rien pour la fausse couche. Non plus pour la désertion de son fils adoré du nid conjugal. Dana n'en dit rien et dissimula son inquiétude grandissante. Timmy avait des problèmes d'argent. Il fallait qu'elle le retrouve.

Mais où était-il passé?

Les recherches débutèrent à la distillerie Sunbury, où le contre-maître reçut Dana avec une humeur noire. Non, son mari n'avait plus été revu depuis plus de trois semaines.

— Votre mari et trois autres employés volaient du whisky et le revendaient en contrebande, Mrs Nasmyth. Ces derniers ont été renvoyés et la paie de Timmy est retenue. Mr Haig ne vous oblige pas à rembourser dans l'immédiat le matériel volé, mais sa man-suétude a des limites. Dites à votre mari que, s'il ne se montre pas d'ici deux semaines, la compagnie déposera une plainte formelle contre lui au bureau du shérif.

C'est plus désespérée que jamais que Dana rentra dans Potter Row. Si Timmy ne se montrait pas, il serait accusé de vol. Il risquait la prison, encore. Mais cette fois, elle ne pouvait rien pour lui. Il aurait à faire face seul à ses responsabilités.

— Alors? s'informa sa voisine, qui avait entendu son pas traî-nant grimper l'escalier.

— Toujours rien, fit Dana, très lasse.

Arrivée sur le palier, elle s'appuya contre le mur pour souffler et hocha la tête.

— Il n'a été revu nulle part depuis des jours. Je ne sais plus quoi faire, Meredith.

La cantatrice eut une moue songeuse, puis elle prit un air désolé.

— Allons, venez. Je vous invite à partager mon dîner. Cela vous fera du bien de manger en face de quelqu'un.

— Je ne veux pas vous déranger.

— Que voulez-vous déranger chez moi, ma chérie? Je vis seule depuis dix ans, souvenez-vous. Je sais ce que c'est que de faire la conversation dans le vide.

Meredith lui ouvrit la porte menant à son monde secret, invi-tant Dana à y pénétrer pour la première fois. C'était une femme étrange: sociable et si secrète à la fois. Intimidée, Dana exécuta quelques pas dans le logis, étonnamment plus spacieux que le sien. Meublées avec goût et décorées d'objets de qualité, les pièces étaient enveloppées d'une atmosphère chaleureuse qui donnait envie de s'y installer.

D'abord le coin salon, où les fenêtres garnies de légers rideaux de toile de Jouy ne masquaient pas la lumière qui pénétrait par rivières. Çà et là, des fauteuils et des canapés de style rococo français, lourds en délicates ornementations, invitaient. Leurs courbes sinueuses et sensuelles rappelaient curieusement celles de Meredith, que Dana reconnut dans un tableau suspendu au-dessus d'une scribanne sculptée de rocailles et dont les espagnolettes donnaient un élégant galbe aux pieds.

— C'est moi à mes débuts, il y a bien longtemps, fit rêveusement Meredith, qui avait remarqué le point d'intérêt de Dana. J'avais dix-sept ans et à cette époque je venais de faire mon entrée dans la prestigieuse troupe théâtrale de David Garrick, qui gérait le Drury Lane, à Londres. À ce moment-là, on ne m'octroyait que de petits rôles sans importance. De quoi me permettre uniquement de survivre. En attendant que mon nom soit inscrit en grosses lettres sur les affiches, je servais occasionnellement de modèle au peintre George Romney, dont j'ai été la maîtresse pendant trois ans... jusqu'à ce qu'il me présente au compositeur Stephen Storace. Ce dernier rentrait en Angleterre d'un grand tour en Europe, où il avait rencontré le grand Mozart, et moi je me retrouvais momentanément sans emploi parce qu'on venait de démolir Drury Lane pour l'agrandir.

Tournoyant sur elle-même pour déployer l'ampleur de sa jupe, Meredith leva les bras au ciel et emprunta une physionomie empreinte d'une profonde tristesse. Sa voix, plus grave qu'elle n'avait dû l'être au début de sa carrière, s'éleva :

— *Wither, my love, ah! Wither art thou gone*[12] ? Stephen a été mon premier véritable amour. Il avait le sang italien de son père dans les veines. Quel amoureux impétueux il fut! Venez!

---

12. «Où, mon amour, ah! mais où donc êtes-vous parti?» Phrase célèbre de l'opéra *The Haunted Tower* (1789), de Stephen Storace (1762-1796).

Elle lui indiquait une table d'acajou, sur laquelle trônait un superbe bouquet de roses jaunes dans un vase de porcelaine.

Le parfum des fleurs embaumait. Dana s'en emplit les poumons, se rappelant les sarments lourds de roses rouges qui enlaçaient les treillis autour du jardin de sa mère, à Kirkcaldy. Meredith fouilla dans une armoire et en sortit un morceau de jambon et du fromage, qu'elle déposa dans un plat.

— Je nous prépare une omelette avec ça, annonça-t-elle en attrapant, sur une étagère au-dessus d'un pan de mur couvert de coupures de journaux, un panier rempli d'œufs et un oignon qu'elle présenta à Dana avec un couteau. Ça vous embête de m'aider?

— Non, pas du tout, répondit Dana en s'installant à la table.

S'équipant d'une jatte et d'un fouet, Meredith entreprit de préparer l'omelette. Elle cassa les œufs tout en reprenant le fil de la conversation.

— Vous n'avez trouvé aucune trace de votre mari nulle part?

— Il n'est pas retourné travailler depuis trois semaines et sa mère ne l'a plus revu depuis une quinzaine.

— Vous vous êtes informée auprès de ses amis?

— Non…

— Hum… fit Meredith, réfléchissant tout en évaluant la quantité de sel à ajouter aux œufs qu'elle fouettait dans la jatte.

Ce qu'elle pensait, elle n'osait le dire. Des agents de recrutement de l'armée flânaient autour de la ville, se postant près des tavernes, amenant des hommes ivres à signer malgré eux un contrat d'engagement. Et ceux qui désiraient fuir des créanciers impatients et furieux ou une situation maritale ennuyeuse étaient plus faciles à convaincre. Combien de femmes ne l'avaient appris que le jour où on leur avait annoncé qu'elles étaient veuves?

Dana avait fini de trancher l'oignon en rondelles. Meredith versa un peu de crème dans le mélange d'œufs, choisit une poêle parmi celles suspendues au mur et la mit sur la plaque à cuisson. Un généreux morceau de beurre grésilla rapidement et elle incorpora les rondelles d'oignon pour les faire suer avant d'ajouter les œufs et des morceaux de fromage qu'elle distribua également sur la surface.

— Vous croyez qu'il aurait pu quitter la ville ?

La surprise arqua les sourcils de Dana.

— Vous croyez qu'il pourrait m'avoir abandonnée définitivement ?

— Pas définitivement, corrigea la femme en remuant le contenu de la poêle, dont le suave arôme saturait peu à peu l'air ambiant. Disons… qu'il pourrait avoir eu envie de prendre le large, pour un temps.

— Le large ?

Mal à l'aise, Meredith se tourna vers son interlocutrice.

— Écoutez, Dana, je ne vous cacherai point avoir entendu votre mari quitter le *land* quelques secondes après que vous êtes tombée dans l'escalier.

— Timmy n'y est pour rien, s'empressa de dire Dana. Je me suis pris les pieds et…

Les deux femmes se mesurèrent silencieusement. Meredith se détourna la première.

Elles mangèrent leur omelette agrémentée de jambon sans revenir sur le sujet. La chanteuse, à la suggestion de son invitée, se remit à raconter sa vie, démystifiant la jeune femme sur les histoires qu'elle avait entendues sur elle.

— Ma mère était actrice. Pas très douée pour le drame, mais elle savait comment faire rire et cela plaisait aux hommes. Elle fut remarquée par Charles Macklin, un acteur irlandais tout comme elle. Que Dieu m'en préserve, mais j'ai toujours cru qu'il était mon géniteur. Quand ma mère me parlait de lui, c'était toujours en termes tendres et flatteurs. Quel scénario insupportable ! Il aurait eu plus de soixante-dix ans au moment de ma naissance. Je préfère penser que mon père est le dramaturge Robert Jephson avec qui ma mère aurait eu une brève aventure à peu près à la même époque.

Devant le masque un peu choqué de Dana, Meredith pencha la tête et étira les lèvres avec ironie.

— Vous savez comment sont généralement les gens du monde des arts. Si passionnés de tout ce qui les passionne. Amoureux de

l'amour. Quoi qu'il en soit, Macklin a été pour moi un oncle charmant et m'a montré les rouages du métier. J'étais bonne, meilleure
que ma mère, me disait-il. Quant au chant, qui était ma réelle passion, c'est Stephen qui m'a donné ma première chance. Il adorait
ma voix et avait convaincu le directeur du Covent Garden de m'engager en tant que choriste. Six mois plus tard, on m'accordait des
rôles plus importants. Mais voilà que sans le savoir je m'embar-
quais dans une situation discutable. Alors que moi je lançais ma
carrière à Covent Garden, Nancy[13] Storace, la célèbre sœur de
Stephen, chantait ses opéras au King's Theatre. À cause d'elle, notre
relation fut des plus compliquées. Mais j'aimais Stefano… c'est
comme ça que je l'appelais dans l'intimité. Il avait écrit pour moi le
rôle de Fabulina dans *Pirates*. Mais, évidemment, c'est Nancy qui
l'a obtenu à la fin. J'ai menacé de le quitter, mais vous savez ce que
c'est. Stephen était plus important que ma carrière. Il en fut ainsi à
chaque pièce qu'il écrivait, jusqu'à son œuvre ultime, *The Iron
Chest*. Après quoi il est tombé subitement malade d'un coup de
froid et il est mort. Évidemment, j'ai souhaité mourir avec lui. Mais
bon… Dieu a voulu faire les choses autrement, donc j'ai dû m'y
plier. Après cela, tout a changé pour moi. Nancy est partie pour la
France et l'Italie assez longtemps pour me permettre d'établir ma
renommée en Grande-Bretagne. J'ai obtenu assez rapidement mes
premiers rôles de *prima buffa* au Covent Garden. Se sont succédé
quelques belles années. L'opera buffa était très populaire et ma formation d'actrice m'avantageait pour ces rôles.

— *Opera buffa*? C'est de l'opéra-comique?

— Pas exactement. L'opéra bouffe, expliqua Meredith en tranchant le pain qu'elle beurra largement, est un opéra aux intentions
comiques entièrement chanté, contrairement à l'opéra-comique,
qui permet les dialogues parlés traitant souvent de sujets plus sérieux.

— C'est ce que vous faisiez?

---

13. Anna Selina (Nancy) Storace (1766-1817): célèbre chanteuse soprano anglaise
d'origine italienne. Elle interpréta le rôle de Susanna dans l'opéra *Le Nozze di
Figaro*, de Mozart, lors de sa première représentation à Vienne en 1786.

— C'est le mieux que j'ai pu réaliser malgré ma voix d'une pureté qu'on disait promise au *bel canto*. Ce qui n'était guère le cas de Nancy Storace, ajouta-t-elle, un peu narquoise. Aussi, quand j'ai réussi à décrocher enfin le rôle de prima donna dans l'opéra sacré *Athalia*, de Haendel, une rumeur s'est mise à circuler comme quoi j'entretenais une relation amoureuse avec le premier ministre, William Pitt, ce qui n'était pas faux en soi. Ce qui l'était, c'était que j'aie influencé William à faire des concessions aux catholiques lors des troubles avec l'Irlande, au début du siècle. C'est que ma mère était irlandaise et catholique de naissance et tout le monde sait combien le roi George s'opposait à l'émancipation des catholiques. Si je me suis rendue coupable de ce dont on m'accusait, ce fut bien malgré moi. Je ne connais rien et ne m'intéresse guère à la politique. Seul William m'importait. Il a été le seul homme que j'ai aimé après Stephen, et par lui j'ai eu deux enfants.

Disant cela, Meredith s'assombrit, son regard se perdant dans le bouquet de roses devant elle.

— Qu'est-il advenu d'eux ?

— Mes jumelles n'ont jamais vu le jour. Personne ne sait rien de ces enfants. Pas même William. Après le petit scandale qu'a provoqué cette histoire avec les catholiques, William a donné sa démission. Nous savions tous les deux que je n'avais rien à voir avec ça. Malgré tout, je me sentais un peu responsable de ce qui arrivait. Et William était si abattu. Il a suggéré que nous cessions de nous voir pendant un moment et il a quitté Londres pour le château de Walmer d'où, en tant que gouverneur des Cinq Ports, il s'est employé à préparer le pays à contrer une éventuelle invasion de Napoléon. Moi, je suis venue m'installer ici, où j'ai quelques bons amis. J'avais besoin de me remettre de cette rupture. C'est à cette époque que j'ai découvert ma grossesse, ce qui a prolongé mon absence de la scène. À mon cinquième mois, j'ai fait une fausse couche.

Un silence suivit cette déclaration. Meredith se tourna vers sa voisine et la regarda dans les yeux.

— Elles étaient parfaitement formées. Je les ai tenues dans mes bras avant que le médecin ne les emmène. C'est le docteur

Hamilton qui s'est occupé de moi, celui-là même que j'ai fait appeler pour vous. Je savais que vous seriez en bonnes mains avec lui. Je dînais chez Sarah Siddons, la directrice du Théâtre Royal, quand les premières contractions sont survenues. Je connais Sarah depuis des années. Elle a quitté la compagnie de Drury Lane peu de temps après moi. L'intimité et la complicité qui s'étaient développées entre les acteurs avant la démolition du premier théâtre s'étaient perdues dans les dimensions du nouveau. Ah! Si... si minuscules, mes petites, mais parfaites. Deux filles que j'ai appelées d'un seul prénom: Rose. Parce que c'était le prénom de ma mère et que c'était la fleur que préférait William. Il adorait jardiner. Je n'ai choisi qu'un seul prénom, car elles ont grandi dans l'unité et sont mortes ensemble. Pour moi elles ne formaient qu'une seule enfant.

— Le père n'a jamais rien su?

— Non. À quoi bon l'accabler davantage? Les filles sont mortes. De toute façon, j'avais mis un terme définitif à notre relation. En 1804, un revirement de situation lui a permis de reprendre le pouvoir et il est mort deux ans plus tard. Il buvait de plus en plus et traînait depuis l'enfance une santé fragile; cela l'aura somme toute tué. Il n'avait que quarante-six ans et était si bel homme. Un homme sensible et... enfin.

D'un geste du bras elle désigna le bouquet et afficha un mince sourire.

— Il me reste mes filles. Et mes souvenirs, ajouta-t-elle après un moment, en lorgnant les coupures de journaux.

La chanteuse avança d'un pied léger jusqu'au mur et se pencha sur les articles jaunis.

— Tiens... voilà la critique du dernier spectacle que j'ai donné. Je chantais le rôle de Rosina dans *Le Barbier de Séville* au Théâtre Royal d'Édimbourg. C'était quelques semaines avant ma fausse couche.

Comme si le souvenir de cette prestation lui était doux, un air heureux s'imprima sur son beau visage et elle décrocha quelques autres coupures qu'elle ramena à Dana.

— Oh! N'allez pas croire que je vis dans le passé, ma chère amie. Non, cette vie de réclusion, je l'ai choisie et elle me convient. Je m'entoure de ces fragments de ma vie pour me rappeler tout ce que Dieu m'a accordé et pour ne pas m'apitoyer sur ce qu'il m'a refusé. Et ne vous en faites point pour moi, je me divertis encore assez bien à l'ombre des feux de la rampe. Après la perte de mes bébés, je ne ressentais plus la passion de la scène et la vie que j'avais menée jusque-là ne me disait plus rien. J'ai feint d'attraper une terrible infection de la gorge et me suis terrée ici, à Édimbourg. Je sais bien que l'on raconte que j'ai été victime d'un empoisonnement et autres fabulations du genre. Tout cela est totalement faux. Ma voix est toujours ce qu'elle était et je la réserve pour ceux qui me sont chers et à qui je donne une représentation à l'occasion. J'en ai terminé avec le public. On me dit folle? Tant mieux! Comme ça on me laisse tranquille…

Parcourant les coupures qui relataient quelques moments de la trop courte carrière de Meredith, Dana remarqua le nom de Kirkcaldy dans le titre d'un article dont il manquait une partie. Intriguée, elle commença à le lire:

Deux jeunes garçons pêchant sur le quai de Mill Point dans le East End District font la macabre découverte du corps d'un jeune médecin originaire du Fife, en Écosse.

Elle poursuivit encore sur quelques lignes. Son cœur se mit à battre plus fort.

— Dieu tout-puissant! souffla-t-elle, en proie à un malaise.

— Qu'est-ce que c'est? s'informa Meredith.

— Ça! répondit-elle en lui montrant l'article dont elle reprit tout haut la lecture. *Deux jeunes garçons pêchant sur le quai de Mill Point dans le East End District font la macabre découverte du corps d'un jeune médecin originaire du Fife, en Écosse. Selon les informations données par la Thames River Police, le corps, qui aurait longtemps séjourné dans la rivière, serait méconnaissable. Mais des objets trouvés sur lui conduiraient à l'identifier comme étant Mr Jonat Cullen,*

*de Kirkcaldy. Ce dernier habitait la région londonienne et serait jus-
tement porté absent de son domicile depuis le mois de juillet. Alors
que les indices portaient à croire que le jeune homme serait mort par
noyade accidentelle, de nouveaux indices déposés sur le bureau de
l'officier Daniel Fitzgerald, surintendant des* Robin Redbreasts[14]*,
dans Bow Street, forcent les autorités à ouvrir une enquête criminelle.
Un témoin aurait affirmé avoir aperçu Mr Cullen en compagnie d'un
autre jeune homme, membre d'une famille influente d'Édim...*
Édimbourg, conclut-elle en formulant le mot incomplet. L'article
s'arrête là.

La frustration de ne pouvoir en savoir davantage la rendait
furieuse.

— Vous vous souvenez dans quel journal et à quelle date ceci a
paru, Meredith ?

— C'était à la fin de l'été 1804. Mais je ne me souviens plus de
quel journal il s'agissait.

— Je peux le garder un moment ?

— Mais...

— Le temps que je trouve l'article complet, je vous le rends
aussitôt.

— Bien sûr, fit Meredith, qui se leva en même temps que son
interlocutrice. Où allez-vous ?

— Je dois trouver mon cousin Logan. Il est journaliste au *Evening Courant.* Il pourra m'aider.

— Vous connaissiez le mort ?

— Jonat Cullen est mon frère, répondit Dana, qui sentait une
grosse boule se former dans sa gorge.

La main de Meredith se posa sur son bras, le pressa comme
pour lui insuffler quelque force. Le regard bleu de nuit la perça
jusqu'au fond du cœur.

— Je l'ignorais... je suis désolée.

---

14. Surnom donné aux *Bow Street Runners*, une organisation policière particulièrement
   efficace qui a vu le jour en 1750 pour patrouiller les rues de Londres. Elle fut
   remplacée en 1829 par la *City of London Police* et Scotland Yard.

—Merci pour l'omelette, Meredith, dit Dana plus calmement. Et pour le docteur Hamilton… je vous rembourserai sitôt…

—James est un ami à moi. Ne vous tracassez pas avec ça.

—Non, je ne peux accepter.

—J'insiste en son nom, Dana.

Le sourire bienveillant finit de la convaincre.

—Alors, merci pour tout, vraiment. Je ne sais comment vous rendre…

—Tut! tut! fit la cantatrice. Il ne faut pas compter les gestes. Il suffit de les apprécier. Vous trouverez bien une occasion de le rendre à celui ou celle qui en aura besoin un jour. C'est tout ce que nous avons fait. Souvenez-vous seulement que, la charité, c'est l'amour désintéressé de son prochain.

Les larmes affluaient dans les yeux vairons. Les deux femmes s'étreignirent. Meredith souhaita bonne chance à Dana et lui demanda d'être prudente. Puis elles se séparèrent. Enfin seule dans la rue, Dana se laissa aller à ses émotions. Un affreux pressentiment la pénétrait.

＊·＊

Plantée debout devant la maison des Nasmyth, Dana se demandait comment expliquer à Tante Flora sa visite sans l'alarmer. Elle en était là de ses réflexions quand une voix l'en arracha. Elle se retrouva alors face à face avec son cousin Logan, qui la dévisageait d'un air surpris. Elle lui exprima tout son soulagement d'être en sa présence.

—Quel plaisir, Dana! Tu m'as l'air bien, ma foi!

Les yeux de son cousin cherchaient Timmy. Sans attendre qu'il lui pose la question, encore commotionnée, elle lui montra la coupure de journal. Il l'examina, plissa le nez et le front, l'air de ne pas saisir.

—Je suis venue pour te demander si tu peux m'aider à trouver le reste de cet article, expliqua Dana.

—Le reste? fit Logan. Mais cet article me paraît complet.

— Celui qui se trouve en bas, là, indiqua-t-elle du bout du doigt.

Les traits de son cousin se remodelaient au fil de ce qu'il lisait. Il parut troublé.

— Où as-tu trouvé ça ?

— Chez ma voisine, Meredith Young. L'article aurait paru à la fin de l'été 1804.

— Ton frère est mort il y a des années, Dana, et…

— C'est l'homme avec qui on l'aurait aperçu qui m'intéresse.

Lui rendant la coupure de journal, Logan hésita.

— Pourquoi ?

— Parce que je crois que cet homme pourrait être Francis Seton, déclara-t-elle d'une voix blanche.

Lançant un regard indécis sur la façade de la boutique, Logan médita un court instant.

— Je rentre prévenir ma mère…

— Évite de lui dire que je suis là, je t'en prie…

Les mots étaient sortis d'un trait. Logan vit le trouble s'emparer de sa cousine.

— Qu'est-ce qu'il y a, Dana ?

Des explications s'imposaient.

— Je te raconterai plus tard. Occupons-nous de ça pour tout de suite.

Il acquiesça d'un geste mesuré, tout en l'étudiant.

— D'accord, je l'avertis que je dîne avec des amis et je reviens.

Moins d'une heure plus tard, ils pénétraient dans l'édifice de High Street, où David Ramsay et fils, les directeurs de la publication du *Edinburgh Evening Courant*, avaient leurs locaux. Même s'il était tard et que la plupart des gens se trouvaient attablés devant leur repas du soir, les bureaux bourdonnaient d'activité. On était un mercredi soir et les nouvelles devaient être sous presse dans quelques heures pour l'édition du jeudi soir. Publié trois fois par semaine, le *Evening Courant* avait vu le jour en décembre 1718, après qu'une licence de publication fut accordée par les autorités de la ville à James M'Ewen, un libraire d'Édimbourg. D'un contenu

à tendance politique whig, la publication avait vu son tirage augmenter depuis et, avec le *Caledonian Mercury*, son opposant tory, il
était le journal le plus lu en Écosse.

L'entraînant derrière lui dans un dédale de couloirs et d'esca-
liers que bloquaient d'autres employés pressés, Logan guidait Dana
jusqu'à la salle des archives. Assis derrière un comptoir, où s'empilaient des copies et des copies de journaux, un petit homme brun
au visage gravelé et au tour de taille impressionnant leva sa paire
de lunettes de son livre à leur arrivée.

— Dana, voici Stuart Douglas, fit Logan. Stuart, je te présente
ma belle-sœur, Mrs Nasmyth.

— Mrs Nasmyth, dit l'archiviste en soulevant d'à peine quelques pouces sa corpulence de son siège, qui se plaignit à son retour.

— Dis-moi où sont les archives de 1804, Stuart.

Tout en essuyant sur sa culotte ses doigts graisseux du saucis-
son qu'il grignotait, l'archiviste fit mine de méditer. Puis il pointa
un index à l'ongle noir.

— Troisième rangée à ta droite. Les années sont inscrites sur
les caisses.

— Merci, fit Logan en prenant la direction indiquée.

Le suivant de près, Dana examinait les étiquettes sur les innom-
brables caisses de bois qui s'alignaient sur les rayons. En dépassaient des bouts d'enveloppes, des rouleaux de papier, des chemises
de carton et des journaux. Ils mirent cinq minutes à repérer les
bonnes caisses et dix de plus pour dénicher les copies des journaux
des mois de juillet à octobre. Ils s'installèrent à une table et se divi-
sèrent le travail.

Pendant de longues minutes, on n'entendit plus que le froissement du papier et Stuart qui mastiquait.

— Et s'il ne s'agissait pas du *Evening Courant*? avança Dana,
tout bas.

— Nous le saurons bientôt.

L'archiviste poussa un grognement en se levant, frappa son
ventre de son poing trois fois et émit un rot. Derrière ses verres

correcteurs, ses petits yeux de fouine prenaient l'aspect comique de gros yeux de poisson.

—Qu'est-ce que vous cherchez? s'enquit-il en s'approchant d'eux.

Tendu par son embonpoint, son gilet retroussait sur le devant; les quatre boutons qui restaient menaçaient d'abandonner la tâche de le tenir fermé.

—Ça, fit Logan en lui montrant la coupure de l'article sur Miss Young.

—Edmund Ringwall, observa Stuart. C'est le journaliste qui a signé la critique du spectacle de Miss Young. À cette époque, il travaillait pour le *Edinburgh Review*. Ringwall n'a véritablement commencé sa carrière journalistique qu'en 1806. Avant cela, il était chroniqueur à la pige. Mais je soupçonne le *Edinburgh Weekly Journal* d'avoir publié cet article.

—Comment le sais-tu? l'interrogea Logan.

—La typographie et la qualité du papier. Mais pourquoi cherchez-vous à retrouver le journal dans lequel il a paru?

—Pour découvrir ce que raconte le reste de l'article qui se trouve en dessous.

Stuart jeta un autre œil sur le papier.

—C'est l'affaire Cullen qui vous intéresse?

Un sourcil s'éleva; Dana dévia son attention vers l'homme dont la corpulence soumettait son gilet au supplice chaque fois qu'il remuait.

—Oui, répondit-elle.

—Pourquoi?

—Je pensais… découvrir le nom de l'homme qui a été soupçonné du meurtre, Mr Douglas.

—Parce que vous savez que c'est un meurtre?

—Rien ne prouve que ça ne l'est pas, laissa-t-elle tomber.

—Il n'y a eu aucune accusation de portée contre Mr Francis Seton, si c'est ce que vous vouliez apprendre. Et le *Edinburgh Weekly Journal* ne raconte rien de plus sur cette affaire que ce que vous pouvez lire sur ce bout de papier.

— Comment le savez-vous?

— Stuart lit tout et sait tout, le vanta Logan en refermant l'exemplaire qu'il feuilletait. Il a une mémoire d'éléphant, dit-on.

— Et ce n'est pas péjoratif, souligna Stuart en se frappant le ventre.

La fierté fendit le visage de l'homme d'un sourire béat, accentuant l'aspect caricatural de sa physionomie.

— Quoique je ne sache pas grand-chose de ce Francis Seton si ce n'est qu'il était un jeune et brillant étudiant. Mais, malheureusement, comme beaucoup de gosses de riches, il avait la jeunesse un peu turbulente et indisciplinée. Je me souviens par contre assez bien de son père, qui était aussi médecin. J'ai pu échanger avec lui à quelques reprises dans le cercle des littérateurs d'Édimbourg. C'était un homme bien, assez charmant et très discret. Après toute cette affaire, il n'a plus jamais reparu publiquement. Il en a certainement été très ébranlé. En ce qui concerne ce jeune Cullen, on n'a rien dit.

— Et rien n'est sorti de l'enquête?

— Rien de vraiment significatif. Les deux jeunes hommes se connaissaient très bien depuis quelques années. La cour a émis une ordonnance de non-publication quant au nom du suspect.

— Le nom, comment l'avez-vous appris?

— Je suis journaliste, madame. On ne publie pas tout ce que l'on sait. Censure oblige.

❦

— Et maintenant, Dana? questionna Logan, une fois de retour dans la rue. Tu sais de qui il s'agit. Qu'as-tu l'intention de faire?

Ils marchaient au hasard, sans avoir déterminé où ils allaient.

— Je ne sais pas. Je veux simplement découvrir ce qui s'est réellement passé. Qu'est-ce qui est vraiment arrivé à Jonat? Francis Seton et lui étaient amis au moment du drame.

— C'est curieux qu'il ne t'en ait jamais rien dit.

— Justement… et pour quelle raison, c'est ce que je voudrais bien savoir. Que veut-il me cacher ?

La question se perdit dans un silence éloquent. Logan s'arrêta de marcher et retint sa cousine par le bras.

— Tu crois qu'il aurait pu ?…

— Pour être tout à fait honnête avec toi, Logan, je ne sais pas quoi croire. Si Francis Seton n'est pas coupable de la mort de mon frère, peut-être qu'il sait qui l'est. Il pourrait avoir été témoin des évènements de ce jour-là. Lui seul pourrait répondre à ces questions, je le crains. Cependant, une chose est certaine, il sait quelque chose. Sinon, pourquoi cette ordonnance de non-publication ?

Aucune réponse ne vint. La lassitude du découragement assaillait Dana. Que lui cachait Francis ? Le chirurgien n'en était pas à ses premiers déboires avec la justice. Planait toujours l'ombre de cette sombre histoire du meurtre de la prostituée. Cette fois, il s'agissait véritablement d'un meurtre. Et la disparition de sa femme, Evelyn. Timmy avait-il vraiment vu Francis, cette nuit-là ? Si oui… il lui avait avoué se trouver dans Candlemaker Row la nuit du seize. Evelyn avait pu faire irruption chez Mrs Alderman et, pour protéger Lydia…

Puis elle songea à autre chose qui lui glaça le sang. Si Timmy avait, comme il en avait eu l'intention, mis à exécution ses plans de vengeance sur le chirurgien Seton ? S'il avait été trouver Francis pour le menacer de tout dévoiler de ce qu'il avait vu ? Un homme qui a tué une fois hésite rarement à tuer une seconde fois.

— Tu as dîné, Dana ? Tu n'as vraiment pas l'air d'aller.

— Oui… murmura-t-elle, encore sous le choc, j'ai mangé une omelette.

Logan la regarda sans rien dire, l'air inquiet, de l'espace entre ses sourcils froncés.

— Je t'assure que j'ai dîné, Logan.

— Je serais moins inquiet si tu ne cherchais pas à m'arracher le bras, observa Logan en lui souriant affablement.

Elle relâcha la pression et tenta de le rassurer à son tour d'une expression qui ne le convainquit toutefois pas.

— Comment ça va avec Timmy?

Le regard vairon devint fuyant. La main de Logan repoussa doucement la frange de cheveux que Dana laissait délibérément tomber sur son œil droit. Elle esquiva la caresse du doigt qui dessinait la cicatrice d'un rose vif qui barrait maintenant son sourcil.

— Je souhaite savoir la vérité, Dana, murmura-t-il. Qu'est-ce qui arrive entre Timmy et toi? Ne crois pas que j'ignore de quoi est capable mon frère. Je l'ai déjà vu frapper sur un type qui faisait deux fois sa largeur et le gars s'est écroulé comme une chiffe molle.

— Timmy ne m'a pas frappée, Logan. Je suis vraiment tombée dans l'escalier par maladresse. Il ne vous a pas menti.

— Tu pourrais me le jurer?

— Je te le jure. Il s'agit d'autre chose…

— L'argent?

Logan connaissait son frère mieux qu'elle ne l'avait présumé.

— Toi, par contre, tu n'as pas dîné, observa-t-elle en lui prenant le bras. Si on parlait de tout ça dans un endroit tranquille?

Libberton's Wynd était tout près de là. Ils se rendirent chez Dowie's, où on leur offrit deux places dans un coin plus ou moins bruyant. Ils s'en accommoderaient. Sa commande placée, Logan porta toute son attention sur sa cousine.

— Alors? fit-il d'entrée de jeu.

Valait mieux ne pas y aller par quatre chemins.

— Timmy n'est pas rentré depuis plus de trois semaines.

D'abord elle crut qu'il n'avait rien entendu. Puis la mâchoire de Logan se relâcha lentement et, son regard fixé sur elle, il avait pris un air idiot qui l'aurait fait rire autrement qu'en ce moment.

— Quoi? Mais où est-il? Pourquoi? Que s'est-il passé, pour l'amour du saint ciel?

Court silence. Dana coinçait sa lèvre entre ses dents.

— Tu blagues, ajouta-t-il en souriant bêtement.

— Logan…

— Non, évidemment que tu ne blagues pas.

Logan secoua ses mèches blondes pour remettre ses idées en place. Il regarda Dana, qui conservait une attitude de calme forcé. Quand son plat arriva, elle n'avait encore rien dit. Il versa le vin de clairet dans les deux verres.

— Raconte.

Elle s'exécuta, se confiant comme à un frère. Elle omit cependant d'évoquer ce qui s'était passé entre elle et Francis Seton et le plan de vengeance de Timmy, ce qui l'eût obligée à tout expliquer à Logan. Quand elle eut terminé, elle vida son verre de vin et attendit.

— C'est l'homme le plus stupide que je connaisse, laissa-t-il tomber.

— Je suis inquiète pour lui.

— Tu n'aurais pas dû attendre aussi longtemps avant de m'en parler.

— J'ai voulu éviter d'alarmer inutilement ta mère. Il aurait pu rentrer n'importe quand.

— Il t'a lâchement abandonnée sans argent.

— Il a de graves problèmes. Je ne vois guère autre chose.

La main de Dana reposait sur la table. Ses doigts remuaient nerveusement. Logan les emprisonna dans la sienne.

— Ce dont Timmy a besoin, c'est d'un peu de bon sens dans le crâne. Je connais quelques endroits où il a l'habitude d'aller.

— Commençons par le Black Swan.

L'ambiance au Black Swan était aussi bruyante qu'au Dowie's. La clientèle exclusivement ouvrière recherchait un peu de divertissement après un dur quart de travail. Dana n'y avait jamais mis les pieds. Nathan les accueillit avec surprise et une certaine réserve. Il leur offrit à boire. Ce qu'ils refusèrent. Ils voulaient seulement lui poser quelques questions.

— Je n'ai pas vu Timmy depuis des lunes, maugréa Nathan avec agacement. La dernière fois, ça doit bien faire plus d'une quinzaine.

— Que vous a-t-il dit, Nathan? s'enquit Dana.

Le tenancier fut soudain pris d'embarras. Il évitait de regarder Dana dans les yeux.

— Il avait une sale mine et il était plutôt avare de ses mots.

Il demeura silencieux le temps que deux clients commandent à boire. Quand les hommes se furent éloignés, il reprit la parole d'une voix grave.

— Écoutez, Mrs Nasmyth. Je ne sais pas ce que vous raconte Timmy, mais je pense que vous devez savoir qu'il doit beaucoup d'argent à beaucoup de monde. À commencer par moi.

— Ça, je m'en doutais.

Nathan leva son visage anguleux et asymétrique vers elle. Sous l'ombre des arcades sourcilières ses yeux sombres brillaient.

— Je veux dire *beaucoup* d'argent, Mrs Nasmyth.

— De combien parle-t-on? s'enquit Logan.

— À moi, trentre-cinq livres. Mais pour le reste, pas moins de cinq cents, à mon avis.

— Fichtre! fit Logan.

Dana en demeura sidérée. Son cousin lui suggéra de s'asseoir. Elle refusa, s'accrochant plutôt à son bras.

— Timmy aime le jeu, expliqua Nathan. Il a eu de la veine pendant un moment. Mais vous savez comment c'est. On ne croit jamais qu'elle va nous lâcher. Il a perdu plus de cent soixante-dix livres en une seule soirée. Il a essayé de se refaire, mais la chance ne lui revenait pas.

— Et il se cache…

— J'ignore où il est, Mrs Nasmyth, dit Nathan d'un air sincèrement navré.

Nathan était le meilleur ami de son mari. Dana se disait qu'il devait assurément savoir quelque chose concernant Francis Seton.

— Il ne s'occupe plus des docteurs?

— Des docteurs? fit le tenancier, reprenant une attitude fermée.

— Vous savez, les commandes des docteurs. Je suis certaine que vous vous souvenez de St. Cuthbert's, Nathan, l'éclaira subtilement Dana, qui comprenait au changement dans le regard creux qu'elle n'aurait pas dû évoquer leurs activités de résurrectionnistes devant Logan.

Sans oser demander plus de détails, son cousin attendait une réponse qui pourrait l'éclaircir sur ce qu'était une «commande de docteur». Sa bouche remuant comme s'il ruminait une réponse avant de la recracher, Nathan sondait minutieusement le visage de Dana, qui en ressentit un vif malaise. Il y avait quelque chose de malsain dans le regard de cet homme et elle se demandait quel plaisir Timmy pouvait bien trouver à le côtoyer.

— Ça, je me souviens, fit gravement Nathan. Il n'y a pas eu de commande pour les docteurs depuis longtemps. Depuis le début de l'année, pour tout dire. Enfin, pas pour moi. Je suis trop occupé avec la taverne. Il vous a dit qu'il en avait pris?

— Timmy? Non.

— Je vous recommanderais d'éviter de vous occuper des affaires des docteurs, Mrs Nasmyth.

Soit Nathan lui mentait effrontément, soit il ne savait absolument rien des dernières commandes que Timmy avait inscrites dans son carnet noir. Une pause silencieuse souligna le malaise qui les gagnait tous. Logan fit mine de vouloir partir.

— Vous n'avez vraiment aucune idée de l'endroit où il pourrait s'être caché? persista Dana.

— Si je le savais, je vous le dirais, Mrs Nasmyth. J'ai une idée de la situation dans laquelle Timmy vous a laissée… Il ne m'a pas tout raconté, s'empressa-t-il de rajouter devant la déconfiture de la jeune femme, seulement qu'il voulait régler… les frais du docteur qui s'est occupé de vous, à ce que j'ai compris. Je suis bien content de voir que vous allez mieux.

Il n'y avait aucune équivoque sur ce que sous-entendait Nathan. Elle hocha la tête et un nœud se forma dans son estomac.

— Je vois… il ne vous a pas dit quand il voulait régler ces honoraires?

L'homme fit non de la tête. Un silence plana au-dessus d'eux. Le tohu-bohu que faisait la clientèle les enveloppa de nouveau de bruits hétéroclites et de grossièretés. Logan tira discrètement sur le bras de Dana, qui réagit comme si elle prenait subitement conscience qu'il se trouvait encore avec elle.

— Si je le vois, fit le tenancier, adoptant une allure plus conviviale, je lui dirai que vous êtes passée, Mrs Nasmyth.

— Ce serait la moindre des choses, grommela Logan en tournant les talons.

Dans la rue, ils ne dirent rien et se mirent en marche. L'air fétide de Bell's Wynd leur parut plus respirable que l'infect mélange d'odeurs corporelles et d'effluves éthyliques de la taverne. Une patrouille des forces de l'ordre les croisa.

— Tu crois qu'il pourrait être en prison ? avança Dana.

— Non. L'orgueil de Timmy ne supporterait pas la prison aussi longtemps. Nous en aurions été prévenus.

— C'est tout de même là qu'il va se retrouver s'il ne se présente pas à la distillerie Sunbury avant deux semaines.

— J'ai bien l'impression que mon frère s'est mis dans un sale pétrin. Il a intérêt à se faire oublier pendant un très long moment.

L'idée que Timmy ne reviendrait peut-être jamais n'avait pas effleuré Dana jusqu'à cet instant. Un sentiment de peur panique sourdait en elle, la figeant sur place.

— Qu'est-ce que je vais faire, Logan ?

La désolation imprégnait le regard de son cousin. Il l'entoura de ses bras et, faisant fi des gens qui les dépassaient, il déposa un petit baiser sur sa joue.

— Tu peux toujours revenir à la maison. Ma mère se fera une joie de te revoir.

— Mais il y aura Harriet.

— Eh bien… il y aura aussi Harriet.

S'écartant, il l'invita à reprendre le chemin de Potter Row. Le ciel couvrait la ville d'un voile luminescent irisé de couleurs chatoyantes. Le soleil avait plongé de l'autre côté de l'horizon et les gens rentraient lentement chez eux. S'emplissant des odeurs de cuisine, les rues se désertaient peu à peu. Logan ne lui posa la question qui le turlupinait depuis la taverne que lorsqu'ils se retrouvèrent devant le *land* où habitait sa cousine.

— Dis-moi, Dana, qu'est-ce que cette histoire de commande pour les docteurs ?

Dana avait envie d'être ailleurs. Reculer les aiguilles de l'horloge du temps et retourner à Kirkcaldy, marcher sur le rivage et respirer les parfums piquants de la côte maritime. Elle avait besoin de la vastitude de la mer. Elle étouffait ici, dans cette ville, dans ce lacis de ruelles étroites dans lesquelles elle avait l'impression de s'enterrer vivante.

— Des cadavres, répondit-elle avec lassitude.

Deux jeunes hommes passèrent devant eux, discutant en grec ou en latin, Dana n'aurait pu le dire. Des universitaires. Elle repensa à Christopher. C'était lui qui passait les commandes à Timmy pour Francis.

— Je m'en doutais, soupira Logan. St. Cuthbert's… c'est là que vous étiez, la nuit où mon chapeau et ma redingote se sont couverts de boue, non ?

Un léger sourire se dessina sur les lèvres de Dana. Elle songea que c'était Logan dont elle aurait dû tomber amoureuse.

— Je persiste à dire que mon frère est l'homme le plus stupide de la planète, déclara Logan en secouant tristement sa tête.

— Il n'est pas foncièrement mauvais, le défendit-elle. Il a fait des erreurs.

— Stupides erreurs, quand même. Tu arrives à te débrouiller ? J'ai quelques shillings…

— Je n'ai besoin de rien, l'arrêta Dana en retenant la main qui fouillait la poche du pantalon. Merci, Logan.

— Tu en es certaine, Dana ?

— Oui. Il me reste encore un peu d'argent.

— Bon, alors… Mais si tu as des problèmes, promets-moi de ne plus attendre pour venir me voir.

— Je te le promets. Bonne soirée, Logan.

— Bonne nuit, chère cousine.

Il lança un dernier regard vers le sombre immeuble que les nombreuses fenêtres éclairaient d'une lumière d'or, s'inclina devant sa cousine, puis s'éloigna. Dana entra chez elle, referma la porte du logis maintenant obscur et se dirigea instinctivement vers le fauteuil, qui n'était plus là. Un mouvement d'humeur la poussa vers le canapé, moins confortable. Elle aurait dû commencer par vendre celui-là, même si elle en aurait tiré moins d'argent.

Dans l'obscurité qui gagnait l'espace, à travers la fenêtre, elle fixa les ombres floues qui se mouvaient derrière les fenêtres du *land* d'en face. Elle devait rencontrer l'avocat Maclellan. Vendre les meubles inutiles la tirerait d'embarras pendant un moment. Mais viendrait le jour où elle n'aurait plus rien à vendre. Elle voulait négocier une avance sur le deuxième versement de sa rente et aussi s'assurer que Timmy ne pourrait s'approprier ce qui lui restait. Coûte que coûte, elle devait retrouver son mari pour le raisonner et le ramener à la maison... s'il n'était pas déjà trop tard.

Elle s'efforça de penser à l'arrivée prochaine de Harriet. Mais, pour la première fois, elle n'en ressentit aucun plaisir. Il lui sembla que sa vie n'était plus qu'un affreux imbroglio dont elle ne verrait jamais le dénouement.

Chapitre 25

La voiture remontait lentement South Bridge Street. À cette heure, les rues étaient encombrées et difficilement praticables. Sa patience rudement mise à l'épreuve, Francis baissa ses paupières fatiguées et se laissa aller contre le dossier de la banquette. Il écoutait le bavardage de Christopher et du jeune Wilson, assis en face de lui. On entendit Spittal gueuler contre deux porteurs de chaise qui l'avaient obligé à arrêter l'attelage. La voiture redémarra quelques secondes plus tard en cahotant sur le pavé.

Francis avait vécu la dernière semaine comme un enfer. Comme si la vie avait pris le parti de lui faire payer tous ses péchés en même temps, les tuiles ne cessaient de lui tomber sur la tête. D'abord il avait découvert que le quart des préparations anatomiques de la Royal Infirmary avait fait l'objet de vandalisme de la part d'étudiants frustrés de ne pas avoir été avisés à temps du prochain cours magistral. Les garçons n'avaient pu se procurer de ticket. Ce problème en était un récurrent sur lequel le conseil d'administration devait se pencher sans délai. Ensuite, en sept jours, cinq patients de l'aile chirurgicale étaient morts des suites d'infections postopératoires, ce qui avait engendré une vague de panique dans les autres ailes. Il avait fallu mettre le département en quarantaine ; on avait craint, à tort heureusement, une éclosion de pourriture d'hôpital[15].

---

15. Infection gangreneuse courante dans les milieux hospitaliers jusqu'à l'avènement de l'asepsie au milieu du XIXᵉ siècle.

Quant à son poste au sein du comité d'administration de l'hôpital, le verdict avait été rendu deux jours plus tôt : il lui était interdit de siéger aux assemblées jusqu'à avis contraire. Thomson et Hamilton lui avaient suggéré de rencontrer Daniel Rutherford en privé. Les Rutherford et les Seton pères et fils avaient participé côte à côte à la gouverne de la Royal Infirmary depuis sa fondation. Le professeur était le seul à posséder le pouvoir de convaincre le comité de le réintégrer.

La dernière tuile avait fini de l'assommer ce matin même. L'université avait finalement voté contre la création de la chaire de pathologie anatomique. Près de deux ans de travail stérile. Les raisons ? Les fonds de l'établissement ne suffisaient plus à entretenir convenablement les départements déjà en place. Le retour de Bonaparte sur son cheval de bataille recommençait à ronger les coffres de Londres. Les subventions promises pour l'avancement de la construction des nouveaux bâtiments du Old College en avaient été retardées, pour ne pas dire révoquées. Il n'y avait tout simplement plus d'argent pour l'amélioration des institutions éducatives en temps de guerre. Il était plus urgent d'anéantir que de guérir.

Mais Francis devinait derrière cet échec l'œuvre de sape d'Alexander Monro tertius, avec qui il ne partageait pas les mêmes vues. Lui restait un dernier espoir : faire parrainer le projet sur lequel il travaillait depuis plus de deux ans. Et, pour cela, il voulait s'adresser à sir William Elphinstone. Il croyait avoir de bons arguments pour pousser le frère de Percy à accepter. L'état de santé des travailleurs faisait piètre figure dans les statistiques du comté de Haddington dans lequel la famille possédait ses houillères. Un don substantiel pour la création d'un département médical destiné à l'étude pathologique redorerait le blason familial. Et Francis savait combien William Elphinstone aimait le voir briller.

C'était le dernier effort qu'il déployait avant de se retirer complètement. Il avait pris cette décision au terme d'une nuit d'insomnie. Les instructions du département médical de l'armée lui recommandaient de partir séance tenante pour Londres, d'où il s'embarquerait pour la Belgique.

— Vous avez la liste des signataires appuyant le projet ? lui parvint la voix de Christopher.

— Euh, oui. Elle est dans la mallette de cuir brun.

Le jeune homme fouilla dans la mallette en question et en tira quelques feuilles qu'il parcourut ensuite des yeux.

— Bon Dieu ! Le prévôt Marjoribanks avait signé la pétition ? Il recule pourtant, maintenant…

— Une pétition ne vaut que le prix du papier sur lequel elle se trouve, Chris. Et cette signature date d'il y a un an. Pour l'heure, Marjoribanks se préoccupe davantage d'organiser un concours d'architecture pour achever la construction de l'université que de moderniser le contenu des cours. Je ne compterais plus trop sur son appui.

— Et William Dundas ? Vous lui avez parlé ?

— Dundas occupe un poste dans l'amirauté. Devinez où convergent ses intérêts, mon ami.

Songeur, Christopher l'observait avec curiosité.

— Que ferez-vous si vous n'y arrivez pas ?

Il y avait dans la voix une pointe de sarcasme qui piqua Francis. Son jeune assistant avait bien changé depuis le début de l'année. La pression des examens l'avait rendu d'un caractère belliqueux. Leur relation en souffrait. Christopher l'évitait et, quand ils devaient travailler ensemble, le jeune homme se montrait souvent désagréable.

— Je l'ignore, répondit-il évasivement.

Il y avait longuement réfléchi. Plusieurs options s'offraient à lui. Mais aucune d'elles ne lui plaisait vraiment. Il lui restait Philadelphie et la Belgique. Si son projet échouait, ce qui semblait le plus probable, absolument plus rien ne le retenait ici. Cette constatation lui ouvrait le cœur comme un scalpel. Vendre Weeping Willow lui avait paru impensable il y avait un an. Mais en un an, il pouvait se passer tant de choses modifiant le parcours d'une vie. Aujourd'hui, il se trouvait à la croisée des chemins.

En fait, il ne savait plus vraiment ce qu'il voulait. La mort de Lydia l'avait anéanti. Sa fille avait souffert une vie de réclusion qui avait fini par la tuer. Il se le reprochait. Mais qui aurait compris qu'une fillette de huit ans aimant jouer avec les poupées et les chatons, adorant les histoires de Grimm et raffolant des fraises à la crème était retenue prisonnière de ce corps de vieillarde? Il aurait dû demander le divorce et installer sa fille à Weeping Willow plus tôt. Là-bas, elle aurait pu mener une vie relativement normale. Lydia n'avait plus la force de combattre la mort. Il le savait. Toute tentative de la guérir n'avait été que velléité. Elle l'avait su aussi.

Christopher allait ranger la pétition quand un soubresaut de la voiture envoya la mallette au plancher. Des papiers s'en échappèrent. Les trois occupants du véhicule portèrent leur attention sur une feuille de papier jaune négligemment pliée et tachée à plusieurs endroits. Tous savaient ce qui se trouvait dessus. Un silence embarrassé se fit tandis que Francis récupérait la feuille pour la fourrer prestement dans la poche de sa veste.

Un peu gêné, Wilson lui rendit sa mallette. Tout en le remerciant, Francis avait croisé le regard de Christopher. Un regard froid de mépris qu'il avait surpris sur le visage du jeune homme. Christopher connaissait l'origine de ce bout de papier qui avait contribué à son congédiement temporaire du comité de l'hôpital. Cette mauvaise farce qui avait fait de lui la risée de toute la population estudiantine de la faculté de médecine de l'université.

Se détournant vers le spectacle de la rue qui défilait trop lentement à travers la fenêtre ouverte de la portière, Francis n'entendait plus que les battements de son cœur. La voiture continuait tant bien que mal de s'ouvrir un chemin dans l'embouteillage à l'intersection de High Street. Le bruit de la rue qui pénétrait à l'intérieur de l'habitacle était assourdissant. L'œil vague, il contempla les gens qui allaient et venaient. Une silhouette attira son attention et il plissa les paupières, se penchant pour mieux la cerner. Elle venait de disparaître dans Niddry Street.

Brusquement, il saisit sa canne et frappa rudement le pommeau contre la cloison pour avertir le cocher.

— Que faites-vous? demanda Christopher. Nous avons rendez-vous avec sir Elphinstone, vous ne pouvez pas…

— Tu arriveras bien à te débrouiller avec lui.

— Mais… Mr Seton!

— Spittal! explosa Francis.

Le véhicule s'immobilisa quelques yards plus loin.

— Qu'est-ce qui se passe? demanda Wilson en se penchant à son tour vers la fenêtre.

Christopher ne répondit rien. Il avait aperçu l'objet de l'intérêt soudain du chirurgien. Ce dernier le braquait.

— Vous présenterez mes excuses à sir Elphinstone. Dites-lui que j'ai eu un empêchement de dernière minute et que… Bah! Ça n'a plus d'importance, maintenant.

La portière claqua. Spittal attendait, étonné.

— Poursuivez jusqu'à Musselburgh. Je viens d'oublier que j'avais un rendez-vous important, expliqua Francis en enfonçant son chapeau sur ses yeux.

Habitué à ne pas discuter les ordres, le cocher fit claquer son fouet et engagea l'attelage dans High Street en direction de la Canongate.

— Mais où court-il comme ça? questionna Wilson à l'intention de Christopher, qui s'était calé dans son siège.

— À sa perte, mon ami, répondit-il, songeur.

La voiture fut rapidement avalée par le trafic comme une goutte d'eau dans un torrent. Sans perdre de temps, sa canne battant le pavé, Francis fendait le flux piétonnier. Il dominait à peine son envie de rebrousser chemin, évoquant d'avance le regard vairon haineux posé sur lui. Mais cela ne l'empêcherait pas de lui faire face. Il avait des choses à régler avec Dana.

Il faisait chaud. La sueur mouillait ses tempes et collait sa chemise sur sa peau. Il cherchait parmi les gens. Si Dana était entrée dans une boutique, il la perdait. À l'ombre des édifices, Niddry Street était plus respirable. Il s'aventura dans la rue, qui s'étirait en pente descendante jusque dans la Cowgate. L'allure pressée, il prenait le temps de scruter le visage de chaque femme qu'il croisait.

— Par le Christ! jura-t-il entre ses dents, ne la voyant nulle part.

Là, une femme vêtue d'une robe noire et d'un spencer rouge grenat, des boucles brunes volant sous son chapeau de paille qui masquait son visage. Francis s'était immobilisé au milieu de la chaussée. Elle allait pénétrer dans l'édifice qui abritait le bureau de l'avocat Maclellan.

En trois enjambées, il était près d'elle. Il ouvrit la bouche; les mots lui échappaient devant ces yeux vairons qui s'agrandissaient de surprise.

— Mr Seton, fit enfin Dana, qui recouvra rapidement ses esprits.

— Je dois vous parler.

— Mais…

La saisissant par le bras, Francis entraîna Dana vers le bas de la rue. Usant de discrétion autant qu'elle le pouvait, la jeune femme gesticula pour se dégager. Mais la poigne était solide et nécessitait plus de vigueur qu'elle ne voulait en déployer publiquement. Elle le suivit à contrecœur en souriant aux gens qui se retournaient sur eux au passage.

Francis bifurqua dans une petite ruelle sur la gauche: Aitkin's Close. Une impasse déserte. Les bonnes manières cédèrent à la colère et Dana dégagea enfin son bras avec plus de rudesse.

— Qu'est-ce qui vous prend? Lâchez-moi! Voulez-vous m'expliquer ces façons en public? N'en avez-vous pas assez fait? Lâchez-moi, Mr Seton, ou je crie au secours.

— Pour vos coups d'éclat publics, parlons-en justement, Dana! explosa Francis.

Il la libéra sur-le-champ. Dana frotta son bras endolori en grimaçant et coula un regard furieux vers le chirurgien, qui respirait bruyamment de rage en frappant le sol de sa canne.

Il allait répliquer de nouveau, mais referma la bouche sans dire un mot. Il devait se calmer. Il devait prendre le temps de réfléchir. Il retira son chapeau et frotta son visage coloré par l'émotion qui avait surgi en lui avec la force du geyser. Il réalisait ce qu'il venait de faire et en était mortifié. Il méritait une gifle de la part de Dana, et bien pire.

Elle replaçait ses vêtements et rectifiait le nœud du ruban de son chapeau sous son menton qu'elle leva ensuite vers lui dans une attitude de défi.

— Vous me devez des excuses, Mr Seton. Votre comportement est loin d'être digne du gentleman que vous êtes.

La voix s'était chargée d'une telle ironie cinglante qu'il tiqua. «Une chose à la fois», se dit-il pour se contrôler. Il glissa la main dans la poche de sa veste et en sortit la feuille jaune pliée et abîmée par une manipulation excessive. Il la déplia et la plaça sous le nez de Dana.

— Vous allez m'expliquer ça !

Dana fronça les sourcils et regarda le dessin. C'était le nu qu'elle avait fait de Francis. Passant par l'écarlate, comprenant d'un coup qu'il ne pouvait s'agir que de Timmy, son teint vira rapidement au gris. Profondément embarrassée, elle se détourna. Le silence s'éternisa. On n'entendait plus que la respiration saccadée de Francis. Elle finit par dire :

— Croyez-moi, Francis, vous êtes la dernière personne à qui j'aurais souhaité montrer ce dessin.

— J'ai effectivement été le dernier à le voir. C'est le professeur Monro qui me l'a rendu.

Le ton était coupant, teinté de sarcasme. Il retourna la feuille. En petites lettres à l'encre rouge formées comme des caractères d'imprimerie était écrit : « Pendant que soupire le fornicateur, expirent des âmes innocentes. »

Qu'est-ce que ça voulait signifier ? Dana leva vers lui des prunelles écarquillées et ouvrit la bouche de stupéfaction. L'implacabilité des mots lui fit momentanément oublier tout le reste.

— Ce n'est pas moi qui ai écrit ça… bafouilla-t-elle.

Francis l'étudia un moment ; bien qu'elle eût plusieurs bonnes raisons de se venger de lui, peut-être ne savait-elle rien de ce fait après tout. Quoi qu'il en fût, il ne pouvait lui pardonner d'avoir fait ce dessin de lui à son insu et de l'avoir conservé. Quelqu'un l'avait trouvé et s'en était servi pour lui nuire… avec succès.

— Quand l'avez-vous fait?

— Le lendemain matin… avant que vous me montriez la salle de dissection.

Elle baissa le front, n'arrivant plus à supporter le regard de l'homme. Les souvenirs de cette nuit lui revinrent comme une marée. Un flot de sentiments contradictoires cernait sa raison.

— Est-ce que vous savez qu'avant de se retrouver entre mes mains il est passé entre celles de tous les étudiants de la faculté?

— Oh Dieu, non! Je vous le jure, Francis, ce n'est pas moi. Jamais je n'aurais…

Elle ferma les yeux et respira profondément. Ne pas céder. Elle ne devait pas oublier ce qu'il avait fait.

— C'est votre mari?

Sa froideur accusatrice et le ton méprisant qui avait souligné le dernier mot la firent enfin réagir.

— Je ne le sais pas! répondit-elle d'une voix forte qui la surprit autant que Francis. Je l'ignore et, pour être honnête, je m'en moque. Si c'est Timmy, il l'aura fait pour moi.

Un visage se pointa à l'une des fenêtres. Francis poussa et retint Dana contre le mur à l'abri des curieux.

— Taisez-vous, je vous en prie.

Elle souffla, le foudroyant d'un regard qui lui fit froid dans le dos. Il s'écarta. Puis il replia le dessin et le rangea dans sa poche.

— Et si cela avait été moi, je l'aurais fait pour Jonat.

Là les traits de Francis se figèrent le temps de bien saisir l'allusion, puis ils se décomposèrent. Oui, pour Jonat, sans nul doute. Il sentit tout son sang quitter son visage.

— C'est vous? C'est vous qui avez tué mon frère?

L'accusation tomba enfin, implacable, ouvrant un gouffre sous les pieds de Francis. Tout ce qu'il avait craint. Ébranlé, il s'appuya contre le mur de pierre.

— De quoi devrais-je me venger en premier, Francis Seton? persifla-t-elle, glaciale. Du meurtre de celui que j'estimais le plus

au monde? Ou du fait que vous saviez qui j'étais tout ce temps…
Parce que vous le saviez, Francis. Vous le saviez et vous avez fait
avec moi bien pire que ce que vous avez fait à Jonat. Et la tabatière?
Vous m'avez fait rembourser un objet qui n'a jamais été perdu, à la
fin!

— Je l'ai retrouvée, c'est vrai, avoua-t-il. Mais… Dana, quand
j'ai compris qui vous étiez… Je n'ai pas tué Jonat, vous devez me
croire.

Il passa une main sur son visage. Il eut le curieux réflexe de regarder ses doigts. Ils étaient propres de sang. Il se souvint qu'il y en
avait eu beaucoup. Il était resté surpris de constater combien de
sang pouvait s'écouler d'une plaie à la tête. C'était saisissant, terrifiant.

— Je ne l'ai pas tué, dit-il tout bas en refermant le poing.

Il hochait la tête pour dissiper les images, pour oublier. Mais il
ne pouvait oublier. Il ne le pourrait jamais. Jonat l'avait supplié de
l'aider. Le sang qui avait coulé à flots de la plaie béante avait commencé à coaguler sur le plancher, dans les cheveux. Il avait déchiré
le drap qui ceignait toujours le bas du corps nu de Jonat. Son odeur
suave se mêlait à celle du sang, à celle du vin et de la cire qui parfumaient encore la pièce en désordre.

Tout ce temps qu'il avait pansé la tête, Jonat n'avait cessé de le
dévisager. Il se souvint avoir croisé son regard absent par périodes.
Quelque chose d'étrange l'assombrissait. Jonat cherchait à lui parler, mais il lui avait intimé de ne rien dire.

— Pardonne-moi… murmura Francis, répétant les paroles que
lui avait soufflées Jonat.

Mais Dana les interpréta à sa façon.

— Vous avouez?

— Je ne l'ai pas tué, répéta Francis en redressant ses épaules et
en réalisant qu'il avait rêvé tout haut. C'est vrai, je connaissais votre
frère. Nous avons même été très proches. Sans doute qu'il aura été
le meilleur ami que j'aie eu. Mais vous devez me croire, Dana. Je
n'ai pas tué Jonat.

— Vous mentez, comme vous l'avez toujours fait, depuis le début, siffla-t-elle pour ne pas crier. Jonat est mort. On vous a vu le faire monter dans une voiture ce matin-là. Il y a eu des témoins. Vous ne pouvez nier ce fait. Jonat a été repêché plusieurs jours plus tard. Dans les eaux de la Tamise. Expliquez-moi ça !

— Je l'ai aidé, oui. Je me suis rendu chez lui très tôt ce matin-là, car nous devions nous rendre à Oxford pour assister à un cours magistral. J'ai frappé, mais on ne me répondait pas. La porte était déverrouillée, je suis entré et je l'ai découvert sur le sol, baignant dans son sang. Jonat était vivant mais gravement blessé à la tête. Je… je l'ai conduit au Guy's Hospital pour qu'il reçoive les soins appropriés. Puis il m'a faussé compagnie.

Il crut encore entendre le bruit du cadavre glisser dans les eaux troubles et puantes de la rivière. Le corps avait pris plusieurs minutes à disparaître. Une main sur la crosse d'un pistolet passé dans sa ceinture, Francis était resté debout sous la culée, à l'abri du pont de Londres à attendre, la peur et la rage au ventre, que cela fût fait. Il avait choisi ce lieu pour sa proximité du Guy's Hospital et parce que très peu de gens osaient s'y aventurer à une heure aussi tardive.

Il n'avait croisé que deux ivrognes cherchant de toute évidence un abri pour la nuit. S'équipant d'une bouteille de gin vide qui traînait par là, il les avait salués en titubant. La chaleur était suffocante ce soir-là, intensifiant l'odeur de vomi qu'il dégageait. Écœuré par la tâche qu'il devait accomplir, il avait laissé son estomac se rebeller.

Le corps avait refait surface plusieurs jours plus tard. Son état était si mauvais qu'on n'avait pu l'identifier que par les vêtements qu'il portait et la montre trouvée dans la poche du gilet. La montre de Jonat. Celle que son père lui avait offerte le jour de son entrée à l'Université d'Édimbourg.

— Je ne sais comment expliquer cela. Je ne peux l'expliquer, Dana… mais je peux vous jurer, sur la tombe de ma fille Lydia, que je n'ai pas tué Jonat. Que vous m'en vouliez pour vous avoir caché notre amitié, je l'admets. Je mérite sans doute d'avoir été calomnié sur la place publique après tout. Si cela peut vous soulager un peu.

Ressentant le besoin de reconnaître qu'il disait la vérité, elle scrutait le visage qui luisait de transpiration. Il exprimait une détresse qu'elle pouvait interpréter de plusieurs façons. Comment savoir?

— Ces pages… ce manuscrit, dit enfin la jeune femme. Expliquez-moi ce que vous faites avec ce manuscrit?

— Nous avions travaillé dessus ensemble pendant tout l'hiver avant… ce qui est arrivé. Nous devions le faire publier l'automne suivant.

— J'ignore ce qu'il y a eu entre mon frère et vous, Francis. Je ne sais pas non plus ce qui s'est réellement passé. Je refuse de croire qu'il s'est suicidé. De toute façon, le savoir ne changera plus rien pour moi. Jonat est mort et, quoi que vous me racontiez, il le restera.

— Je sais… souffla-t-il en laissant ses paupières se refermer.

Il avait juré. Sur sa vie, il avait juré de ne rien dire de la vérité. Jamais, tant que l'on ne l'y autoriserait pas! Ce pacte avait été scellé par le sang.

— Vous m'avez menti, Francis. Depuis le début, vous me mentez. Comment avez-vous pu me faire ça? Pourquoi ne pas m'avoir tout simplement dit que vous connaissiez Jonat? Si vraiment vous n'avez rien à vous reprocher, pourquoi me l'avoir caché?

— Je ne jugeais pas nécessaire de vous en parler, au début. Après, j'ai eu peur de le faire. Dites-moi franchement, qu'en auriez-vous déduit? Certainement la même chose qu'aujourd'hui.

Il se détourna pour cacher les émotions qui lui venaient au visage. Il en avait assez de ces mensonges. Il ne supportait plus ces tourments du cœur et de la chair.

— Dana, sans m'en rendre compte, je tombais amoureux de vous, murmura-t-il plus bas.

«Regarde-moi! Je veux voir la vérité dans tes yeux!» s'écriait-elle dans sa tête pendant qu'il fuyait son regard.

— Et pour la tabatière? dit-elle.

— J'avais voulu vous pousser à dénoncer Nasmyth. Je ne pouvais le faire moi-même sans preuves.

La surprise lissa momentanément les plis de colère qui barraient le front de Dana.

— Vous saviez que c'était lui?

— Je l'avais deviné. Mais vous vous êtes entêtée à vouloir le protéger. Alors j'ai laissé les évènements se dérouler en pensant que vous finiriez par laisser tomber. Après tout, on m'avait volé et il fallait sévir.

— Mais c'était une punition injuste! s'indigna-t-elle.

— Sans doute. Mais je ne me résignais pas à... Dana, je sais, la méthode n'était pas des plus honnêtes, mais j'avais envie de mieux vous connaître.

Elle le dévisageait, incrédule et ahurie.

— Mieux me connaître? En me faisant payer une dette de trente-cinq livres?

— Je vous ai rendu l'argent.

— C'est trop facile! s'offusqua-t-elle en le foudroyant. Plus de trois mois à vivre comme une servante! Cela a été l'une des expériences les plus humiliantes de ma vie.

— C'est vous qui l'avez choisi, Dana, souligna-t-il avec une pointe de sarcasme.

— Je l'ai fait pour sauver Timmy de la prison.

— Pour sauver ce... ce lâche? Il mérite de se retrouver derrière les barreaux, Dana. Vous connaissez mal votre cousin...

— Mon *mari*! Et qu'en avez-vous fait, de Timmy?

Francis fronça les sourcils. Dana continuait de le fixer avec froideur.

— Qu'est-ce que j'ai fait de Timmy?

Il sembla sincèrement confus.

— Il n'est plus rentré à la maison depuis...

— Depuis que vous avez perdu l'enfant? avança-t-il gravement.

Comment savait-il pour le bébé? C'est Timmy qui lui en aurait parlé. Il ne pouvait en être autrement. Dans le silence qui suivit, on entendait un tumulte venant de la taverne située à l'angle de Niddry Street et de la Cowgate, à quelques pas de la *close*. Une bagarre venait sans doute de se déclarer.

Les traits de Francis s'étaient durcis, ce qui alarma Dana, qui s'écarta un peu plus de lui. Francis avait vu Timmy, et son mari ne rentrait plus depuis. Timmy l'aurait menacé, comme il entendait le faire et…

La panique la prenant d'assaut, elle se mit à courir pour regagner Niddry Street. Francis la regarda s'éloigner sur quelques yards. Il ne pouvait la laisser partir. Tout n'avait pas été dit. Elle allait tourner l'angle du bâtiment. Laissant tomber sa canne et son chapeau, il se précipita, l'attrapa par le bras et la tira de nouveau dans l'impasse.

— Laissez-moi !

— Taisez-vous, Dana ! gronda-t-il en plaquant une main sur sa bouche.

Il se tourna vers la fenêtre, où la femme était apparue plus tôt. Personne. Quand il reporta son attention sur Dana, elle le fixait avec des yeux affolés. Il libéra sa bouche avec prudence, mais la retint prisonnière de son corps contre le mur.

— Je vous en supplie, Dana, dit-il plus calmement, je ne vous veux aucun mal. Oui, je sais pour la fausse couche. C'est James Hamilton qui me l'a appris.

Elle cligna des yeux en avalant sa salive. Elle avait oublié que le docteur Hamilton était un ami de Francis.

Quelques minutes s'écoulèrent, leur permettant de reprendre une contenance. Il haletait, la retenant toujours contre le mur, l'expression désespérée. Dana demeura immobile pendant que la main de Francis écartait les cheveux qui dissimulaient la cicatrice au-dessus de son œil droit.

— Le salaud, souffla-t-il en caressant doucement la boursouflure rose.

— Ce n'est pas Timmy… C'était un accident, c'est moi qui me suis blessée en tombant.

Elle s'obstinait encore à le défendre. Lui vint alors cette pensée qui l'avait effleuré quand James lui avait annoncé la triste nouvelle. L'enfant était de lui et elle avait voulu s'en défaire. Il ne croyait pas Dana capable d'un tel geste. Mais après la découverte du manuscrit et de la tabatière, qui sait? Et si elle avait craint d'engendrer une créature comme Lydia? Le désespoir encourageait parfois à faire des choses qui dépassaient l'entendement. En découvrant qu'elles sont enceintes d'un enfant de trop, des femmes se jetaient parfois en bas d'un escalier. Il en avait traité des cas.

— C'était le mien?

Comment lui répondre? Dana éprouva une sensation de chaleur qui traçait un sentier humide sur ses joues.

— Dana!

— Ç'aurait pu l'être, avoua-t-elle faiblement.

La poitrine de Francis voulut s'ouvrir pour libérer le cri de détresse qui l'emplissait.

— Dites-moi que vous n'avez pas cherché à vous débarrasser de l'enfant, Dana!

— Comment?…

Dana sentit ses genoux faiblir. Dans son ventre, une déchirure la fit gémir de douleur. La poigne de Francis s'affermit.

— Je n'accepterai jamais qu'un être innocent soit la cible de votre fureur envers moi.

Il criait presque, le visage révulsé par la colère et la douleur. Prise en étau entre les mains de l'homme et pétrifiée par ses paroles, Dana ne put bouger. Dans sa tête à elle, tout se bousculait. Des images de Jonat et de Francis. Celle, dans l'armoire vitrée, du minuscule fœtus reposant dans la paume d'une main coupée.

Le cœur de Francis tambourinait dans sa poitrine. Il devait savoir enfin.

— Dites-moi que vous n'avez pas fait ça parce que vous croyiez… à cause de Lydia.

Une expression d'incrédulité froissa le visage rouge d'émotion de Dana.

— Non, murmura-t-elle dans un filet de voix, comment pouvez-vous croire une telle chose? Jamais je n'aurais fait ça! Je suis vraiment tombée dans l'escalier. Je voulais cet enfant, Francis. Je le voulais plus que tout!

Les sanglots s'accumulant dans sa gorge contractée, elle ne bougeait plus et le fixait de ses grands yeux mouillés. Le noisette lui renvoyait la même détresse qu'il avait vue jadis dans les yeux de Jonat. Ce souvenir tuait Francis.

Elle pleurait maintenant. Ses mains couvraient son visage, étouffaient ses sanglots qu'elle n'arrivait plus à contrôler. Elle pleurait toute l'absurdité de la situation présente. Toute l'horreur du passé. Elle pleurait cet enfant qu'elle ne connaîtrait jamais. Et cet amour pour Francis qui, elle le réalisait, vivait toujours en elle.

— Que Dieu me vienne en aide, dit-elle, secouée de chagrin.

Elle aurait préféré qu'il se moque d'elle. Qu'il admette enfin son odieux forfait. Qu'il se félicite de la mort du bébé. Qu'il lui crache au visage qu'il s'était servi d'elle. Cela aurait facilité les choses. Il n'en fit rien. C'était la confusion. Francis Seton restait là à la regarder pleurer sans bouger. Ses traits exprimaient toute sa douleur. Il était le reflet de ses propres émotions.

— Je l'ai perdu… l'enfant, je l'ai perdu. Je le voulais… je le voulais tant.

Elle secouait sa tête de gauche à droite, répétant sans cesse les derniers mots. Francis prit alors son visage et l'immobilisa entre ses mains. Elle remarqua que les iris avaient pris un reflet nacré qui ne possédait plus rien de la froideur métallique. Elle les vit comme deux perles grises. Perles rares encore prisonnières de leur coquille. Perles mystérieuses. Le plus magnifique des trésors.

— Je suis désolé, murmura-t-il d'une voix altérée par l'émotion qui l'étreignait. Je suis… sincèrement désolé de tout ce qui arrive, Dana…

Sa voix se disloqua et il rabattit ses paupières. Un petit tremblement agita la tête qu'il retenait entre ses mains comme un prolongement de lui-même.

— Je suis aussi désolée pour Lydia, chuchota-t-elle avec cette douceur de celle qui partage un deuil.

— Je t'aime.

Les mots lui firent mal, mais Dana n'en démontra rien. Elle posa ses mains sur les siennes. Elle ne dit mot ; il n'attendait rien en retour. L'instant présent lui suffisait.

Il chercha sa bouche. Et son goût. Et sa douceur. Il les redécouvrait avec le même ravissement que la première fois. Elle entrouvrit les lèvres. Onde de plaisir amer, se propageant dans son propre corps. Le baiser fut révélateur de ce qui sommeillait sous l'agitation de la colère, et leurs corps s'enflammèrent à ce contact. Il l'aimait comme il l'avait aimée. C'était ce qu'il vivait de plus beau depuis des semaines. Les mains s'appropriaient l'autre. Le désir mordait la chair, la galvanisant. Les esprits s'engourdissaient. C'était comme la première fois et bien différent en même temps. Ils se retrouvaient avec cette même amertume qui empoisonnait le bonheur. Mais à l'ombre de Jonat s'ajoutait celle de la trahison.

— Je veux savoir… ce que vous a dit Timmy, réclama Dana d'une voix faible.

La question les écarta enfin et Francis repoussa doucement Dana en la contemplant à travers une sorte de brouillard.

— Je n'ai pas revu Timmy depuis le jour où il est venu vous chercher chez moi, la veille de la Hogmanay, Dana.

Dans les prunelles vairons il vit l'inquiétude passer. Il s'informa davantage.

— Vous ne l'avez vraiment pas vu depuis la fausse couche ?

James lui avait répété ce que lui avait raconté la voisine des Nasmyth. Il y avait eu une violente dispute. Puis elle avait découvert Dana dans l'escalier, inconsciente. La porte d'entrée du *land* avait claqué. Timmy Nasmyth n'était venu s'enquérir de l'état de sa femme qu'au cours de la nuit suivante, puis était reparti de nouveau.

— Qu'est-ce qui s'est passé, Dana ?

— Rien…

— Dana. Que vous a fait Timmy ?

— Il avait trouvé le dessin. Il avait deviné ce qui s'était passé entre nous, avoua-t-elle à la fin. Il est sorti en jurant qu'il allait se venger. J'ai voulu l'en empêcher. Je suis tombée dans l'escalier. C'est la vérité.

— Vous ne savez pas où est votre mari ?

Ses yeux débordant de chagrin, elle secoua la tête.

— Je vous jure, Dana, que Timmy n'est pas venu me trouver.

Elle ne réagit pas. Le croyait-elle ? Il l'espérait.

— Est-ce que je peux vous être utile de quelque façon que ce soit ? lui demanda-t-il en se rappelant où elle s'apprêtait à se rendre avant de l'intercepter si discourtoisement.

— Non…

Il eut un geste vers elle. Elle esquiva la main tendue.

— Pardonnez-moi, Dana. Tout est de ma faute.

Encore une fois, les excuses lui venaient plus facilement que la vérité. Car Dana ne savait pas tout. Ni sur Timmy, ni sur Jonat, ni sur lui-même. Il n'osait seulement imaginer sa réaction en l'entendant enfin. Il estimait ne pas être celui à qui devait revenir cette tâche ingrate. Mais elle saurait, un jour ou l'autre. Après cette nouvelle guerre. Quand ? Dans quelques mois, dans quelques années ? Il ne savait pas. Mais cela arriverait.

Puis lui vint ce doute qui lui creusa un gouffre dans le ventre. Elle ne lui pardonnerait jamais de lui avoir menti une deuxième fois.

❖❖

Mrs Nasmyth,
Pourriez-vous passer me voir à mon bureau le plus tôt possible ?

Votre tout dévoué,
Stuart Maclellan

Dana fixait le billet que venait de lui porter un jeune garçon. L'espoir lui revint comme le rayon de soleil après une longue nuit noire. Une demi-heure plus tard, elle attendait dans l'antichambre obscure du cabinet de l'avocat. Sa dernière visite remontait à une semaine. Trop ébranlée par sa rencontre avec Francis, elle avait remis son rendez-vous prévu ce jour-là au lendemain. Toujours aussi convivial, l'avocat lui avait assuré qu'il verrait ce qu'il pouvait faire pour l'aider sur le plan financier, l'avertissant toutefois que la banque ne pouvait empêcher l'accès au compte à Timmy.

De moins en moins elle s'autorisait l'espoir de revoir son mari. Il semblait que Timmy se fût évaporé dans la nature. Elle avait vu Nathan Swann, puis Mickey Maclure à sa boucherie. John Walter l'avait invitée à déjeuner entre deux cours. Ils avaient parlé des problèmes de Timmy. Criblé de dettes, selon lui, son mari se serait possiblement embarqué pour l'Amérique. Son investigation chez Andy Hogg ne fit que renforcer l'hypothèse de la fuite. Fair Lad était dans son box. Timmy avait abandonné son cheval et le joli buggy jaune aux Hogg.

En signalant la disparition de son fils aux autorités, Charles Nasmyth apprit avec stupeur que la distillerie Sunbury avait déposé sa plainte à l'endroit de Timmy, qui était désormais recherché pour vol et contrebande. Rien de plus ne pouvait être entrepris pour retrouver Timmy. Si Dana souhaitait son retour, elle commençait depuis peu à le craindre aussi. Quel avenir leur couple avait-il encore?

La porte s'ouvrit et le crâne presque glabre de l'avocat apparut dans un rayon de lumière crémeuse. Maclellan l'introduisit dans son bureau.

— Asseyez-vous, Mrs Nasmyth, l'invita-t-il en lui désignant un siège. Comment allez-vous?

— Aussi bien que je le peux, monsieur.

— Curieusement, c'est ce que l'on me répond presque toujours. Pourquoi se rend-on chez son avocat si tout va bien, dites-moi?

— Je vous avouerai que ma situation a déjà été plus reluisante, monsieur.

— Et, comme tout le monde, vous n'avez point envie de vous y attarder. Voilà, enchaîna-t-il aussitôt en s'asseyant à son tour et en ouvrant une chemise de carton brun. En ce qui concerne l'avance sur le versement final de votre rente annuelle, elle vous a été accordée.

Un soupir de soulagement s'échappa des lèvres tendues de Dana.

— Votre protecteur, si je peux l'appeler ainsi, a aussi fait des arrangements pour que l'argent soit déposé dans un nouveau compte auquel vous seule aurez accès.

Tout en lui expliquant les nouvelles procédures, il plaçait une feuille et une enveloppe cachetée devant elle. La première requérait sa signature.

— On m'a demandé de vous remettre ceci en mains propres, précisa-t-il en poussant l'enveloppe vers elle.

Intriguée, Dana la prit. Aucune écriture, aucune estampille n'identifiait son origine.

— Qu'est-ce que c'est?

— C'est confidentiel, madame. Cela vous appartient.

Elle considéra l'enveloppe immaculée avec intérêt, se retenant de l'ouvrir sur-le-champ. L'avocat se leva, indiquant par ce geste qu'ils avaient terminé.

— Si vous avez besoin de quoi que ce soit, n'hésitez pas à revenir me voir. On m'a mandaté pour vous épauler dans la mesure du possible, advenant un problème.

— Je vous remercie, Mr Maclellan, murmura Dana en glissant l'enveloppe dans son réticule.

Un sourire bienveillant creusa les joues rondes de l'homme de loi, qui s'inclina avant de la précéder jusqu'à la sortie. Puis il la salua de nouveau et Dana passa dans l'antichambre, où attendait un vieux couple qui cessa de discuter à son arrivée.

Dès qu'elle atteignit Potter Row, Dana grimpa jusqu'au logis et s'y enferma. Elle s'empressa de sortir l'enveloppe et la contempla un moment avant de l'ouvrir, comme pour étirer le suspense quelques minutes de plus. Elle ne contenait qu'un seul feuillet qu'une écriture soignée recouvrait. Ce fut d'abord la familiarité de la calligraphie qui s'imposa à elle.

— Dieu tout-puissant ! souffla-t-elle en cherchant un siège.

Ébranlée, elle prit place dans le canapé. Elle connaissait cette main. Le filigrane de la papeterie Whatman apparut à travers le vélin. Les premiers mots qu'elle lut s'imprimèrent dans son esprit comme dans son cœur, soulevant une émotion des plus intenses.

Ma très chère Dana,

Au moment où je vous écris ces lignes, mon fidèle Halkit hisse mes coffres sur le siège de la diligence qui doit me conduire à Londres. Je quitte Weeping Willow ce soir pour la Belgique, où j'intégrerai l'armée. Or le temps me presse.

Votre requête m'est parvenue il y a quelques minutes à peine par l'entremise de mon avocat, maître Maclellan. Comme il vous l'expliquera, de nouvelles dispositions seront prises en ce qui concerne le deuxième règlement qui devait vous être versé six mois après le premier. Maître Maclellan se fera également un devoir de veiller à ce que vous ne manquiez de rien. En cas de difficulté… de tout ordre, je vous prie, Dana, de bien vouloir accepter son secours. Je peux comprendre vos réticences. Sachez seulement que cet argent vous revient légitimement et que je n'en attends rien en retour.

Je n'ai guère le temps ni le courage de vous expliquer ici les raisons de cette rente qui vous est versée ainsi qu'à vos sœurs. Le moment de le faire viendra. Je sais que je vous ai fait du tort, mais, veuillez me croire, c'était sans le désirer. J'emporte avec moi mes meilleurs souvenirs de vous.

Que Dieu vous garde.
Votre fidèle serviteur,
Francis Seton

La lettre tomba sur ses genoux. C'était bref, c'était troublant. Dana demeura un très long moment à regarder le vide de la pièce qui l'entourait. Elle se sentit soudain très seule. Elle se recroquevilla dans le canapé, regrettant le confort du Gainsborough, comme chaque soir qu'elle attendait le pas lourd de Timmy qui ne se faisait jamais entendre dans l'escalier.

«Qui est-ce que tu attendras ainsi dorénavant, Dana?» se questionna-t-elle.

Chapitre 26

Journal de campagne – 18 mai 1815, Londres.

Le navire a quitté le port de Londres peu après les premières lueurs de l'aube. Un vent favorable a précipité d'une journée le départ du HMS Swallow. Je partage ma cabine avec George Howard, un jeune assistant-chirurgien d'à peine dix-huit ans assigné au régiment des Coldstream. À bord se trouvent également une trentaine de recrues militaires, un marchand de briques et Mrs Lambert et sa fille Mary, qui vont rejoindre le mari, un capitaine d'infanterie se trouvant déjà à Bruxelles. Je ne sais pas encore exactement quel régiment je dois rejoindre. Ma demande pour une affectation au sein du département médical n'a été déposée qu'à la fin du mois d'avril. Le manque de chirurgiens étant généralisé dans l'armée par les temps qui courent, j'ai été dispensé de l'attente de l'approbation du comité médical. Mon affectation a été signée sur-le-champ et on m'a ordonné de prendre le plus rapidement un navire pour Ostende.

Curieusement, aujourd'hui est le jour de l'anniversaire de mon père. Je me suis plongé dans la lecture de son journal relatant son service aux Indes. Peut-être me sera-t-il utile. J'ai prié pour le repos de son âme et ai sollicité son soutien dans cette campagne qui débute.

Journal de campagne – 23 mai 1815, Gand, Belgique.

Après cette traversée de trois jours quelque peu éprouvante, je ne peux que me féliciter de ne pas m'être engagé dans la Marine. Un mal de mer m'a obligé à partager mon temps entre ma couchette, le pont supérieur par beau temps et, à l'occasion, quand mon état me le permettait, la cabine du capitaine Howe. Ce dernier, lieutenant à bord du Bellerophon *lors de la bataille du Nil, nous a entretenus avec des récits hauts en couleur de la victoire de Nelson sur Bonaparte et du spectacle de l'explosion du navire amiral, l'*Orient, *dans la baie d'Aboukir. Moi qui considère mon île flottante comme mon seul salut sur cette mer houleuse, j'ai remercié chaque jour le ciel de ne pas nous placer sur le trajet d'une flotte française en route pour l'Angleterre.*

À mon débarquement, j'ai fait mes adieux au capitaine, à Mrs Lambert et à sa fille, et j'ai souhaité bonne chance à Howard. Le jeune homme ne détient aucun diplôme médical. Ne possédant qu'une formation de trois ans auprès d'un médecin de Leeds, il a réussi tout de même à obtenir un poste.

*J'ai été dirigé vers une auberge où, le lendemain midi, un officier du département médical est venu me porter mes ordres. J'avais pour consigne de me rendre sans délai à Gand. On m'assignait au service du 92*e *Gordon Highlanders, sous le commandement du lieutenant-colonel John Cameron de Fassiefern. Le régiment a quitté Cork, en Irlande, en début de mai et cantonne ici depuis quinze jours. Il y a quatre jours, leur chirurgien, Mr William Wilkie, a été victime d'une syncope qui l'a laissé paralysé d'un côté. Il m'en a coûté cent soixante livres pour obtenir la commission. Ainsi va l'armée, comme me l'a toujours fait remarquer Percy. Il n'existe que deux méthodes d'avancement. J'ai le choix de m'engager comme simple assistant-chirurgien et d'attendre plusieurs années une promotion qui ne viendra parfois jamais parce que trop souvent on ne reconnaît la valeur de l'homme qu'à sa capacité de payer. L'autre est justement de payer.*

À Gand, on m'a dirigé avec un billet de logement chez un libraire, monsieur Charles Verhaeren, qui habite non loin de l'église

Saint-Nicolas et du beffroi de la ville que l'épouse de Verhaeren m'a fait visiter hier. La pièce qui m'est prêtée de bonne grâce est petite mais propre. L'unique fenêtre offre un éclairage et une aération suffisants.

Nos billets nous étant alloués sans droit de regard, sans doute pourrais-je me considérer chanceux. Ce qui apparemment n'a pas été le cas de tous. Le chirurgien Samuel Burroughs s'est plaint d'avoir eu ses bottes rongées pendant la nuit par quelque créature et d'avoir eu à dormir enroulé dans sa cape pour éviter d'être piqué par les punaises qui pullulent dans son matelas. Le confort dont nous disposons étant une faveur donnée, nous devons nous en satisfaire. Mais Burroughs a poussé sa plainte jusqu'aux oreilles du général, qui l'a retourné vers ses quartiers en déclarant qu'un diplôme de chirurgien n'achètera guère mieux que ce qu'il a déjà. Ce qui en dit long sur ce que pensent les officiers de l'armée des chirurgiens régimentaires. Burroughs m'a confié, un sourire vengeur aux lèvres, qu'il attend le jour où le général se plaindra de l'inconfort de sa table d'opération.

Journal de campagne – 27 mai 1815, Gand, Belgique.

Aujourd'hui nous est arrivée l'annonce du départ de nos troupes pour Alost. Demain nous devrions rejoindre le gros de l'armée de Wellington, à Bruxelles. Mon hôte me l'ayant gentiment proposé, j'ai flâné entre les rayons de sa librairie en quête d'un livre de chevet. Je parcourais les titres quand je suis tombé sur une œuvre d'un poète français décédé il y a à peine deux ans. Delille m'était inconnu, mais je fus attiré par le titre de son œuvre: Les Jardins. La première image qui m'est venue à l'esprit en le lisant fut celle de Dana assise sur le banc du jardin en train d'esquisser le paysage.

J'ai revêtu pour la première fois l'uniforme réglementaire du chirurgien régimentaire. Veste rouge dont les parements et brandebourgs affichent les couleurs de mon régiment. Pantalon et bicorne noirs. On nous octroie l'honneur d'une épaulette et d'un sabre. Quel bonheur.

Journal de campagne – 2 juin 1815, Bruxelles, Belgique.

Mon billet de logement m'a conduit dans Sonnestraat[16], chez Mevrouw Marten[17]. Sous l'assaut soudain de milliers d'hommes, la ville manque d'espace et je dois partager ma chambre avec le caporal Allan Dale, qui par chance est un jeune homme discret préférant lire plutôt que parler. Notre logeuse est la veuve d'un luthier et une musicienne accomplie, ce qui semble grandement impressionner Dale. Elle parle le flamand et quelques mots d'un français plutôt difficile à comprendre. Nos conversations prennent donc un caractère assez gestuel. Mais nous arrivons à communiquer pour l'essentiel.

Hier, la 5ᵉ division, de laquelle le 92ᵉ régiment fait partie, a été soumise à l'inspection générale par le général Pack. Demain, la revue sera effectuée par le duc de Wellington en personne, accompagné du prince Blücher, le commandant en chef de l'armée prussienne. J'ai appris que le 7ᵉ régiment de hussards prenait ses cantonnements à Ninove, qui est situé à quelques miles à l'ouest de Bruxelles. Je n'ai aucune nouvelle de Percy, mais je lui ai fait parvenir un mot.

Journal de campagne – 10 juin 1815, Bruxelles, Belgique.

Malgré la forte concentration de soldats cantonnés dans la ville et dans ses alentours, il règne ici une atmosphère détendue. On ne semble aucunement craindre pour l'instant une action prochaine de la part des Français. Aucun mouvement important de l'armée de Napoléon n'a été observé jusqu'ici. Je me suis attelé à la charge de la préparation du matériel et de l'entraînement de mon personnel. Ce qui occupe le plus gros de mon temps. Il a fallu dresser la liste des fournitures et adresser les bons de requête au département du service médical en place. J'ai expliqué mes méthodes de travail à mes deux assistants, Andrew Moore et Daniel Ross. Comme ils parlent la langue des natifs des montagnes, ces deux jeunes hommes me seront d'un précieux

---

16. Rue du Soleil. Aujourd'hui cette rue s'appelle rue de l'Éclipse.
17. Madame Marten, en néerlandais.

secours dans les situations où les blessés ne pourront s'exprimer qu'en gaélique. Moore, qui a vingt et un ans, possède deux années d'expérience en Espagne. Je le considère comme un aide fiable dans la mesure où c'est moi qui lui dicte quoi faire. Quant à Ross, il n'a que dix-sept ans. Je le soupçonne d'avoir tiré ses connaissances médicales du folklore. Lorsque je lui ai demandé comment procéder pour soulager les articulations endolories, il m'a suggéré de les frotter deux fois par jour avec de l'huile additionnée de fiente de pigeon et d'humeurs d'embryon de veau. Que Dieu me vienne en aide! La fiente de pigeon ne devrait pas être trop difficile à obtenir. Quant aux humeurs…

Je me suis procuré un cheval en plus des deux mules qui serviront au transport de mon arsenal médical et de mon bagage personnel. La bête a huit ans, mais elle est robuste et en parfaite santé. Je suis arrivé à la négocier pour la scandaleuse somme de quarante livres. Pour dire que la guerre ne fait pas que des malheureux.

L'armée refusant aux officiers du département médical les services d'un soldat, je me suis mis en devoir d'engager un servant, à mes frais. Pour cela, j'ai dû faire appel à Mevrouw Marten, qui m'a envoyé dans la Steenstraat chez un habitant, qui a six fils. À mon grand soulagement, les Visart parlent le français, langue avec laquelle j'arrive à me débrouiller assez bien. On alla quérir Émile. Je n'ai point été déçu. Émile est un jeune homme de quatorze ans, en santé, bien fait de sa personne et capable de porter le fardeau de mes coffres. Il sait lire et écrire raisonnablement en français et en flamand, ce qui me sera de toute évidence utile. De plus, il joue de la flûte et chante agréablement. J'ai pu prendre le jeune Émile à mon service sous la condition de payer un mois de ses gages d'avance à son père. Ce que je trouve abusif. Mais n'ayant point le désir de passer en revue la moitié des jeunes hommes de l'endroit, j'ai dû conclure l'accord en souhaitant que mon nouvel engagé ne se barre pas à la première occasion avec mes bagages, comme cela se fait de temps à autre. Voilà, selon mes calculs, j'ai déjà dépensé plus de huit mois de mon salaire.

Pendant le peu de temps libre qu'il me reste, guidé par mon nouvel employé, j'ai visité la ville en compagnie du caporal Dale avec qui je me suis lié d'amitié. J'ai compris que Bruxelles est une étape

*incontournable entre Bruges, qui abrite l'un des ports les plus acha-
landés de la mer du Nord, et Cologne, ville commerciale par excellence
d'Allemagne. Ceinte d'un mur de fortification datant du Moyen Âge,
cette magnifique ville est aussi un important centre commercial d'Europe. J'ai été étonné des connaissances du jeune caporal Dale sur l'histoire de certains bâtiments. Nous avons erré dans la Grand-Place et
admiré le style gothique de l'hôtel de ville, puis quelques églises, dont
la collégiale de Saints-Michel-et-Gudule que Dale tenait à voir. Il
manifeste une passion particulière pour l'architecture religieuse.*

*En fait, tout ce qui touche les arts l'intéresse. La veuve de Mr Marten
lui a gracieusement offert de jouer sur l'un des violons de sa précieuse
collection. Nous avons découvert en lui un violoniste exceptionnel.
Notre logeuse l'accompagne sur son violoncelle. Parfois la flûte d'Émile
agrémente leurs concerts lors de nos soirées musicales. J'aime bien
Dale et me plais en sa compagnie, que je recherche dans mon temps
libre. Il est fils d'un tisserand prospère de New Lanark et il s'est fiancé
quelques semaines avant de s'embarquer. Je me demande ce qui a pu
pousser ce jeune homme à s'engager alors qu'il prévoit se marier. Mais
je suis respectueux de sa vie privée comme Dale l'est de la mienne.*

Journal de campagne – 16 juin 1815, Bruxelles, une heure
trente de la nuit.

*L'alarme a été sonnée à travers toute la ville vers onze heures
trente ce soir. Selon les informations recueillies par Percy au bal donné
par le duc et la duchesse de Richmond et où la nouvelle inquiétante
est parvenue en début de soirée, l'ennemi aurait porté un premier
coup sur l'armée prussienne. Nos alliés ont dû battre en retraite devant la violence de l'assaut. Notre commandant en chef a ordonné
que les troupes soient prêtes pour un départ imminent. Il m'a fallu
réveiller mon serviteur et mes assistants et faire préparer les bagages
pour leur transport à la hâte. Tout est prêt. Nous attendons. Il n'y a
aucun moyen de connaître la position actuelle des Français, mais
Percy pense qu'ils peuvent se préparer à marcher sur Bruxelles et ainsi
nous couper des Prussiens. Les hostilités ne tarderont pas à prendre de*

l'ampleur et je crains d'être très occupé avec les nombreux estropiés dans les jours à venir.

Je partage la fébrilité de nos troupes. Je partage aussi leur inquiétude quant à ce qui nous attend. La moitié du personnel médical sur place est très jeune et inexpérimentée. La plupart des hommes n'ont jamais participé à une campagne militaire et ont encore moins été témoins d'une scène de combat. Je dois humblement avouer que je suis de ceux-là. Cet état de choses me cause quelques appréhensions d'autant plus que les chirurgiens de régiment qui achètent leur commission sont parfois incompétents. Qu'ils ne soient pas capables de lire Hippocrate en grec, je veux bien, mais il faudrait qu'ils puissent distinguer une gouge d'un Catlin[18]. Je déplore cette situation et ce n'est guère une dizaine de shillings par jour qui attireront les chirurgiens de qualité qui gagnent quatre fois plus en pratiquant au civil. Encore heureux que le goût de l'aventure en décide tout de même quelques-uns.

On vient de me porter l'ordre de rejoindre la division de Picton à la porte de Namur. J'entends l'appel des cornemuses. Pour la première fois, je réalise que la peur est pire que la souffrance physique en ce sens qu'on souffre d'incertitude. Je prie la Providence pour que l'ennemi ne parvienne pas à couper nos lignes de communication avec nos alliés. Les conséquences en seraient désastreuses et cela pourrait provoquer l'abandon de nos troupes par les Prussiens. Je prie Dieu pour qu'Il veille sur nous.

⊰⊱

Au moment où l'aube caressait la cime des arbres et les toitures, un large ruban écarlate glissait comme un fleuve hors de Bruxelles au son de la musique militaire et des acclamations de la foule rassemblée là. La 5e division de Picton et le corps de Brunswick prirent la route de Charleroi. Ils formaient une partie de l'avant-garde de Wellington. Dans un premier temps, ils devaient se rendre à Waterloo et y attendre un nouvel ordre de marche.

---

18. Couteau Catlin : couteau à deux tranchants servant à amputer.

Le matin s'écoula sous le couvert de la forêt de Soignes. Le ciel apparaissait çà et là entre les hautes branches des hêtres et des chênes comme des vitraux de cathédrale aux teintes pastel. Alors qu'elle couvrait encore une bonne partie du pays, cette majestueuse forêt avait été baptisée l'*Arduenna silva* par l'empereur César. Giboyeuse, importante source de bois, de fer et de charbon, elle avait suscité la convoitise des hommes depuis l'Antiquité. Au Moyen Âge, elle était devenue la propriété des ducs de Brabant. Mais, rien que pour la beauté des lieux, elle méritait l'intérêt qu'on lui portait. Pour le moment présent, c'était l'écran contre la chaleur qui commençait à augmenter et qui faisait le bonheur de tous.

Waterloo leur apparut comme une attaque de lumière au sortir de la dense forêt. Le soleil était maintenant intense et, en attendant l'estafette de Wellington, on fit chauffer les marmites pour le déjeuner. On craignait pour la précarité de la position tenue par les Néerlandais, à Nivelles, aussi bien que pour celle des Prussiens, repoussés la veille quelque part autour des Quatre-Bras par les Français. Une avancée de l'armée du Nord sur Mons demeurait toujours une possibilité.

Une heure plus tard, en même temps que l'écho d'un coup de canon, l'ordre arriva enfin ; ce serait les Quatre-Bras.

Le soleil les accompagna pendant des heures, magnifique, assommant. Le bruit distant de l'artillerie mesurait l'espace qui les séparait de leur destination. Un convoi de blessés prussiens arrivant en sens inverse indiquait que les combats faisaient rage depuis un moment. On sentait la fébrilité gagner les soldats, mais, dans le but de conserver le maximum d'énergie pour la bataille, le train de marche conserva son rythme jusqu'à Genappe, où les habitants les accueillirent avec de l'eau et du lait frais.

Abruti par le manque de sommeil, Francis chevauchait à côté du jeune Émile et de ses assistants, qui tiraient les mules transportant leurs bagages. Son bicorne noir emprisonnait la chaleur et ne lui offrait que peu d'ombre, mais il retenait la transpiration de couler dans ses yeux.

Plus de dix mille hommes battaient la poussière qui collait aux vêtements. Ils longèrent champs et collines, traversèrent bois et fermettes. Les chariots bringuebalaient et l'artillerie grinçait, secouée par le mouvement des chevaux. L'ondoiement de la colonne faisait penser à un énorme serpent sur la route.

Des femmes donnaient à boire. Vivandières, cantinières ou lavandières, il y avait toujours eu des épouses pour accompagner les soldats en campagne. Elles vendaient de menus articles tels de l'encre, du papier, des boutons et des lacets. Bien que Francis trouvât que la guerre n'était pas une vision pour le sexe faible, il reconnaissait la valeur de leur présence dans les camps. Un rire cristallin était toujours agréable à entendre. Et un sourire charmant arrivait parfois à faire oublier…

Il suivait des yeux l'une d'elles qui marchait en bordure de la route, plus loin devant. S'astreignant à suivre la cadence qui augmentait au fur et à mesure que le bruit des canons s'intensifiait, la dame arrivait à se tenir à la hauteur de son mari, qui maintenait son rang dans le régiment du 42e Highlander, mieux connu sous le nom des Black Watch. Malgré sa frêle stature et des pieds endoloris qui la faisaient boiter, elle supportait fièrement la charge d'un tonnelet qui lui battait le dos. À son cou, un gobelet d'étain se balançait à un lacet de cuir. Sa robe de coton rayé depuis longtemps défraîchie était encrassée jusqu'à la hauteur des genoux. Son châle coupé dans un morceau de mousseline rose ne cessait de glisser de ses épaules. En dépit de son apparence, elle marchait la tête et le dos droits, aussi digne que la femme d'un marchand respectable d'Édimbourg.

D'un œil alerte qui balayait la colonne, elle vérifiait régulièrement si on souhaitait ses services pour une pièce de cuivre. Elle croisa le regard de Francis, qui l'observait, et lui sourit. Des boucles brunes encadraient un visage amaigri, mais encore assez joli. Il inclina la tête et lui rendit son sourire.

Devant le spectacle de ces hommes et femmes marchant vers l'ennemi, il ne put s'empêcher de se remémorer ces quelques lignes du poème de Delille.

Dans les champs, dans les bois, sur les monts d'alentour,
Quand tout rit de bonheur, d'espérance et d'amour,
Qu'un autre ouvre aux grands noms les fastes de la gloire ;
Sur un char foudroyant qu'il place la victoire ;
Que la coupe d'Atrée ensanglante ses mains.

Il ne put s'empêcher de penser à Dana…

Le vacarme devenait plus assourdissant, éperonnait les soldats. L'impatience accéléra le train de la colonne qui s'étirait en longueur, alourdie par tous ses impedimenta. Arrivant en sens inverse sur la route, des paysans fuyaient, alors que leurs visages exprimaient toute leur frayeur. Certains eurent le courage de leur crier des mots dans leur patois que les stridulations des cornemuses avalaient. Mais rien n'avait à être traduit pour que le sens soit saisi.

Vers deux heures trente leur apparut enfin le petit hameau de Quatre-Bras, si on pouvait appeler ainsi les trois fermes et deux maisons regroupées autour de l'intersection des routes de Nivelles-Namur et de Charleroi-Bruxelles. Celle de Namur les séparait d'un champ de maïs qui descendait en pente douce et en bas de laquelle, à près de trois quarts de *mile*, une grande ferme se dressait devant un bois.

Des ordres fusèrent et, sans délai, les huit bataillons des brigades de Pack et de Kempt de la division de Picton se déployèrent. Plus de quatre mille six cents hommes pénétrèrent sur leur gauche un champ de seigle prêt à être moissonné qui longeait la route de Namur. Les officiers médicaux de chaque régiment dirigèrent sans délai leurs effectifs vers l'arrière et procédèrent à l'organisation des postes de soins d'urgence. Un hôpital de campagne serait établi plus loin, à l'abri des coups de l'artillerie ennemie.

Francis lança ses ordres. Les paniers et les coffres furent désarrimés et ouverts. Des tentes furent montées, des tables installées, les brancards alignés et les médicaments, pansements et instruments déballés. Sur les feux allumés, des marmites d'eau avaient été mises à bouillir. On préparait du thé et du bouillon pour les blessés. Le chirurgien se lesta d'une besace contenant le strict nécessaire pour les secours sur le champ de bataille. La séquence avait été bien programmée et tout fut prêt en quelques minutes. Le tout était supervisé par le chirurgien général, George Guthrie.

L'ennemi canonnait leur position. Le cœur de Francis pompait le sang, l'adrénaline et une peur diffuse qui se confondait avec une curieuse forme d'excitation. Bien que le journal de son père lui eût donné une bonne idée de ce qui l'attendait, il savait qu'il y aurait des situations imprévues, des décisions difficiles à prendre, où des vies d'hommes en dépendraient.

«Dans l'intérêt de mes compatriotes, Dieu, je vous demande de veiller sur moi», murmura-t-il humblement en rejoignant l'arrière de son régiment.

Couchés dans la végétation et dissimulés derrière un tertre broussailleux, ils entendaient les combats engagés par les régiments néerlandais arrivés sur place plus tôt. Francis palpa pour la dixième fois ses vêtements pour vérifier si sa trousse était toujours là. Le poids de sa sacoche de premiers soins l'écrasa soudain de toute la responsabilité du rôle qu'il avait choisi dans cette guerre : les vies de cinq cent quatre-vingt-huit hommes dépendaient de lui.

Un grondement venant du sol annonçait l'arrivée des cuirassiers français qui venaient directement sur eux. Le commandant de leur brigade, le général Pack, arriva au galop, hurlant des ordres à ses subalternes. Comme un seul homme, les régiments fixèrent les baïonnettes, prêts pour l'attaque. On leur ordonna d'avancer. La brise faisait onduler la fourrure des hauts chapeaux des Highlanders. Leurs épis plumeux frôlant la pointe des armes, les seigles entravaient la marche. Le chirurgien et ses assistants suivaient derrière, empruntant les sentiers ouverts par les soldats qui s'éparpillaient. Ils atteignirent un champ de trèfles et prirent possession d'une habitation désertée. Les rangs se reformèrent à l'abri du fossé qui longeait la route.

Là, visibles à travers les nuages de fumée de poudre brûlée, des tirailleurs français avançaient vers eux. L'artillerie faisait exploser le sol çà et là. Les détonations et les hurlements sauvages des cuirassiers rendaient sourd et résonnaient jusque dans les os. Le pouls de Francis se régla sur la cadence.

Du haut de Copenhagen, son cheval, un peu à l'écart, le duc de Wellington surveillait les mouvements dans la plaine. Il avait ordonné de retenir le feu. Le lieutenant-colonel Cameron lui parlait. Les hommes du 92e, qui formaient l'aile gauche, patientaient en attendant le signal. Cameron galopa enfin jusqu'à eux, pointant son sabre vers le ciel.

— Avancez! cria-t-il en abaissant sa lame d'un geste sec.

Le mouvement fut formidable. Bondissant hors du fossé comme des lions affamés, chaque bataillon formait deux rangs sur un front d'environ cent soixante yards, assurant une salve destructrice de quelque mille deux cents projectiles à la fois. Ce qui les rendait redoutables. Avec leurs impressionnants couvre-chefs et leurs kilts colorés sous des vestes rouges, que les buffleteries blanches ornaient d'une croix de saint Georges sur la poitrine, l'apparition soudaine des trois bataillons highlanders de la division de Picton eut l'heur d'impressionner les Français qui commençaient à ralentir. La longue ligne anglaise mit en joue ses opposants. La volée simultanée éclata comme un coup de tonnerre, décimant l'ennemi, mollissant la confiance de ceux qui tenaient encore debout.

Trois hourras résonnèrent au-dessus de l'armée britannique, finissant de convaincre les belligérants de battre en retraite. Nourris d'un enthousiasme à se croire immortels devant cette fuite, les Écossais du 92e chargèrent en hurlant de rage les hommes du maréchal Ney, qui rebroussaient chemin vers la ferme. Les kilts volaient dans le plus grand désordre. L'esprit alerte, un peu en retrait, Francis gardait l'œil ouvert. Moore et Ross se tenaient prêts à exécuter ses ordres.

À l'appel de la cornemuse, les troupes se remettaient tranquillement en ligne lorsqu'un mouvement attira l'attention sur leur droite. Des chevaux surgissaient du bois qui bordait la route au sud de l'intersection. Le temps de voir plus clairement les couleurs de la cavalerie qui approchait, tous crurent à un escadron de Brunswick

venu leur prêter assistance. En même temps, un mouvement similaire arrivait en sens inverse.

— *Es ist Frankreich!* les avertit un cavalier allemand qui passa
près d'eux.

— *Frangach! Frangach!* hurla un Highlander en rechargeant
son Brown Bess.

— Que Dieu nous vienne en aide, c'est la France! traduisit en
anglais le jeune Ross.

— Par le Christ! souffla Francis, tétanisé.

Tel un simple spectateur ignorant de ce qui se passait, Francis
vit des tirailleurs envoyés devant eux s'effondrer, transpercés par
les lances des cavaliers qui les prenaient de flanc.

La surprise rapidement passée, les Britanniques ripostèrent
par une salve de mousqueterie qui freina l'élan de la cavalerie. Des
chevaux, des hommes tombèrent. Mais la cavalerie se fit obstinée
et, abandonnant ses blessés dans la plaine, reprit sa charge.

Francis se tourna dans la direction opposée: les lignes des régiments de Picton vers lesquelles elle se précipitait se préparaient à
subir l'attaque et formaient des carrés de quatre rangs d'hommes,
baïonnettes pointées devant.

Plus qu'à deux cents yards des carrés encore en formation, ils
fonçaient au galop, sabres au clair, les sabots de leurs chevaux la-
bourant le sol avec fureur. Francis et ses aides n'eurent que le temps
de se mettre à l'abri du carré du 92e qui se refermait comme une
forteresse sur ses officiers et son drapeau, emprisonnant du même
coup deux cavaliers ennemis qui furent tués sur-le-champ.

Tout devint alors un formidable tourbillon chaotique de cris
perçants et de lutte féroce. Les lances et les balles leur tombaient dessus comme une pluie d'aiguilles et de plomb. Telle la faux de la Mort,
les chasseurs s'allongeaient sur leurs montures, sabrant les malheureux qui se trouvaient dans la trajectoire. Tombant sur les carrés, les
chevaux se cabraient devant ces drôles de hérissons; certains s'em-
palaient sur les baïonnettes, d'autres tentaient de sauter par-dessus
la muraille humaine, l'écrasant sous leurs sabots. Les cavaliers qui
chutaient connaissaient le même sort que leurs compatriotes.

Bravant la mitraille incessante des Highlanders, l'ennemi portait son attaque sur toutes les faces du quadrilatère, le rongeant de l'extérieur vers l'intérieur sans toutefois arriver à le briser. La fumée masquait les visages grimaçants de douleur et de peur. Les hennissements des chevaux blessés perçaient le chant des cornemuses qui soutenait le moral des troupes assaillies. Un lancier roula aux pieds de Francis, qui le regarda, l'expression étonnée. Le Français, atteint au visage, hurlait dans sa langue et pointait un pistolet sur un officier britannique. Une baïonnette alla s'enfoncer dans son thorax et le Highlander effectua un mouvement de rotation avec son arme avant de la retirer, dans un grognement de satisfaction, du corps qui mollissait déjà.

Cette furie effrayante n'avait duré que quelques minutes, mais elle avait été d'une violence telle qu'elle ébranla le chirurgien. Il réalisa qu'il avait dégainé son sabre, mais ne s'en était pas servi.

Comme un vent qui tourne brusquement, les lanciers et chasseurs les abandonnèrent. Ils filèrent vers le sud, là où le 42e des Black Watch n'avait pas terminé de former son carré. Ils chargèrent à bride abattue les ailes encore déployées du bataillon et leur passèrent sur le ventre. Francis assista impuissant au massacre, comme le reste des soldats du 92e et du 79e qui, de leur position, ne pouvaient que tirer sur l'ennemi. Le 42e réussit néanmoins à compléter sa formation et à repousser l'assaut. Avec la grâce de Dieu et devant le manque de support de l'infanterie française, la cavalerie se retira finalement.

— C'est horrible, c'est horrible… répétait le jeune Ross, accroupi, le visage blême sous la couche de poussière qui collait à la sueur.

Lui-même sous le choc, Francis ne l'avait pas entendu. Mais, ses sens lui revenant graduellement, il se souvint de ce qu'il faisait là et de tout ce qu'il lui restait à accomplir.

— Les blessés s'accumulent à l'hôpital, dit-il en soufflant. Il est temps de retourner vers l'arrière… Mais vous êtes atteint !

Il avait crié les derniers mots, les pupilles fixés sur une tache écarlate qui s'agrandissait sur la culotte de son assistant. Le jeune homme suivit son regard.

— Oui, tiens donc! fit-il sur un ton détaché.

Avec son couteau, Francis fit une entaille dans le tissu puis le déchira pour dégager la plaie. Une blessure par balle lui avait traversé la cuisse, mais avait miraculeusement manqué l'artère fémorale. Il enroula solidement un bandage pour stopper le saignement. Le garçon avait eu de la chance, mais Francis perdait une aide précieuse. C'est à ce moment qu'ils virent avec un soulagement indicible des renforts britanniques et hanovriens arriver de Nivelles.

Les heures s'écoulaient sans que nul ne songe à les compter. Les carrés se formaient et se déformaient. Il fallait savoir distinguer de loin les morts des blessés pour éviter des pertes de temps. Il fallait évaluer, panser, prier, courir, panser encore, réconforter, recoudre, prier et courir encore. Sous le feu des vagues successives d'infanterie et de cavalerie française, Francis allait d'un homme à l'autre en se déplaçant tantôt accroupi, tantôt en rampant pour éviter d'être frappé à son tour. L'artillerie française menaçait sans répit et sans distinction combattants et secouristes. Les boulets tombaient parfois à des yards, parfois à des pieds de lui, le secouant rudement. Bien que le soleil déclinât lentement, la chaleur qui montait du sol fatiguait les combattants. Faisant fi des difficultés, Francis se concentrait sur son travail et sur sa propre survie. Il ne fallait pas chercher à comprendre ce qui se passait et ne se laisser guider que par son instinct et les cris des estropiés qui réclamaient de l'aide.

Suivant son régiment dans tous ses mouvements, Francis réalisa qu'il lui aurait fallu se diviser en dix pour porter secours à tous ses compatriotes touchés. En profitant du couvert d'une attaque des hussards noirs de Brunswick sur deux colonnes d'infanterie française qui se dirigeaient vers le carrefour, il parvint à atteindre un homme qui, gisant sur le ventre, remuait les bras pour reprendre possession de son mousquet. Un tambour et un trompette arrivaient avec une civière. «Celui-là a des chances de s'en tirer», se dit le chirurgien en examinant rapidement la plaie à la cuisse. Il le fit transporter sur les arrières. Plus loin, un jeune homme se tenait la gorge à deux mains ; le sang jaillissait par jets réguliers entre ses doigts. Celui-là ne s'en sortirait pas. Il lança un regard vers les troupes françaises. Elles ne tarderaient plus à lancer une nouvelle offensive. Rebroussant chemin, il entendit un soldat appeler à l'aide. Pâle comme la mort, le blessé gisait à côté de son cheval éventré par un boulet.

— *Ich fühle… mein… Bein nicht mehr…*

Francis se pencha sur lui. Le *uhlan*[19] le dévisageait d'un air absent. Ses pupilles étaient dilatées. De sa jambe gauche ne restait qu'un bout de chair, d'os et de tendons en charpie. Le pauvre homme avait encaissé le coup en même temps que sa monture. Il avait déjà perdu trop de sang et était en état de choc.

— *Doktor, geben… Sie mir ein… wenig… Wasser, bitte.*

— *Wasser…* de l'eau, comprit soudain Francis en ouvrant sa cantine presque vide.

Il versa quelques gorgées de vin coupé dans la gorge du blessé, qui s'étouffa, perdant la moitié du précieux liquide qui dégoulina sur son menton. Puis, sans cesser de surveiller l'action qui se déroulait tout autour, il appliqua un tourniquet sur la cuisse.

Il remarqua que l'infanterie française avait repoussé l'attaque de la cavalerie allemande qui filait présentement vers le bois de Bossut, un escadron de chevau-légers et de chasseurs à ses trousses. Aucun brancard ne se trouvait à proximité et Moore était trop loin, occupé à secourir un autre soldat. Les autorités n'encourageaient en rien le déplacement des blessés pendant les combats ; cela occupait trop d'hommes encore aptes à se battre. La plupart des blessés ne recevaient des soins qu'après le cessez-le-feu. Et il était souvent trop tard.

— *Hilfe, bald.* Quelqu'un viendra vous chercher bientôt, dit-il d'une voix qui se voulait rassurante en sachant pertinemment que

---

19. Lancier mercenaire allemand.

l'homme serait déjà mort lorsque les secours arriveraient jusqu'à lui.

Que pouvait-il faire de plus ? Il savait que de rester là plus longtemps serait suicidaire. Il pria et s'éloigna en conservant de l'homme le souvenir d'un regard plein de reconnaissance, mais qui n'espérait plus rien.

En fin d'après-midi, les hommes du 92e reformaient leurs rangs à proximité d'une ferme qui servait de redoute aux Français. Sous le couvert des tirs pleuvant sur les régiments britanniques depuis les bâtiments, deux colonnes d'infanterie ennemies avançaient sur eux. Près de Francis, qui profitait de l'abri de la ligne du régiment, un homme tomba. Le porte-étendard venait de recevoir une balle en plein cœur. Francis se pencha sur lui.

« Mourir si jeune... » murmura-t-il en refermant respectueusement les paupières pendant qu'un officier récupérait le drapeau.

— Le lieutenant-colonel ! cria quelque part une voix. Le lieutenant-colonel est touché !

Fouillant la fumée qui lui brûlait les yeux, Francis repéra à quelques yards de lui un homme qui gesticulait des bras. Il vit la monture du lieutenant-colonel Cameron ruer et partir au galop, emportant son cavalier avec lui sur l'arrière. Fonçant à travers le tumulte, Francis se mit à leur poursuite. Le cheval avait stoppé net sa course et Cameron fut projeté au sol.

— Qu'on apporte un chariot ! rugit le chirurgien en accourant vers son commandant.

L'homme respirait difficilement. Son servant, le soldat M'Millan, avec qui Cameron avait grandi, s'occupait de lui. Une blessure à l'aine rougissait la culotte de son uniforme. Francis ordonna que le lieutenant-colonel Cameron fût immédiatement transporté en lieu sûr. Il lança ensuite un regard derrière lui, vers le champ de bataille. Il était temps de se mettre sérieusement au travail.

Des centaines de blessés attendaient des traitements. Se débarrassant de sa sacoche de premiers soins et de sa veste rouge dans laquelle il suffoquait, Francis endossa à la hâte son tablier et se mit à l'ouvrage. Le lieutenant-colonel Cameron avait été transporté vers Waterloo, où il pourrait recevoir des soins plus appropriés. Allongé sur une litière, sa cuisse proprement pansée, Ross buvait un bouillon fortifiant. Francis procéda tout de suite à un tri sommaire des autres. Il y avait ceux qui pouvaient attendre et ceux qui ne le pouvaient pas. Les cas les moins graves étaient acheminés vers Moore, son premier assistant. Il fallait arrêter les hémorragies, extraire les balles, suturer, amputer. D'autres estropiés arrivaient par dizaines dans un trafic continu, soit par civières, soit supportés par des compatriotes, soit par leurs propres moyens. Les noncombattants, tels les musiciens et les civils qui suivaient le convoi militaire, avaient la responsabilité de recueillir les blessés sur le champ de bataille et parfois même, lorsque nécessaire, d'installer un tourniquet. Après avoir reçu les soins de base, ceux qui le pouvaient retournaient aux combats.

Le cessez-le-feu ne fut annoncé qu'à la tombée du jour. Les Français ne purent s'emparer du carrefour. Les forces britanniques ne firent rien de mieux que de repousser l'ennemi sur leurs positions initiales du matin. Si les soldats pouvaient enfin se reposer, les chirurgiens ne savaient plus où donner de la tête. La nuit tombait sur les Quatre-Bras et sur ses morts. Le silence empli des gémissements des mourants berçait le sommeil des survivants qui revivaient en rêve les évènements de la longue journée.

Pour Francis, le sommeil serait pour plus tard. Ses manches retournées jusqu'aux coudes, son tablier raide de sang séché, coupant, cautérisant, suturant, il œuvrait sans répit. Les blessés, affalés contre les murs ou allongés sur le sol nu, attendaient depuis des heures leur tour de se retrouver sur la table d'opération – une simple porte posée sur des barils. Entourés de monticules de membres sectionnés, ces hommes, certains gémissants, d'autres silencieux, attendaient sa décision quant à leur sort. Viendrait ensuite celle de Dieu. La vision était grotesque.

Le suivant qu'on lui amena lui parut familier sous sa barbouille de poussière et de sang séché.

— Dale?

Serrant sa main droite contre sa poitrine, le jeune caporal était livide et lui souriait bêtement.

— Bonsoir, docteur. J'avais envie de vous causer un brin.

Ce genre de bravade cachait toujours une crainte insurmontable.

— Asseyez-vous là et laissez-moi voir ça... hum...

Une balle de mousquet avait traversé le poignet, qui était très enflé. Dale avisa l'expression du chirurgien et il pressentit ce qu'il allait lui annoncer.

— Je peux vous demander une faveur, docteur Seton ?

— Seulement s'il m'est humainement possible d'y faire droit.

— J'apprécierais que vous fassiez parvenir à ma mère mon argent ainsi que la lettre qui lui est adressée. Ils sont dans mon havresac. Vous trouverez un médaillon caché dans une pochette cousue à l'intérieur de ma veste. S'il vous plaît, l'envoyer à Catherine Geddes. Il y a une enveloppe pour elle aussi.

— C'est une sale blessure, mais vous n'allez pas en mourir, Dale. Vous aurez droit à votre pension de Chelsea et vous pourrez rentrer chez vous.

Un mince sourire étira la bouche d'Allan.

— Je sais, mais... je voulais vous le demander... juste au cas où...

— D'accord, Dale. Je vous promets de le faire.

— Vous êtes vraiment certain qu'il n'y a rien à faire ?

Le visage de Francis s'assombrit. Connaissant malheureusement déjà la réponse, il prit malgré tout un scalpel et, de la pointe, souleva délicatement un lambeau de peau, crispant les traits du blessé qui retenait son cri en serrant les mâchoires.

— *Trapezoidum... capitatum...* pulvérisés. Et les ligaments radio-carpiens ont été lourdement endommagés. Vous arrivez à bouger les doigts ?

— Non, c'est trop douloureux, docteur.

— Je pourrais toujours tenter de retirer les fragments d'os, mais... l'infection s'installera inévitablement. Et si même par miracle j'arrivais à sauver votre main, elle resterait à jamais privée de ses fonctions.

— Vous savez, il ne me restait que ma musique…

Traçant de petits sentiers crayeux sur le masque sanguinolent, des larmes coulaient maintenant sur les joues d'Allan.

— Je suis certain que Miss Geddes saura s'occuper de vous, dit le chirurgien avec compassion.

— Je ne le crois pas, monsieur. Catherine… a épousé un autre homme quelques semaines avant mon embarquement.

— Je croyais que vous étiez fiancés… dit Francis, sincèrement étonné.

— Nous l'étions, acquiesça le jeune homme d'une voix éteinte. Et j'aimais croire que les choses en étaient toujours là. Il est plus doux de penser qu'une femme nous attend et sera là pour nous quand la guerre sera terminée. Mon père est mort deux mois après l'annonce des fiançailles. Nous ne le savions pas, mais il était lourdement endetté. Ses créanciers ont saisi la manufacture. Ma condition ne suffisait plus aux yeux de la famille de Catherine. Ils ont tout fait annuler. Alors… vous allez me couper le bras ?

Le cœur en miettes, Francis jeta un regard circulaire autour de lui. Les chirurgiens étaient tous accaparés. Il aurait voulu qu'un autre que lui s'occupe d'Allan. Il ne se sentait pas la force de réduire davantage ce garçon qu'il aimait bien. Il allait lui répondre quand le jeune homme prit les devants.

— Je sais ce que vous avez à faire… Je voudrais seulement attendre un peu, si vous n'y voyez aucun inconvénient. Je ne souffre pas tant que ça. Il y a certainement des cas plus urgents à voir.

— Je… vous savez que le temps n'arrangera rien, Dale. Les chances de survie à la suite d'une amputation secondaire diminuent considérablement, même pour un avant-bras.

— Je sais. Je désire seulement attendre encore un peu, c'est tout. Je dois… réfléchir.

Posant son regard dans celui du jeune homme, Francis cherchait les mots de réconfort qui ne venaient guère.

— J'aurais tant voulu jouer une dernière fois sur mon Castagneri. C'est un très bon instrument. Mon père l'avait gagné en jouant aux cartes. Il a appartenu à l'un de ces réfugiés français venus à Londres après la Révolution. L'instrument a été oublié pendant des années dans un coffre au grenier, jusqu'à ce que je le découvre. J'avais six ans et je ne connaissais presque rien de la musique à cette époque. Je veux dire… de la grande musique, celle qui fait rêver, celle qui dépose dans le cœur des parfums d'émotions et soulève des passions qui ne vous quittent plus. Catherine aimait cette musique…

Allan se tut et ferma les yeux comme pour saisir les dernières notes d'un concerto dans sa tête.

— C'est bon. Prenez un peu de repos. Je vous reverrai à l'aube.

En silence, Francis fit un nouveau pansement. Allan le remercia, reprit possession de son mousquet et s'éloigna.

Tout n'était que chair, sang et os brisés. Il finit de rincer au vin tiède additionné de sel une portion de l'intestin d'un Belge éventré et repoussa les viscères dans la cavité abdominale. Moore lui tendait une aiguille enfilée. Les doigts du chirurgien tremblaient tant qu'il dut s'y prendre à deux reprises pour bien la saisir.

Quelle heure était-il ? Abruti par une fatigue extrême, Francis ne tenait debout que par la tension musculaire qui ne l'avait plus quitté depuis la fin des combats. Ses articulations étaient raides d'avoir trop travaillé et il ne se souvenait pas du dernier repas qu'il avait pris.

Le chirurgien acheva les derniers points de suture en clignant des yeux. Le blessé, à demi conscient, fut évacué et un autre fut amené ; une lacération du cuir chevelu laissait une partie de l'os à découvert. Francis frotta ses paupières et y appliqua une pression comme pour les empêcher de s'ouvrir de nouveau sur la misère humaine qui l'encerclait.

— Vous devriez aller vous reposer un peu, docteur Seton.

Il y avait tant à faire encore… Il repensa à Allan. Le jeune homme avait oublié son havresac.

— Docteur… Je vais le faire pour vous.

La voix lui parvenait, lointaine.

Ses jambes ne le portaient plus. Moore avait raison. À continuer ainsi, il risquait de commettre de graves erreurs. Il devait prendre un peu de sommeil avant d'opérer Allan. Sans dire un mot – il n'en avait même plus la force –, il acquiesça et se dirigea vers la sortie de la grange qui leur servait d'hôpital de campagne.

Une brise très fraîche l'accueillit. S'adossant contre le mur du bâtiment, il leva les yeux vers le ciel.

Ni lune, ni étoiles, ni soleil.

Une aube grise…

> … *C'est là que, les yeux pleins de tendres rêveries,*
> *Ève à son jeune époux abandonna sa main,*
> *Et rougit comme l'aube aux portes du matin.*
> *Tout les félicitait dans toute la nature,*
> *Le ciel par son éclat, l'onde par son murmure.*
> *La terre, en tressaillant, ressentit leurs plaisirs;*
> *Zéphyr aux antres verts redisait leurs soupirs;*
> *Les arbres frémissaient, et la rose inclinée*
> *Versait tous ses parfums sur le lit d'hyménée.*
> *Ô bonheur ineffable! ô fortunés époux!*
> *Heureux dans ses jardins, heureux qui, comme vous,*
> *Vivrait, loin des tourments où l'orgueil est en proie,*
> *Riche de fruits, de fleurs, d'innocence et de joie!*

Ces quelques lignes de Jacques Delille lui vinrent à l'esprit comme ça, comme un baume parfumé, comme un tressaillement du cœur. Il en ressentit un étrange plaisir. Plaisir sensuel. Plaisir coupable alors que ses bras séchaient encore du sang des victimes. Mais cela lui fit du bien de penser à Dana et il ferma les yeux.

Un coup de tonnerre lointain fit naître des images dans les profondeurs de son esprit. La cavalerie française arrivait vers lui telle l'armée des Quatre Anges venue exterminer les hommes qui refusaient d'entendre la voix de Dieu. Cuirasses de feu et haleines de soufre… Les hommes criaient de terreur devant le Deuxième Malheur.

Francis sentit une secousse le déstabiliser et perdit l'équilibre. Sa tête heurta durement le baril qui recueillait l'eau de pluie, finissant de le réveiller. Il jura en se frictionnant le crâne. Voilà qu'il dormait debout !

Mais les voix d'hommes continuaient d'appeler à l'aide. Se relevant en grimaçant, il se tourna vers deux silhouettes qui s'amenaient en courant vers l'hôpital.

— Un médecin ! Un médecin ! cria l'un d'eux.

Repérant le chirurgien, il se dirigea directement vers lui.

— Là-bas… ahana le soldat, pointant son index sur le champ.

— Amenez le blessé ici.

— Non… pour aucune raison je ne touche à ces gens-là, docteur. C'est un damné ! Il a péché, c'est un damné !

— Quels gens ? L'ennemi ? Mais…

Le soldat s'éloignait sans donner plus de détails. L'esprit encore un peu embrouillé par le sommeil, Francis entra dans l'hôpital et prit son nécessaire de poche. Il rejoignit le deuxième homme qui l'attendait : l'enseigne Macdonell du 92e le salua, l'air grave.

— C'est un de nos gars, annonça-t-il. Et c'est pas du joli.

— Que s'est-il passé ?

Ils se mirent en marche. Attirés par les cris, des hommes accouraient en bordure d'un champ d'orge.

— J'ai tout vu, Mr Seton, commença l'officier en parlant tout bas. Je discutais avec la sentinelle quand j'ai vu l'un de nos hommes entrer dans le champ. Je croyais qu'il cherchait à déserter, alors je me suis mis à sa poursuite.

— Vous lui avez tiré dessus ?

— Non. Il l'a fait lui-même. Il a pressé la détente avec son orteil. J'ai tenté de l'en empêcher… mais trop tard.

Les murmures se turent et le cercle s'ouvrit à leur arrivée. Les visages exprimaient répulsion et tristesse. Là, dans les épis, ils découvrirent le corps d'un homme gisant sur le côté, le haut du crâne éclaté. Le pied droit du mort était dénudé et son gros orteil était resté coincé dans le pontet de sous-garde de son Brown Bess. Francis se pencha sur le mort. Ce ne fut qu'à ce moment qu'il entrevit le pansement ensanglanté autour du poignet droit dissimulé dans la végétation. Ce fut comme si un boulet de canon lui passait à travers le cœur.

— Par le Christ ! Dale…

Chapitre 27

Une chaleur étouffante harcelait les Édimbourgeois depuis trois jours. L'ombre du *land* n'offrait nul abri. La cage d'escalier ne comportait aucune fenêtre, donc aucune possibilité d'aération. Les locataires laissaient les portes ouvertes, ce qui l'emplissait d'un vacarme assourdissant dans lequel le claquement des talons de Dana sur le bois des marches se perdait.

Au deuxième palier, elle fit une pause. Un mouvement attira son attention dans l'obscurité qui l'enveloppait. Tendant l'oreille, elle attendit. Un enfant pleurait tandis qu'une voix, qui pouvait être celle d'une femme aussi bien que celle d'un homme, le morigénait. Le tintement des marmites lui rappela que l'heure du dîner approchait, et le poids de son jarret de mouton la ramena au moment présent. D'un pied lourd, elle entreprit de gravir la dernière volée et sortit sa clé, qu'elle gardait suspendue à son cou au bout d'une ficelle pour éviter de la chercher chaque fois au fond de son réticule. C'était plus pratique.

La porte s'ouvrit dans un léger grincement sur une fraîcheur relative.

« Quelle galère ! » haleta-t-elle.

Comme elle se retournait pour refermer, une force brutale la repoussa à l'intérieur et elle en perdit le souffle. Son panier alla s'écraser au sol avec les ingrédients de son dîner. Avant qu'un cri puisse s'échapper de sa gorge, une main l'étrangla. Les yeux exorbités, usant de toute l'énergie dont elle disposait, Dana tenta de se dégager à l'aide de ses bras et de ses jambes.

L'air pénétra d'un coup et elle s'écroula au sol, haletante, ses mains à son cou endolori. Elle vit d'abord une paire de jambes robustes moulées dans un pantalon long de couleur sombre. Puis l'éclat d'une chemise sous un frac de belle coupe, également foncé. Sous une tignasse brun clair perçait un regard malveillant qui la toisait avec insistance. La bouche de l'individu se tordait dans un rictus méprisant.

— Mrs Nasmyth, je présume ?

Pétrifiée, la gorge endolorie, Dana n'arrivait pas à articuler un son. S'accroupissant devant elle, l'homme employa un ton plus menaçant.

— Allons, je sais que vous n'êtes point muette, ma jolie. Vous êtes bien l'épouse de Timmy Nasmyth ?

— Oui…

Un sourire satisfait apparut sur le visage aux traits un peu frustes.

— Voilà qui est mieux.

Il se redressa et visita le logis d'un regard circulaire avant de reposer son attention sur Dana, qui était demeurée figée.

— Dites-moi où il se cache, le gentil Timmy ?

— Je ne sais pas, répondit Dana d'une voix où commençait à poindre l'angoisse.

— Ça fait un sacré bout de temps qu'on l'a pas vu et j'ai un brin de causette à faire avec lui.

— J'ignore où il est… répéta-t-elle.

— Vous l'ignorez ?

L'incrédulité nuançait le ton. L'individu la mesura momentanément, l'air mauvais, méditant sur ce qu'il ferait de cette réponse qui ne lui convenait manifestement pas. Il grogna, se gratta la gorge, étira le col de sa chemise qui lui irritait la peau du cou et jura.

— Ma patience a ses limites, ma petite dame.

— Je vous jure…

Une douleur aiguë lui arracha un cri. Sa tête fut rudement tirée derrière et l'éclat du regard qui plongeait dans le sien appuyé de celui d'une lame la réduisit au silence. La terreur assiégeait maintenant Dana.

— Votre mari me doit de l'argent, Mrs Nasmyth. Une belle somme d'argent que je tiens à récupérer.

Il la repoussa et elle plongea le nez dans les carottes qui s'étaient éparpillées sur le plancher.

— De l'argent… murmura-t-elle, se redressant assez pour voir son agresseur. Combien ?

— Cent quatre-vingts guinées… et les intérêts. Vous comprendrez que je m'attends à récupérer mes investissements, n'est-ce pas ?

Elle essayait de réfléchir. Crier ne lui serait d'aucun secours. Le *land* était en pleine effervescence au moment du dîner. Une multitude d'enfants criaient et souvent leurs parents criaient ainsi après eux. Son cri à elle n'en serait qu'un de plus.

— Timmy ne rentrera pas avant très tard cette nuit.

— Vraiment ? fit l'homme. Eh bien… dans ce cas, je me vois dans l'obligation de rester ici pour vous tenir compagnie jusqu'à son retour, ma petite dame. J'ai vraiment besoin de récupérer mon argent, vous voyez. Je ne partirai que quand cela sera fait.

Du bout de sa botte il fit rouler les oignons et repoussa l'emballage de papier qui contenait le jarret.

— Qu'est-ce qu'il y a pour dîner ?

— Du mouton.

Une expression de dégoût résonna. L'homme se frotta la mâchoire tout en détaillant Dana avec le regard de celui qui évalue la qualité d'une pièce de viande. Un sourire imprima un air salace sur son faciès.

— On verra pour les agréments au menu. Servez-moi une bière…

— Je n'ai pas de bière, monsieur.

— Pas de bière ?

— Que du vin, si cela vous déplaît…

— Alors ce sera du vin, ma jolie.

Il s'écarta. Dana se leva, gardant l'homme dans son champ de vision. Il fallait se débarrasser de l'individu. Mais comment? Elle n'avait pas d'argent à lui offrir. Se dirigeant vers le garde-manger, Dana se creusait l'esprit pour trouver. Elle ouvrit le vantail, prit l'une des deux bouteilles de vin qu'il lui restait et la déposa sur la table. Puis elle alla chercher un verre. Quand elle se tourna pour le lui présenter, l'homme recrachait le bouchon et buvait au goulot.

—Pas mal… Il reçoit avec classe, ce Nasmyth, hein?

Il recommença et posa sur Dana des yeux allumés de convoitise.

—Dites donc, pour une infirme, vous êtes encore assez attirante. C'est vrai qu'un cul reste un cul… et Nasmyth a toujours eu un goût sûr pour ceux que loue Mrs Pennycock[20].

Aux yeux que fit Dana, l'homme afficha un certain plaisir.

—Je vous assure que le nom de la dame n'est pas un pseudonyme, ajouta-t-il en riant.

Une chose se mit à enfler affreusement dans le ventre de Dana: la haine. Contre cet ignoble individu qui la traitait de façon si humiliante. Contre Timmy, qu'elle jugeait responsable de cette situation.

—Vous permettez que je commence à préparer le dîner, monsieur? demanda-t-elle froidement.

—Faites, Mrs Nasmyth.

Et l'homme se laissa tomber sur une chaise. Étirant ses jambes et croisant ses chevilles, la bouteille de vin entre les cuisses, il surveillait ses moindres gestes, son poignard toujours bien en vue. Dana se mit à la tâche en essayant de fonctionner comme si elle était seule. Elle se demandait ce que l'homme ferait quand il s'apercevrait que Timmy ne rentrerait pas. Allait-il passer la nuit à l'attendre?

Faire travailler ses mains lui fit du bien. Cela calma ses nerfs et lui permit de penser plus froidement. Le jarret déposé sur les légumes épluchés et tranchés, elle assaisonna le tout et y versa de l'eau. Le feu avait été allumé. Ne restait qu'à attendre.

---

20. Penny: unité de monnaie anglaise. Cock: coq, en anglais. Mais en argot, le mot peut aussi signifier bite ou, plus simplement, pénis.

Ses mains tripotaient nerveusement son tablier. Il fallait trouver autre chose à faire, maintenant. Elle commença à mettre le couvert. Son agresseur était absorbé par le curage de ses ongles. Allait-il défouler sur elle sa frustration quand il réaliserait qu'il ne récupérerait jamais son argent? Lui proposer de partir avec les derniers meubles était inutile. L'homme était de toute évidence du genre à traiter avec les espèces sonnantes. Elle possédait toujours sa chaîne et sa croix en or, mais elle doutait que le bijou rembourse la totalité du montant qu'il exigeait.

Comme elle avisait le couteau qui avait servi pour arranger les légumes, une idée prit naissance dans son esprit. Non... Timmy avait dû l'emporter avec lui. Et encore, elle ne saurait pas s'en servir. Mais elle n'aurait peut-être pas à s'en servir.

L'eau commençait à fumer dans la marmite. Ils en avaient encore pour un bon moment à attendre. Puis résonna le bruit du clapotis du vin dans la bouteille. Lançant un regard vers l'homme, elle pria Dieu que cela fonctionne.

— Puis-je me retirer dans la chambre? demanda-t-elle.

Un œil brun se leva vers elle.

— Pour quoi faire?

— Il y a des besoins, monsieur, que je ne peux soulager ici, riposta-t-elle avec ironie.

Un coin de la bouche de l'homme tiqua. Jaugeant sans doute ses capacités à ourdir une évasion éventuelle, il se leva, se dirigea vers la petite pièce au fond et l'inspecta. L'absence de fenêtre éliminait toute tentative de fuite.

— Allez-y, ma petite dame.

Dana traversa la cuisine et passa devant lui. Une poigne raide l'arrêta brusquement. Il ouvrit la bouche. L'haleine vineuse de l'homme lui balaya le visage et elle remarqua une paille d'or dans l'iris de l'œil gauche qui la braquait.

— Ne faites rien de stupide, madame, l'avisa-t-il sur un ton comminatoire.

Elle sentit la force se déployer dans la main qui enserrait son bras. Elle imagina facilement cette force se concentrant dans un poing et s'abattant sur elle. Pire, la clouant sur le lit et… Cette séquence potentielle la frappa de plein fouet et elle en ressentit un grand frisson de dégoût et de crainte. Sans doute perçut-il sa frayeur, car il esquissa un sourire malicieux et la libéra doucement.

Son sang lui martelant les tempes, Dana referma la porte derrière elle. Elle entendit les paroles de son agresseur qui lui intimait de se dépêcher. Prestement elle se dirigea vers la commode et tira sur le troisième tiroir. Plongeant sa main sous le lin des chemises, elle tâtonna un moment. Ses doigts effleurèrent le froid du métal. Son cœur frappant à coups de bélier contre sa cage thoracique, elle saisit l'arme. Elle n'arrivait pas à contrôler ses tremblements.

— Dieu! Je n'y arriverai jamais, souffla-t-elle en levant le pistolet devant elle.

Elle ne voulait nullement s'en servir, vraiment. Juste effaroucher cet individu…

— Qu'est-ce que vous fabriquez, là-dedans? cria-t-il en frappant sur la porte.

Dans un sursaut, Dana pivota sur ses pieds et pointa la gueule de l'arme vers la porte. Ses doigts se crispaient sur la crosse. Elle en glissa un sur la détente. Le pistolet était-il chargé? Est-ce que l'homme pouvait reconnaître une arme prête à tirer d'une qui ne l'était pas? Elle ne connaissait rien à ces choses.

— J'arrive! J'ai presque terminé! riposta-t-elle.

— Ah! Les bonnes femmes!

Dana l'entendit s'éloigner. Un silence retomba, rempli des battements de son pauvre cœur terrifié de ce qui pourrait s'ensuivre maintenant. Une profonde respiration, les yeux fermés. Elle prit le temps de rassembler son courage. *Tu lui fais peur, rien de plus.*

Et si son plan échouait? S'il avait aussi sur lui un pistolet? Il en existait de taille assez petite pour être glissés dans la poche d'une veste.

Et si elle n'arrivait pas à se montrer assez convaincante?

— Mrs Nasmyth!

Dissimulant le pistolet sous son tablier, elle sortit de la chambre. La tête dans un nuage de vapeur, son agresseur était penché sur la marmite et en humait le contenu, qui avait commencé à mijoter doucement. Son poignard était resté sur la table, ce qui encouragea Dana à mettre son plan à exécution sur-le-champ. Présentant l'arme devant, elle pointa le canon vers l'individu. Ses muscles se raidirent, presque aussi durs que l'airain.

— Il a fallu que je tombe sur du mouton… commenta l'homme avec mécontentement en replaçant le couvercle.

— C'est parce que je n'ai guère les moyens de m'offrir autre chose, monsieur, fit remarquer Dana d'une voix qui se voulait sûre d'elle.

La surprise figea l'homme, qui s'était retourné. Sans bouger il fixait l'arme qui, étrangement, ne tremblait pas. Du moins, pas assez pour qu'il le vît.

— Holà, ma petite dame! murmura-t-il doucement.

— Mon mari est parti depuis plus de deux mois, monsieur. Dieu seul sait où il se cache. Et cela me surprendrait qu'il se décide à rentrer ce soir. Alors, je vous demanderais, monsieur, de partir. Je n'ai rien à vous donner pour rembourser la dette de mon mari.

Un moment de flottement. Puis l'homme ébaucha le geste de récupérer son poignard. Dana fit un pas devant, levant son arme, que le poids tendait vers le sol. On entendit un déclic. Le cœur de la jeune femme s'affolait. Sa nervosité avait appliqué une pression sur la détente. Elle prenait conscience qu'elle pourrait tuer… si le pistolet était chargé.

Son opposant parut hésiter à prendre un risque. Levant les bras, il recula.

— Ne faites rien qui pourrait entraîner des conséquences fâcheuses, Mrs Nasmyth.

— C'est certainement votre devise quand vous vous introduisez chez les femmes de vos clients, je suppose?

— Je n'ai jamais frappé une femme, je vous le jure, se défendit-il.

— Sous la menace d'un poignard, il est à penser que vous n'aurez pas à le faire. Maintenant, s'il vous plaît, partez. Si mon mari vient à se poindre, soyez assuré que je lui ferai le message que vous êtes passé lui dire bonjour. Il comprendra.

Semblant hésiter encore, l'homme restait immobile.

— Je peux récupérer mon couteau ? demanda-t-il d'un air benêt. J'en ai besoin pour manger.

— Ne faites rien qui pourrait avoir des conséquences fâcheuses, monsieur, le singea-t-elle sur un ton méprisant.

S'avançant avec prudence, sans la quitter des yeux, l'agresseur, qui la dépassait d'une tête bien mesurée, prit son arme et fila à toute vitesse. La porte du logis demeura ouverte et Dana, le pistolet encore pointé devant, l'écoutait dévaler l'escalier.

— Poltron ! gronda-t-elle quand elle entendit la porte du *land* claquer.

Ses doigts, ses bras, ses épaules lui faisaient mal. Son sang tournait à un rythme fou, et elle en eut le vertige. Avisant l'arme qu'elle tenait toujours, Dana se mit à trembler comme une feuille. Elle déposa le pistolet sur la table, le regardant avec toute l'horreur qu'il représentait. Avec l'horreur d'elle-même. Aurait-elle appuyé ? Aurait-elle pu vraiment tuer ?

La marmite fumait sur le feu. L'appétit l'avait quittée.

Et s'il revenait ? Il pourrait se faire accompagner de quelques acolytes plus frondeurs et venir chercher son argent, sinon tirer vengeance de son honneur de mâle écorché. Elle devait partir. Elle n'avait plus le choix. Si l'homme avait su la trouver, d'autres pourraient le faire éventuellement aussi. Timmy devait beaucoup d'argent à beaucoup de gens et plusieurs n'enfileraient pas leurs gants blancs pour venir le récupérer. Elle aurait à payer pour lui.

Forte de cette décision, Dana fila vers la chambre et commença à ouvrir les tiroirs pour les vider de leur contenu, empilant le tout sur le lit. Pendant qu'elle bougeait à toute vitesse, un hoquet la secoua, puis un autre, et un autre encore. Les sanglots lui remontaient à la gorge et bientôt sa vue s'embrouilla.

— Où es-tu, Timmy Nasmyth ? gronda-t-elle à travers sa colère et son désespoir. À la guerre ? Ailleurs ? Pourquoi m'as-tu abandonnée comme ça ?

Elle sortit un sac de cuir de sous le lit et le lança rageusement sur le matelas. En quelques minutes, il fut plein et elle le boucla.

Elle viendrait chercher le reste de ses effets plus tard avec l'aide de Logan et de Harriet. Le poids du sac au bout de son bras, Dana arriva jusqu'à la porte de Meredith et frappa. La voisine prit quelques secondes seulement pour lui ouvrir. L'étonnement arqua gracieusement ses sourcils noircis au khôl à la vue de son bagage.

— Mais où allez-vous comme ça, ma chère ?

Dana ouvrit la bouche pour répondre. Aucun son n'arrivait à franchir ses lèvres qui tremblaient. C'est alors que Meredith vit qu'elle pleurait.

— Doux Jésus ! Pauvre créature… entrez donc. Il est revenu ? C'est ça ?

Incapable de s'exprimer autrement que par le geste, Dana fit non de la tête.

— Mais… dit la femme, perplexe. Allons, entrez et racontez-moi tout ça. Vous avez besoin d'un bon petit remontant. J'ai ce qu'il vous faut.

Deux heures plus tard, l'estomac rassasié du jarret que Meredith avait récupéré, Dana se reposait tranquillement dans un fauteuil, un verre de cognac à la main. Elle n'aimait pas cette boisson, mais, pour l'heure, l'effet lui procurait un bien-être apaisant.

Pendant que Meredith s'occupait d'elle, Dana lui avait tout raconté de la visite du créancier de Timmy. La chanteuse partageait son avis que si lui avait eu l'audace de venir directement ici pour se faire rembourser, d'autres le feraient également. Elle devait déménager. Et cela attristait grandement Dana qui s'était habituée au quartier. Elle avait vite compris les avantages de vivre seule. D'avoir à retourner vivre chez son oncle ne lui plaisait guère. Seule la perspective de partager l'intimité de sa sœur, qui vivait chez les Nasmyth depuis deux semaines, maintenant, l'encourageait à y retourner. Mais elle se promit que cette situation ne serait que temporaire. Avec l'avance que lui avait accordée Francis, elle pourrait se permettre de trouver un autre logis dans un quartier acceptable. Toutefois, pour plus de sécurité, elle prendrait soin de le louer sous son nom de fille.

Pour l'instant, elle acceptait l'hospitalité de Meredith en attendant qu'arrive Logan avec le buggy.

❧❧

Dana s'ennuyait, avait-on raconté à Tante Flora, qui était heureuse de voir sa belle-fille revenir sous son toit. Flora était très bouleversée par la disparition de son fils et croyait fermement qu'il
avait enfin décidé de s'engager dans l'armée après que son père eut
refusé de lui accorder la gestion de la boutique. Elle le reprochait
d'ailleurs à son mari à chaque occasion qui se présentait. Ce dernier ripostait en blâmant Flora d'avoir trop couvé leur fils. «Un
homme qui ne sait pas faire face à ses responsabilités n'est point un
homme», ne cessait-il de rabâcher. L'atmosphère devenait parfois
explosive chez les Nasmyth, et Charles la fuyait, en se rendant au
moulin pour n'en revenir que de plus en plus tard le soir, dans un
état d'ébriété désolant.

Pour l'instant, après mûre réflexion, Dana en était venue à la
conclusion qu'elle devrait conserver le logis de Potter Row. Dans
l'éventualité où la vie chez son oncle deviendrait trop difficile. Advenant que Timmy ressusciterait. Elle désirait surtout éviter de
montrer devant ses beaux-parents qu'elle n'espérait plus son retour. Au moment opportun, elle pourrait toujours remettre la clé à
Mr Sanders.

Flora lui offrit l'ancienne chambre de Timmy. Harriet et elle se
retrouvèrent avec un bonheur partagé. Sa sœur, elle commençait à
s'en douter, avait un faible pour Logan. Devant sa propre infor-
tune, Dana se fit timide à l'encourager. «Prenez votre temps», lui
disait-elle seulement. Et Harriet soupirait. Mais la flèche de Cupidon
avait déjà touché son cœur.

Les deux sœurs Cullen s'occupèrent ensemble de la boutique,
ce qui permit à Flora de visiter quelques membres de sa famille
paternelle, les Reid, dans le comté d'Angus. Elles renouèrent avec
des habitudes de leur enfance, dont celle de se raconter un secret
chaque soir avant de s'endormir. Mais, en dépit de toute l'affection

qui les unissait, jamais Dana ne s'ouvrit à Harriet sur ses sentiments pour Francis Seton. Ce secret, elle le conservait pour elle
seule. Et, tous les jours que le courrier arrivait, elle y jetait discrètement un œil dans l'espoir qu'une lettre venant d'Europe lui soit
adressée.

— Tu crois vraiment à cette idée qu'il aurait pu s'engager ? lui
demanda un jour Logan en la surprenant à éplucher le paquet
d'enveloppes.

Quand elle eut pris conscience que c'était à Timmy qu'il faisait
allusion, elle sentit le rouge lui monter aux joues… de honte.

Régulièrement, elle visitait les amis de Timmy. Mais personne
ne recevait de nouvelles de lui. Puis elle passait dans Potter Row
pour prendre un thé avec Meredith. Non, personne n'était venu la
demander depuis son départ. La vie continuait comme si Timmy
n'en ferait plus jamais partie. L'idée qu'elle était possiblement veuve
sans le savoir commençait à lui effleurer l'esprit.

Puis un jour qu'elle lisait le journal à la table de la cuisine, un
nom imprimé réveilla un mauvais souvenir : Mrs Pennycock. La
dame avait été mise à l'amende pour avoir troublé la tranquillité
du quartier. Une querelle entre elle et l'une de ses pensionnaires
avait causé tout un remuement dans Charter Close, situé dans la
Canongate. Il était environ trois heures du matin et elles avaient
réveillé tous les locataires des bâtiments voisins. Le secours des
constables avait été nécessaire pour rétablir l'ordre. Les deux femmes en étaient venues aux mains. La pensionnaire avait été conduite
en prison pour avoir proféré des menaces de mort à l'endroit de
Mrs Pennycock. Elle ne serait pas traduite en justice puisque la logeuse n'avait pas porté plainte contre elle.

❦

À cette heure, la taverne était presque déserte. Les clients semblaient somnoler devant leur pinte de bière. Accoudé au comptoir,
Nathan Swann devisait tranquillement avec l'un d'eux. Quand il
vit Dana arriver, il se redressa et lui sourit. Il s'empressa de lui offrir

une limonade ou autre chose, selon ce qu'elle désirait. «Non, rien, merci.» Elle voulait simplement s'entretenir avec lui.

— Mrs Pennycock, laissa-t-elle tomber tout de go.

La réaction fut instantanée. Le visage de Nathan se ferma. Ainsi, son agresseur ne lui avait pas raconté de fables. Timmy allait à l'occasion chez cette dame.

— Qui vous a parlé de Mrs Pennycock? questionna-t-il, suspicieux.

— C'est sans importance…

Manifestement saisi d'embarras, il passait sans arrêt son torchon sur le bois du comptoir, patiné par l'usage.

— Je veux savoir où est située la maison de Mrs Pennycock, Nathan.

Le torchon s'immobilisa. Une expression d'incrédulité se peignit sur les traits disgracieux. Dans l'ombre des orbites, le regard du tavernier se fit plus intense.

— Je ne crois pas que ce soit une bonne idée, Mrs Nasmyth.

— Ce sera à moi d'en juger. Ce que je veux avant tout, c'est retrouver Timmy; sinon, connaître la vérité sur ce qui lui est arrivé. J'ai reçu la visite de l'un de ses créanciers.

Un juron s'échappa de la bouche de Nathan. Il remit son torchon en marche.

— Le type s'est nommé?

— Non.

Elle le lui décrivit sommairement.

— William Baxter, déclara Nathan.

L'identité de l'homme laissait Dana indifférente.

— Je ne sais plus où chercher, Nathan. Si cette Mrs Pennycock peut me donner un indice qui m'indiquerait où…

— Charter Close.

Dana nota l'inquiétude au fond de sa voix.

— Merci, Nathan.

L'homme hocha lentement la tête.

— Je continue de penser que vous ne devriez pas aller là-bas.

— Dites-moi ce que je pourrais apprendre sur Timmy qui pourrait me décevoir plus que je ne le suis déjà ?

⋗⋖

Plus une cour intérieure qu'une rue, Charter Close était une impasse située au pied de la Canongate, à deux pas de la Girth Cross, jadis le lieu où étaient exécutés les condamnés. Une poignée d'enfants s'amusaient autour d'une vieille charrette. Épées de bois au poing, ils se disputaient l'occupation du véhicule chargé de foin. Repoussant les poules qui lui bloquaient le chemin, un homme surgit, une pelle comble dans les mains, d'une porte double ouverte. Il projeta le contenu de son outil sur un monticule de fumier. Puis il lança des avertissements aux enfants, qui, tout à leur guerre, l'ignorèrent. L'homme retourna dans l'écurie en secouant la tête.

Vue de l'extérieur, tout comme celle de Mrs Blake, la maison n'annonçait rien de ce qu'elle offrait, n'eût été les multiples jupons qui flottaient aux fenêtres, ondulant langoureusement dans la brise d'été qui les séchait, tels des mouchoirs lumineux qui espéraient attirer l'attention des gentlemen.

Deux jeunes femmes passèrent près d'elle en riant et grimpèrent l'escalier qui menait à l'adresse qu'avait mémorisée Dana. Élégamment vêtues, les demoiselles ressemblaient à n'importe quelle femme croisée dans les rues de la ville. L'une d'elles, habillée de jaune tendre, regarda dans la direction de Dana qui se tenait immobile devant la maison. Elle l'étudia et tira sur le coude de sa compagne.

« Elles vont croire que je cherche du travail ! » pensa soudain Dana, mortifiée.

D'un regard circulaire, elle scruta Charter Close : personne d'autre ne lui portait intérêt.

— Tu cherches quelque chose ? demanda la fille à la robe jaune.

— Non… euh, oui, peut-être, se reprit-elle, prise d'embarras.

Une cascade de rires vola jusqu'à elle.

— Reste pas plantée là comme un poteau de mai, suis-nous, l'invita la fille en lui faisant signe.

Sa vue s'habituant à la pénombre, Dana suivit les deux pensionnaires dans l'entrée. Un majordome aux allures intimidantes, certainement destiné à traiter avec les clients malcommodes, les accueillit. Il prit les chapeaux des filles et présenta sa main à Dana.

— Je serai brève, fit-elle timidement. Je veux seulement poser quelques questions à Mrs Pennycock.

Les filles éclatèrent de rire. Le majordome sourit, s'inclina et s'éloigna.

— Si tu veux connaître les tarifs et les conditions, je peux…

— Kat ! gronda une voix forte. Je vais m'occuper d'elle. Allez, montez vous préparer pour le déjeuner.

Une femme rousse, très grande, sobrement vêtue de vert émeraude, était sortie de nulle part.

Le visage grave, sans un mot, les deux filles obtempérèrent. Elles disparurent dans un escalier de bois blond. Seule avec la maquerelle, Dana courba la nuque, se disant en dernière analyse qu'elle n'aurait peut-être pas dû venir ici.

— Eh bien, ma petite, que puis-je faire pour vous ?

— Vous êtes Mrs Pennycock, je présume ?

Les prunelles bleues de la femme scrutaient celles de Dana, qui s'était décidée à l'affronter. Quelques rides lui griffant les tempes et des fils blancs dans la chevelure indiquaient qu'elle devait approcher la quarantaine. Quoique ses traits fussent quelconques, sa taille avait conservé la sveltesse de sa jeunesse. Mais, ce qui impressionnait le plus chez cette femme, c'était la force de persuasion qui émanait de son regard quand on s'y livrait.

— Je suis Mrs Pennycock, affirma-t-elle avec hauteur. Puis-je connaître votre nom, Miss ?

— Je suis… je ne cherche pas du travail, madame, expliqua Dana, qui voulait en finir au plus vite.

Des rires étouffés venaient du premier. On entendait le bruit d'une course et des cris de protestation. La tenancière soupira et grogna d'impatience.

— Dans ces conditions, que venez-vous faire ici, si vous ne cherchez pas à louer une chambre ?

Louer une chambre ? Se serait-elle méprise ? Peut-être que cette maison n'était rien de plus qu'une pension pour jeunes filles, après tout.

L'une de ces filles dévala l'escalier en courant et en gloussant. À la vue de la visiteuse et de Mrs Pennycock, elle stoppa net sa cavalcade. C'était une jolie brunette aux grands yeux noirs et à la moue boudeuse qui n'avait guère plus de seize ans. Ne portant que ses vêtements de corps, qui étaient fort charmants et qui ne cachaient presque rien d'une anatomie voluptueuse, elle bredouilla quelques excuses et remonta aussitôt sur le même rythme. Non, Dana ne s'était pas méprise.

— Vous me faites perdre mon temps, commenta Mrs Pennycock, agacée.

— Je voulais seulement savoir… c'est que mon mari…

— Votre mari ?

— Il a disparu… et…

L'esprit dans un état d'agitation extrême, Dana n'arrivait plus à formuler une phrase correcte.

La maquerelle croisa les bras et pinça les lèvres, comme pour percer le dessein de la visiteuse.

— Nous n'hébergeons pas les hommes, Miss, déclara-t-elle enfin devant le mutisme prolongé que lui opposait Dana.

— Ça, je sais. C'est que j'ai appris que Timmy venait ici…

— Timmy ?

— Nasmyth.

— Timmy Nasmyth ? répéta encore Mrs Pennycock comme un perroquet.

Elle leva le menton, l'évaluant ostensiblement et accentuant le malaise de Dana qui ne désirait plus que partir. Qu'avait-elle espéré apprendre en venant ici ? À l'évidence, la tenancière ne donnerait aucune information sur ses clients.

— Vous comprendrez, Mrs Nasmyth, dit alors Mrs Pennycock en s'approchant d'elle, qu'il y a beaucoup de monde dans cette ville. Comment me souvenir de tous les hommes que je rencontre ?

— Bien sûr, madame, fit Dana dans un murmure. Je suis désolée de vous avoir dérangée.

Elle fit demi-tour pour sortir. Son attention retenue par le pied bot qui avait traîné sur le sol, la femme produisit un étrange sourire.

— Je suis désolée pour votre mari, dit-elle en se modelant un masque empathique. Vous savez, Mrs Nasmyth, si on écarte toute question de sentiment, pour les hommes, le mariage n'est rien de plus qu'une façon honnête de baiser. Et quand ils n'y prennent plus plaisir…

L'allusion était on ne peut plus claire. Heurtée dans ses sentiments les plus profonds, Dana ne se sentit pas le courage de relever la réplique. Cela ne valait de toute façon pas la peine. Que connaissait cette maquerelle de son mariage ?

Redressant ses épaules, elle se fit de la même taille que Mrs Pennycock. Elle la toisa en y mettant toute la morgue qu'elle put, puis sortit. Dehors, le cœur rompu, elle prit un moment pour se ressaisir avant de reprendre le chemin du retour. Quelques pigeons vinrent se poser sur le pavé tout près d'elle pour se disputer des miettes de pain. Elle bougea ; ils s'éloignèrent à peine en roucoulant dans un battement d'air.

— Hé ! Miss ! résonna une voix chuchotée.

Essuyant prestement ses yeux, Dana se retourna. Personne. Elle se préparait à partir quand la voix se fit entendre en même temps qu'un morceau de pain lui tombait sur l'épaule pour rebondir au sol. Elle leva le visage. La jolie brunette se penchait à la fenêtre, un bout de pain à la main, un négligé couvrant à peine l'indécence de sa tenue.

— C'est quoi vous lui voulez, à Timmy ?

La fille avait sans doute écouté leur conversation du haut de l'escalier. Dana allait lui dire qu'il était son mari, mais elle estima qu'il serait préférable de se taire. Cette fille l'avait peut-être connu…

intimement. Cette idée lui fit mal. Elle n'avait jamais pensé que Timmy pût lui être infidèle.

— Je le cherche, c'est tout. Le reste ne regarde que moi.

La brunette la considéra pendant qu'elle lançait des miettes dans la rue.

— Il est pas revenu ici depuis un bon moment. Mais quand il venait, c'est Rosie qu'il demandait.

Le prénom retentit dans son crâne comme un coup de canon.

— Rosie?

— Ben oui, Rosie l'Irlandaise.

Seule au milieu des pigeons, elle sentit ses genoux mollir.

— Elle est ici?

— Ah, non! Rosie est partie d'ici il y a deux mois de cela.

— Deux mois… fit Dana, abasourdie.

Il y avait deux mois, Timmy disparaissait aussi. Anéantie par les conclusions qu'elle en tirait, Dana se détourna.

— Hé! C'est quoi votre nom?

Mais Dana s'éloignait déjà vers High Street en courant, sans répondre.

Chapitre 28

Journal de campagne – 17 juin 1815, Waterloo, huit heures du soir.

Hier, les antagonistes se sont affrontés aux Quatre-Bras. Le souvenir de l'expérience me suivra jusque dans ma tombe. Nous avons passé la nuit à Genappe. Elle fut des plus longues et éprouvantes. Sitôt que l'annonce du repli des Prussiens sur Wavre nous est parvenue, la retraite des troupes anglo-néerlandaises vers le nord a été annoncée par Wellington. Le moral des hommes est bas. À mes yeux, cela n'augure rien de bon. Après avoir combattu avec tant d'opiniâtreté pour les conserver, nous abandonnons les Quatre-Bras. Mais, sans l'appui des Prussiens, reprendre les combats tiendrait de la folie. Cependant, retraiter va permettre à l'armée du Nord d'avancer sur Bruxelles et de l'assiéger.

Il y a beaucoup à faire pour organiser le transport des blessés. Un seul wagon à ressort est attribué pour chaque régiment. Nous avons dû abandonner plusieurs malheureux à leur sort dans les fermes et les habitations qui bordent notre route jusqu'à ce que des wagons puissent retourner les quérir. Selon les estimations du chirurgien général, cinq mille Britanniques ont été perdus.

Je n'ai point de nouvelles de Percy. Nous avons entendu l'écho des canons pendant un moment. Sans nul doute, notre arrière-garde a su repousser les belligérants. Et notre préoccupation véritable s'est rapidement rabattue sur la condition des routes parfois impraticables. Les chemins pavés étant réservés aux véhicules et à l'artillerie, ceux de

nous qui se déplacent à pied ou à cheval, alourdis par leur fourni-
ment, avançaient très difficilement à travers les champs, s'embour-
bant dans le sol lourd et gras d'argile. J'ai remarqué que les soldats
qui ont vécu de l'air pur des campagnes et qui ont été rompus à la vie
d'agriculteur enduraient plus facilement la fatigue des longues mar-
ches que les citadins.

La retraite s'est faite sous un ciel lourd qui, grâce à Dieu, ne s'est
crevé qu'une fois le bivouac monté près de Mont-Saint-Jean, un vil-
lage situé à près d'une dizaine de miles *au sud de Bruxelles. Je crois*
que l'aube prochaine entendra les canons gronder. Les Français sont à
nos trousses. L'incertitude nous poursuit. On compte les soleils comme
autant de cadeaux du ciel.

La pluie fouettait le cantonnement avec force. L'humidité pénétrait jusqu'aux os. Le sol, éponge saturée, régurgitait son eau dans
des rigoles qui creusaient les sentiers.

Les rations avaient été distribuées et, malgré la fatigue, malgré
la pluie glacée qui diluait le sang imprégnant leurs vêtements, malgré la profondeur de leurs blessures, les soldats faisaient la seule
chose que les soldats pouvaient faire : jouir de la vie de la seule façon
qu'ils connaissaient. Et ils le faisaient bruyamment. C'était là la ré-
compense des héros, ces hommes qui combattaient pour l'honneur
de leur patrie !

Toute la nuit Francis avait lu dans les yeux de ces héros des
choses qu'on préférait taire. Personne ne voulait connaître la vérité.
Le héros était immortel ; le simple homme n'était ni grand ni in-
vincible face à la mort. Ainsi était mort Cameron de Fassiefern,
avait-il appris à son arrivée. Et les rêves de gloire étaient ce qu'ils
étaient, justement : des rêves. Mais il fallait donner une noble raison à la guerre.

Il avala sa dernière bouchée et essuya son assiette avec un morceau de pain. Sur une table improvisée formée d'une planche posée
sur des tréteaux – celle qui servirait aussi pour les opérations –, il
avait soupé d'un plat de viande de bœuf salé, d'un morceau de
chou et de pain sec trempé dans le bouillon. Son frugal repas était

froid mais combien apprécié. Il en avait maintenant l'habitude. Il en avait même oublié le goût d'un morceau de rôti de bœuf chaud. Tout ce luxe lui paraissait si lointain. Si inutile à la survie.

Selon les informations qu'il avait pu obtenir, ils étaient à courte distance du village de Waterloo, où l'état-major avait établi ses quartiers. Le gros de l'armée avait pratiquement planté ses étendards sous le couvert des frondaisons de la forêt de Soignes. La terre étant leur seule richesse, ici les gens vivaient modestement dans de simples chaumières recouvertes de paille. Les moissons avaient déjà atteint plus de la moitié de la hauteur d'un homme. À leur arrivée, il faisait encore suffisamment clair pour prendre note du terrain : une plaine ridée de crêtes et de vallons sur plusieurs *miles* carrés. Était-ce le terrain choisi par Wellington pour affronter l'ennemi ?

Il y avait deux heures à peine qu'une salve de l'artillerie avait tonné dans la plaine, les mettant en état d'alerte. On avait répondu au salut des canons français. L'échange s'était arrêté là. Mais le message était clair : l'Ogre n'était pas loin.

Les blessés avaient été installés dans des hôpitaux de campagne aménagés dans des fermes situées entre le petit hameau de Mont-Saint-Jean et Waterloo. Sitôt qu'ils étaient en état de se déplacer, on les transférait vers Bruxelles. Francis avait fait le tour de ses protégés une dernière fois avant de se retirer pour faire l'inventaire de son matériel et prendre un peu de repos. Son brave Émile avait monté la tente et mis la charge des mules à l'abri du déluge. Ce n'était qu'un simple abri ouvert à tous vents. Mais c'était mieux que de dormir sous la pluie comme la plupart des soldats.

Heureusement, rien ne manquait. La crainte de voir disparaître ses précieux instruments et médicaments devenait une préoccupation constante qui frisait l'obsession. Le vol d'équipement était courant lors des déplacements. Aujourd'hui, deux mules avaient disparu. Une bête chargée était une tentation pour le muletier, la plupart du temps un homme du pays, qui n'aspirait qu'à tirer parti de cette guerre dont l'issue ne lui garantirait pas son pain quotidien. Et un chirurgien sans ses instruments était comme un soldat sans armes face à l'ennemi.

Frissonnant dans ses vêtements humides, Francis nettoya la table et approcha la lampe. Son servant venait de partir pour trouver de l'eau et, l'espérait-il, autre chose de plus fortifiant à boire. L'eau était toujours un problème dans les campements souvent établis à l'écart des villages. Les puits étaient difficiles d'accès. Et, pour des dizaines de milliers d'hommes et de chevaux, cela posait un problème de taille, d'autant plus que la pluie torrentielle qui tombait depuis leur arrivée avait rendu l'eau des ruisseaux vaseuse et impropre à la consommation humaine. Les troupes étanchaient donc généralement leur soif avec de l'alcool. Le bannir du régime était impensable. Il fallait comprendre son utilité pour rehausser le moral des soldats. Et tenir le moral élevé diminuait l'indiscipline et l'ennui, qui étaient les pires ennemis des troupes. Mais il y avait à l'usage de l'alcool un effet pernicieux. Il déshydratait le corps, et les hommes n'en avaient évidemment que plus soif. À défaut de pouvoir recueillir l'eau de pluie dans leur shako, pour l'instant ils se contentaient d'ouvrir leur bouche tournée vers le ciel.

De nombreux feux flambaient malgré le temps. Une quête fructueuse avait rapporté au cantonnement une multitude de pièces de mobilier, de portes, de volets et d'autres objets de bois qui avaient été passés sous la hache et montés en bûchers. Pour tromper la solitude qui commençait à lui peser, Francis pensa rejoindre celui des officiers. Mais sa correspondance avait besoin d'être mise à jour; il n'avait pas encore répondu aux lettres de ses proches reçues cinq jours plus tôt. Il reprit le coffret dans lequel il plaçait son matériel à écriture et où il avait placé les enveloppes destinées à Mrs Dale et à Miss Geddes. Il en sortit quelques feuilles de papier, trempa sa plume dans l'encrier et s'appliqua à trouver des mots qui plairaient à sa mère. À peine eut-il rempli une page que déjà il ne trouvait rien à ajouter. Il contempla la lettre un moment, songeur, puis la signa et prit une deuxième feuille.

« Ma très chère Bella… » marmonna-t-il en écrivant.

La pointe de sa plume décrivit une jolie arabesque et s'arrêta là. Que pouvait-il raconter à ses sœurs de ce qu'il vivait depuis son départ? Ces dames étaient si loin de cette guerre. Si loin même de la pauvreté crasse d'Édimbourg qu'elles évitaient de voir en conservant le regard baissé sur leurs gants de soie. Elles eurent droit à une copie de la lettre de leur mère.

Le cœur encore ébranlé par les évènements des dernières heures, Francis se leva et exécuta quelques pas, tournant en rond dans l'espace réduit. C'était la première fois qu'il ressentait avec autant de force cette envie de vider le fond de son âme, d'exprimer sa détresse et son sentiment d'impuissance. Il en avait un violent besoin, comme le barrage qui menace de céder après de trop fortes averses. Mais les mots ne lui venaient pas facilement. Il n'avait pas l'habitude des épanchements.

Il était très affecté par le suicide de son ami. Des sentiments de frustration et de tristesse le tiraillaient. Une vie qui méritait d'être vécue, perdue parce que le jeune homme n'avait pas trouvé seul le courage de la vivre; perdue parce que lui n'avait pas su voir au-delà des blessures de l'épiderme. De sa tour d'ivoire, il n'avait pas appris à poser sur les êtres qui l'entouraient ce regard qui voit l'essentiel, le rapport fondamental entre les choses. Ces choses que Dana appelait les âmes.

Dieu, ce qu'elle lui manquait!

Il se rassit sur sa botte de paille et prit une feuille vierge. Il ne pouvait écrire à Dana. Il la rangea et opta pour son journal de campagne. Le considérant avec hésitation, il s'arma de sa plume. Il ressentit cette même crispation dans le ventre que celle éprouvée ce jour où il avait embrassé la jeune femme dans Aitkin's Close. C'était une sensation déroutante, enivrante, douloureuse. Un tourment pour la raison. Ce jour-là, il avait été sur le point de tout lui avouer. Le poids du secret devenait trop difficile à porter.

Un rire gras de soldat supplanta le tambour de la pluie. Il gratta les premiers mots…

Dana…

Il biffa d'un trait et recommença sur la ligne en dessous :

Ma très chère Dana…

Je ressens ce curieux besoin de vous adresser ces mots pour me donner l'illusion que quelqu'un m'attend encore à la maison. Tout de vous me manque cruellement. Vos conversations, vos silences. Votre parfum de térébenthine. Vos différences qui me complètent. Ces choses, je ne vous les avouerai jamais. Comme je vous l'ai déjà dit, je n'ai guère de talent avec les mots. Mais cela ne m'empêche pas de ressentir. Comme cette souffrance qui vous afflige depuis que vous avez découvert le manuscrit de Jonat…

Il relut le début. C'était acceptable.

Vous vous souvenez, ce soir de tempête où nous avons dîné seuls ensemble ? Je vous avais demandé de me parler de lui. Presque tout ce que vous me racontiez, je le savais déjà. En vous le cachant, je vous mentais. Et le mensonge est une prison dont le prisonnier est le seul à posséder la clé. Mais voilà, je n'ai point encore trouvé la mienne. Alors, en attendant, je délivre ma conscience en écrivant ces mots que vous ne lirez jamais. Si toutefois il arrivait que vous le fassiez, c'est que j'aurai rencontré mon destin dans le champ de Mars.

Jonat est votre frère ; il a aussi été le mien. Même peut-être plus. L'intimité qui s'était développée entre nous allait au-delà de l'amitié. Ce que j'ai ressenti pour lui, je ne pourrai jamais le ressentir pour aucun autre homme. C'est ce qui m'a blessé le plus et c'est ce qui me fait encore mal quand je repense à lui. Jonat a trahi ce lien spécial qui nous unissait. Il ne l'a pas voulu, et je le crois. C'est arrivé, c'est tout…

Francis fit une pause, hésitant à aborder la suite. Mais le nœud qui lui avait serré l'estomac toute la journée se relâchait et il avait l'impression que l'air arrivait de nouveau à pénétrer pleinement ses poumons. Il retrempa sa plume dans l'encrier. Sous la pointe apparaissaient, l'un après l'autre, les mots qu'il n'oserait jamais prononcer. Cela dura encore plusieurs minutes. Après sa folle chevauchée, la plume tomba enfin sur la table. Francis demeura un long moment immobile. Il reprit sa plume et allait ajouter une dernière chose, mais il se ravisa.

« Comment puis-je vous écrire que je vous aime après ça ? » murmura-t-il.

Il soupira et boucha l'encrier. Puis il eut un mouvement d'épaules pour se dégourdir et ferma les yeux pour frotter ses paupières. Ce geste devenait une habitude. Il finissait de tout ranger quand le panneau de toile se souleva. Une silhouette s'encadrait dans l'entrée. Francis reconnut vaguement les contours d'un shako. Une bouffée de joie le fit bondir sur ses pieds.

— Tu en as mis, du temps !

— Pour de louables raisons, l'ami ; c'est que j'ai été très occupé à protéger tes précieuses fesses.

Percy le salua d'une bourrade sur l'épaule et lança un regard circulaire sur l'installation du chirurgien.

— Le charcutier des Gay Gordons[21] nage dans le luxe, à ce que je vois.

— C'est selon le point de vue, fit Francis en invitant son ami à s'asseoir sur une caisse de bois qu'il approcha de la table.

— On raconte que les Français n'ont fait qu'une minable tentative pour nous filer le train.

— Après cette heureuse erreur, Napoléon pourrait signer son nom avec trois lettres : sot. Tout le temps qu'ils ont observé nos troupes de cavalerie demeurées en arrière-garde aux Quatre-Bras, ces Frenchies ont cru que toute l'armée de Wellington s'y trouvait encore. Ils ont mis jusqu'à deux heures pour se rendre compte que les camps avaient été levés depuis longtemps.

Le hussard sortit la bouteille qui gonflait sa sabretache et la déposa sur la table.

---

21. Surnom donné au régiment des Gordon Highlanders.

— Fêtons !

— Et que veux-tu fêter ici, mon pauvre Percy ? Notre retraite devant l'armée du Nord ou la perte des Quatre-Bras ?

— La vie !

— À ça, je veux bien.

Percy ouvrit la bouteille et l'offrit à son ami, qui sortit deux verres.

— À toi l'honneur, docteur Seton.

L'alcool descendit dans la gorge, brûlant et réconfortant. Francis déglutit en grimaçant et regarda en fronçant les sourcils le liquide dans son verre.

— Où as-tu déniché ça ? Ce truc pourrait certainement rendre potable toute l'eau des égouts d'Édimbourg !

— Chez un paysan. En échange d'un sabre français.

— Idiot ! ricana Francis.

Percy avala deux rasades coup sur coup et, toussotant, se laissa lourdement tomber sur la caisse. Francis le vit soudain pâlir.

— Tu es blessé ?

— Galoper pour sauver sa vie use plus que la culotte, fit le hussard en grimaçant en même temps qu'il se positionnait plus confortablement.

Mais Francis connaissait le tempérament bravache de son ami quand quelque chose n'allait pas. Il darda sur lui un regard insistant.

— Je te jure, ce n'est rien de grave. Une éraflure… en fait. Un Polonais jaloux de mon uniforme. Le salaud a voulu l'abîmer avec sa lance.

— Nous avons entendu les canons.

— Ah ! Tu aurais aimé voir ces drôles de petites fusées à la Congrève passer entre les jambes des canonniers français qui les fuyaient comme la peste.

Tout en parlant, il retirait son shako qu'il déposa sur le sol entre ses bottes.

— Tu as été vu par un chirurgien ?

Le hussard le dévisagea d'un air surpris.

— Qu'est-ce que tu crois que je viens faire ici ?

— Hum… prendre du bon temps avec un ami, fit Francis en esquissant un sourire. Ça va, laisse-moi regarder.

La pelisse tomba au sol. Puis la banderole de giberne et le dolman. Le gilet avait été lacéré au niveau de la huitième et de la neuvième côte.

— Retire-moi ça et dégage ta blessure. C'est douloureux ? demanda le chirurgien en récupérant sa trousse de poche.

— Pas si je reste immobile et que je cesse de respirer.

Pendant que Francis l'examinait à la lueur de la lampe, Percy continua de raconter l'affrontement qui avait eu lieu à Genappe en l'enjolivant à sa façon et en y ajoutant de lourdes plaisanteries qui allégèrent l'esprit du chirurgien.

La plaie suintait abondamment et la chair autour était tuméfiée et d'un rouge vif.

— Une lance, tu dis ?

— Peut-être un sabre… Je ne me souviens plus très bien.

— La coupure n'est pas très longue, mais l'*obliquus externus* est profondément entaillé. Jusqu'à l'os, en fait. La pointe d'un sabre, je supputerais. Une lance t'aurait tout simplement embroché comme…

— Oh ! Laisse tomber les détails, marmonna Percy en prenant une gorgée de rhum directement de la bouteille. C'est réparable ?

— Je crois que je peux faire quelque chose pour ça.

— Et pour ma chemise ?

— Quoi, ta chemise ?

— Tu vas la recoudre, elle aussi ?

— Il faudrait éviter d'abuser de mes compétences, l'ami, dit Francis en levant un regard sagace. Je suis certain que le chirurgien de ton régiment se fera un plaisir de te rendre ce service. Où en sont les Prussiens ?

— Aïe !

— Quand on veut jouer au soldat… lança Francis avec sarcasme.

— Toujours à Wavre… je présume.

Retenant une plainte, le hussard tordit sa moustache de façon comique, ce qui fit rire le chirurgien.

— Je te promets le pire pour demain, mon ami.

— Wellington a fait poster des troupes de défense dans des fermes situées dans la plaine à l'avant du front.

— Qui attaquera le premier ? questionna Francis.

— On lance des paris ? Aïe !

— Tu ne rembourses jamais tes dettes.

— Je ne perds jamais mes paris.

— Alors je serais bête de parier avec toi.

L'intervention terminée, la plaie fut désinfectée avec l'alcool. Quand le hussard eut réintégré son uniforme, les deux hommes s'assirent face à face. Percy étira un sourire qui creusa ses joues, lui donnant cette allure de chérubin qui charmait tant les dames. Il pointa le goulot de la bouteille vers Francis.

— Souhaitons seulement que celui qui se décidera le premier le fasse après que nous aurons fini de vider cette bouteille. Il n'y a pas de mauvais rhum s'il réunit les amis dans le partage.

— Tu ne changeras jamais, s'esclaffa Francis en buvant à son tour.

Un rot sonore retentit sous la tente et des effluves éthyliques les enveloppèrent.

— Où sont passées tes manières, Percy ?

— Elles sont restées à Londres, où elles demeurent intactes.

Les deux amis éclatèrent de rire. Ils discutèrent de tout et de rien, dans une conversation destinée à tromper l'anxiété. L'alcool joua agréablement avec leur humeur pendant un temps. Et, bien que cette rencontre conviviale entre deux batailles eût l'heur de les revigorer, la fatigue accumulée faisait courber les dos.

Plus de la moitié du rhum avait disparu. Francis fit remarquer à son ami qu'il devait être sobre à l'aube. Il sentait déjà son estomac se rebeller et il décréta qu'il avait assez bu. La toile fermant l'entrée se souleva et la tête d'Émile se pointa. Avisant le visiteur et la bouteille entamée, le garçon se retira aussitôt.

— Tiens ! Qui était-ce ? questionna Percy.

— C'est Émile Visart, mon servant. C'est un bon garçon. En définitive, il vaut le double de son salaire.

— Et tu le laisses dehors pendant que le ciel lui pisse sur la tête ?

— Je ne l'empêche pas de venir s'abriter.

— Dans ce cas il vaut le triple, commenta Percy dans un ricanement avant de marquer un temps de silence et de redevenir sérieux. Dis-moi, Francis, si tu venais à mourir demain, que regretterais-tu le plus ?

Francis demeura songeur un moment. L'atmosphère devint soudain plus lourde. Un silence les absorba pendant quelques minutes. Autour de la tente, un va-et-vient annonçait que les troupes se retiraient pour la nuit.

— Je ne sais pas… beaucoup de choses, je crois.

— Tu as couché avec elle, dis ?

— Elle ?

— Dana Cullen.

La métamorphose des traits du chirurgien appuya sans ambiguïté la réponse que Percy avait pensé entendre.

— Evelyn l'a su ?

— Non. Écoute, Percy, tu es mon ami depuis des années et nous avons beaucoup partagé ensemble. Mais il y aura toujours des choses à mon sujet que tu ne saurais pas comprendre.

— C'est vrai que d'essayer de comprendre pourquoi un homme couche avec la sœur de celui qu'on l'a soupçonné d'avoir tué a de quoi laisser soucieux. Je suis désolé… ajouta-t-il après une longue minute de silence.

— J'entends ne plus revenir sur ce sujet.

Pensif, le hussard pencha la tête et lissa sa moustache. Sa bouche ne fut plus qu'une ligne rigide.

— Tu sais ce que mon père m'a dit le jour où je suis parti pour l'armée ? « Mon fils… bien qu'elle nous semble cruelle et souvent inutile, la guerre est nécessaire pour l'équilibre de l'homme. Elle arrache de lui ce qu'il a de mieux et ce qu'il a de pire. Le courage, c'est de faire face à sa vraie nature. Seul un homme qui se reconnaît peut s'améliorer. » Qu'en penses-tu ? Il disait qu'en m'achetant cette commission il voulait faire de moi un homme.

—Un fils n'apprend à devenir un homme qu'à la mort de son père.

—La vérité est qu'il avait voulu m'éloigner de sa vue. Qui sait, peut-être a-t-il souhaité que je n'en revienne jamais.

—Percy... fit Francis qui voyait son ami sombrer dans la mélancolie, ce qui lui arrivait trop souvent dans ses moments d'ivresse.

Mais Percy ne désirait pas en rester là.

—Tu sais à quoi je pense quelques secondes avant la charge? À lui. Il n'y a rien de mieux pour me mettre la rage au ventre. Je hais mon père. C'était un être égoïste, manipulateur, avide de prendre et avare de donner. Enfin... tu le connaissais.

—Les défauts de ton père l'ont tout de même servi avec succès à la Chambre des lords.

Percy laissa échapper un ricanement cynique.

—Dis-moi que je n'aurais pas fait un bon membre du parlement, mon ami. Cela me rassurerait un peu.

—Tu fais un magnifique soldat, Percy. Tu sers ton roi avec cœur.

—Je le sers bien, oui.

Le hussard acquiesça de la tête, l'expression songeuse.

—Tu sais quelle pensée m'a enflammé le ventre hier aux Quatre-Bras?

—Ton père, avança Francis sans vouloir être ironique.

—Le fait que, quoi que je fasse, je sois comme lui.

—Tu ne connais que ton image.

—Mon image? Elle respecte l'homme que je suis. Mon père me méprisait. Je crois qu'il avait de bonnes raisons de le faire. Lui et moi étions de la même graine. Des hommes dont l'envie et la jalousie font battre le cœur et qui pour posséder sont prêts aux pires infamies. Pour nous, tout a un prix.

—Écoute, si tu as des problèmes d'argent... je peux te tirer d'embarras.

—Je ne te parle point d'argent, Francis, le coupa vivement Percy.

Il avala une gorgée de rhum avant de reprendre, visiblement bouleversé par un souvenir.

— Oui, il y a un prix pour tout… même l'amour et l'amitié.

Il secoua la tête, courba curieusement la bouche, puis redevint sérieux.

— J'ai envie de te dire un secret, Francis. Si jamais je ne vois pas le soleil se coucher demain… Tu sais pourquoi je ne me suis jamais marié ?

— Tu me chantes toujours « Une nuit avec Vénus et ma vie avec Mars ». Tu as épousé l'armée.

— Je n'arrivais plus à bander, laissa-t-il tomber.

Cela fit l'effet d'une grosse pierre qui tombe dans une mare étale. Les sourcils de Francis s'arquèrent et il réprima un frémissement des commissures de sa bouche.

— Tu blagues ?

— Tu crois que je blaguerais sur une chose aussi sérieuse que ça ? Non, pendant près de quatre ans, je n'arrivais plus à faire lever ma queue comme un homme. Enfin… peut-être une fois ou deux. Mais ce n'était pas encore le monument de Nelson[22]. Et ça à cause de cette foutue prostituée. Par la barbe de St. Andrew ! Elle était si ivre. Non, mais, tu imagines ? Sans que je m'en rende compte, elle s'est mise à dégobiller pendant que je la travaillais !

— J'avoue qu'il y a de quoi couper l'inspiration.

— Surtout quand tu réalises après un moment que tu te fais une morte.

Le sourire qui s'était dessiné sur le visage de Francis s'estompa.

— De quoi parles-tu, Percy ?

Il redressa le torse tandis qu'un doute sourdait en lui.

— La fille blonde, tu sais, celle qui a été retrouvée sur le bord de la Leith après notre petite fête. Tu te souviens, bon sang ! On nous a tous collés au cachot pendant trois jours pour cette histoire.

— Et c'est toi qui… Percy, ce n'est pas vrai ?!

22. Monument en forme de colonne érigé à la gloire de l'amiral Nelson.

Le hussard ingurgita une bonne rasade de rhum directement du goulot.

— Ce n'était pas ma faute. Ç'aurait pu être toi ou n'importe quel autre des gars. Bon sang! Tout allait bien, elle poussait des petits gémissements comme il le fallait, puis elle a commencé à faire ces drôles de bruits. Ça ressemblait à des gloussements de dinde. Ces filles ont toutes cette manie de faire des bruits étonnants en imaginant que cela nous excite davantage. Ensuite elle s'est mise à bouger comme une possédée. Je pensais qu'elle voulait en rajouter, tu sais, pour m'exciter un peu plus. Ce qui a été le cas, à la fin. Quand j'ai eu fini, elle ne bougeait plus. Je croyais bien l'avoir crevée… au sens figuré, je veux dire. Je lui ai dit qu'elle pouvait s'en aller et me suis penché sur elle pour lui donner son argent quand l'odeur infecte m'a pris à la gorge. La vomissure coulait de sa bouche, et ses yeux ouverts… je n'oublierai jamais… On aurait dit qu'elle me regardait. J'ai paniqué et l'ai retournée sur le ventre. C'était affreux, Francis. Elle était morte et moi… Tu ne peux imaginer. Cette image me revenait chaque fois que j'essayais de coucher avec une femme par la suite. Sitôt qu'elle émettait des sons… c'était assez pour me ramollir, je te jure.

— Et tu ne m'en as jamais rien dit? Bon sang, Percy! Tu sais combien de fois j'ai pensé que c'était peut-être moi qui avais… et tu m'as laissé le croire tout ce temps?

— Personne n'a été accusé. J'aurais tout avoué si le coroner avait porté des accusations. Autrement, je préférais ne rien dire. M'aurait-on cru? Les traces autour du cou, comment les expliquer aux policiers? Leur raconter qu'on avait précédemment expérimenté une scène imaginée par le marquis de Sade n'aurait en aucune manière aidé ma cause, avoue.

Choqué, Francis le dévisagea d'un air ahuri. Il lorgna la bouteille de rhum, mais y renonça.

— Et ma conscience? Tu y as pensé? lança-t-il avec véhémence.

— D'abord, je ne savais pas que tu te croyais coupable d'avoir tué cette fille, se défendit âprement Percy.

— Mais c'est moi qui étais avec elle ce soir-là. Je me suis réveillé à quelques pas de son cadavre, bon sang! Et puis, comment se fait-il que tu te sois retrouvé avec elle? Tu avais Rosie, non?

— Sis' Rosie, oui, l'Irlandaise... fit le hussard, songeur. Elle avait les plus beaux nichons... enfin. Je pense qu'après avoir presque tout bu ce qu'il y avait à boire et fait tout ce qu'il y avait à faire, tout le monde s'est endormi. Je me souviens de m'être réveillé un peu plus tard. Il n'y avait que des ronflements dans le moulin. J'avais ce mal de crâne lancinant et je voulais rentrer chez moi. Constatant que tu n'étais plus là, je suis sorti en croyant que tu étais déjà rentré quand la blonde... comment s'appelait-elle?

— Holy Mary Jane.

— C'est ça... quand Holy Mary s'est manifestée comme une apparition de la vierge sous la lune. Que Pie VII me pardonne la comparaison, mais c'est l'effet que cela m'a fait sur le coup. Elle... elle a commencé à me tourner autour comme une chatte en chaleur, faisant l'énumération de tout ce qu'elle pourrait me faire si je lui donnais quelques pièces de plus. Dieu du ciel! Je n'ai pas su résister... Elle ne voulait pas que les autres filles l'apprennent et que cela vienne aux oreilles de Mrs Pennycock. La maquerelle lui aurait réclamé cette petite prime. Nous nous sommes donc rendus sur le bord de la rivière, derrière un bosquet, pour plus d'intimité. C'est là... enfin, le reste je te l'ai raconté.

Étudiant son ami, Francis constata combien ce drame l'avait marqué. Il choisit de ne pas s'emporter pour ça ce soir. Ils en reparleraient plus tard.

— Et depuis ce jour tu ne bandes plus, le nargua-t-il tout de même.

— Le sort a été conjuré...

— Mais tu ne t'es quand même jamais marié.

— Comment expliquer à une épouse qu'on n'arrive plus à... C'était si humiliant.

— Une occasion s'est présentée, Percy?

— Oui, une fois...

Une réelle tristesse s'empara du hussard, qui pencha son visage sur ses mains qu'il faisait mine d'examiner. Elles étaient zébrées d'écorchures infectées. Manifestement perturbé, il se leva et se mit à arpenter un carré de sol boueux. Puis il parla d'une voix basse, comme pour lui-même.

— J'ai trop longtemps hésité à lui répondre et elle a jeté son dévolu sur un autre. Mais je l'aimais toujours.

— Et elle s'est mariée avec l'autre?

— Oui…

— Quelqu'un que je connais?

Il lui jeta un regard étrange avant de poser cette question troublante :

— Me traiterais-tu toujours en ami si tu savais que… que j'aime ta femme?

L'expression de Francis demeura momentanément neutre. Puis, commençant à saisir ce qu'essayait de lui expliquer son ami, il le dévisagea, dubitatif. Cette déclaration le choquait plus qu'elle ne le surprenait.

— Explique-toi, dit-il sèchement.

— Elle voulait qu'on se marie.

Francis le braquait froidement.

— Pourquoi ne m'en avoir rien dit?

Le soldat éclata d'un grand rire.

— Pourquoi t'en aurais-je parlé? Je lui avais répondu qu'il serait préférable d'en rester où nous en étions… pour l'instant. Pour lui dissimuler cette tare humiliante qui me diminuait, je lui avais lâchement raconté que mon père ne voudrait rien entendre de ce mariage. Tu sais combien il pouvait être intransigeant pour tout ce qui touchait à la politique. Je suis certain d'ailleurs que c'est ce qu'il m'aurait répondu. Les Hamilton sont des whigs purs et durs et mon père, un tory consommé. Pour lui, aucune alliance n'aurait pu être possible entre nous. Il m'aurait fait choisir entre Evelyn et mon héritage. De toute façon, comme elle est rapidement tombée sous ton charme, je me suis dit que c'était probablement mieux ainsi. Les besoins d'Evelyn dépassaient mes moyens. De nos jours on n'épouse plus le prestige d'un nom mais l'aisance d'une fortune. Je suis un Elphinstone, certes. Mais le fils cadet d'un lord. Je touche une rente confortable que je dilapide habilement en futilités diverses. Je suis major, d'accord. Ce n'est pas si mal. Mais ce n'est pas encore le grade d'un commandant de régiment. Second je suis, second je resterai. Au jugement de mon père; aux yeux d'Evelyn. Et j'ai naïvement cru que son béguin pour toi n'était destiné qu'à me rendre jaloux.

— C'est ainsi que tu m'as laissé la courtiser sans rien dire?

— Je sais… et j'ai réalisé trop tard que je n'aurais pas dû.

Assommé par tout ce qu'il apprenait, Francis hochait la tête. Il pensa qu'il devrait foutre son poing à la figure de Percy. Ses idées se brouillaient et son estomac lui causait des crampes. Il avait décidément trop bu.

— Et moi qui croyais que tu étais pour elle comme un frère… alors qu'elle t'aimait comme amant… Par le Christ!

— M'aimer, je ne le sais plus, pour être franc. Elle se plaît en ma compagnie, c'est vrai. Elle me trouve amusant, spirituel, élégant et romantique. Je possède une garçonnière dans Bond Street, à Londres, je fréquente le Gentleman Jackson's boxing saloon et White's, dans St. James. Je fais faire mes habits chez Weston, mes chapeaux chez Lock, je commande mon vin chez Berry. Enfin, je représente le parfait dandy qui fréquente l'aristocratique Angleterre. Un Beau Brummel qui fait rêver les femmes. Et tu sais à quel point la tienne vivait dans ses rêves.

Le hussard s'était arrêté de marcher et fixait son ami qui contemplait rêveusement la boue sur ses bottes. L'impassibilité de Francis l'agaçait. Renonçant à boire davantage de ce rhum qu'il jugeait somme toute de mauvaise qualité et qui n'arrivait pas à calmer la douleur de sa blessure, il sortit de sa poche une petite fiole et versa dans son verre un doigt d'un liquide ambré aux effluves de cannelle et de girofle.

Francis reconnut l'arôme caractéristique du laudanum.

— Tu sais ce que je suis en train de faire, Francis ? dit Percy sur un ton froid et sarcastique en faisant tourner le liquide dans son verre. Je suis en train de briser notre amitié.

Comme la portée de la confidence finissait de pénétrer l'épaisseur de son cerveau déjà trop encombré par les horreurs des dernières heures, le gris des yeux de Francis s'assombrit. Ses poings se durcirent enfin. Son ami leva son verre.

— À la santé de ton Sydenham[23] !

Il avala d'un trait le sirop d'opium et en offrit à Francis, qui refusa d'un ton sec.

— Il y a eu un temps où tu aimais, pourtant.

— Les temps changent et nous aussi.

— Mais avons-nous changé pour le mieux ? fit remarquer Percy.

Il rit doucement, se resservit un doigt de l'opiacé, leva de nouveau son verre et récita :

— Que fleurissent, fleurissent les pavots, au fond de ma vallée où le soleil ne vient jamais. Que fleurissent, fleurissent les pavots, devant la porte d'Hypnos où je m'arrêterai. Que fleurissent, fleurissent les pavots, sur le bord du Léthé dont le murmure des flots apaise. Et pendant qu'Iris illuminera mes songes de son voile de couleurs, tranquille je sombrerai dans la douce euphorie de ma nuit… Pas mal, hein ?

— Tu vas finir par te tuer avec ça.

— Ça ou autre chose… peu m'importe. L'opium me fait oublier, Francis. Il me fait oublier ce que j'ai fait et ce que je suis devenu. *Papaver album…* les Grecs l'admiraient, les Romains le célébraient. Paracelse en usait et l'appelait la pierre de l'immortalité. Il donne force et courage, apaise et tranquillise le corps et l'esprit. C'est toi qui m'as appris ça, tu te souviens ? Quelles folles nuits nous vivions dans le temps. Car c'était le bon temps, celui d'avant ce foutu

---

23. Médecin anglais du XVIIe siècle qui a donné son nom à une recette de sirop d'opium à base de vin de sherry, d'opium, de safran et de cannelle.

Cullen, d'avant Evelyn. Avec ça, j'ai les idées plus gaies pendant quelques heures. Et Dieu sait combien j'en ai besoin.

— Quelle quantité consommes-tu par jour?

— Bah! Dix grains… parfois douze quand ça va mal. Rien de bien méchant. Ça revigore mes entrailles. Tu sais que j'ai toujours eu des problèmes gastriques.

— Et des suées excessives, des démangeaisons, des pertes d'appétit, un teint souvent bilieux et de l'anxiété? Tu souffrais de tout ça aussi, avant?

Percy grommela et s'empara de la bouteille de rhum.

— Et de ceci? Comment me porterais-je si j'en abusais? Mieux? Pire? L'alcool dépossède l'homme de son esprit et le ravale à l'état de bête. Je préfère demeurer lucide. Un homme ivre ne tient pas en selle bien longtemps, tu sais.

— Bon, tu aimes Evelyn. Cela t'a soulagé de me le dire? Tant mieux! C'est vrai, soulager sa conscience avant une bataille fait du bien. Mais je ne comprends pas pourquoi tu l'as fait tout en sachant quelles en seraient les conséquences.

— En fait, moi non plus, ricana Percy avant de retrouver un sinistre sérieux. Je ne sais pas… le poids de ma conscience me pèse. La douleur de l'avoir perdue. Tout ce que je sais, c'est que je l'aime, Francis… je l'aimais. Je l'aimais assez pour l'épouser, même divorcée.

Il y eut une parenthèse de silence et il reprit, d'une voix marquée par l'amertume:

— Je l'ai aimée, chez toi, dans sa chambre. Pendant que toi tu passais la nuit avec l'un de tes cadavres, moi je la passais avec ta femme! Et je crois que… peut-être l'ai-je tuée, finalement.

Un vertige fit chanceler Francis.

— Pour l'amour du ciel! Tu as déjà trop bu, Percy. Tu deviens incohérent.

Mais Percy le fixait intensément d'un air trop sérieux pour qu'il puisse s'y méprendre. Les deux hommes s'affrontèrent du regard encore un moment. Soudain très las, Francis se détourna et frotta ses paupières fatiguées. *Peut-être l'ai-je tuée…* Les mots martelaient son crâne.

— Nous devrions reparler de tout ça une autre fois, quand nos esprits seront plus clairs.

— Allons, Francis! insista Percy en penchant son visage défait sur la table. Par tous les diables! Je te raconte que j'ai baisé ta femme sous ton toit, que je suis sans doute responsable de ce qui lui est arrivé, et tu ne dis rien? Frappe-moi, provoque-moi en duel! gronda-t-il sourdement à travers un rictus amer. La garce! Elle n'a rien voulu entendre… Elle ne voulait pas attendre. Et toi qui refusais obstinément de lui accorder le divorce.

Dans un élan de fureur, le hussard sortit son pistolet de sa ceinture et le posa sur la table devant son ami. Même si quelque chose au fond de lui lui disait que Francis ne s'en servirait pas, il essayait de se convaincre que, dans le cas contraire, il méritait son sort.

— Tiens, venge ton honneur et soulage ma conscience.

Se dressant pour faire face à son ami, Francis, fulminant, écarta l'arme de sa main et braqua plutôt Percy d'un regard meurtrier.

— Cette idée de divorce, c'est de toi? Où est Evelyn? Qu'as-tu fait d'elle le soir du seize janvier? Tu sais où elle est, n'est-ce pas? Elle est à Londres? Tu l'as installée là-bas avant de partir, c'est ça? Elle t'attend pendant que moi on me soupçonne de l'avoir tuée, comme pour la putain?

Le teint soudain cendreux, Percy recula en titubant.

— Pour le divorce, je ne nierai plus l'avoir suggéré à Evelyn. Elle était si… désespérée. Je sais qu'il n'y avait plus rien entre vous, Francis, et elle était prête à beaucoup pour dissoudre ce mariage de comédie. Mais quand j'ai appris qu'elle voulait… qu'elle voulait… Non, ça je ne pouvais l'accepter.

Sur ce, il récupéra son shako, fit demi-tour et, le regret sur les lèvres, quitta la tente. Il avait déjà trop parlé. Mais, la rancœur et la jalousie lui crevant le ventre, il n'avait pas eu la force de se taire davantage. Ce qu'Evelyn lui avait demandé était au-dessus de ce qu'il pouvait admettre. Celle qui l'avait tenu en selle depuis le début de la campagne d'Espagne avait trahi le lien qui les unissait. Il aurait préféré sentir le froid d'un canon sur sa tempe que de la laisser faire.

Francis demeura immobile à fixer le panneau de toile qui ondulait. Son œil capta le reflet de la platine du pistolet. Il le prit. Le cran de sûreté avait été retiré. Il sortit à son tour sous l'averse.

— Reviens ici, Percival Elphinstone! Faux frère! Je veux savoir où est ma femme! Elle a tenté de se suicider une autre fois? Elle y est enfin parvenue? Tu vas me dire ce qui est arrivé à Evelyn ou je fais sauter ta sale gueule.

Percy s'était retourné et fixait le canon pointé sur lui avec un calme olympien qui l'étonna.

— Elle nous a cravatés tous les deux, mon pauvre vieux. Et, de nous deux, c'est certainement moi qui souffre le plus de la disparition d'Evelyn. Ta femme, tu t'en fichais pas mal, à mon avis, Francis.

La main du chirurgien tremblait sur le pistolet. Il n'avait jamais visé la tête d'un homme auparavant. Mais il imaginait très bien les dégâts que pourrait causer la balle dans celle de Percy. Il abaissa finalement l'arme. Ses doigts se crispaient tandis que les mots de son ami se répercutaient dans sa tête. Le coup partit, les stupéfiant. Il n'avait pas voulu tirer. Il lâcha le pistolet, qui tomba au sol. Des hommes accoururent. Pendant ce temps, Percy était demeuré pétrifié.

— Tu me fais pitié, Elphinstone!, cria Francis.

Puis se tournant vers l'un des soldats qui le retenaient :

— Rendez-lui son arme, voulez-vous? Fais-le toi-même, espèce de lâche! cria-t-il encore à l'intention du hussard qui se détournait maintenant. Mais tâche de mettre par écrit tes aveux avant d'appuyer sur la détente. Cela me simplifiera la vie, pour une fois!

Alors qu'il grimpait sur son cheval qui attendait sous la pluie, Percy savait qu'il venait de perdre celui qu'il avait toujours considéré comme son seul véritable ami. Il savait que c'était le prix à payer pour sa trahison.

❖─❖

Ce fut le tonnerre qui tira Francis du sommeil. Un peu perdus, ses yeux fixaient la toile au-dessus de lui tandis que certains souvenirs désagréables de la veille lui revenaient. Il soupira, s'assit sur le bord de son lit de camp et frictionna vigoureusement son visage. L'humidité imprégnait l'air de la tente; les vêtements ne séchaient pas. Un orage grondait sur eux comme une prémonition de ce qui allait se produire dans la journée. Tout était bon à prendre pour les superstitieux et on interprétait les évènements selon son état d'esprit. Le sien n'était pas à son meilleur.

Assis sur la botte de paille et habillé de pied en cap, Émile avait déjà roulé sa natte et ses couvertures et attendait ses instructions. Pour éviter de penser, Francis s'activa. L'eau glacée sur son visage le réveilla complètement. Des effluves de cuisine erraient dans l'air frais. Il avala en vitesse un morceau de fromage et des noix un peu rances. Il se couvrit de sa capote noire et de son bicorne à la cocarde de la même couleur. Il prit son coffre à instruments et sortit, le fidèle Émile sur ses talons.

Tout n'était que nuances de gris. La pluie avait considérablement diminué. Son visage marqué des traces d'une nuit agitée, Francis se dirigea vers le mess des officiers pour prendre ses instructions auprès du major Macdonald, qui commandait en lieu et place du lieutenant-colonel Mitchell, blessé, et qui, lui, avait succédé à Cameron de Fassiefern. Ensuite, il aurait à organiser la station de soins d'urgence, à visiter les blessés à sa charge et à s'occuper des transferts.

Le premier coup de canon sonna la demie de la onzième heure. Une canonnade bien nourrie enchaîna. L'assaut du château d'Hougoumont occupait les bataillons anglo-néerlandais. À partir de leur position sur l'extrême gauche, au sommet d'une crête qui surplombait le vieux chemin de Wavre, Moore et Ross, comme beaucoup d'autres, observaient le déroulement des combats qui avaient lieu à plus d'un *mile* d'eux.

— J'aurais juré que Bonaparte aurait pris le parti d'attaquer notre centre en premier, commenta Ross. Peut-être que le massacre de Borodino lui a donné une leçon.

Le jeune homme, qui arrivait à se déplacer avec une béquille, avait insisté pour regarder les combats.

— Bonaparte n'a que faire des leçons, Ross, répliqua Moore. C'est lui qui les donne. S'il attaque Hougoumont, c'est qu'il a une bonne raison de le faire et je prie pour que nos troupes tiennent le coup jusqu'à la fin.

— Si l'aile droite est trop affaiblie et que Wellington décide d'envoyer des renforts, énonça une voix derrière eux, il affaiblira le centre de sa ligne. C'est là que le jeu de l'Empereur peut devenir dangereux.

Les deux assistants se retournèrent d'un bloc. Un grand homme brun à l'aspect soigné les dévisageait en leur souriant aimablement. À sa cocarde noire, ils savaient qu'il était officier de santé.

— Monsieur ? fit Moore en redressant les épaules.

— Ai-je l'honneur de parler aux assistants du chirurgien Seton ?

— Oui, monsieur. Je suis Andrew Moore et voici Daniel Ross.

— Messieurs, fit l'homme en inclinant la tête.

Les deux assistants échangèrent un regard incertain. Ils avaient entendu parler de l'écart de conduite de leur supérieur qui avait eu lieu la veille. L'officier du 7e régiment des hussards avec qui il aurait eu un démêlé n'avait toutefois pas porté plainte et l'affaire ne s'était pas rendue jusqu'aux oreilles de leurs supérieurs. Du moins, Moore le croyait-il.

L'inconnu regardait autour de lui, cherchant manifestement le chirurgien.

— Mr Seton n'est pas revenu de l'hôpital, monsieur.

— Je le constate, fit l'homme en portant son attention sur Ross. Vous êtes blessé, jeune homme ?

— Une balle de mousquet reçue aux Quatre-Bras, monsieur, expliqua le garçon avec une pointe de fierté. Mais ça va.

— Vous devriez éviter de trop vous déplacer.

— Oui, monsieur…

Comme s'il se souvenait brusquement de ce qu'il venait faire, le chirurgien fouilla dans sa poche, en sortit un petit étui de cuir et le tendit à Moore.

— Je vous saurais gré de remettre ceci à Mr Seton. Je le lui avais emprunté il y a quelque temps.

Moore prit l'objet.

— Je peux lui dire de qui ceci vient, monsieur ?

— Il le saura.

L'inconnu les salua du chef et pivota, faisant tourbillonner sa lourde cape autour de lui. Puis il s'éloigna.

Des frissons ridaient la surface des flaques d'eau sur la chaussée. La canonnade durait depuis un certain temps maintenant. La pluie avait cessé aux environs de neuf heures, mais le terrain était encore lourd d'eau, et des nuages épais hésitaient à dévoiler des bouts de ciel. La ligne de front était en pleine effervescence. Telles des meutes de chiens se préparant à affronter l'ennemi dans un rapport de force, les bataillons se rassemblaient. L'écho des tambours, fifres et cornemuses narguait l'air de part et d'autre de la plaine.

Incertain de l'endroit où l'attaque était portée, Francis pressa les flancs de sa monture. Les sabots dérapaient sur le pavé gluant. Il avait été retenu par une opération urgente : un amputé dont les ligatures avaient lâché. Déjà très affaibli par la perte de soixante onces de sang lors de deux saignées pendant la nuit, l'homme n'avait pu être sauvé. Survivre à une bataille ne voulait jamais dire survivre à la guerre.

Des hommes allaient et venaient : munitionnaires, armuriers, commissionnaires, agents de liaison, brancardiers, charpentiers, estafettes. L'urgence rythmait leur allure et leur ouvrait un corridor dans la cohue de l'organisation des troupes. Dans un concert de grognements, des artilleurs peinaient à faire monter leur lourd équipement sur la pente dans laquelle ils s'enlisaient. De partout fusaient des ordres et des cris ; une espèce de frénésie incohérente régnait.

Une voix rude souleva l'intérêt de Francis. Un sous-officier houspillait une femme assise sur un poney.

« De quoi as-tu peur ? Tu voulais m'accompagner, alors fais-le ! »

Indifférent aux protestations de sa femme, le sergent tirait sur la longe. Les yeux de la dame exprimaient sa frayeur. Francis allait s'interposer quand une voix hurla soudain : « Laissez passer ! »

Il entendit marteler la pierre de la chaussée. Le temps de se retourner, deux chevaux le doublaient au galop, l'éclaboussant de boue au passage et effrayant le poney qui faillit désarçonner la pauvre femme. L'un des cavaliers tira brusquement sur la bride de sa monture, la faisant se cabrer. Le hussard, superbe dans son uniforme lourdement orné de brandebourgs dorés, tourna la tête dans sa direction. Leurs regards se croisèrent. Les deux hommes se dévisagèrent, impassibles pendant un moment. Puis Percy se détourna, éperonna sa monture avec impétuosité et reprit sa course, sa sabretache et son sabre battant la croupe du cheval.

Une profonde tristesse envahit Francis. La confession de Percy l'avait stupéfié, bouleversé. Certes, il avait deviné que sa femme lui avait été infidèle et, pour être franc, cela l'indifférait dans la mesure où ses aventures étaient demeurées secrètes. Mais que l'amant fût son meilleur ami le blessait plus que tout. C'était plus que l'orgueil qui en souffrait. Il y avait aussi ce lien de confiance qu'on prend des années à solidifier. En se confessant, Percy avait rompu ce précieux lien et Dieu savait combien, en des moments aussi difficiles que ceux qu'ils vivaient depuis des jours, un homme pouvait en avoir besoin pour garder la tête hors de l'eau.

Se retournant vers l'endroit où s'étaient trouvés le couple et le poney, le chirurgien n'y vit plus personne. Il enfonça sa monture dans la boue d'un sentier de service qui lui permit de rejoindre son régiment plus rapidement.

Le tonnerre des batteries faisait vibrer la plaine. Francis remarqua avec un certain soulagement que le gros des combats faisait rage à l'ouest. Approchant de la position du 92ᵉ, qui fermait l'aile gauche de la ligne de front, Francis put apercevoir les silhouettes de Moore et de Ross debout sur la crête près d'une haie de hêtres et de houx défoncée par endroits par des meurtrières. À l'abri de cette muraille de paille, ils observaient ce qui se passait dans le vallon. Après l'éprouvante nuit aux Quatre-Bras, Francis avait compris qu'il pouvait faire confiance à Moore et que, malgré son inexpérience, le jeune Ross était apte à apprendre pour se rendre utile. Somme toute, ils formaient une bonne équipe.

Sur la crête opposée, dissimulées derrière des bouchons de fumée, les troupes françaises étaient visibles. La plaine qui séparait les belligérants s'étendait sur trois *miles* en un vallon d'un *mile* et demi de large. Scindant ce vallon d'une crête à l'autre, le chemin pavé de Charleroi ondulait. Des siècles d'usure l'avaient imbriqué dans le sol. De vue d'homme, hormis quelques fermes, le terrain paraissait libre d'obstacles importants. Mais il fallait savoir que l'œil nu pouvait mentir.

L'apercevant, Moore vint vers lui en courant.

— Dieu ne m'a pourvu que de deux bras et deux jambes, grogna Francis en sautant de son cheval. Où en sommes-nous?

— C'est encore tranquille de notre côté, monsieur. Mais on nous a signalé la préparation d'une puissante batterie du côté des Français, en face de nous.

— Et les Prussiens?

— Aucune trace. Vous croyez qu'ils viendront?

— Vous avez le temps de prier, Moore?

Précédant son assistant, Francis pénétra la station et lança un regard à la ronde.

— Tout est prêt?

— Oui, monsieur.

— Bon, fit le chirurgien en ouvrant son coffre d'instruments sur la table préparée à cet effet.

L'assistant le seconda pour sortir les couteaux et scies à amputer de tailles diverses. Ils alignèrent soigneusement scalpels, explorateurs, tenaculums, forceps, pinces à gouge et trépans. Une dizaine d'aiguilles attendaient, enfilées de catgut ou de soie, selon ce qu'ils auraient à recoudre. Il y avait aussi plusieurs tourniquets à vis et à poignée, des piles de compresses et de pansements propres.

Pour s'assurer que rien ne manquait, Francis fit un dernier tour sous l'abri de toile. Des fers à cautériser et un chaudron de poix chauffaient dans les braises rouges. L'eau fumait dans des marmites et de la paille fraîche avait été étendue sur le sol pour les litières.

— Je crois qu'il ne reste qu'à attendre, déclara-t-il, satisfait.

— Mr Seton, j'allais oublier, dit Moore dans son dos. Un individu est venu porter ceci pour vous.

Le jeune homme lui tendait un mince étui de cuir rouge. Intrigué, Francis le prit et dénoua le lacet qui le tenait fermé. Il en sortit un fin scalpel au manche d'ébène et dont la lame était marquée Savigny & Co. de Londres. Il avait déjà vu cet instrument… Son cœur s'emballa. Il retourna vivement le manche et vit la petite plaque de laiton gravée des initiales J.-C.

Il sentit le sang quitter son visage et une chaleur refluer dans ses joues. Son assistant avisa son brusque changement d'expression.

— C'était un officier de santé, monsieur, et il a refusé de se nommer. Il a seulement dit qu'il avait oublié de vous le remettre et que vous sauriez de qui il venait.

— Oui, je le sais, dit gravement Francis en replaçant l'instrument dans son étui. Je vous remercie, Moore.

Le jeune homme hésita. Voyant que le chirurgien n'attendait plus rien de lui, il s'en retourna sur la crête rejoindre Ross.

Resté seul, Francis laissa ses émotions se libérer dans un tremblement qui l'obligea à s'asseoir. Il emprisonna l'étui dans sa main. C'était le signe qu'il attendait.

« Enfin… » souffla-t-il.

Les attaques françaises s'étaient déroulées successivement comme une vague déferlant d'ouest en est dans le vallon. Les positions alliées d'Hougoumont et de la ferme de La Haie-Sainte, situées au centre de la ligne, au carrefour des chemins de Wavre et de Charleroi, tenaient bon. La grande batterie française installée en face de la division de Picton crachait le feu pour couvrir la marche de deux colonnes d'infanterie qui avançaient sur eux précédées de nombreux tirailleurs. Des nuages de fumée erraient dans la plaine et rendaient difficile l'observation des nombreux déplacements.

Bravant le tir de l'artillerie britannique, piétinant les champs de trèfle, d'orge et de seigle, la première colonne atteignit le chemin devant la brigade de Kempt, sur leur droite. Les Britanniques l'accueillirent d'une salve de mousqueterie avant de charger. L'effet fut immédiat et la colonne s'amincit, les fantassins commençant à reculer. Mais les Français tinrent bon, mettant en danger la position de Kempt.

À la station de soins d'urgence installée entre les régiments de ligne et la brigade de cavalerie lourde de Ponsonby, Francis et ses assistants étaient en état d'alerte. Le 92e avait été amputé de près de la moitié de ses effectifs aux Quatre-Bras, ce qui avait réduit le nombre de soldats à trois cents. La division de Picton ne comptait plus que trois mille six cents hommes des cinq mille cent soixante-dix du début de la campagne.

Tandis que l'équipe médicale, elle-même réduite, épaulait ses sacoches de premiers soins, Francis vit le capitaine Mackay arriver auprès d'eux. L'homme lui cria l'ordre de demeurer posté dans la station. Le chirurgien vit avec stupéfaction l'officier retourner vers le régiment. On leur enjoignait de ne pas assister leurs compatriotes dans leurs mouvements.

Un sifflement venant du ciel l'alarma. L'impact ébranla le sol et le projectile s'enfonça profondément dans la boue qui gicla en imprimant une large étoile tout autour.

— Nous sommes exposés au feu des canons, fit gravement remarquer Moore en fixant avec horreur la béance dans la terre, quelques yards devant la station.

— À la grâce de Dieu, fit Francis qui, en levant les yeux vers le ciel, ne pouvait empêcher l'inquiétude de le gagner.

Ils pouvaient au moins compter sur la mollesse du sol détrempé pour limiter les dégâts ; les boulets ne rebondiraient pas pour ensuite faucher tout ce qui se trouvait sur leur trajectoire.

Les Highlanders du 92e et du 42e crachaient sans grand succès leurs plombs sur la deuxième colonne. Les Français avaient franchi le chemin et se déployaient pour l'attaque. Le général Pack galopa jusqu'à la position du 92e et cria l'ordre d'avancer. Les baïonnettes furent fixées et les soldats se mirent en marche jusqu'à la haie. Mais l'ennemi ne se tenait plus qu'à une vingtaine de yards et gravissait déjà la pente comme une nuée de fourmis.

C'est à ce moment qu'ils entendirent approcher un grondement sourd ponctué de hurlements sauvages. Sous les pieds, le sol tremblait. Francis tourna la tête. Une haie mouvante de chevaux galopait à vive allure, soulevant la terre comme une horde de diables furieux. Devant les centaines de sabres levés, l'infanterie française n'hésita pas longtemps. Le passage des superbes chevaux gris des Scots Greys fit voler les pans des kilts du 92ᵉ et du 42ᵉ en leur frôlant les flancs de si près que, déterminés à en découdre avec l'ennemi, plusieurs des fantassins s'agrippèrent aux chevaux à leur passage. La rage de vaincre au ventre, les Highlanders levèrent les armes pour saluer la cavalerie avant de charger l'ennemi à leur tour sur le signal de la trompette et des cornemuses.

Comme un seul cri du cœur, « *Scotland forever!* » résonna partout sur la crête, repoussant la France dans le désordre et la panique en bas de la pente jusqu'au Vieux Chemin de Wavre qu'encaissaient des talus de terre. Les pointes de baïonnettes n'encourageant guère au corps à corps, les fantassins plus téméraires ne furent pas longs à se résigner à suivre leurs frères d'armes. Derrière eux, le champ se couvrait de havresacs, d'armes et de shakos, de morts et d'estropiés.

— Ils détalent comme un troupeau de moutons, fit remarquer Ross, encore subjugué par la charge de la cavalerie et la folie qui s'emparait de ses compatriotes montagnards.

Francis se tourna vers le garçon qui visiblement rêvait de participer à l'action. Le bandage à sa cuisse suintait et son visage était rouge et humide de sueur : la fièvre.

— Vous feriez mieux d'aller vous allonger, mon gars.

— Mais…

— C'est un ordre. Ne discutez pas avec moi, Ross.

Le garçon se renfrogna et obtempéra sans répliquer à son supérieur.

Les premiers hommes atteints commençaient déjà à arriver à la station des soins d'urgence. La journée avançant, le flot des blessés devint vite plus important.

Poussée par un élan d'orgueil au-delà des limites raisonnables, plus de la moitié de la grosse cavalerie fut décimée. Les estropiés étaient abandonnés sur le terrain à la merci de l'ennemi, qui les acheva sans pitié. Mais on racontait que l'un des cavaliers, un sergent, avait réussi à capturer l'aigle d'un régiment français et à charcuter les artilleurs qui avaient précédemment si copieusement bombardé les régiments highlanders sur leurs positions de ligne. Il y eut une certaine accalmie de leur côté jusqu'à ce que des canons retentissent à l'est, annonçant l'arrivée de l'armée prussienne de Blücher.

Bien que les projectiles n'eussent causé que des dégâts limités, vers quatre heures les régiments postés sur le plateau de Mont-Saint-Jean reçurent l'ordre de se replier sur les arrières; quant à elles, les équipes médicales devaient se diriger vers la ferme de Mont-Saint-Jean. Les blessés du 92ᵉ – près d'une centaine – avaient tous reçu les soins de base, et Francis prépara leur transport vers l'hôpital. Cinq de leurs officiers avaient trouvé la mort pendant la brève participation du régiment aux combats, dont le capitaine Robert Mackay, ainsi qu'une dizaine de soldats.

La tâche s'avéra compliquée par le manque de moyens. Il fallut réparer deux wagons endommagés et trouver des bêtes supplémentaires. Cela fut tout de même fait avec diligence; une heure plus tard le convoi était en route.

Les tambours et cornemuses résonnaient et perçaient la cacophonie assourdissante de la guerre. Zigzaguant entre les obstacles, au-dessus des brumes, ils pouvaient voir au loin les flammes s'élever du château d'Hougoumont. Un incendie faisait également rage entre les murs de La Haie-Sainte, situé plus près d'eux. La ferme était présentement le théâtre de violents combats.

À travers l'épaisse fumée, le regard ne rencontrait que des pièces d'artillerie brisées, des chevaux agonisants, des blessés et des morts. Le terrain était parsemé de shakos piétinés, de mousquets brisés, de havresacs abandonnés. Ici un homme titubant, son bras ne tenant plus que par un lambeau de muscle. Là une pauvre bête, couchée sur son flanc, hennissait tristement en cherchant vainement à se remettre sur ses pattes. Là encore, un autre soldat qui, les yeux hagards, replaçait tranquillement une partie de son cuir chevelu sur son crâne. Même le cœur le plus sec ne pouvait demeurer insensible au spectacle et c'est avec un sentiment de profonde tristesse que Francis reconnaissait son impuissance à leur venir en aide.

Un pleur d'enfant leur parvenait faiblement.

— Il est où, le môme? questionna un soldat qui conduisait l'un des bœufs qui tiraient les wagons.

Ayant cru d'abord que c'était son imagination, Francis entendit clairement la plainte. L'oreille tendue, tous s'efforçaient d'en localiser la provenance qui se perdait dans le raffut de la discorde. Ross, assis sur la monture du chirurgien, pointa un doigt vers un bouchon de brume. Accompagné de trois hommes, Francis se dirigea de ce côté.

Il plissa les yeux et écouta.

— Par le Christ! fit-il devant sa découverte.

Là, derrière les restes d'un chariot, une femme accroupie se balançait d'avant en arrière en silence. Les yeux perdus dans le vague, elle tenait son ventre rond tandis qu'un petit enfant d'à peine deux ans pleurait et tirait sur la veste d'un homme inerte étendu face contre le sol.

À son approche, la jeune femme se tourna vers lui.

— Madame?

L'enfant se précipita dans les bras de sa mère, qui lui chuchota des mots dans l'oreille. Le chirurgien se pencha sur l'homme et chercha son pouls. Il se tourna vers la femme.

— C'est votre mari, madame?

Elle serrait son enfant contre elle et le dévisageait d'une drôle de façon. Francis reconnut sur le mort l'uniforme des soldats d'infanterie des légions allemandes et comprit qu'elle ne parlait pas l'anglais.

— *Deutsch ?* lui demanda-t-il avec douceur.

Elle acquiesça de la tête. Il était trop peu familier avec la langue pour communiquer avec elle.

— L'un de vous parle allemand ? s'informa-t-il en s'adressant aux hommes qui s'étaient avancés.

— Les seuls mots que je connais ne conviendraient guère aux oreilles d'une dame, fit l'un d'entre eux.

Personne ne parlait allemand. Francis lui tendit une main qu'elle regarda sans réagir.

— Venez avec nous. Je vais trouver quelqu'un pour s'occuper de vous.

Un boulet siffla au-dessus d'eux et alla miraculeusement s'enfoncer dans le sol sans toucher de cible. La jeune femme bougea enfin. Repoussant l'enfant qui s'accrochait à elle, elle se mit à fouiller les poches du corps de son mari et récupéra quelques objets qu'elle fit disparaître dans un sac qu'elle portait. Puis elle tenta de prendre une chaîne en or au cou de l'homme. Mais ses mains tremblaient tant qu'elle n'arrivait pas à la détacher.

Francis vint à son secours et détacha le bijou qu'il lui remit. Les prunelles bleues de la femme brillaient de larmes.

— *Danke.*

Blonde et menue, elle était assez jolie et ne paraissait pas avoir plus de vingt ans. La jeune femme déposa un dernier baiser sur la joue de son mari et suivit les Écossais. On les fit grimper, elle et son enfant, dans l'un des wagons.

Ils n'avaient atteint la chaussée qui menait à Mont-Saint-Jean que depuis quelques minutes qu'un autre boulet heurta le pavé à deux yards d'eux. Francis évita de justesse un éclat de pierre qui lui passa au-dessus de la tête. Un bruit mat derrière lui le fit se retourner. Le jeune Ross gisait affalé sur l'encolure de la monture du chirurgien, les yeux ouverts sur le vide. Le fragment de pavé lui avait transpercé la poitrine, le tuant sur le coup.

C'est avec une grosse boule dans la gorge que Francis abandonna le corps de son deuxième assistant dans la cour de la ferme.

Cet incident avait aussi coûté la vie à l'un des blessés et touché trois hommes de plus.

La femme du soldat allemand fut prise en charge par des dames venues aider aux soins des victimes. Ces dernières arrivaient de partout et les chirurgiens ne suffisaient plus. La nuit aux Quatre-Bras parut à Francis un simple exercice de routine comparé à ce qui l'attendait après la bataille du dix-huit juin. On s'occupait de ceux qui présentaient encore une chance de survie et on annonçait aux autres la désespérance de leur cas, leur rappelant bêtement qu'ils mourraient en servant leur roi et leur patrie.

Il était environ huit heures trente quand un cri retentit dans la cour. Cela provoqua un mouvement dans le bâtiment où opérait Francis.

«La Garde française a reculé!» les informa dans un cri de joie un jeune tambour qui fit irruption dans l'encadrement de la porte.

La Garde de l'Empereur ne reculait jamais. Elle avançait ou mourait, mais ne reculait jamais! Tous se dévisagèrent avec circonspection, chacun y allant de sa propre conclusion. Quelques sourires éclairèrent des visages barbouillés de sang et de boue, effaçant momentanément la souffrance qui creusait les traits.

Dans l'heure qui suivit, les nouveaux blessés qui arrivaient racontaient avec excitation la retraite générale des troupes de Bonaparte devant la charge finale de Wellington. L'un d'eux était un hussard du 15e. Comme il était atteint au genou et se déplaçait difficilement, un assistant-chirurgien lui prêta main-forte jusqu'à une table qu'on venait de libérer.

—Nous avons chargé les carrés de la Garde par douze fois, raconta-t-il en levant son sabre rougi du sang ennemi. À la fin, il ne restait qu'une poignée de nous encore sur nos selles…

Francis ne put s'empêcher de l'écouter tout en suturant un bras.

—Les pauvres, ils étaient tellement éperdus qu'ils confondaient leur propre cavalerie avec la nôtre, faisant pour nous une partie du travail.

La retraite de la Garde impériale avait entraîné dans son sillage celle des autres régiments. La fuite s'était faite dans le plus grand désordre à travers champs, la cavalerie française piétinant sa propre infanterie, qu'elle bousculait.

Au fil du récit de l'attaque de la cavalerie britannique sous la grêle de plomb français, l'anxiété s'emparait graduellement de Francis.

— *Ein wenig Wein, Doktor*[24] ? lui murmura une voix tout près.

Son petit enfant accroché à ses jupes, la femme du soldat allemand lui offrait un gobelet de vin. Elle lui souriait, l'air tellement fatigué, une main posée sur son gros ventre. Sa grossesse devait en être presque à son terme. Était-ce un signe que la vie finirait par triompher de tout ? L'espoir demeurait le dernier bastion de l'humanité. Il prit le gobelet qu'elle lui tendait. Du mauvais vin coupé avec de l'eau. Il but et lui rendit le récipient.

— Quel est votre nom, madame ? *Ihr Name, bitte ?*

— *Etta Lehmann.*

— *Danke, Frau Lehmann.*

La jeune femme s'inclina et s'éloigna de sa démarche chaloupée. Ce qui ramena brusquement le souvenir de Dana dans sa mémoire. La femme se pencha sur son enfant. L'image était tendre et réconfortante au milieu de toutes ces charpies humaines. Il allait se détourner, quand il remarqua le visage de la femme : congestionné, il se tordait de douleur.

— Par le Christ ! Le bébé !

— Quel bébé ? demanda Moore, qui le secondait.

— Celui de Frau Lehmann. Je crains que le travail ne soit commencé.

L'assistant tourna son attention vers le chirurgien. Etta Lehmann se tenait accroupie et gémissait, ses deux mains sous son ventre, que Francis devinait dur comme le roc. Devant la souffrance inexpliquée de sa mère, l'enfant se mit à pleurer. Francis s'agita. Il appela deux femmes à la rescousse. Y avait-il une sage-femme parmi

---

24. Un peu de vin, docteur ?

elles? Non. L'une d'elles aurait-elle déjà aidé à un accouchement? Négatif. Il abaissa un regard consterné sur le blessé dont il s'occupait. L'homme mâchouillait nonchalamment le tuyau de sa pipe éteinte en attendant qu'on en ait terminé avec lui.

Encore que le soldat parût bien se porter, son cas n'en était pas moins grave. Il avait reçu deux coups de sabre. La blessure que Moore était occupé à recoudre ouvrait horriblement le grand pectoral du sternum à la deuxième côte. L'autre au bras, jugée mineure, attendrait. Ce qui exigeait toute l'expertise du chirurgien, c'était la blessure par balle au crâne. Une portion de l'os avait été pulvérisée et s'était imprimée dans la dure-mère. Son trépan était prêt pour l'intervention, qui consistait à créer une ouverture circulaire autour de la dépression, à soulever l'os et à retirer toutes les esquilles et fragments de plomb des tissus. Après une inspection de l'enveloppe cérébrale, la plaie serait refermée.

Pendant ce temps, aidée des deux femmes, Etta se relevait. On l'amenait hors de la salle, dans une pièce où des vivres et du matériel médical étaient entreposés.

— Allez-y, docteur, l'intima le blessé. Elle a plus besoin de vous que moi.

— Un bébé ne naît pas si rapidement, mon brave, le rassura Francis en se remettant à l'ouvrage.

— Un bébé, c'est l'espoir d'une vie, observa l'autre.

Pensif, Francis hocha la tête. Le visage de Lydia s'imposa à son esprit. Puis il imagina Dana, un enfant dans les bras.

— Quand Dieu en décide, répliqua-t-il, amer.

Le soldat, un vétéran d'une quarantaine d'années, dévisagea le chirurgien.

— Vous avez des enfants, docteur?

Les doigts de Francis glissèrent sur le scalpel poisseux. Il faillit se couper.

— J'ai eu une fille. Elle est morte.

— Je suis désolé… Moi j'en ai eu six. Trois filles et trois garçons. Il me reste deux fils et une fille. Et je bénis Dieu pour les petits-enfants qu'ils me donnent. Après cette guerre, je rentre chez moi les serrer dans mes bras avant de mourir.

— Que faites-vous ici, monsieur ? questionna Francis.

Pour élargir l'ouverture sur l'os, il incisa en trois endroits le cuir chevelu préalablement rasé. Le blessé n'émit aucune plainte ; à peine réagit-il en mordant plus fortement sur sa pipe.

— J'étais un petit négociant de tabac dans le Devonshire. Le blocus continental est une invention roublarde de ce diable de Bonaparte. J'y ai perdu mon commerce. On dit qu'il faut traiter avec le diable en lui tirant la queue ? Moi, je dis – pardonnez mon langage, monsieur – qu'il faut lui tirer dans le cul.

Un sourire creusa des plis autour de la bouche de Francis. Il acquiesça d'un signe de tête et évalua le diamètre de la lame à fixer sur le trépan.

— Monsieur le docteur ?

Une voix féminine l'interpellait. Il se retourna. C'était l'une des femmes qui avaient aidé Etta. Elle était manifestement mal à l'aise d'interrompre son travail.

— Frau Lehmann vous demande.

Francis prit le temps de choisir la bonne pièce avant de répondre. Il ajusta la lame dans l'instrument et la bloqua.

— J'irai la voir quand j'aurai terminé avec ce brave homme, madame. Je suis certain qu'elle peut attendre quelques minutes.

— Oui… je vais lui expliquer, monsieur. Je suis certaine qu'elle comprendra. Excusez-moi de vous avoir dérangé.

Le trépan dans les mains, Francis vit la femme s'éloigner. Puis il revint vers son soldat.

— Je vous avertis que cela ne vous sera pas agréable, monsieur…

— Patton, docteur. Wilbrod Patton. Allez-y. Faut pas vous gêner.

— Moore, tenez bien solidement sa tête.

En même temps qu'il appliquait la lame sur l'os dégagé du crâne, un cri retentit dans la salle. Tous les regards se tournèrent vers la porte de la réserve.

— C'est l'Allemande, conclut Moore. Elle est en train d'accoucher, ma foi !

— Qu'est-ce que vous attendez, docteur ? dit le soldat Patton. Ma femme me disait qu'il faut pas faire attendre les petits quand ils ont faim. Et celui-là m'apparaît avoir une faim de loup de venir visiter le monde.

Francis hésita encore. Moore n'osait rien suggérer. On s'activait dans l'arrière-salle. Une femme en sortit, cherchant parmi les médecins présents celui qui disposait de temps pour s'occuper de la pauvre femme en couches. Son regard croisa celui de Francis.

— Allons ! s'écria Patton. Je ne me sauverai pas, je vous le promets.

L'homme l'encourageait d'un sourire.

— Je reviens… murmura Francis en rendant le trépan à son assistant.

Frau Lehmann était allongée à même le sol. Son enfant pleurait dans les bras d'une femme assise sur un barillet de vinaigre. Francis lui ordonna de l'emmener ailleurs.

— La dame veut que sa petite Hilde demeure près d'elle, lui expliqua la femme.

Bien sûr, il comprenait. Mais ce n'était pas un spectacle pour une fillette de voir sa mère en train de souffrir juste après avoir vu son père mourir. La femme obtempéra. L'Allemande hurla, tendant les bras vers sa fille. Elle dit quelques mots dans sa langue. Francis se désolait de ne rien comprendre. Cela ne facilitait guère les choses.

— Elle tient à ce que sa fille reste ici, dit celle qui était venue le quérir quelques minutes plus tôt.

— Vous comprenez l'allemand ? s'enquit Francis.

— J'ai vécu dans les Hautes-Fagnes pendant six ans.

— Quel est votre nom ?

— Lorette.

Le chirurgien hocha la tête, soulagé.

— Merveilleux, Lorette, vous me servirez de traductrice.

Pendant qu'il estimait le stade du travail, Etta grondait comme une bête blessée. Son visage se convulsait sous l'effort. La tête du bébé était visible. La vitesse à laquelle le travail progressait étonna Francis. Il se pencha sur elle pour la rassurer. Les yeux bleus s'accrochèrent aux siens. Elle marmonna quelques mots.

— Elle a peur, expliqua Lorette, elle dit qu'elle a failli mourir quand elle a mis au monde sa petite Hilde.

Que pouvait lui répondre Francis? Un chirurgien ne pouvait promettre la vie à ses patients. Seulement le meilleur de ses connaissances. Et, malheureusement pour lui, l'expérience qu'il possédait en obstétrique était assez limitée. Il n'avait assisté qu'à une douzaine d'accouchements dans toute sa carrière.

— Écoutez-moi, Frau Lehmann, murmura-t-il doucement, vous allez bientôt avoir un beau bébé à serrer dans vos bras.

Une plainte, comme un couinement de chiot naissant, sortit de la bouche tordue par la souffrance. Les paupières d'Etta clignèrent. Deux larmes s'en échappèrent. Elle agrippa les mains du chirurgien et les pressa avec force.

— Il y a un bon moment que le travail a débuté, commenta Francis.

— La dame a dit que la poche des eaux s'est rompue à son arrivée ici.

— Cela doit faire quatre heures de ça, supputa le chirurgien. Personne ne s'en est aperçu?

— Non, docteur. Nous étions toutes trop prises…

Une nouvelle contraction interrompit Lorette, qui prit le relais du médecin en attrapant les mains de la parturiente. Francis souleva les jupes.

L'enfant naquit quinze minutes plus tard, en parfaite santé. Un gros garçon, hurlant vigoureusement. Il était né coiffé: un signe de chance, avait dit Lorette. Assis sur le barillet de vinaigre, ému, Francis tenait le bébé dans ses bras pendant que les femmes s'occupaient d'Etta. La petite Hilde l'observait de ses yeux gonflés. Elle ne pleurait plus. Francis lui sourit et l'invita à s'approcher.

— Ton petit frère, lui dit-il en lui présentant le poupon emmailloté dans un drap qui devait servir à faire des pansements.

L'enfant, immobile, dévisageait le chirurgien avec circonspection. Sans doute lui attribuait-elle toutes les souffrances qu'avait endurées sa mère avant qu'il n'extirpe de son ventre cette horrible chose chiffonnée et visqueuse de sang. Elle conserverait ces images longtemps dans son esprit, songea Francis. Un jour elle comprendrait que cette souffrance était celle de la séparation. La première que subissait la mère d'avec son enfant. Une séparation était toujours difficile à vivre.

Le miracle de la vie. Il le tenait dans ses bras. Mais la vie était si fragile… La poitrine gonflée d'émotion, il plaça son index dans la paume du bébé. Les doigts minuscules se refermèrent instinctivement dessus, s'accrochant à lui. Le réflexe l'attendrit davantage.

Il ne pourrait jamais savoir avec certitude si l'enfant qu'avait porté Dana était véritablement le sien. Mais il voulait y croire. Il désespérait d'y croire.

La mère réclamait son enfant, qui, lui, ne tarderait pas à quémander le sein nourricier. Francis rendit son nouveau-né à Etta en lui souriant tendrement.

— Comment le nommerez-vous ? s'enquit-il. *Sein Name ?*

— *Helmut,* répondit-elle. *Sein Name wird Helmut Lehmann sein.*

— Alors, petit Helmut, dit le chirurgien en s'adressant au bébé. C'est toi l'homme de la famille, maintenant. Occupe-toi bien de ta mère et de ta sœur.

Il eut une triste pensée pour l'homme dont le corps reposait près de la vieille charrette. Oui, à la fin, la vie triomphait de la mort.

❖❖

Les premières lueurs de l'aube du dix-neuf juin arrivèrent sans que personne n'y prêtât intérêt. À la lueur sautillante des lampes, le travail absorbait toute l'attention des équipes médicales. Des blessés étaient évacués vers plusieurs des habitations environnantes qui avaient été transformées en hôpitaux temporaires. L'espace manquait. Ceux qui pouvaient être déplacés étaient acheminés vers les hôpitaux généraux mis en place à Bruxelles. Même si cela mettait en relief la déficience du système médical de l'armée britannique, l'aide civile était sollicitée. Des femmes préparaient des pansements et distribuaient de la bière douce et du brouet. D'autres prêtaient assistance aux blessés pour les déplacer et les nourrir. Chacun y allait de sa propre initiative.

Le manque de personnel médical et d'organisation était criant et conséquent. Il y avait quelque chose d'ironique dans le fait qu'après des siècles à faire la guerre et à rencontrer les mêmes problèmes de logistique, aucun code ou règlement ne gérait encore les hôpitaux de campagne. Sir James Macgrigor, après avoir servi en tant que chirurgien général dans l'armée pendant les années de la Guerre péninsulaire, dans un rapport remis au conseil du département médical militaire, avait pointé plusieurs lacunes dans le système. Mais le statut de chirurgien n'étant pas hautement considéré par l'ensemble des membres du Collège des médecins de Londres, ses recommandations rencontraient encore l'opposition de ceux qui ne voyaient toujours dans ces anciens chirurgiens-barbiers que des «fils de bouchers». De ce fait, un chirurgien régimentaire était vu comme un simple artisan de la mécanique humaine, sans plus.

Une main secoua Francis. Il ouvrit péniblement un œil. Son servant était penché sur lui. Il lui avait rapporté une chemise propre.

— J'ai trouvé ceci, dit Émile tout fier en découvrant un beau morceau de fromage et quelques biscuits secs cachés dans le vêtement.

L'estomac du chirurgien criaillait depuis des heures. Il prit la nourriture avec reconnaissance, remerciant chaleureusement le garçon.

— Tu as trouvé l'information que je t'ai réclamée?

— Non, fit le servant.

— Ça va. J'essaierai de trouver moi-même.

Sa chemise enfilée et sa collation rapidement avalée, il avertit Moore qu'il allait se reposer quelques heures. Il enfonça son bicorne sur sa tête, se lesta de sa sacoche de premiers soins et se mit en quête d'un cheval, le sien ayant disparu. Il en repéra un qui écumait encore sous sa chabraque. Son propriétaire ne se trouvant nulle part en vue, il s'en approcha et grimpa dessus.

— Hé! l'apostropha une grosse voix comme il faisait pivoter la monture. Hé, vous! Au voleur! Rendez-moi mon cheval!

— Prenez le mien, lui répondit Francis en plantant ses talons dans les flancs de la bête qui hennit avant de partir au galop.

Le soleil plombait le pavé encombré de débris qu'il évitait. À l'approche de l'intersection des chemins de Wavre et de Charleroi, l'odeur terrible s'intensifiait. Il percevait les plaintes des blessés qui attendaient du secours. Polyphonie lugubre qui jaillissait des âmes en attente d'une décision de Dieu. Enfin, le champ de bataille lui apparut. Sanglante moisson du champ de Mars. Partout où portaient les yeux, des corps gisaient, désarticulés. Plusieurs avaient été dépouillés de leurs vêtements. Leur peau blanche formait des taches claires çà et là sous les rayons dardants du soleil. Car pendant la nuit étaient venus les vautours: hommes, femmes et enfants, civils et soldats, fourmillant dans ce cimetière. L'un cherchait un butin à prendre, l'autre, un survivant à ramener, à achever. On voulait une part de cette guerre, un souvenir à vendre de ces héros. Certains de ces écumeurs de champs suivaient la queue des armées dans l'attente d'une autre bataille, d'une autre maraude. S'ils étaient pris, ils étaient fusillés. Mais la nuit les habillait de noir et les fondait dans la brume. Et trop souvent on préférait ne rien voir.

Francis se détourna de l'affligeant spectacle et prit le chemin sur sa droite, celui de la Croix, en direction des ruines fumantes du château d'Hougoumont.

Il croisait des gens. Des vivandiers arrivant des villages voisins et venant vendre quelques denrées. Des détachements allant d'un bivouac à un autre. Des paysans venus offrir leur aide. Lorsqu'il vit l'éclat d'un bonnet rouge pendant sur le côté d'un shako brun, il poussa sa monture pour rejoindre l'homme qui conduisait un wagon à ressort transportant des blessés. Répondant à sa question, le hussard lui indiqua le petit bois derrière lequel était dissimulée la ferme d'Hougoumont et d'où s'élevait une épaisse fumée noire. L'appréhension le prenant soudain d'assaut, Francis s'y dirigea.

L'odeur était maintenant insoutenable et le spectacle semblait tiré des plus horrifiques scènes de *L'Enfer* de Dante. Les morts ramassés dans la ferme s'empilaient en un tas de membres entremêlés. Plus loin, un bûcher brûlait. Deux hommes soulevèrent un corps d'une blancheur extrême au soleil et le balancèrent pour l'envoyer dans les flammes. Une gerbe d'étincelles monta jusqu'au ciel, remuant en même temps l'air putride qui les entourait. Dans la chaleur intense, la graisse se mit aussitôt à grésiller. Le cœur sur les lèvres, Francis se détourna et buta contre un boulet presque complètement enfoncé dans la terre. Il passa devant un puits dont le tablier de pierre bleue était taché de sang. Des mouches entraient et sortaient de ses profondeurs par dizaines. Il devina que plus personne ne s'y abreuverait. Partout, les murs, les arbres portaient les marques d'une lutte orageuse. Dans la chapelle en partie épargnée par les flammes, on ignora presque son arrivée. Un chirurgien était occupé à amputer la jambe d'un soldat qu'on maintenait assis sur une chaise. C'était partout les mêmes scènes, les mêmes visages terreux, les mêmes yeux vides. Francis circula dans le bâtiment, cherchant parmi les blessés allongés sur le sol. Rien.

Un officier du 7e régiment des hussards vint dans sa direction, l'air pressé, et le contourna sans le voir. Francis interpella l'aide de camp Thornhill.

— Je cherche le major Elphinstone.

— Il a été transporté à Bruxelles avec le colonel, qui est aussi blessé, monsieur, répondit l'officier.

— Son état est grave ?

— Je ne saurais vous le dire. Une blessure aux jambes, je crois. Mais je ne sais rien de plus.

— Merci, fit Francis.

L'officier le salua et continua son chemin jusqu'à la sortie. Songeur, Francis le vit disparaître dans le jaune crémeux du matin. Il lui emboîta le pas.

Sa main en visière, il scruta la portion du champ où la cavalerie avait lancé sa charge victorieuse derrière la Garde française. Il tenta un instant d'imaginer la folle poursuite jusqu'à la petite auberge de la Belle Alliance. Sur le plateau où s'était déployée la Grande Armée de l'Empereur ne restaient plus que des pièces d'artillerie, des ambulances et des wagons abandonnés.

Se tournant vers l'est, juste sous la crête sur laquelle le 92e avait été posté, il revit en mémoire les colonnes de fantassins osciller et se coucher sous une grêle de plombs, comme le blé sous un vent de tempête. Et les superbes chevaux gris, la gueule écumante, le mors aux dents, tels des dragons surgis des entrailles de la terre, dévalant la pente abrupte et leur passant dessus, fauchant une moisson de vies trop courtes, pour être à leur tour hachés par des géants aux cuirasses rutilantes.

Puis partout la débâcle du vaincu. Des bras levés vers le ciel et des jambes battant le sol qui se dérobait. Le feu des mousquets, l'éclair des sabres. Le tremblement de la terre. Le moment où l'officier n'était plus qu'un homme et où chaque fantassin reprenait le commandement de sa propre destinée.

De fugaces images de ce qui fut et que l'on peindrait un jour pour se souvenir.

Mais il y avait aussi ce que l'on préférait oublier.

Des paysans avaient commencé le ménage et creusaient des fosses où seraient jetés les cadavres dans un pêle-mêle qui ne tiendrait aucun compte de l'identité des victimes. Rare était la reconnaissance du nom du simple soldat sacrifié pour son roi. Car le simple soldat vendait son identité pour quelques livres par an. Et sa mort souillait la glorieuse route du triomphe. Il fallait faire disparaître ses os sous le champ que sa chair ferait reverdir. Tout ça pour qu'un jour, bientôt, les gens y passent et n'y voient que le fantôme d'une armée dont on ne garderait en mémoire que le panache.

La superbe du lion écrasant l'aigle sous ses griffes.

Mais, présentement, où était l'honneur? Il nourrissait les corbeaux, il errait derrière le voile bleu de la brume, il mourait sur les lèvres qui appelaient une femme, un dieu, une dernière fois avant qu'elles ne se scellent pour l'éternité sous un linceul de particules de soufre et de suie.

Francis s'engagea sur le chemin des Vertes Bornes. Un détrousseur de cadavres œuvrait aux abords du bois. Un soldat prussien trop occupé à arracher les dents d'un cadavre pour le remarquer. Les dents seraient vendues aux tourneurs d'ivoire et aux orfèvres qui fabriquaient des appareils dentaires. Un commerce lucratif qui intéressait aussi les résurrectionnistes.

La main sur le manche de son sabre, momentanément il eut l'idée de le faire déguerpir. Mais il y renonça. Qu'avait-il à reprocher à cet homme qui ne faisait que prendre aux morts ce dont ils n'avaient plus besoin? N'avait-il pas déjà posé des actes similaires lui-même? N'avait-il pas fait pire?

Chassant d'un geste impatient deux mouches qui l'agaçaient, il lança un dernier regard sur le champ de bataille. Puis il prit la route de Mont-Saint-Jean. Maintenant qu'il connaissait le sort de Percy, il lui restait à retrouver le propriétaire du scalpel au manche d'ébène.

➤◄

Journal de campagne – 28 juin, Bruxelles.

Chère Dana,

J'ai repris possession de ma chambre chez Mevrouw Marten, à Bruxelles. Elle est très chagrinée par la mort du jeune Dale. Même si j'essaie de m'en détacher, je me sens aussi très affecté par la disparition de ce jeune homme et je regrette le chant du violon qui demeure silencieux sur son support dans le salon de musique. Tel que je le lui avais promis, j'ai envoyé les enveloppes à ceux qui lui étaient chers. Y ajoutant un mot de ma main, je me suis permis de faire à sa mère le récit d'une mort glorieuse sur le champ de bataille des Quatre-Bras.

Une routine harassante m'accapare. La campagne est plus difficile que je ne m'y attendais. De toute évidence, j'avais sous-estimé la tâche qui m'incombe. Je me sens si démuni. Mes connaissances médicales ne me sont que bien peu utiles, il me semble. Un boucher pourrait faire, à plus d'une occasion, tout aussi bien que moi. Et souvent j'ai l'impression de ne servir qu'à mutiler davantage ces pauvres soldats blessés plutôt que de les soigner. Je les regarde et me demande lesquels d'entre eux je devrai enterrer demain. Tout est infect, ici. Les conditions de vie, la vie elle-même.

Depuis deux semaines, je distribue mon temps entre l'hôpital général, la vérification de l'inventaire des provisions médicales du régiment et la rédaction des rapports. Je suis affecté à l'hôpital de l'ancien couvent des jésuites où, de l'aube jusqu'à la tombée de la nuit, je tiens le scalpel et manipule mes scies. Mes articulations souffrent au moindre mouvement et j'opère avec beaucoup de difficulté. Il m'arrive d'échapper mes instruments. Mais je suis contraint à continuer en souhaitant commettre le moins d'erreurs possible. Alors que ces hommes s'abîment dans une guerre de pouvoirs, moi, je m'éreinte à combattre les infections, la maladie et la mort qu'ils sèment sur leur passage.

C'est absurde. De tous ces jeunes hommes valides ne survivront que chairs et esprits meurtris. L'alcool et Dieu sont les seuls réconforts. Plus le temps passe, moins Dieu est présent. Et moi, je pense à vous. J'ai besoin de vous entendre me dire que je ne suis pas ici en vain et que, même si je n'arrive à sauver qu'un seul homme, ce sera un homme de moins à ensevelir. Ce sera déjà ça. Le courage et la persévérance me font défaut. Vous m'aviez ouvert les yeux sur un aspect de l'être que j'avais toujours ignoré jusqu'ici. Mais quand je panse le corps, Dana, je ne sais que faire de son âme, que je devine tout aussi déchirée par cette guerre.

Des blessés continuent d'arriver du champ de bataille. Après plusieurs jours sans avoir reçu le moindre soin, sans nourriture et sans eau, leur état est pitoyable et souvent sans espoir. L'arrivée de nombreux chirurgiens d'Angleterre nous est d'un grand soulagement et nous permet des journées moins longues. Aux blessures à soigner s'ajoutent aussi les infections et les maladies qui se déclarent inévitablement. La dysenterie et le typhus se présentent comme nos nouveaux ennemis. L'aération des salles a été améliorée et il y a un approvisionnement suffisant de draps et de chemises relativement propres. Mais demeure le problème de la qualité de la nourriture et de l'eau.

J'ai envoyé un mot à ce sujet à Guthrie. Les officiers ayant un peu d'argent peuvent obtenir de quoi agrémenter leur ordinaire. Mais cela est impossible pour le simple soldat. Il est assez évident qu'un blessé bien nourri s'en sortirait mieux et plus rapidement.

La situation est pire dans cet hôpital de prisonniers français organisé dans la baraque précédemment occupée par les gens d'armerie. À la demande du chirurgien Charles Bell, un collègue d'Édimbourg qui vient tout juste de débarquer à Bruxelles, j'y ai œuvré pendant trois jours aux côtés des médecins locaux, sous la direction du docteur Vranken. Ce que j'y ai vu m'a soulevé le cœur. Les blessés y sont négligés et souvent laissés pour compte. Ils baignent dans leurs sanies sans que l'on songe à changer leurs draps. J'ai donné l'ordre de faire bouillir ceux qui pouvaient être récupérés et de brûler les autres. Je souhaite vivement que cette situation s'améliore rapidement. Plusieurs cas de pourriture d'hôpital s'y sont déclarés et nombreux sont ceux qui souffrent de la fièvre du typhus. Le taux de mortalité est effarant.

Mais voilà, je m'accroche à l'idée que la vie finit toujours par triompher de la mort. Une âme s'envole, une autre descend sur terre et anime un nouvel être. J'aimerais vous raconter la naissance de ce petit garçon le jour de la mort de son père, un soldat allemand. Cette expérience me remue trop encore pour y mettre des mots. C'est l'expression de l'amour dans le chaos de la haine des hommes. Cela ne s'explique pas. C'est tout simplement quelque chose que l'on ressent. L'amour est une chose invisible, métaphysique. C'est la communion des âmes. Je l'ai appris en partie grâce à Lydia. Mais par vous j'ai appris que c'est aussi celle des corps qui permet d'exprimer cette chose sous une forme plus tangible pour se convaincre qu'elle existe bel et bien. En sachant cela, je ne me trompe pas sur mes sentiments pour vous.

Ce matin, ayant quelques minutes avant mon tour de garde, je suis passé voir le docteur John Hennen. J'ai appris que le docteur James Collingwood était affecté à l'Hôpital du temple des augustins. Je sais que ce n'est qu'une question de jours avant que nos chemins se croisent. Ce jour, je l'espère autant que je le crains. Mais je l'attends…

Chapitre 29

La Grande Armée de l'Empereur était en déroute. Dana replia l'édition du *Times* du vingt-deux juin pour siroter son verre de limonade. Il y avait bien eu des rumeurs. Une vague inhabituelle de spéculations déferlait sur le Stock Exchange. Un mouvement significatif à la hausse à la Bourse suivait généralement l'annonce d'une victoire. Mais aucune annonce officielle n'avait été faite par le premier ministre ; personne n'avait osé y croire. Et voici que les propres mots de Wellington, le commandant en chef de l'armée, attestaient de cette victoire inespérée.

La tête ailleurs, elle laissa son regard se distraire du tableau que faisait Harriet en s'amusant avec les poussins. Quelque part au fond d'elle-même, elle se prenait à souhaiter que Timmy eût participé à cette bataille. D'imaginer qu'il eût pu l'avoir quittée pour cette Rosie la blessait comme un sabre qui découpe le cœur pour l'extraire de sa poitrine. Sentiment d'orgueil meurtri plus que chagrin réel ? La douleur n'en était pas moins intense.

Un éclat de rire la sortit de ses tristes réflexions et elle reprit son carnet à croquis. Le bonheur qui habitait sa sœur lui avait redonné le goût de se remettre au dessin.

— Je me demande pourquoi ils sont jaunes, dit rêveusement Harriet en caressant une minuscule tête.

— Je suppose que tu te serais posé la même question s'ils avaient été bleus ou verts, Harry, répondit Dana en levant la tête de son ébauche.

— Ils sont si mignons… Dommage qu'ils grandissent si vite.

L'autre main de Harriet poursuivait maintenant un autre oisillon parmi la douzaine qui piaillaient dans la cage. Un beau matin, Zac avait découvert un coq paradant fièrement devant les poules, dans la cour. Personne n'étant venu réclamer la fière volaille, il l'avait gardée. Depuis, trois douzaines de poulets avaient vu le jour. La volière avait été agrandie pour permettre de séparer les poulets et coquelets des poussins, mais l'espace manquait pour s'adonner à un élevage à plus grande échelle. Zac contrôlait donc le nombre d'oisillons à la naissance et vendait ceux qui étaient prêts pour le pot. Dans un peu plus d'un mois, la dernière couvée serait abattue pour la viande et une autre suivrait.

À travers le grillage de sa cage, son plumage d'un beau noir brillant, le coq surveillait Harriet d'un œil mauvais. Il était tenu isolé pour l'empêcher de s'en prendre directement à ceux qu'il soupçonnait de vouloir agresser ses protégés sur lesquels il veillait jalousement pendant que son harem ne pensait qu'à engloutir les graines que leur jetait Zac. Tout en émettant des sons menaçants, il allait et venait, balançant sa tête d'avant en arrière, ses caroncules d'un beau rouge rubis tremblotant à chacun de ses mouvements. Harriet, qui venait de capturer sa proie, se tourna vers l'oiseau et lui montra ses deux petits prisonniers en tirant la langue.

Elle était si jolie ainsi, assise sur la paille fraîche qu'avait étendue Zac. Sa robe blanche finement rayée de bleu soulignait les rondeurs de sa silhouette qu'avait toujours secrètement enviées Dana. Pourquoi, alors que ses sœurs affichaient une chair voluptueuse, devait-elle être si maigre? Et la blondeur des boucles souples de Harriet lui donnait cette allure d'ange coquin qui la caractérisait si bien et qui avait fini par capter l'attention de Logan. Il n'y avait plus de doute, ces deux-là étaient amoureux.

Pour l'instant, Harriet racontait des secrets aux poussins et s'amusait à se laisser bécoter la joue en leur faisant des «psi-psi-psiu». Elle était radieuse et adorait la vie à la ville. Dana savait que Logan et elle seraient heureux ensemble. Et elle ne pouvait s'empêcher d'en ressentir une pointe de jalousie.

—Comment on fait pour distinguer les poussins filles des poussins garçons? demanda candidement la jeune femme en examinant ceux qu'elle tenait.

—Eh bien... fit Dana en réfléchissant. Je te dirais que, quand ils mangent les graines, c'est qu'ils sont mâles et que, quand elles les mangent, il s'agit de femelles.

La ligne des sourcils de sa sœur ondula et se fixa sur une expression perplexe.

—Je ne pourrais te contredire, ma chère sœur, répliqua-t-elle, amusée. Mais je crois qu'il doit exister une façon plus pragmatique que ça de le découvrir.

Zac écoutait depuis le début la conversation qui se déroulait entre les deux sœurs. Ses bras affairés à nettoyer les cages de la fiente, qui serait ensuite enfouie dans la terre du petit potager qu'entretenait Flora, se mirent à battre l'air pour attirer l'attention des deux femmes. Il les invitait à s'approcher de la cage des adolescents, dont le joli duvet doré se couvrait partiellement de plumage sombre. Plongeant son bras dans la masse caquetante et gloussante, il attrapa un spécimen qui s'agitait avec frénésie, piquant vigoureusement du bec dans la main qui l'enserrait. La gorge de l'homme émit quelques bruits d'air et il fit basculer l'oiseau la tête en bas. Quelques secondes plus tard, l'animal se tenait tranquille, en état de catalepsie.

Il saisit l'une des ailes et l'étira pour la déployer. Puis, du bout de son index, il pointa les rémiges qui commençaient à apparaître.

—Les plumes? questionna Harriet. Vous voulez dire que les plumes différencient les poules des coqs?

Zac étira un sourire et hocha la tête.

—Mais comment voit-on?

La réponse devenait plus compliquée à traduire. Mais Zac finissait toujours par trouver le moyen de se faire comprendre. Il médita un bref moment, puis relâcha son petit captif, qui recommença à s'agiter comme par magie parmi ses copains. Allongeant son bras, il exposa sa théorie en mimant le battement d'une aile. Puis il fit mine de lisser ses plumes et en détermina une longueur.

Celle-là, voulut-il expliquer, était celle de la poule, qu'il désigna d'un doigt. Reformant les mêmes gestes, en prenant soin toutefois de démontrer la longueur augmentée du plumage, il pointa ensuite le coq, qui suivait toute la scène depuis son coin solitaire.

— Les poussins garçons auront des plumes plus longues que les poussins filles ?

Une secousse enthousiaste de la tête de Zac leur apprit qu'elle avait saisi.

— Merci, Zac, fit Harriet en le gratifiant d'un charmant sourire qui creusa ses joues rondes.

Harriet et Dana éclatèrent de rire. Sa bouche fendant en deux son faciès expressif, le serviteur se joignit silencieusement à elles. Ce fut cet instant que choisit Logan pour faire irruption, haletant, le teint livide. Il s'immobilisa devant le trio, comme hésitant à briser l'esprit de joie qui les enveloppait.

Sa mine affolée rendit les femmes muettes.

Remettant les poussins à Zac, Harriet accourut vers lui et lui prit les mains.

— Qu'est-ce qu'il y a, Logan ? C'est ton père ?

Le jeune homme fit non de la tête ; ses yeux s'emplissaient de larmes qu'il essayait de contenir au prix d'un effort surhumain.

— Ta mère, alors ? s'affola de plus en plus Harriet, qui n'avait jamais encore vu son cousin dans un état aussi désemparé.

— Non… c'est Timmy. Je crois… qu'on l'a retrouvé.

Il regarda Dana. Dans les yeux de Logan, elle vit le malheur. Elle sentit son sang se retirer de son visage et un vertige la prit. Zac vint à son secours.

— Je ne souhaite pas le voir, dit-elle simplement. Qu'il demeure avec sa… cette Rosie.

— Dana, ils ne sont pas certains que ce soit lui.

Elle dévisagea son cousin sans comprendre.

— Pas certains ? Qu'est-ce que ça signifie, Logan ?

Elle commençait cependant à comprendre ce que son cousin voulait lui dire.

— Dana, ils ont découvert un corps. Quoiqu'il soit en très mauvais… Oh! Pour l'amour du ciel… on m'a prévenu qu'il pouvait s'agir de Timmy.

Mort! Timmy mort? Elle ne le croyait pas. Même si elle avait envisagé cette éventualité, elle n'avait jamais voulu y croire. Au fond, elle aurait préféré qu'il se fût engagé dans l'armée. Il ne serait possiblement jamais revenu de la guerre. Au moins, sa mort sur la ligne de front lui aurait un peu fait oublier sa lâcheté.

— Où? demanda-t-elle simplement.

Retenant son propre chagrin, Logan essuya ses yeux.

— Dans la rivière. Il… il a été repéré par des employés de la Leith Mills. Il était dissimulé par les herbes aquatiques, près du barrage. C'est l'odeur qui incommodait les employés du moulin occupés à nettoyer les berges qui les a attirés là. On l'a reconduit à la morgue où le coroner va procéder à une enquête. Tu comprends, il faut… l'identifier.

Prenant conscience de ce que cela impliquait, Dana ouvrit les yeux plus grands et secoua énergiquement la tête. Zac l'aida à s'asseoir. Harriet se précipita vers elle et chercha à la réconforter. Dana demeurait incrédule. Mort noyé? Comment cela avait-il pu arriver? Encore sous l'emprise de la fureur froide qui l'habitait depuis la découverte de cette Rosie dans la vie de son mari, elle demeurait les yeux secs.

— Je ne pourrai pas… Je ne pourrai jamais supporter ça, Logan, s'alarma-t-elle.

Totalement désemparé, ne sachant que dire de plus, Logan demeura silencieux. Même le triste sourire que lui lançait Harriet pour l'aider à surmonter cette épreuve ne parvenait pas à lui redonner le courage nécessaire. Si le corps à la morgue était bien celui de son frère, il aurait à annoncer la terrible nouvelle à ses parents. Il doutait que sa mère s'en remette jamais. Malgré tout ce qu'avait été Timmy, c'était celui de ses trois fils que Flora avait toujours préféré.

❦

L'odeur traversait son mouchoir imbibé de parfum de lavande. Soutenue par sa sœur, Dana attendait sur une chaise le retour de Logan. Il faisait sombre et l'humidité imprégnait la salle voûtée du King James Hospital, située sur le territoire de la South Leith Church, dans Kirk Gate. Son regard scrutant les recoins sombres, Dana s'attendait presque à voir surgir la silhouette massive de Timmy, un étincelant sourire sur son beau visage.

Le teint affreusement livide, ce fut Logan qui surgit de la petite pièce où il avait disparu avec le médecin légiste et le coroner attachés au bureau du shérif de Leith en charge du dossier. Son cousin secouait la tête et lançait à l'occasion des regards vers elle avant de fixer à nouveau son interlocuteur.

« Il est mort », se répéta-t-elle en serrant la main de Harriet. Et l'infecte odeur de putréfaction et le sourd bourdonnement de mouches lui disaient qu'elle ne verrait sans doute plus ce sourire, ce visage qu'elle avait aimé malgré tout.

— Dana, fit la voix de Logan près d'elle.

Dans un tressaillement, elle battit des cils. Son cousin s'était accroupi devant elle et la dévisageait tristement. Il enveloppa ses mains des siennes.

— C'est lui ? demanda-t-elle, dans un filet de voix éteinte.

Un hochement de tête le laissait croire. Mais il pinça les lèvres, comme incapable de l'affirmer ouvertement.

— Il est méconnaissable. Des dents manquent à l'avant. Le chirurgien a rapporté dans ses notes d'examen qu'il a subi une fracture des os de la joue et de l'orbite. La couleur des cheveux et des yeux correspond. Ainsi que la taille. Je crois qu'il serait préférable que tu ne le voies pas, déclara-t-il. Mr Pringle a toutefois suggéré que tu vérifies les vêtements et les objets qu'ils ont trouvés sur lui.

— Comment as-tu pu supporter de voir ça, Logan ? gémit Dana. C'est ton frère.

Le jeune homme emprunta une contenance profondément consternée.

— Je n'avais guère le choix, Dana. Il fallait que quelqu'un le fasse et je ne pouvais en aucun cas imposer cette épreuve à mon père.

Le coroner leur présenta une boîte de bois. L'odeur qui s'en dégageait fit d'abord reculer Dana, qui se couvrit le nez de son mouchoir. Mais le parfum de la mort persistait dans ses narines. Elle s'avança prudemment. Mr Pringle prit ce qui s'avérait être une vieille veste de drap marron tachée de boue et encore humide. Il l'étendit sur la surface du bureau. Ils passèrent à la culotte de toile brune élimée aux genoux. Les vêtements qu'avait l'habitude de porter Timmy pour travailler. C'étaient ceux qu'il avait sur lui le jour de l'accident dans l'escalier.

Des objets : un coutelas, une montre gorgée d'eau vaseuse dont les aiguilles s'étaient arrêtées sur onze heures trente-cinq. Du matin ou du soir ? Quelques pièces de monnaie, dont un demi-penny de cuivre troué en son centre.

« Il ne lui aura pas porté chance, cette fois », murmura Dana en réprimant un sanglot.

Compte tenu du manque d'éléments permettant de tirer une conclusion arrêtée, malgré le sérieux du cas, dans son rapport d'enquête le coroner statua que la cause probable de la mort de Timmy Nasmyth demeurait irrésolue. Les dents brisées et les blessures à la tête avaient pu être infligées lors d'une chute en bas d'un pont comme par des coups donnés avec un objet contondant. Considérant les problèmes d'argent qu'il avait au moment de sa disparition, quelques semaines plus tôt, il pouvait s'agir d'un suicide tout aussi bien que d'un règlement de compte. Mais cela pouvait aussi n'être qu'un malheureux coup du sort à la sortie d'une taverne, alors qu'il était ivre. Rien de significatif n'avait pu aiguiller les policiers sur une piste sérieuse. Elle repensa à Francis, qui lui avait juré ne pas avoir vu Timmy.

Après seulement cinq mois de mariage, Dana se retrouvait officiellement veuve. Le noir l'habillerait-il perpétuellement ? C'était ce qu'il lui semblait. Pleurant du matin au soir, Flora demeurait inconsolable. Quant à Charles, en dépit des différends qui les opposaient, Timmy et lui, Dana comprit qu'il avait aimé son fils. « Mal aimé, qui aime mal », songea-t-elle tristement. Timmy n'avait pas été un mauvais garçon. Son caractère impétueux n'avait fait que réagir par la seule façon qu'il connût au manque d'affection paternelle.

❦

Les obsèques eurent lieu par un matin qu'infusait la lumière crémeuse de cette fin de juin. De toute l'effervescence qui agitait la ville depuis la fin de la guerre, Dana se sentait si détachée. Se repliant sur son malheur, elle ressentit le besoin de faire une mise au point sur sa vie et partit passer quelque temps chez Maisie. Le chant et le parfum piquant de la mer l'aideraient à décider de ce qu'elle ferait ensuite. La rente que lui versait Francis Seton lui permettrait de vivre d'une façon décente pendant dix ans. Mais elle refusait de se servir de cet argent. Seulement, la situation financière dans laquelle l'avait laissée Timmy l'empêchait de faire autrement pour l'instant. D'abord, pourquoi le chirurgien versait-il cette rente ? Quoiqu'il lui eût juré sur la tête de Lydia qu'il n'avait rien à voir avec la mort de Jonat, cette question la troublait depuis son dernier rendez-vous chez Maclellan. Il se sentait coupable de quelque chose, assurément.

Trois semaines complètes avaient coulé au rythme des grains du sablier. Si elle s'était habituée à vivre en l'absence de Timmy, Dana n'arrivait pas à se faire à la perspective qu'il pût avoir été victime d'un meurtre. Elle avait souvent repensé à cette Rosie, avec qui Timmy s'était associé pour exhumer des cadavres. Mais quelque chose l'avait retenue d'en parler au coroner. De le faire l'aurait obligée à raconter ce que faisait Timmy et l'aurait plongée dans l'embarras. Et puis, cela ne lui aurait d'aucune manière ramené son mari.

Retrouver sur une base quotidienne la simplicité des choses fut du plus grand secours à Dana, qui voyait sa vie se désagréger comme un morceau de craie sous la pluie. Les Chalmers s'efforçaient de la soutenir comme ils le pouvaient dans son épreuve. Fanny devenait une jolie jeune femme et le petit Scotty affirmait de jour en jour son caractère. Se pouvait-il qu'il pût réussir à mater celui de sa sœur, Miss Martha, qui s'était prise d'une affection toute particulière pour ce gros poupon de frère?

Quand l'effervescence de la vie familiale des Chalmers devenait trop intense, Dana se retirait quelques heures pour dessiner. Elle choisissait des endroits isolés, sur le bord de la mer ou le long d'une route de campagne. Là, tout en laissant libre cours à sa main, elle pouvait réfléchir tranquillement sur son avenir. Lui revenait petit à petit cette idée d'école de peinture qu'elle avait eue alors que Timmy et elle caressaient d'autres rêves pour la boutique de Wester Portsburgh.

«Je pourrais encore le faire», se disait-elle.

Le projet restait réalisable. Elle pourrait louer une chambre assez grande pour recevoir un ou deux élèves à la fois et ferait passer une annonce dans les journaux. Quand elle gagnerait assez d'argent, elle pourrait définitivement s'affranchir de Francis.

Elle imagina de jeunes filles, leur carnet sous le bras, qui s'installaient devant une nature morte, sortaient un bout de pierre noire ou de sanguine, et tiraient maladroitement leurs premiers traits. «Le dessin est le principe masculin de l'art, leur expliquerait-elle. Il est la structure, il est le langage concret de l'œuvre et incarne la matière. La couleur, elle, est le principe féminin. Plus subtile, elle nuance la perception des formes, les anime et séduit les sens. Elle confère une émotion à la rigueur de la structure sans laquelle, cependant, elle ne farderait que le néant. C'est pourquoi, avant d'apprendre à peindre, il faut savoir faire parler le crayon. La rhétorique du dessin, qu'elle soit triviale ou sublime, n'est jamais sans dessein. Par son discours muet, il doit évoquer la poésie en une image. Une expression métaphorique. Le chuchotement des mots sans le son d'une parole.»

Cette explication, elle l'avait entendue de la bouche de maître Whyte au début de son tout premier cours. Sans la structure, la couleur n'était rien. Soudain elle s'étonna. Elle avait une leçon à tirer de cette affirmation.

«Il me faut reconstruire ma vie avant de penser à retrouver les nuances des couleurs du bonheur.»

Forte de cette nouvelle résolution, le regard noyé dans les verts mousseux de la mer ou dans ceux plus francs des champs, Dana leva alors les yeux vers le bleu du ciel, ignorant que sous ce même champ d'azur, quelque part sur le continent, les survivants de la dernière grande bataille européenne luttaient encore contre la mort.

Chapitre 30

Francis entra dans la chambre. La pièce était petite et mal éclairée. Il y flottait un léger parfum de camphre qui masquait à peine l'aigreur de celui du corps qui reposait dans le lit de bois. Les draps étaient propres et des oreillers avaient été placés dans le dos du convalescent.

Francis le regarda avec un sentiment mélangé de pitié et de tristesse. Il y avait encore un peu de colère. Mais elle était futile, maintenant. À quoi bon s'entêter dans des sentiments stériles qui ne faisaient que le détruire. Percy avait reçu plus que sa part de malheurs. Bien plus que ce que tous ses rêves de vengeance auraient pu lui en infliger.

Il déposa avec douceur son coffre sur le sol et s'assit sur une chaise adossée contre le mur, en face du lit. Il attendit. La poitrine du malade se soulevait à un rythme régulier. Il ne l'avait plus revu depuis le matin de la bataille, sur la route. Francis ne put s'empêcher de le trouver vieilli. Les joues de chérubin s'étaient creusées et avaient pris une teinte grisâtre, tout comme la chevelure.

L'état de santé de Percy s'était beaucoup aggravé. Selon son chirurgien, il avait été décidé d'un commun accord de laisser la balle logée dans le tendon d'Achille et d'attendre. Il arrivait parfois que de telles blessures guérissent et que seule une raideur de l'articulation subsiste. Mais la plaie s'était ulcérée. La balle avait été extraite. Cela avait été insuffisant. Une forte fièvre avait terrassé Percy pendant deux jours et il avait été saigné à trois reprises, sans résultat. Il avait fallu lui amputer la jambe sous le genou.

La nouvelle était parvenue à Francis deux jours plus tard. Il avait longtemps hésité avant de venir. Mais on n'enterrait pas une amitié longue de plus de vingt ans aussi simplement. De cette indéfectible amitié, restait-il quelque chose? Il était trop épuisé pour y réfléchir. Il fallait laisser le temps couler, voir où cela les mènerait. Voilà où ils en étaient.

Des notes de musique montaient jusqu'à eux. La fille du logeur, Hortense Dussart, répétait au clavecin. Une sonate en mi mineur de Telemann. La mélodie apaisait. Francis serait resté ainsi pendant des heures à flotter de l'aria au tempo, du rondeau au presto. Il lui semblait que la musique lui rendait un peu de l'énergie qu'il avait l'impression de ne plus posséder assez pour continuer. Comme un navire de plomb qui n'arrivait plus à rester à flot, paupières fermées, il coulait à pic à l'intérieur de lui-même.

Une quinte de toux le secoua; un léger mal de tête pointait. Il se concentra sur la musique. Un bruissement de draps le ramena dans la chambre et il croisa le regard bleu de Percy. Ils ne se dirent rien le temps que les dernières notes d'un menuet s'égarent dans la rumeur de la rue qui pénétrait par la fenêtre ouverte.

—Comment tu vas? demanda enfin Francis d'une voix éraillée.

La question était pour la forme. Pour se donner un peu de contenance, Francis redressa les épaules.

—J'imagine un peu avec quelle joie tu aurais aimé le faire toi-même.

Les muscles se tendirent. Une passacaille s'élevait maintenant dans la maison, envolée de notes gaies venues remuer avec légèreté la lourdeur de l'atmosphère qui s'installait.

—Avec la joie du bourreau qui doit trancher la tête de son fils même s'il le sait coupable d'un crime atroce.

—Tu deviens trop émotif, Francis.

—Détrompe-toi. Je ne pleurerai pas sur ton sort. J'ai trop usé les lames de mes scies pour ça.

Tout compte fait, Francis lui en voulait encore. Et il reprochait à Percy ses sarcasmes blessants comme les dents du chat dans la proie qu'il n'a pas l'intention de dévorer et avec laquelle il ne fait que s'amuser. Dans une saute d'humeur, il se leva et s'approcha du lit. Malade docile à l'approche de son médecin, Percy souleva le drap, exposant sa jambe. Le chirurgien tira un peu rudement sur le bandage, arrachant une plainte de douleur à son patient.

— Je ne suis pas un monstre, Francis.

— Je le sais. J'ai vu pire ces derniers temps. Hélas, tu n'es qu'un homme. Mais tu étais mon ami. Quand ton chirurgien t'a-t-il vu pour la dernière fois ?

Il examina le moignon en soulevant légèrement le genou de Percy, qui grimaça. Il était encore très enflé. Il appuya légèrement sur les chairs tuméfiées, provoquant une nouvelle plainte. La plaie était saine.

— Hier après-midi… souffla le blessé. Son teint était maintenant cadavérique.

Francis leva un regard vers son ami, qui força ce dernier à détourner le sien.

— À la réflexion, Percy, j'aurais peut-être préféré que tu sois un monstre. On peut toujours expliquer leurs actes. L'ignominie fait partie de la nature des monstres, non ?

— J'ai été ignoble, d'accord. Mais jamais je n'aurais… enfin, si j'avais eu le moindre doute sur tes sentiments envers Evelyn, je n'aurais pas…

— Couché avec ma femme ?

Francis relâcha brusquement la jambe blessée et se redressa.

— Aïe ! Qu'on ait eu à me couper le pied ne te suffit point ?

— Dommage que ta blessure ne fût pas à la tête.

— Ha ! ha ! Je l'imagine déjà trônant dans ton salon, au bout d'une pique entre le pianoforte et la harpe. Quel trophée cela t'aurait fait, non ?

L'image saugrenue de la tête grimaçante de Percy dans un coin de son salon étira un sourire sur les lèvres serrées de Francis. Il remonta le drap sur la jambe blessée et s'assit sur le bord du lit.

— Quel funeste comique tu fais, Percy !

Le hussard se tut, fixant le creux que faisait sa jambe raccourcie sous le drap, et redevint grave.

— Ma carrière est terminée.

— Il lui manquait bien un bras, à Nelson.

— Je suis un soldat de la cavalerie, tu te rappelles ? La cavalerie est ma vie, Francis. Je suis un homme fini.

— D'accord, la cavalerie, c'est terminé. Mais je te ferai remarquer que tu respires toujours. Va te plaindre sur le champ de bataille dans la face de ceux qui y sont restés.

— J'aurais dû y rester aussi.

— Tu aimes trop la vie pour supporter de mourir.

— C'était avant. Maintenant, c'est différent.

— Bien sûr ! Tout est différent chaque matin que Dieu nous permet de voir.

Le ton montait avec la résurgence de cette âpre frustration contre les coups du destin.

— Tais-toi ! On m'a servi cette ritournelle des dizaines de fois. Tu ne peux comprendre ce que je vis !

— Je ne fais qu'exprimer ce que je pense, sans plus.

Percy cala sa tête dans son oreiller et ferma les yeux. Il avala sa salive. Après tout ce qui s'était passé entre eux, la mansuétude de Francis l'agaçait et prenait pour lui un goût d'hypocrisie.

— J'ai soif.

Francis se leva et alla chercher un gobelet d'eau. Percy l'avala d'un trait et le lui rendit en exhibant un large sourire.

— Tiens ! Je suis en vie. Vois, je souris. Maintenant, toi, mon maître spirituel, dis-moi ce qui me fera sourire demain.

— Vends ta commission et rembourse tes créanciers.

— Une commission de la Garde royale n'y suffirait même pas. Et tu y as pensé, vendre ma commission ? Je préfère encore conserver ma demi-pension. Mon uniforme reste mon seul attrait pour les femmes. Elles tombent toutes devant un hussard en grande tenue même si elles savent qu'il est estropié, fils cadet et ruiné.

Comme par dérision pour ce qui venait d'être dit, un éclat de rire monta de la rue. Percy eut une soudaine envie d'étrangler le bonheur dans la gorge de ceux qui en possédaient encore.

— Qui fait tes pansements ? s'informa Francis.

— Madame Dussart et sa charmante fille. Tu sais ce que m'a dit ce matin cette petite coquine ? Qu'avec une jambe de bois, je ferais le plus beau des pirates, enchaîna-t-il tout bonnement.

— Déjà une admiratrice ?

— Elle n'a que huit ans.

Silence de réflexion.

— Le pirate Elphinstone… fit Percy, rêveusement. Non, ce n'est pas assez effrayant. Hellstone ! Oui, c'est mieux. Le pirate Hellstone. Qu'en penses-tu ? Tu crois que j'aurais des chances ? Il me faudra apprendre à maîtriser le maniement du sabre avec une jambe de bois. Vraiment ! Et à danser !

Il éclata de rire et fit virevolter dans un grossier ballet ses mains au rythme de la musique qui résonnait.

— Tu vois ça ? Ha ! ha ! Le redoutable Hellstone, pirate de ces dames, exécutant parfaitement à cloche-pied une contredanse sur un navire secoué par les flots, au beau milieu d'une tempête ? Quels glorieux défis m'attendent !

— Tu pourras rentrer à Londres dans quelques jours.

— Hellstone, le pirate de ces dames. Ça ne fait pas un peu trop cliché ?

— Hellstone, le voleur de femmes serait plus approprié, si tu veux mon avis, laissa tomber Francis, exaspéré par les fanfaronnades sarcastiques de son ami.

Les regards des deux hommes se croisèrent. Percy regrettait. Il savait que la blessure infligée à son ami était profonde et prendrait du temps à guérir. Celle qu'avait provoquée la trahison d'un ami cher, bien plus que celle causée par l'infidélité de sa femme. Car Francis savait qu'Evelyn lui avait été infidèle. Mais il n'aurait pas dû fermer les yeux. Les choses ne seraient jamais allées si loin. Elles avaient été beaucoup trop loin. Et maintenant il était trop tard.

— Je sais que ce n'est pas une raison suffisante pour excuser ce que j'ai fait, mais je l'aimais, Francis. J'ai renoncé à elle en espérant que tu la rendes heureuse à ma place. Mais tu as échoué. Tu…

Sa voix se brisa et il retint un sanglot entre ses dents serrées. Puis il prit une profonde respiration avant de continuer.

— Sans doute ne serais-je pas arrivé à mieux que toi. Les besoins affectifs d'Evelyn étaient difficiles à combler, je le reconnais. Mais au moins j'ai essayé.

— Je veux seulement savoir si… si tu sais où elle est, Percy.

Le visage tourné vers le mur, Percy hésitait à répondre.

— Je l'ignore, Francis. Si je savais où se cache Evelyn, tu crois honnêtement que je t'aurais raconté tout ça? Et maintenant, au point où on en est, je me dis que je dois te révéler le reste.

— Le reste? s'enquit Francis, qui espérait enfin la vérité.

Un grognement sortit de la bouche du hussard.

— Elle était enceinte, Francis.

Silence sépulcral. Le bourdonnement d'une mouche faisant des ronds au-dessus du drap qui recouvrait la jambe amputée résonnait sinistrement.

— Enceinte?

Devait-il en être surpris? Choqué? Offusqué? Un sentiment mitigé inonda Francis.

— De toi?

Silence coupable. Un cheval martelait le pavé sous la fenêtre. Des mots en flamand montèrent jusqu'à eux, incompréhensibles.

— Et tu crois qu'elle aurait voulu… se débarrasser de l'enfant? C'est ça?

Hochement de tête affirmatif.

— Je ne vois guère autre chose, murmura faiblement Percy. Ce qui laisse supposer… le pire. Tu comprends maintenant pourquoi je ne pouvais rien dire.

Percy n'avait plus le courage d'affronter le regard abasourdi de Francis. Il avait appris bien plus sur ce que pouvait faire Evelyn. Bien pire. Comme de mélanger de la belladone au cordial aux cerises que conservait Francis dans sa bibliothèque. Des frissons l'avaient parcouru quand, deux jours après son arrivée à Édimbourg, après avoir fait l'amour avec elle dans sa maison de Charlotte Square, elle lui avait raconté, avec un glaçant détachement, son plan qui avait échoué après que Francis eut fait vider le contenu des carafes qui se trouvaient dans la maison. Combien de fois lui-même avait-il bu de ce cordial ? Elle avait calculé faire peser les soupçons du meurtre sur la jeune Cullen, après que les fameuses lettres de son frère auraient été retrouvées dans ses affaires. Un acte de vengeance irréfutable.

Troublé, le chirurgien se planta devant la fenêtre qui donnait sur une ruelle étroite et sombre. S'il levait la tête, il pouvait apercevoir un ruban d'azur, mais pas le soleil. Il sentit soudain son ventre se tordre douloureusement. Evelyn enceinte de Percy. Il n'arrivait pas à y croire, et pourtant, cela expliquait bien des choses dans le comportement singulier de sa femme depuis son retour de Londres. Parce qu'il devinait que c'était lors de son séjour dans la capitale que devait avoir été conçu l'enfant.

Sa perte d'appétit, ses sautes d'humeur subites, parfois violentes. Combien aveugle avait-il été ? Toute cette comédie qui se jouait sous son nez, depuis le début de son mariage. C'était ahurissant, humiliant…

Il n'y avait plus de refuge dans les excuses. Son mariage avec Evelyn avait été une erreur, une grossière mise en scène destinée à faire oublier une vérité dont il était encore prisonnier. Pour faire taire certaines rumeurs concernant Jonat et lui, sa mère l'avait fortement encouragé à proposer le mariage à Miss Hamilton. Il avait rapidement compris que son attirance pour cette femme en était une purement physique. Il n'ignorait pas que l'argent avait influencé les sentiments d'Evelyn à son égard. Mais aussi, il avait soupçonné Percy d'en être aussi entiché. Malgré tout, il avait obéi au désir de Mary Seton.

Jonat l'avait mis en garde. Jonat avait toujours vu plus loin que lui. C'est possiblement ce qui l'avait attiré chez ce jeune homme solitaire aux manières trop délicates. Son père avait encouragé cette amitié qui s'était subséquemment développée vers quelque chose de plus profond, de plus complexe. Jonat possédait ces qualités qui faisaient de lui un être complet. Il avait su fondre ensemble les différentes dimensions de son être, celles que l'un ou l'une refusait de dévoiler par respect pour l'image de son sexe. En dépit de tout ce que cela impliquerait.

Un violent désir de tout raconter à Percy le saisit. Confidence pour confidence. Mais cela ne réglerait rien. Il se contint donc. Plus tard, peut-être, quand il aurait enfin parlé avec James Collingwood. Ensuite il irait trouver Dana. Dieu, ce qu'il avait envie d'elle! Pourquoi la vie devait-elle être si compliquée?

La musique s'était évanouie. Francis entendait des reniflements derrière lui. Reconnaissant maintenant sa part de responsabilité dans tout ce qui arrivait, il ressentit le poids du désespoir de son ami lui tomber dessus. Toutefois, il ne se croyait pas capable de pardon si tôt. Une grosse boule se forma dans sa gorge. Il se pencha et récupéra son coffre; sentant son mal de tête s'accentuer, il se prépara à partir. Il posa un long regard sur Percy qui cachait ses larmes en les ravalant.

— Tu sais une chose, Percy: l'amour est déjà une excuse en soi. Elle est sans doute la seule qui soit acceptable.

L'homme leva des yeux humides qu'il ne cherchait plus à dissimuler.

— Dana est celle qui t'aurait rendu heureux, Francis, murmura-t-il.

Dans le silence qui suivit, Francis reprit mentalement les mots de Percy. Il n'y décela pas cet accent sarcastique qui nuançait habituellement ses propos. Il n'y sentit que la sincérité de celui qui ne demandait rien en retour.

Il secoua la tête et sortit.

❀❀

Couché sur le dos, un homme gémissait sur la table. On l'avait retrouvé dans le bois d'Hougoumont six jours après la bataille. Une balle de mousquet avait pénétré l'os frontal du crâne et, selon les

spéculations du chirurgien, avait perforé le sinus avant de se loger
derrière l'œil gauche, qui saillait de son orbite. Un traitement antiphlogistique avait été administré avant l'intervention, réduisant
sensiblement l'enflure, mais pas suffisamment.

Francis se pencha sur le patient. Sa tête l'élançait terriblement
depuis deux jours. Il savait qu'il s'était surmené et qu'il devait
prendre plus de repos. Sa dernière rencontre avec Percy l'avait bouleversé à un point tel qu'il cherchait dans le travail une façon de
s'empêcher d'y penser. Et quand il arrivait à dormir quelques
heures, Dana le poursuivait dans ses rêves. Elle se glissait sous sa
peau, s'insinuait entre ses muscles et coulait dans son sang. Il se
réveillait alors plus épuisé et plus abattu qu'avant.

Après avoir méticuleusement nettoyé la plaie de tout débris
osseux et l'avoir pansée, il éclaircit sa gorge irritée, se concentra et
prit son scalpel.

—Allons-y, fit-il en faisant signe aux aides.

Il incisa avec précaution la paupière supérieure pendant que
deux hommes maintenaient solidement la tête du malheureux. Il
enfonça avec douceur l'explorateur en argent muni d'un embout
de porcelaine jusqu'à ce qu'il l'entende cliqueter. Puis il fit lentement pivoter l'instrument sur lui-même avant de le retirer pour
l'examiner. Une minuscule marque sombre sur la porcelaine révélait qu'il avait effectivement frappé une balle de plomb et non la
paroi osseuse de l'orbite.

—Elle est bien là. Moore, appliquez une pression vers le bas
sur le globe oculaire pendant que j'insère le forceps.

L'assistant obtempéra pendant que le patient poussait un grondement sourd en mâchant énergiquement sa chique de tabac.
L'exercice ne dura que quelques minutes et la balle tomba avec un
tintement aigu dans une bassine de fer. Le blessé souffrirait indubitablement de troubles de la vue, s'il ne la perdait pas, tout simplement, de cet œil. Mais il avait des chances de s'en sortir.

—Si l'infection persiste au-delà de vingt-quatre heures, qu'il
soit saigné de douze onces, ordonna le chirurgien pendant que
Moore procédait aux points de suture.

On pansa l'œil et on fit porter le blessé jusqu'à son lit avec un bouillon de volaille et un morceau de pain.

Tout en déliant ses muscles dorsaux endoloris, Francis fut pris d'un grand frisson. Pourtant, la chaleur de l'après-midi était suffocante. Moore se proposa pour tout ranger. Oui, quelques minutes de repos lui seraient bénéfiques. Le corps avait ses limites qu'il ne fallait pas outrepasser. Francis referma le couvercle de son coffre et rinça ses mains dans un bassin d'eau tiède tandis que Moore ramassait les pansements souillés.

Ses mains tremblaient. Il avait mis toute l'énergie qui lui restait dans cette opération. Des gestes pourtant maintes fois commis avec facilité, mais qui ce matin avaient exigé de lui un effort titanesque. Il aurait dû déléguer la tâche délicate à un confrère plus apte que lui.

Une quinte de toux et un vertige forcèrent Francis à s'asseoir. Son mal de tête s'intensifiait. Il avait froid… si froid. À la vérité, il ne se sentait pas bien du tout.

— Je crois… que je vais confier mes prochains cas aux soins… du docteur Thomson, fit-il en tentant de se relever.

Mais ses muscles le laissaient tomber. Il resta là.

— Mr Seton ? fit Moore en se penchant devant lui.

L'assistant examinait ses yeux, lui touchait le front.

— Pardieu ! Mais vous tremblez comme une feuille !

Francis entendit le jeune homme lancer un appel. Une forte nausée lui retourna l'estomac, mais il arriva à se contenir. Tout ce qu'il voulait, c'était un peu de chaleur. De grands frissons le secouaient.

— Il y a longtemps que vous vous sentez mal, monsieur ?

— Je ne sais pas… quelques jours, peut-être.

Francis ferma ses paupières enflammées. Une main énergique prit son pouls et lui ouvrit la bouche.

— Francis, tu as des céphalées ?

C'était la voix de John Thomson. À l'annonce de la victoire des Britanniques à Waterloo, plusieurs médecins civils avaient offert leur concours pour aider dans les hôpitaux militaires de Bruxelles.

Francis ouvrit les yeux et acquiesça d'un mouvement de la tête, accentuant son mal. L'ami de son père le dévisageait d'un air inquiet.

— Est-ce que tu arrives à dormir la nuit ?

— Très peu…

Thomson défit la cravate et ouvrit la chemise de Francis pour examiner la peau du cou et de la poitrine. Quelques exanthèmes avaient déjà fait leur apparition, confirmant ses craintes.

— Je te fais prendre quarante gouttes de laudanum et tu rentres te coucher immédiatement. Je passerai te voir au dîner.

— Oui, fit Francis en frissonnant.

— Mr Moore, veillez à ce que cela soit fait et avertissez son hôte que sa chambre est mise en quarantaine.

— En quarantaine ? s'exclama l'assistant.

— Mr Moore, il serait grand temps que vous appreniez à reconnaître les symptômes du typhus.

— Pardieu !

❦

L'opium réussit à le soulager momentanément, mais rien ne venait à bout des grands frissons qui le saisissaient. On lui appliqua des ventouses dans le cou et sur les tempes pour diminuer les maux de tête et on lui prescrivit une solution de vin camphré additionné d'acide sulfurique dilué pour calmer la douleur. On l'enveloppa dans des couvertures qui ne le réchauffaient guère, et les bouillons gras de Mevrouw Marten ne soulagèrent que provisoirement le feu qui lui dévorait la gorge et les poumons.

La maladie l'avait frappé aussi rapidement et sûrement qu'une décharge de mitraille. Le mal le pénétrait jusque dans les profondeurs de ses os et de ses muscles. Il brouillait son esprit, le secouait, le glaçait, le brûlait, le paralysait. Il avait soif et se desséchait. On lui administrait des potions de craie, des antalgiques, des lavements, des fomentations de camphre et de térébenthine, de la poudre de rhubarbe, de l'élixir vitriolé. Le régime se voulait stimulant.

Au plus fort de ses fièvres, dans un état d'agitation extrême, il délirait et émettait des cris comme un animal affolé qui se faisait dévorer par des milliers de petites bêtes invisibles que l'opium arrivait parfois à faire fuir. Deux fois il fallut le sangler au lit. Épuisé, il dormait beaucoup. Dans ses moments de lucidité, il voyait les visages consternés de Thomson et de Moore se pencher sur lui. L'expression inquiète d'Émile, en retrait. On lui posait des questions ; il répondait. Le sourire de Mevrouw Marten accompagnait toujours un bol de bouillon dans lequel flottaient quelques morceaux de légumes qu'elle lui faisait avaler à la cuillère avec du vin tiède.

Et il arrivait qu'il pensait à elle, Dana.

＊＊

Une musique rejoignit Francis dans un rêve dont il ne gardait qu'un sentiment de profonde tristesse. Lentement, il émergeait d'un sommeil dans lequel des cauchemars l'animaient de soubresauts, lui volant ce qui lui restait de forces. Un violon jouait une chanson pour lui et berçait le chagrin dont il ne se rappelait plus la cause. Une langueur torpide le clouait sur le matelas. Il avait froid, mais ne frissonnait pas. Sa langue claqua dans sa bouche sèche. Cherchant à tâtons le verre qu'il savait toujours posé sur la table de chevet, il remua dans le lit qu'il entendit craquer. Comme une lance s'enfonçant dans sa chair, une douleur à la hanche le fit gémir et il reprit sa position initiale.

Une main lui toucha le front et descendit sur sa joue. Elle était légère et chaude. Puis elle glissa sous ses épaules et l'aida à se soulever.

— Dana… murmura-t-il.

Francis rencontra un regard noisette bordé de longs cils bruns qui le fixait avec intensité. Il avait déjà vu ces yeux… dans ses rêves. Les sourcils qui se fronçaient étaient épais et la peau hâlée était ombrée d'un chaume sombre sur les joues et le menton.

Le verre toucha ses lèvres crevassées et il avala quelques gorgées. L'eau l'étouffa. C'était *lui*.

Les mots se pressaient dans sa bouche épaissie, mais ne parvenaient pas à franchir ses lèvres. Ses doigts se crispaient sur les draps. L'homme vit son émoi et lui parla à voix basse pour le calmer.

Lui, enfin !

L'individu repositionna les oreillers et aida Francis à s'y appuyer confortablement. Il souleva le drap et la chemise, puis retira doucement le cataplasme sur la hanche. L'apparence de l'ulcère s'était améliorée ; il semblait même s'être résorbé un peu. Il replaça le carré de flanelle badigeonné de purée de carottes. Par la grâce de Dieu, la gangrène ne se manifestait pas. Il vérifia son pouls.

Francis le regardait faire, sentant les doigts effleurer sa peau avec douceur. Sa respiration se régularisait. Le drap fut remonté. Les deux hommes se mesurèrent sérieusement.

— Tu en as mis du temps, docteur Collingwood, murmura faiblement le malade.

— Chut ! fit ce dernier en décollant d'un geste délicat une mèche du front du malade. Nous parlerons plus tard.

Son sang saturé d'opium, Francis acquiesça et, rassuré, il referma les paupières. Jonat était là.

Jonat Cullen veillait Francis depuis quatre jours. Lorsqu'il s'était enfin décidé à venir le trouver, le jeune Moore lui avait annoncé que Francis avait été placé en quarantaine : le typhus. Il en était à sa deuxième semaine de la maladie. Beaucoup ne dépassaient pas ce stade critique qui se compliquait souvent de fluxions de poitrine, de problèmes cardiaques ou d'une gangrène. Mais l'état de santé de son ami semblait s'être stabilisé et seule une plaie de lit était apparue. La guérison semblait envisageable.

Dehors la pluie tombait dru d'un ciel lourd de plomb. L'air était humide et frais. Jonat remonta une deuxième couverture sur la poitrine de Francis. Sa main frôla celle qui reposait sur le ventre. Elle tressaillit. Il s'immobilisa et contempla cette main comme il l'avait tant de fois contemplée pendant que Francis pratiquait ses dissections. C'était ce qu'il avait remarqué en premier lieu chez ce jeune étudiant qu'on disait brillant et prometteur.

Il avait rencontré Francis pendant sa première année en médecine à l'Université d'Édimbourg. Issu d'une famille dont les ramifications s'étendaient jusque dans l'aristocratie écossaise, le jeune Seton possédait l'arrogance et l'affectation des gens qui connaissent le pouvoir et l'argent. Sa taille agréable et son charme discret attiraient sur lui tous les regards et, consciemment ou non, Francis en avait tiré parti. Avec son ami d'enfance et second larron Percy Elphinstone, il était réputé pour fréquenter les milieux louches d'Édimbourg. Les deux se morfondaient en exercices amoureux et soignaient leur ennui au laudanum. On avait même raconté qu'ils avaient fait partie d'un club privé qui pratiquait des rites sataniques dans les ruines de la chapelle de St. Anthony, les nuits de pleine lune.

Ce genre d'homme rebutait habituellement Jonat, qui ne trouvait de mérite que dans l'authenticité de l'être. Mais un jour il avait assisté à la démonstration d'une ligature d'artère atteinte d'un anévrisme important. Le professeur Monro avait chargé Francis de la démonstration pratique tandis qu'il expliquait les étapes de l'opération. Si Francis Seton adorait le diable dans ses temps libres, quelque chose de divin guidait ses mains lorsqu'il pratiquait la chirurgie.

Jonat avait toujours pensé que c'était l'âme qui guidait la main de l'homme. Il y avait presque eu de la tendresse dans la façon dont Francis avait touché le corps. Contrairement aux autres étudiants, qui traitaient généralement les cadavres avec indifférence, lui avait démontré une douceur qui tenait du respect. Et pendant qu'il dégageait soigneusement les muscles et qu'il mettait en évidence le délicat réseau artériel de la cuisse, ses yeux avaient brillé de cette fascination qu'il connaissait si bien. Et cela avait remué Jonat. Le jeune Seton cachait une âme autre que celle que ses manières de prince dissipé voulaient bien laisser imaginer.

À partir de ce jour, il avait considéré le jeune homme différemment. Il avait recherché sa compagnie, l'abordant parfois dans la bibliothèque de l'université pour lui demander de l'aider à éclaircir un point obscur, ce que Francis avait toujours fait avec amabilité.

Puis, à la fin de l'année suivante, après l'obtention de son diplôme en droit, Elphinstone avait été envoyé dans l'armée. Libéré de l'influence néfaste de son ami, Francis s'était assagi et s'était naturellement tourné vers lui.

Jonat fut ainsi introduit à Weeping Willow. Débuta alors une amitié houleuse et intense, mais inébranlable. Une amitié bien particulière que plusieurs comprendraient mal.

Il se cala dans le fauteuil que Mevrouw Marten avait fait placer à son intention dans la chambre. Son regard effleura le journal de campagne de Francis, qui reposait sur la table de chevet. Il l'avait trouvé là à son arrivée. Pour occuper les heures, il avait pensé en lire quelques passages. Avec surprise, il en avait découvert certains adressés à Dana, particulièrement troublants dans ce qu'ils évoquaient. D'abord il apprenait que Francis entretenait une relation avec sa jeune sœur. De quelle nature? S'il en jugeait par ce qu'il avait lu… Comment Francis pouvait-il écrire de telles choses à Dana? Il avait d'abord été choqué. Puis, au fil de la lecture, il avait compris ce qui avait amené Francis à venir le chercher jusque sur le champ de bataille. Il était amoureux de Dana. Comment cela était-il arrivé, il ne le savait pas encore. Il restait beaucoup de questions à éclaircir.

— Tu en as mis du temps, répéta Francis, qui ne trouvait plus le sommeil dans la brume qui persistait dans sa tête.

— Nous avions convenu de ne nous voir que lorsque ce serait vraiment nécessaire.

C'était vrai. Mais quand Francis avait donné son accord avec cette décision, il n'avait pas compté sur la suite imprévue des évènements. Les amères frustrations qu'il avait vécues lui revenaient en mémoire. Ses mots sortirent, âpres dans un murmure lourd de reproches.

— Je t'ai recherché. J'ai écrit plusieurs fois au département médical et on m'a dit qu'on avait fait suivre le courrier en Espagne. Nulle réponse. Pourquoi?

—Francis, je n'ai reçu qu'une seule de ces lettres. À cette époque, j'étais dans les Pyrénées. Le courrier ne m'est parvenu qu'une fois, à Toulouse. Le reste a dû être perdu.

—Est-ce que tu sais, pour ta mère?

—Oui.

Les épaules de Jonat se redressèrent, les traits de son visage s'affaissèrent. Un moment de silence s'étira.

—Comment va Dana?

—Avant mon départ, je me suis assuré qu'elle ne manque de rien. Son mari s'est éclipsé après qu'elle eut dégringolé une volée de marches et perdu… l'enfant qu'elle portait.

—Mon cousin Timmy Nasmyth… Je me souviens vaguement de lui. Nous ne fréquentions pas les Nasmyth. Mon oncle Charles et mon père ne s'entendaient guère. Je crois que même si elle ne s'en plaignait jamais ma mère a souffert de ne pas voir sa sœur. Mais mon père étant ce qu'il était…

—Son mariage n'est pas des plus heureux, Jonat, murmura Francis avec un sentiment de regret coupable.

Il ne cessait de se dire qu'il aurait dû empêcher ce mariage alors qu'il en était encore temps. Dana n'aimait pas Timmy Nasmyth. Elle avait été prête à tout annuler pour lui. Mais lui avait été trop stupide pour saisir cet amour qu'elle lui offrait.

—Je soupçonne ce Nasmyth de ne pas la traiter comme il le faut. Mais je ne peux rien prouver. Dana le protège.

—Elle est comme ça, Francis. Elle a reçu le coup de bâton destiné au chat qui avait mangé l'écureuil apprivoisé de Thomas.

—Oui… elle aime les chats, murmura songeusement Francis, alors que dans son esprit se brouillaient des images de Dana. Elle ne demande jamais rien en retour de ce qu'elle donne. Elle est si généreuse… et elle peint. Je t'ai écrit qu'elle faisait mon portrait? Je ne me souviens plus. Pour Lydia… elle l'a achevé malgré tout. Juste pour ma fille. Je l'aime, Jonat. Je l'aime… comme je ne pourrai jamais aimer une autre femme.

Tout le temps que parlait Francis, Jonat gardait son attention rivée sur son visage. Sept années s'étaient écoulées depuis leur dernière rencontre, à Bath. C'était quand il avait vu sa mère pour la dernière fois, dans le cabinet factice d'un certain docteur James Collingwood.

— Tu lui ressembles de plus en plus, tu sais, observa-t-il doucement.

Le regard gris se fit perplexe.

— Je te parle de Dana, Jonat! J'aime ta sœur, tu entends?

La voix qui résonna dans la pièce, forte et revendicatrice, s'étrangla dans une quinte de toux. Une main repoussa Francis contre le matelas, l'exhortant au calme.

— Je sais…

— Il est temps que tu mettes un terme à tout ça.

Jonat se renfrogna.

— Ce que tu me demandes…

— *Est* légitime! le coupa vivement le malade en soulevant une nouvelle fois son torse du matelas. Libère-moi, je t'en supplie, Jonat.

Un étourdissement le força à se recoucher. La frustration de ne pouvoir réagir comme il l'aurait voulu renforça ce sentiment de colère qui irriguait maintenant son corps diminué. Son cœur battait à grands coups et il inspira profondément pour apaiser le feu en lui.

— Ce n'est pas si simple, Francis.

— Tu me dois au moins ça.

Les paupières turgides s'étaient refermées. Pensif, Jonat le contempla encore un moment en silence. Il lui devait bien ça. Et bien plus, à la vérité. La loyauté de son ami ne lui avait jamais fait défection, malgré tout ce qui s'était passé. Malgré les évènements qui les avaient séparés. Avec le temps, Francis avait appris à accepter certaines choses.

Jonat effleura la main qui reposait sur la couverture. Elle chercha à se dérober, puis s'immobilisa. Il la couvrit de la sienne, comme pour le rassurer.

— Tu l'aimes à ce point?

— Dana est tout ce qui me reste, dit Francis en rouvrant lentement les yeux pour le regarder. Elle… elle mérite de connaître la vérité. Je ne veux plus avoir à lui mentir.

Ce qu'il vit sur le beau visage de son ami, ce fut une expression de douleur équivoque.

— Qu'attends-tu de Dana, Francis? Elle est mariée.

Les traits torturés de Percy se présentèrent à l'esprit de Francis, le narguant avec ironie. Un faible ricanement lui monta à la gorge et il s'étouffa avec.

— Qu'est-ce que le mariage, dis-moi?

— Et elle. Elle t'aime?

Un long silence précéda la réponse de Francis.

— Elle m'a aimé. Je prends le risque qu'elle conserve encore quelque sentiment pour moi. Cet enfant qu'elle a porté et perdu… était le mien.

Un pli d'étonnement barra le front de Jonat. L'expression se durcit. Puis la peau mate se lissa et prit un aspect plus détendu. Il réfléchit encore le temps que se reposent leurs esprits.

— D'accord, fit-il solennellement.

Puis, après un temps de réflexion, il ajouta:

— Que ma sœur soit tombée amoureuse de toi ne m'étonne point, Francis.

❦

Le vingt-deux juin 1815, le lendemain de son entrée dans Paris et sentant la menace d'un coup d'État, Napoléon Bonaparte signa son abdication en faveur de son fils, le roi de Rome. Trois jours plus tard, l'armée de Wellington assiégeait la capitale française. Paris capitula le trois juillet. Moins d'une semaine s'écoula: Louis XVIII remontait les Champs-Élysées et les ministres Joseph Fouché et Charles-Maurice de Talleyrand entreprenaient les premiers pourparlers avec les vainqueurs.

Le cinquième du même mois, le Grand Empereur, deux fois déchu, s'embarquait sous bonne escorte anglaise sur le *Bellerophon* pour l'île Sainte-Hélène. De cette île perdue au milieu de l'Atlantique, on ne croyait plus le voir s'évader. Le prince régent, George, accorda que soient frappées des médailles pour commémorer cette grandiose victoire sur l'Aigle. Elles seraient remises à chacun des combattants survivants et aux familles des soldats qui y avaient laissé leur vie. L'euphorie régnait sur toute la Grande-Bretagne et on porta Arthur de Wellesley, duc de Wellington, sur les faîtes de la gloire. Et pendant qu'on le proclamait prince de Waterloo, les gouvernements mettaient en place des œuvres de charité et des fonds pour subvenir aux besoins de ceux que la guerre avait éprouvés.

Dans les semaines qui avaient suivi la bataille, Bruxelles avait appris à s'organiser. Les blessés encombraient les nombreux hôpitaux généraux. Les plus chanceux obtenaient leur congé et repre-naient du service. Ceux qui ne le pouvaient plus repartaient pour la mère patrie avec leur pension des invalides de Chelsea. Mais des hommes mouraient encore.

La plaine de Waterloo avait été ratissée et le dernier blessé, dé-couvert par des paysans six jours après la bataille parmi les hauts épis de blé doré, avait été transporté dans la capitale belge. Mais Bruxelles ne pouvait offrir à elle seule les abris nécessaires pour ces milliers de soldats. L'évacuation des Britanniques transitait aussi par Anvers, Gand, Bruges et Ostende. Les pertes totales pour cette campagne de seulement cent jours s'élevaient pour les armées al-liées aux chiffres effarants de plus de quatre mille morts et près de quatorze mille blessés. Les estimations pour l'armée française étaient légèrement plus élevées.

Avec les derniers jours de juillet se tournait une autre page du calendrier. Ses malles bouclées et descendues dans l'entrée de la maison de Mevrouw Marten, Francis attendait son transport jusqu'au port du canal de Willebroek, où il s'embarquerait sur un bateau qui assurait la liaison entre Bruxelles et Anvers. De là il prendrait un navire pour Londres, d'où il regagnerait ensuite l'Écosse.

« … *in drie uur.* »

« Dans trois heures. » Ce fut tout ce qu'il comprit de la réponse de Mevrouw Marten quand il lui demanda quand la voiture devait passer le prendre. Avec le peu de flamand qu'il connaissait, il arrivait tout de même à se débrouiller raisonnablement. Il consulta sa montre : moins d'une heure. Lançant sur la table le montant de son déjeuner et des deux bières qu'il avait consommées, Francis se leva et sortit du petit hôtel situé à l'angle de Steenstraat et de Kolenmarkt. Une chaleur incommodante l'accueillit sur la chaussée pavée. L'hôtel de ville lui faisait face. D'où il se tenait lui parvenait comme le bourdonnement d'une ruche en pleine effervescence la rumeur de la cohue qui circulait dans la Grand-Place, ou *Grote Mark*, comme l'appelaient les Bruxellois, et qui était située à un coin de rue de là.

D'un pas lent il entreprit de descendre Kolenmarkt, la rue du Marché du charbon, jalonnée de petits commerces offrant divers produits et services. Tantôt l'odeur rebutante du fumier rôtissant dans les cours, tantôt l'arôme évocateur des pâtisseries à vendre sur des étals lui chatouillaient les narines. Depuis deux semaines, il faisait régulièrement le trajet de Sonnestraat jusqu'au petit hôtel, où il buvait un café et prenait le temps de regarder vivre les gens. Il arrivait parfois qu'un collègue vienne le rejoindre pour prendre de ses nouvelles et lui en donner sur ce qui se déroulait dans les hôpitaux. Après quoi ses articulations lui démangeaient. Il lui tardait de pouvoir reprendre ses instruments. La maladie l'avait trop affaibli et Francis n'avait pu retourner à son travail de chirurgien. Le typhus ne l'avait pas tué, mais il lui avait volé toute son énergie. L'armée lui rendait sa liberté. La convalescence serait difficile pour lui. Il se sentait soudain très vieux.

Recherchant l'ombre des édifices, il tourna dans une rue qui empruntait son nom aux teinturiers qui y faisaient commerce. Un soleil vif éclaboussait de lumière la ville de Bruxelles, dont il avait appris que le nom d'origine, *Bruoscella*, voulait dire *maison dans les marais*. En effet, la ville avait creusé son berceau dans les nombreux îlots et terres marécageuses qu'irriguait la méandreuse

Senne[25]. Cette rivière lui apparut bientôt. Si on pouvait l'appeler ainsi. En juillet, généralement, son débit n'était plus qu'un filet d'eau vaseuse et nauséabonde. Autrefois principale voie de navigation, elle avait été, depuis l'achèvement de la construction du canal de Willebroek en 1561, reléguée à la simple tâche d'évacuer les eaux usées de la ville. Étroitement encaissée entre les fondations des bâtiments qui empiétaient parfois sur son lit, lors des crues, elle débordait généreusement, recouvrant des quartiers entiers de sa lie putride. Mais ce jour, une brise repoussait les effluves stagnants qui s'en dégageaient.

Après avoir traversé le pont qui l'enjambait, Francis obliqua dans Sonnestraat. Sa logeuse l'attendait, un pli à la main.

— *Mijnheer Seton, er is een bericht voor u*[26].

Alors qu'il acceptait le bout de papier que lui tendait la femme, Francis sentit son cœur se serrer.

— *Dank u, Mevrouw Marten*[27].

S'inclinant poliment, Mevrouw Marten se retira, le laissant seul dans le petit vestibule qu'encombrait son bagage. Il monta l'escalier et se rendit dans la chambre qu'il n'avait pas quittée pendant toute la durée de sa maladie. Le frais parfum des fleurs que la dame avait placées dans un vase devant la fenêtre embaumait. Dès que tout risque de contamination fut écarté, selon ses ordres, la pièce avait été nettoyée de fond en comble à l'eau vinaigrée, et la paillasse et les draps avaient été brûlés. Il s'était assuré que Mevrouw Marten fut dédommagée pour les pertes.

Debout devant la fenêtre, Francis déplia le message. Il reconnut l'écriture de Jonat. Il y avait maintenant trois semaines, le frère de Dana avait quitté la ville pour rejoindre son régiment qui s'était mis sur les traces de Bonaparte sous le commandement de Wellington. Après que furent apparus les premiers signes de rétablissement,

---

25. Il ne reste plus rien de cette rivière dans le Bruxelles d'aujourd'hui. Des travaux de voûtement ont débuté en 1867 pour permettre la construction de grands boulevards, tels Anspach, du Midi et Lemonnier.

26. Monsieur Seton, un message pour vous.

27. Merci, madame Marten.

son ami avait décidé qu'il serait plus sage qu'ils ne se revoient plus dans Bruxelles.

Le jour de son retour vers la Grande-Bretagne, Percy avait rendu visite à Francis. Sur le seuil de la demeure de Mevrouw Marten, il avait croisé Jonat qui quittait la maison. Plus tard, Jonat lui avait raconté la réaction du hussard. Après l'avoir courtoisement salué, Elphinstone était rentré tandis que Jonat, sous le choc, était demeuré immobile dans la rue, devant la porte. Percy avait fait demi-tour, avait toisé le chirurgien d'un regard suspicieux. Il lui avait dit :

— Nous nous sommes vus en Espagne, il me semble… Vous étiez à Orthez ou je me trompe ?

— Non. Je suis chirurgien du régiment d'Argyll.

— D'Argyll… oui, donc vous étiez présent à la prise de Toulouse.

Jusque-là, Jonat n'avait pu déterminer si Percy l'avait reconnu. Le hussard l'avait longuement regardé sans plus rien dire. Jonat aurait dû le saluer et quitter sur-le-champ. Mais il était resté là à attendre bêtement. Au bout d'un temps qui lui avait paru interminable, les traits du visage de Percy s'étaient modifiés. Curieusement, il avait souri de manière énigmatique et avait ajouté, sur un ton ironique :

— De vous revoir ici, je constate que le grand chirurgien Seton a des dons incomparables que Dieu lui-même ne possède pas, ma foi !

Il était entré, abandonnant Jonat à sa stupeur.

Bien que la rencontre qui avait suivi entre Percy et Francis eût été brève, elle avait été lourde d'émotions. Douleur et colère n'avaient pas diminué d'intensité dans le cœur du chirurgien. Il lui faudrait beaucoup de temps pour penser seulement à pardonner à Percy. Et l'attitude condescendante qu'avait affichée le hussard ce jour-là l'avait irrité davantage.

— Nous avons tous nos faiblesses, n'est-ce pas, Francis ? Certaines sont bénignes. D'autres, innommables. Au prix de notre amitié, je t'ai avoué la mienne, que je situerais quelque part entre les deux.

Je suis certain qu'il doit en exister une que tu me caches encore, mon ami. Dans quelle catégorie la places-tu?

Francis avait compris l'absconse insinuation. L'angoisse ne l'avait plus quitté depuis. Il souhaitait seulement que son ami ne cherche pas à parler à Dana avant que lui pût le faire.

Jonat avait quitté Bruxelles le soir même de cet incident et Francis n'avait plus eu de nouvelles de lui depuis. Cela l'avait grandement inquiété. Il craignait que Jonat ne revienne sur la promesse qu'il avait réussi à lui arracher avant son départ. Mais, comme lui, Jonat était chirurgien régimentaire. Il ne pouvait remettre sa démission aussi facilement qu'un chirurgien volontaire de l'armée.

« *Mon cher ami…* » commençait la lettre.

Les trois premiers paragraphes décrivaient sommairement le voyage de Jonat jusqu'à Paris et les problèmes auxquels il avait dû faire face. Il en vint rapidement à ce qu'il voulait lire.

Me voilà enfin aux portes de Paris. Le Paris de Larrey, Bichat et Vicq d'Azyr. Le Paris où nous projetions de nous rendre, tu te souviens? Tant de rêves brisés. Et malgré toute ma bonne volonté, quoi que je fasse, tenter d'en recoller tous les morceaux n'effacera jamais les marques, les cicatrices. Je ferai toutefois ce que je pourrai pour tenter de réparer quelques torts. J'ai déposé ma demande de libération de l'armée la semaine dernière. Comme je l'avais prédit, elle m'a été refusée. Ce matin j'ai écrit directement au chirurgien général, George Guthrie. Je ne peux rien faire de plus pour le moment. Si cette dernière demande m'est refusée, je devrai me résigner à attendre que le régiment soit renvoyé à la maison, ce qui peut être assez long.

Francis, je ne te cacherai point que ce délai, malencontreux pour toi, est bénéfique pour moi. Cette rencontre avec mes sœurs et mon frère me trouble au point que je souhaite

parfois ne plus me réveiller, jamais. Si cela devait arriver…
Veille sur Dana.
     Avec toute mon affection,
     Jonat

Le visage de Francis se froissa à la fois de déception et d'in-compréhension. Trop de mots pour ne rien dire, à la fin. Dans un geste qui exprimait sa frustration, il replia et glissa le billet dans la poche intérieure de son frac. Un élancement aux tempes le força à se calmer. Le mal de tête ne serait pas le bienvenu sur le bateau, alors qu'il aurait déjà à combattre le mal de mer. Il lui arrivait en-core parfois de subir des céphalées. Mais ses malaises revenaient de moins en moins souvent.

Pour effacer celui qui se pointait, il s'allongea sur le nouveau matelas de plumes. Son esprit se remit à cogiter. Jonat hésitait-il à briser enfin le sceau du secret? Les derniers mots prenaient un sens équivoque qui l'inquiéta. À quoi avait songé Jonat en les écrivant?

Un coup fut frappé à la porte.

— *Kom binnen*[28] ! répondit Francis en se dressant dans le lit.

En entrant, la femme lui sourit. Mais Francis décela la tristesse dans le regard qu'elle posait sur lui. Sans doute qu'il lui manquerait un peu. Et elle aussi, à la fin. Dommage que la barrière linguistique les eût empêchés d'échanger sur autre chose que l'essentiel du quo-tidien. De sa main, elle désigna la fenêtre, puis elle dit quelques mots si empreints d'émotivité qu'ils en devinrent confus. Devant la mimique qu'il afficha, elle reprit plus lentement:

— *Het vervoer is aangekomen, Mijnheer Seton.*

Vervoer… Francis comprit qu'elle parlait du transport.

« La voiture est arrivée?

— *Ja, Mijnheer Seton.*

Se levant, il prit son coffre d'instruments chirurgicaux qu'il avait laissé sur la petite table d'écriture. Que ressentait-il à la veille de retourner chez lui? Du soulagement, de la crainte? Il ne savait

———————

28. Entrez!

trop exactement. D'ignorer quand Jonat le suivrait le jetait dans le trouble. Il admira pour la dernière fois la vue qu'il avait de sa chambre et la quitta définitivement.

Quoi qui l'attendît au bout de ce pénible voyage qui n'aurait finalement duré qu'un peu plus de deux mois, il rentrait enfin chez lui, à Weeping Willow. Il espérait seulement ne pas arriver trop tard.

Chapitre 31

— Il est beaucoup trop petit, décréta Harriet en s'ajustant à l'allure de sa sœur qui cheminait dans Prince's Street.

— Je n'ai nullement les moyens de m'offrir plus grand.

— C'est au cinquième étage, Dana. Tu y as pensé? Monter et descendre toutes ces marches?

— Je ne suis pas aussi infirme que tu le penses, Harry, laissa tomber Dana en lançant un regard offusqué vers sa sœur.

Sa cadette s'excusa. Ce n'était pas ce qu'elle voulait dire. Elle fit toutefois remarquer que ses élèves se lasseraient peut-être, eux, d'avoir à monter et à descendre à chaque cours toutes ces volées de marches et finiraient par s'inscrire ailleurs.

— Qui n'a pas à le faire, dans Édimbourg, dis-moi?

— Je continue de penser que tu devrais louer quelque chose de plus approprié à tes besoins. Cette chambre avec vue sur le parc que nous avons visitée dans St. Andrew Square…

— La concierge m'était antipathique. Elle refuse de prendre à logis les musiciens parce qu'ils sont trop bruyants. C'est parce qu'elle n'aime guère la musique, et qui n'aime pas la musique, forcément n'aime point les arts. Elle aurait désapprouvé mon école.

Dana se demanda si elle avait bien fait de parler de ce projet d'école de dessin. Harriet ne l'avait pas accueilli avec l'enthousiasme espéré. Mais peut-être qu'elle-même y mettait un peu trop d'allant.

— L'annonce de la chambre dans George Street, alors?

— Trop chère, s'opposa Dana dans un soupir. Je n'ai pas les moyens de me payer un loyer dans la New Town.

— Si, tu les as, protesta Harriet.

D'évoquer le quartier huppé d'Édimbourg rappela à Dana l'entrefilet que lui avait lu Logan tandis qu'ils épluchaient les journaux en quête d'une chambre pour elle. Le *Edinburgh Herald* avait annoncé le retour du major Percival Elphinstone. Gravement blessé, il récupérait dans la maison familiale de Charlotte Square. Rien sur le chirurgien Seton. Des hommes rentraient tous les jours de Belgique et secrètement Dana attendait des nouvelles de Francis. Ce qui rendait sa vie sous le toit des Nasmyth éprouvante.

Cette dernière réflexion en tête, elle stoppa net devant la vitrine du joaillier Artbuthnot. L'épingle à cravate qu'elle avait voulu offrir à Timmy y était toujours exposée. S'en approchant, elle l'admira avec un nœud dans le cœur. Malgré tout, elle devait bien l'admettre, Timmy lui manquait. Son insouciance et sa joie de vivre faisaient cruellement défaut à sa vie. Elle lui en voulait d'être parti comme ça, si vite. À la vérité, c'était la seule chose qu'elle pouvait foncièrement lui reprocher. Timmy avait été profondément blessé. À la limite, elle comprenait la violence de sa réaction et son refus de reconnaître l'enfant qu'elle avait perdu. Elle l'avait compris quand elle-même avait découvert l'existence de cette Rosie. Bien sûr, il y avait cette blessure à l'amour-propre, ce sentiment de rejet, de trahison. Mais il y avait aussi cette horrible impression d'avoir rendu l'autre malheureux. Ce qui au fond était la source de l'échec de leur mariage. Et en mourant Timmy leur refusait une deuxième chance.

— J'ai chaud ! se plaignit soudain Harriet, appuyant sa déclaration d'un air exaspéré.

Après un dernier regard sur l'épingle, Dana s'éloigna de la vitrine. Sa sœur lui emboîta le pas.

— Si nous allions manger une glace chez Baxter's avant de nous rendre dans Hill Place ? Je t'invite.

Après tout, elle pouvait bien leur payer cette folie. Il faisait si chaud. Dana enviait la légèreté de la robe rose pâle de Harriet alors qu'elle suffoquait sous le noir de la sienne.

— Où se situe Hill Place?

— À deux pas de l'université.

— Pourquoi si loin? gémit Harriet.

— Parce que c'est tout près de l'université, justement.

Les prunelles de Harriet s'agrandirent sous une paire de sourcils à la ligne suspecte.

— Pourquoi l'université t'intéresse-t-elle?

— Les étudiants n'ont pas toujours les moyens de se payer un cours d'art au collège.

— Tu n'y penses pas, Dana? Des étudiants? De jeunes hommes! Mais qu'en pensera-t-on?

— Alors, cette glace?

Harriet émit un grognement d'impatience.

— Tu veux manger des glaces alors que tu viens tout juste d'enterrer Timmy. Il y a des traditions à respecter.

Quelle rabat-joie! Elle croyait entendre sa tante et belle-mère.

— C'est *mon* deuil, Harry! s'irrita Dana, sur le point de s'emporter. Pour l'amour du Tout-Puissant, j'ai l'impression d'avoir porté le noir la moitié de ma vie.

Il y avait aussi des deuils qu'elle portait encore et dont Harriet ne connaissait pas l'existence.

— Je comprends que tu veuilles chercher à te changer les idées. Mais ce n'est pas un peu tôt pour ouvrir cette école?

— J'ai vingt-sept ans et je réalise que je n'ai rien fait de ma vie.

Sur ce point, Harriet ne pouvait s'opposer. Elle avait toujours critiqué le peu de spontanéité de sa sœur, sa soumission face à l'adversité, son manque d'initiative et d'audace. Maintenant elle reprochait à Dana son ardeur à se débattre pour s'empêcher de sombrer dans le désespoir d'un veuvage précoce.

— Tu devrais rester encore quelque temps chez Tante Flora, insista-t-elle tout de même. Elle n'arrive pas à surmonter son chagrin et…

— Le fait que je sois là ne fait que lui rappeler ce qui est arrivé à Timmy. Et moi, je sens le reproche dans son regard, Harry. Elle croit que je ne l'ai pas assez aimé.

— Ne te laisse pas abattre par ça, Dana. Tante Flora a trop de peine pour se rendre compte de ce qu'elle dit. Elle ne veut pas vraiment être méchante. Elle ne peut sciemment te rendre responsable de la mort de Timmy.

— Et pourtant, parfois je me demande…

Les inflexions qu'avait prises la voix de Dana firent sourciller Harriet. Elle médita sur la question.

— Tu te demandes quoi ? la questionna-t-elle après un moment.

Les yeux vairons se détournèrent brusquement. Les sanglots gonflaient la poitrine de Dana. Elle trouvait de plus en plus difficile de mentir à Harriet. En plus, elle obligeait Logan à faire de même concernant son séjour à Weeping Willow. Se mordant la lèvre, Dana poussa un soupir. Logan l'avait avertie que les squelettes finissaient toujours par sortir des placards. Il était peut-être temps qu'elle raconte au moins une partie de la vérité à sa sœur.

— Oh ! Harry, il y a tant de choses que je ne t'ai pas dévoilées. Trop de choses que tu devrais savoir…

Un hoquet secoua Dana et elle cacha son visage dans son mouchoir.

Déroutée, Harriet lui entoura les épaules de son bras.

— Mais qu'est-ce qui t'arrive, Dana ? Tu as tant changé. Si nous remettions à demain la visite de la pension de Hill Place et allions nous asseoir dans le parc pour bavarder ?

— Oui… répondit Dana, un trémolo dans la voix.

Oubliant les glaces, les deux sœurs empruntèrent l'un des nombreux sentiers qui descendaient dans le vallon où avait jadis miroité sous le soleil le North Loch. Devenu aujourd'hui Prince's Street Gardens, il verdoyait et s'y baladaient de nombreux promeneurs qui profitaient du beau temps. Elles dénichèrent un arbre isolé que faisait bruire une douce brise en ce bel après-midi dominical. Protégeant leurs robes de leurs châles, elle s'assirent à l'abri qu'offrait son ombre bienfaisante.

Le cœur gros, Dana prit les mains de sa sœur et les serra très fort. Ses grands yeux brillaient de larmes.

—Ma petite Harry, commença-t-elle avec courage, ce que j'ai à t'apprendre est peu flatteur pour ma vertu. Mais il faut que tu saches la vérité. Au fond, Tante Flora n'a pas tort. Je n'ai pas assez aimé Timmy…

Sa voix se brisa comme un fil de porcelaine qui cède sous le poids d'une goutte d'eau. Mortifiée de se donner en spectacle dans un lieu public, Dana enfouit son visage entre ses genoux. Devant tant de détresse, Harriet ne savait comment réagir. Récupérant son châle sur lequel elle s'était assise, elle couvrit les épaules secouées de gros sanglots de sa grande sœur et les entoura de son affection. Plusieurs minutes s'écoulèrent avant que ne s'espacent suffisamment les sanglots pour que Dana pût se remettre à parler. Après quoi elle entama le récit de sa vie à Édimbourg depuis son départ de Kirkcaldy, presque deux ans plus tôt.

Tantôt attendrie, tantôt choquée, Harriet écouta sans l'interrompre. Elle apprit tout, de la première promenade de Dana avec Timmy sur Arthur's Seat jusqu'à sa folle chevauchée dans les communs. Dana lui narra le sublime tableau d'une aurore vue des ruines de St. Anthony's Chapel. Et le premier baiser que lui avait donné Timmy.

À ce souvenir, elle recommença à pleurer.

—Il m'a offert le réveil du monde à mes pieds, Harry… et moi… je n'ai pas su le remercier.

—L'amour n'est pas simple gratitude, Dana, lui signifia Harriet. C'est un sentiment qui vient naturellement, sans qu'on le commande, sans qu'on puisse le contrôler.

Le sourire qui accompagna ces paroles réconfortantes fit comprendre à Dana que sa sœur savait de quoi elle parlait.

—Tu aimes beaucoup Logan, n'est-ce pas? demanda-t-elle en caressant la joue de Harriet.

—Oui. Mais nous parlerons de moi plus tard, si tu veux. Maintenant que tu as enfin réussi à t'ouvrir, continue.

La courbe qui incurvait légèrement la bouche de Dana s'estompa et elle s'assombrit.

— À la vérité, tout a commencé à mal aller le jour où j'ai suivi Timmy jusque dans le cimetière.

— Dans le cimetière ? fit Harriet avec un froncement de sourcils.

Dana essuya ses yeux et regarda sa sœur avec tristesse. Elle aborda la deuxième partie de son histoire avec circonspection. Le vol du cadavre, celui de la tabatière. Sa grande déception face à l'attitude de Timmy dans cette affaire. Et son choix de faire passer le larcin sur son compte. Elle secouait la tête d'un air navré. Si seulement Timmy n'avait pas volé cette tabatière, rien de tout cela ne serait arrivé.

— Sans m'en rendre compte, je me suis attachée à Weeping Willow. L'atmosphère et les gens y étaient agréables et…

Elle referma les paupières, comme pour s'imprégner de ce qu'elle disait.

— Il y avait Christopher, l'assistant de Francis. Il était vraiment gentil avec moi. Nous pouvions discuter de tout pendant des heures…

— Francis ? fit Harriet.

— Le chirurgien Francis Seton. Le maître de Weeping Willow.

La cause de tous ses malheurs.

— Ce docteur qui a accepté de te conduire à Kirkcaldy ?

— Celui-là même.

Elles en arrivaient au nœud de la confidence. Pendant deux heures, Dana se retourna le cœur, le vidant de tout ce qu'il contenait : de l'amertume laissée par la mort de Mr Bogus au vol de la belladone, et cet autre sentiment qu'avait fait naître cette étreinte dans la voiture qui la conduisait vers sa mère mourante. La longue nuit passée au chevet de la malheureuse Lisbeth Cowan. Au fil du récit, des détails s'ajoutaient sur cette singulière relation qui avait pris forme entre le chirurgien Seton et elle. Mais, tout le temps qu'elle parlait, Dana prenait soin de ne rien divulguer du lien qui unissait Francis à Jonat.

Puis elle en vint au portrait.

— Tu as accepté de le peindre? s'écria Harriet, scandalisée.

— Oui, répondit Dana, presque honteuse.

Bien qu'elle n'eût jamais peint de sa vie, Harriet devinait aisément ce que pouvait engendrer une promiscuité prolongée entre une femme et un homme dans une telle situation. D'un regard interrogateur, elle chercha à obtenir une réponse à ses doutes. Mais Dana estimait que le plus important avait été dévoilé. Harriet n'avait aucunement à savoir que Francis et elle avaient été amants.

Un long silence creusa un espace entre les deux jeunes femmes. Harriet se plongea dans ses réflexions tandis que Dana s'absorbait dans ses souvenirs. L'ombre de l'arbre s'était déplacée à leur insu et le soleil enrobait maintenant Harriet. Les blondes boucles qui débordaient du bonnet de paille encadrant son visage rond se couvraient d'une poudre d'or qui les faisait scintiller. La lumière qui en irradiait rappelait trop à Dana la chevelure de Francis et elle s'en détourna.

— Tu es amoureuse de cet homme, conclut Harriet.

« Le suis-je encore? » songea Dana.

Elle ne se décidait pas à répondre. Harriet n'avait pas besoin de l'entendre. Le masque tombé, les sentiments de Dana transpiraient sur ses traits. Les réminiscences de leur dernier baiser dans Aitkin's Close traînaient encore sur ses lèvres, enivrantes comme un sort scellé par la bouche de l'homme qui l'y avait déposé.

— Logan m'a avoué penser que vous n'auriez pas dû vous marier, Timmy et toi, reprit gravement la voix de Harriet après un moment.

Soulevant son visage vers sa sœur, Dana se demanda si son cousin avait deviné ses sentiments réels pour le chirurgien Seton. Arriva finalement cette unique question à laquelle Dana ne pouvait répondre honnêtement à Harriet.

— Pourquoi ne pas avoir rompu vos fiançailles, alors?

— Timmy m'aimait, répliqua-t-elle. Comment aurais-je pu lui faire ça? Et puis, pourquoi l'aurais-je fait? Jusqu'à preuve du contraire, Francis Seton est toujours marié.

Mais en dépit de l'ambiguïté de cette situation, s'étant toujours juré de n'épouser un homme que par amour, Dana croyait fermement qu'elle aurait rompu si elle n'avait pas découvert le manuscrit de Jonat et la tabatière. Souvent, par la suite, elle avait pensé que Dieu avait mis ces objets sur son parcours pour une seule raison : l'empêcher de commettre cette erreur. C'était Timmy qu'elle devait épouser. C'était écrit. Mais alors, pourquoi le lui avoir arraché si tôt ? Une flèche divine, parce qu'elle avait péché. Oui, elle qui avait toujours craint ce terrible châtiment de Dieu qu'annonçait son père dans ses prêches.

Trop sage Dana, disait Harriet pour la taquiner, quand elle refusait de participer à ses petites entreprises pourtant sans grandes conséquences. Et seule Harriet avait goûté le plaisir de voler des biscuits refroidissant sur la clayette de bois. Et encore elle seule avait connu le bonheur de se baigner en chemise dans l'étang avant que le berger des Oliphant y amène boire ses moutons.

Probe Dana. Celle qui ne péchait que dans les histoires d'amour qu'elle lisait, ces romans que lui interdisait cependant son père.

Bonne Dana. Celle sur qui tout le monde pouvait compter pour être heureux.

Généreuse Dana. Celle qui était prête à tout abandonner pour accourir quand on réclamait son aide.

Telle était Dana. Celle que tout le monde voyait et connaissait. Une image destinée à plaire. Elle-même y avait cru. Mais l'apparence était un masque qu'on oubliait trop souvent de retourner vers soi-même.

Puis était venu le jour où Dieu avait mis sur sa route la première véritable épreuve qui mettrait au défi cette image : l'amour.

Perdue l'intégrité. Envolée la bonté. Comptée la générosité. Éclatée l'image.

Elle avait besoin de se rassurer : ce qu'elle était devenue, était-ce méprisable ? Dana chercha l'acceptation dans le regard de Harriet, mais sa sœur ne lui offrit qu'un sourire fugace qui ne suffit pas à répondre à sa question muette.

— Qu'est-il arrivé par la suite ?

— Le tableau achevé, je suis retournée auprès de Timmy. Francis Seton est ensuite parti pour la Belgique.

— C'est lui que tu attends, observa finement Harriet avec un petit sourire. Je te vois tous les jours courir les journaux pour lire avec appréhension les noms de ceux qui ne rentreront jamais chez eux.

Une grosse boule de honte se forma dans la gorge de Dana. Elle baissa les yeux.

— Et tu t'en sens coupable, déclara Harriet pour finir.

Mortifiée, Dana haussa les épaules et cacha son visage dans ses mains.

— Je ne peux m'en empêcher… Alors que je devrais pleurer ce que j'ai perdu avec Timmy, je pleure ce que je n'ai jamais eu avec un autre. Je l'aimais quand même, mon Timmy. Il faisait tout pour me rendre heureuse. Il en faisait trop, peut-être. Mais il était comme ça. Si imprévisible avec sa fougue de feu. Et c'est en espérant sincèrement trouver le bonheur avec lui que je l'ai épousé. Je me disais qu'avec le temps… tout finirait par prendre sa place. Mais le temps m'a trompée.

Dans un geste qui se voulait sécurisant, Harriet caressa la nuque de sa sœur. Elle décolla doucement les mèches de cheveux qui adhéraient à ses joues humides. Les grands yeux de Dana se levèrent vers elle, la priant de lui pardonner sa conduite.

— Allons, cesse de pleurer, Dana. Je ne peux t'en vouloir que pour ne pas m'en avoir parlé plus tôt.

— Je ne le pouvais pas, Harry, dit Dana en écrasant ses larmes dans ses paumes. Je ne me sentais pas prête… à être jugée.

— Te juger, moi ? Que le ciel me foudroie si je le fais ! Si tu veux mon avis, tu es la plus sainte de toutes les Cullen. Et il faut croire que Dieu, qui est le seul apte à nous juger, a décidé de te rendre humaine.

Soulagée, Dana étreignit sa sœur, qui lui rendit son affection avec la même force. Les deux jeunes femmes s'écartèrent, souriantes et plus unies que jamais.

— Je n'aurais jamais dû douter de ton amour, Harry, murmura Dana.

L'émotion la saisissant au cœur, Harriet toussota. Puis elle consulta la petite montre qui avait appartenu à leur mère et qu'elle portait en sautoir, dissimulée dans son corsage. Prenant note du temps qui s'était écoulé, elle tapota doucement l'épaule de sa sœur.

— Il faut y aller, Dana. Nous avions rendez-vous avec Logan à cinq heures devant les bureaux du journal. Nous sommes en retard. Il doit s'inquiéter de ne pas nous voir arriver.

— Vas-y seule. Je ne ferai que rendre l'atmosphère morose.

— C'est ridicule, Dana. Logan racontera une histoire drôle ou deux et tu retrouveras ta bonne humeur.

— Profitez donc d'un peu de temps sans chaperon ensemble, suggéra Dana en esquissant un mince sourire.

Harriet considéra l'idée en pinçant les lèvres.

— Je n'aime guère te laisser toute seule en un moment pareil. Je pourrai me ménager un moment plus propice pour me retrouver seule avec Logan.

— Regarde-moi, insista Dana en redressant le torse. Je suis certaine que mon visage est tout bouffi. Je n'ai aucune envie d'aller dîner comme ça.

Observant les promeneurs qui se raréfiaient dans le parc, Harriet médita sur la situation.

— Je n'aime pas l'idée de te laisser seule ici, Dana. Une femme seule dans un parc…

— Franchement, Harry, s'exclama Dana, je porte le deuil jusqu'aux oreilles. Tu crois qu'on prêtera attention à moi?

— D'accord, concéda enfin Harriet. Je vais rejoindre Logan. Mais je reviens ensuite ici avec lui. Cela te donnera le temps de te remettre un peu. Nous irons dîner. Cela te va?

— Prenez votre temps.

Harriet embrassa sa sœur et se leva. Dana lui rendit son châle et elle la regarda s'éloigner dans le sentier menant à Castle Hill. Pour occuper son esprit, elle se mit à observer des enfants qui s'amusaient à faire rouler des cerceaux de bois avec une baguette.

Les joues rouges, ils riaient dans leur course. Deux femmes assises sur un banc et tenant trois chiens qui tiraient désespérément sur leur laisse pour participer au jeu les surveillaient du coin de l'œil tout en devisant amicalement.

Au passage d'un homme et d'une femme, Dana redevint nostalgique. Leur élégance marquant leur rang social, ils marchaient côte à côte d'un pas paresseux, discutant tout bas, échangeant des regards enamourés. Époux ou amants? Deux jeunes femmes qui venaient dans leur direction les croisèrent. Dana les regarda brièvement avant de revenir aux amoureux quand elle pensa avoir reconnu l'une d'elles.

Plissant les paupières, elle fixa le visage de la plus petite des deux. Chevelure brune, moue boudeuse, formes voluptueuses que laissait deviner à chacun de ses mouvements la souple mousseline blanche de sa robe. Dana l'identifia aussitôt comme l'une des filles de Mrs Pennycock, celle qui lui avait parlé en petite tenue de la fenêtre. L'autre, grande et plus mince, arborait une opulente chevelure rousse que mettait en valeur le vert de sa robe. Pendant un court instant, Dana pensa qu'il s'agissait peut-être de Lizzie, la sœur d'Alison, dont la chevelure lançait le même jeu de flammes au soleil.

Tandis qu'elles passaient devant son arbre, les grands yeux noirs de la jeune femme brune croisèrent furtivement les siens. Sans la reconnaître, elle reporta son attention sur celle qui l'accompagnait et éclata d'un rire cristallin. Son sourire était charmant. Quand sa compagne se mit à parler, Dana se figea sur place. Un lourd accent irlandais marquait la voix un peu rauque.

Frappée de stupeur, son cœur palpitant dans sa poitrine, Dana les vit prendre la même direction qu'avait prise Harriet. Les deux promeneuses se rendaient dans la Old Town. S'agissait-il de cette Rosie l'Irlandaise? Sans plus tergiverser, elle se leva et, se couvrant de son châle, elle les suivit comme un limier sur les traces du lièvre. La chasse la mena dans High Street, où les deux femmes s'embrassèrent avant de se quitter. La brunette prit la direction de la Canongate tandis que l'intérêt de Dana se tournait vers le sud, dans Niddry

Street. La rouquine descendit la pente qui menait jusque dans Cowgate. Là, elle pénétra dans une taverne. Déçue, Dana attendit en espérant qu'elle en émergerait bientôt. La femme surgit dans la rue quelques minutes plus tard, un paquet sous le bras. La filature prit fin dans St. Peter's Close, une petite et lugubre ruelle coincée entre Horse et College Wynds. Le vert de la robe se fondit alors dans l'ombre d'un escalier en spirale et disparut.

Malgré tout le mal que cela lui ferait sans doute, si cette femme s'avérait être Rosie l'Irlandaise, Dana devait lui parler. Elle pourrait peut-être éclaircir certaines questions concernant la mort de Timmy. Immobile devant la porte de l'immeuble, elle se disait qu'elle commettait certainement une grave erreur. Que, même mort, Timmy la décevrait une fois de plus. Mais la vérité ne pouvait être pire que le plus affreux des scénarios qu'elle imaginait.

Résolue, Dana frappa à la conciergerie : un homme chauve au visage variolé lui ouvrit. Il la toisa, sa mâchoire s'activant à mastiquer quelque chose qu'il avala en émettant un petit bruit qui lui fit penser à celui que faisaient les grenouilles les soirs d'été, quand elle marchait près de l'étang à Kirkcaldy.

— Oui ? fit-il, manifestement impatient de retourner à sa table.

— Je cherche une personne qui habite cet immeuble.

— Faut savoir qui on cherche pour que je réponde.

— Une dame du nom de Rosie.

— Rosie… Miss Rosie Coutts ?

— Coutts… oui, je crois bien que c'est ça. Elle est rousse et…

— Pas la peine de perdre votre temps à me la décrire, ma petite dame, ronchonna l'homme. Il n'y a qu'une Rosie qui habite cet immeuble. Elle vit au quatrième, la porte au fond du couloir.

— Merci, monsieur… je suis navrée de vous avoir dérangé…

— Il paraît que je suis payé pour ça, entendit-elle gronder pendant que la porte se refermait.

Dans le silence qui suivit, Dana entendait le sang lui battre les tempes. Et si elle se trompait ? Il pouvait exister deux Rosie… même irlandaises. Mais que celle-ci se balade en compagnie des filles de Mrs Pennycock écartait tout doute. Rosie Coutts devait être celle qu'avait connue Timmy.

Comme dans presque tous les immeubles de la ville, l'escalier était plongé dans une épaisse obscurité. Seule la faible lueur d'une lampe empestant l'huile de baleine éclairait chacun des paliers. Dana s'arrêta au quatrième. Comme dans Potter Row, on entendait les bruits de ce qui se déroulait à l'abri des portes. Derrière celle de Miss Coutts, dont on ne distinguait que l'éclat du métal de son bouton de porte, on n'entendait rien.

Dana frappa.

La personne qui lui ouvrit était bien la femme à la robe verte. Rosie Coutts devait avoir la première moitié de la trentaine consommée. Une certaine surprise se lut d'abord sur le visage de la femme. Puis elle prit un maintien distant.

— Si c'est pour voir le docteur que vous venez, il est pas là.

— Le docteur? fit Dana, un peu confuse.

De quel docteur parlait-elle?

— Il est absent, répéta la femme dans un gros accent qui trahissait des origines plus que modestes. Et je ne sais pas quand il rentrera.

— Je ne veux pas voir de docteur, la rassura Dana. Vous êtes bien Miss Rosie Coutts?

Des sourcils trop épais pour être élégants s'arquèrent et la femme opta pour un air suspicieux.

— Que voulez-vous? Je ne vous connais pas.

— Vous connaissez peut-être Timmy Nasmyth, déclara Dana.

La réaction ne se fit pas attendre. Rosie eut le réflexe de fermer sa porte, mais Dana l'en empêcha en introduisant son pied dans l'ouverture.

— Je ne souhaite que vous parler, Miss Coutts.

— Je n'ai rien à vous dire…

— Je suis Mrs Nasmyth.

La femme se pétrifia et Dana crut la voir blêmir.

— Je n'ai rien fait, madame, murmura-t-elle sans chercher à cacher l'angoisse qui s'emparait d'elle.

— S'il vous plaît, Miss Coutts, j'ai trouvé votre nom dans un carnet que tenait mon mari sur ses… activités dans les cimetières. Il est mort, comme vous devez le savoir, et je cherche à savoir ce qui s'est passé.

— Par tous les enfers! Allez-vous-en, Mrs Nasmyth. Je vous le conseille vivement. Ne revenez plus jamais ici si vous ne voulez pas de problèmes.

Plus que décidée à refermer la porte de son logis, Rosie repoussait avec force le pied qui faisait obstacle. Il vint à Dana la pensée que Rosie pouvait avoir quelque chose à voir avec la mort de Timmy. Et si c'était le cas, elle avait peut-être un peu trop poussé sa témérité en venant ici sans avertir Logan de ses intentions.

— Je sais que vous et mon mari vous voyiez à l'occasion, Miss Coutts, insista-t-elle tout de même. L'une de vos consœurs chez Mrs Pennycock me l'a confirmé. Celle avec qui vous vous promeniez justement tout à l'heure. Je ne tiens en aucune façon à connaître la nature de votre relation. Seulement…

— Je n'ai rien à vous dire. Je vous en supplie, partez.

Le regard qu'elle entrevit dans la fente était maintenant empreint de terreur. De toute évidence, cette Rosie savait quelque chose. Se sentant trop près de la vérité pour tout laisser tomber, avec une ferme intention, Dana poussa de tout son poids sur la porte. Celle-ci s'ouvrit juste assez pour qu'elle y glisse la moitié de son corps. Devant l'inanité de sa résistance, la femme abandonna toute autre tentative de repousser l'intruse, qui entra et referma la porte derrière elle.

Dana tremblait de tous ses membres. Un long moment de flottement s'écoula pendant lequel chaque femme évaluait l'autre. La vapeur qui s'échappait d'une bouilloire s'infusait des arômes épicés qui parfumaient l'endroit. Reprenant un peu sur elle, Dana se permit enfin de visiter les lieux des yeux. Petit, le logement était néanmoins bien meublé. Un espace avait été réservé pour dormir. Sur la table, où un gros pâté attendait, deux couverts avaient été dressés. Il n'y avait pourtant personne d'autre ici.

— Que voulez-vous de moi? questionna nerveusement Rosie.

Elle avait retraité dans un angle de la pièce qu'une lumière diffuse éclairait partiellement. Dana vit qu'elle la craignait autant que si elle avait été le diable en personne.

— Que des réponses à mes questions, répondit-elle d'une voix douce pour tenter de la rassurer. Quand l'avez-vous vu pour la dernière fois ?

— En avril, répondit la femme d'une voix hésitante.

— Vous pourriez être plus précise ?

Rosie laissa quelques secondes s'écouler avant de répondre.

— Le vingt-cinq. Oui, c'était le vingt-cinq avril. Ça je me souviens, car c'était l'anniversaire de Jenny. Timmy est arrivé chez Mrs Pennycock pendant que nous dînions toutes ensemble. Il était ivre et furieux et menaçait de faire sauter les dents de Geordie si je ne me montrais pas.

— Geordie ?

— Le majordome.

Dana se souvenait du portier aux allures intimidantes. Elle ne doutait toutefois pas une seconde que la colère de Timmy, décuplée par l'effet de l'alcool, lui eût permis de venir à bout du mastodonte.

— Il vous a dit pourquoi il était si furieux ?

Sans la quitter des yeux, Rosie fit non de la tête.

— C'était pas de mes affaires, qu'il m'a dit. Mais il voulait voir le docteur. Donc il est venu me trouver.

— Pourquoi vous ? s'étonna Dana.

— C'est que Timmy n'avait pas le droit de le contacter directement.

— Et vous, si ?

— Moi, je connais bien… le docteur, fit prudemment la femme. Je le connais depuis que…

Elle referma la bouche, interrompant subitement son explication.

— Dites-moi… le carnet de Timmy dans lequel vous avez lu mon nom, il parle de quoi au juste ? questionna-t-elle tout de suite après, des inflexions de crainte altérant sa voix.

— Ses ventes de cadavres. En détail, ajouta-t-elle dans le but de l'intimider.

— Je vois… Où il est, ce carnet ?

— C'est moi qui l'ai en ma possession.

Le soulagement remodela l'expression de Rosie. Elle avait replacé l'une des mèches qui encadraient son visage, ni beau ni laid, quoique marqué par la dureté de la vie qu'elle avait dû mener. Dana en eut presque pitié. Mais de savoir que Timmy avait payé cette femme pour ses services la ramena à des sentiments plus détachés.

— Est-ce qu'il l'a vu, le docteur ?

— Je ne sais pas, répondit Rosie. Moi, je n'ai fait que transmettre le message de Timmy.

Timmy aurait donc cherché à voir Francis. Pendant que Dana méditait sur cela, Rosie l'observait.

— Mrs Nasmyth, fit-elle, presque compatissante, il vous aimait beaucoup, Timmy.

Un sourire des plus cyniques souleva les coins de la bouche de Dana en même temps qu'un drôle de son sortait de sa gorge.

— Je vous assure, insista la prostituée. Il n'est plus revenu me voir après votre mariage.

— Et vos petites rencontres dans les cimetières répertoriées dans le carnet ?

— Ça, c'était strictement professionnel.

— Professionnel ? Ce n'est pas un peu inhabituel de s'associer avec une femme pour faire ce genre de travail ?

— Parce qu'un homme aurait pas pu accomplir le travail qu'il me demandait.

— Lequel est ?

Un silence embarrassé s'installa. Rosie ressentait brusquement tout le poids de sa vilaine condition face à cette femme, trop droite et visiblement bien éduquée. L'épouse de son Timmy, qui lui avait déjà promis tant de choses. Mais combien d'hommes lui avaient promis des châteaux en Espagne ? Cela faisait partie du métier, lui avait un jour lancé Mary Jane, dans un accès de tristesse. Pauvre

Mary Jane. Il y avait des moments où elle enviait son malheureux sort. Au moins, elle ne souffrait plus de l'injustice du monde.

Rosie reprenait un peu d'assurance. Elle releva le menton et dévisagea Mrs Nasmyth, s'interrogeant si son mari lui réclamait les mêmes choses au lit qu'à elle. Les hommes faisaient-ils l'amour de la même façon à toutes les femmes? Certainement pas. Sinon, il n'y aurait pas de travail pour les filles comme elle.

— J'entraînais les clients dans la chambre qu'il louait, répondit-elle en ajoutant un modeste brin d'arrogance dans son ton.

— Que les clients louaient?

Les clients: les chirurgiens qui passaient la commande? Un froncement de sourcils marqua les doutes de Dana.

— Non. Timmy louait une petite chambre à un penny la nuit dans une maison de pension. Elle était minable, mais pour les besoins elle faisait l'affaire.

— Je n'y comprends rien… vous voulez dire que Timmy louait une chambre pour régler ses affaires avec les docteurs?

— Les docteurs? Jamais de la vie! Il réglait avec les docteurs dans les souterrains du vieux collège. Je parle des clients que j'abordais à la sortie de la taverne qui se trouve dans Gentle's Close, à deux maisons de la chambre. Je leur demandais de me montrer s'ils avaient de quoi payer et je les faisais monter. Étant déjà dans un état d'ivresse assez avancé, ils n'étaient pas trop difficiles à convaincre. Je leur faisais boire une potion de gin que me refilait Timmy et, quand ils tombaient endormis, je prenais leur argent et tout ce que je trouvais sur eux et je filais.

«Classique!» pensa Dana. Le sifflement de la bouilloire devenait agaçant. Un nuage de vapeur s'accumulait dans la pièce. Elle essayait de réfléchir à ce que venait de lui dire la femme. Timmy payait la chambre. Et les clients n'étaient pas les docteurs qui avaient passé la commande. Et ensuite? À quoi rimait toute cette histoire? Quel lien cela avait-il avec les morts vendus aux chirurgiens?

— Et que tirait Timmy de cette petite entreprise? s'écria Dana sans chercher à masquer son dégoût de l'affaire en cause. Vous partagiez le butin?

Agacée par le mépris de Dana, Rosie reprit la parole d'une voix qu'elle voulut aussi blessante que possible.

— Non, ma part je ne la partageais pas, Mrs Nasmyth. Timmy obtenait la sienne en revendant le reste.

Mais de quoi parlait Rosie? Le reste de quoi? Les vêtements?

— Pourriez-vous être plus claire, Miss Coutts?

— Le reste du client, quoi!

La prostituée demeura silencieuse le temps que les mots prennent leur place dans l'esprit de Dana. Puis elle lui adressa de nouveau la parole. Se souvenant que Mrs Nasmyth possédait toujours le fichu carnet que tenait Timmy, sa voix se fit inquiète.

— Vous n'irez pas raconter tout ça à la police, hein, Mrs Nasmyth? Qu'est-ce que ça donnerait, maintenant? Moi, j'ai rien fait de mal. Quand je laissais Timmy avec le client endormi, je rentrais chez moi. J'ai rien vu et j'ai rien entendu. Alors, je ne sais rien de ce que faisait Timmy par la suite.

Mais, trop occupée à récapituler mentalement la succession des faits, Dana n'entendit qu'à moitié. Rosie entraînait un client choisi par Timmy dans la chambre. Elle le droguait et l'abandonnait à Timmy. Puis Timmy... Oh Dieu! Le macabre scénario commençait à prendre forme dans la tête de Dana, l'emplissant d'une indicible horreur.

— Timmy faisait mourir les clients? souffla-t-elle.

Atterrée, Dana eut envie de pleurer. Elle serra les dents pour ne pas le faire devant cette prostituée, qui avait servi dans les innommables desseins de son cupide mari.

— Ils souffraient pas. Il faisait ça proprement, en les étouffant avec l'oreiller.

Comme si cela faisait une différence! Timmy tuait des gens pour ensuite vendre leur cadavre aux chirurgiens. Ça n'avait pas de sens et pourtant ça expliquait les mystérieuses entrées dans le carnet noir. Un corps vendu, pas de cimetière profané. À lui seul, le montant de la vente.

Pourquoi?

— Pas Timmy… Il ne pourrait pas faire de telles horreurs ! s'écria-t-elle.

Les mains sur la bouche, Dana retenait un cri de désespoir. C'était pire que tout ce qu'elle aurait pu imaginer.

— Il avait besoin d'argent, votre Timmy. Il voulait vous faire la vie belle. Aussi belle que vous l'aurait faite un docteur, il me disait. L'idée lui est venue quand l'une des filles de Mrs Pennycock a été retrouvée morte dans son lit : suicide. La pauvre n'avait pas de famille. Timmy a suggéré à la maîtresse de vendre le corps aux étudiants en médecine. De cette façon, elle n'aurait pas à défrayer les frais de l'enterrement et de plus ils se partageaient le montant de la vente. On obtient un bon prix pour un corps aussi jeune et frais. C'était une méthode facile et efficace. Pas de tombe à creuser. Pas de bedeaux à soudoyer et surtout pas de comparses avec qui partager l'argent. Moi, je gagnais davantage à ne rien faire que ce que m'aurait donné Mrs Pennycock pour un client exigeant. J'y trouvais mon compte et ne demandais rien de plus…

Un bruit retentit dans l'immeuble. Son attention se déplaçant vers la porte de l'appartement, Rosie redevint silencieuse, comme en attente de quelque chose. La peur revint hanter son visage.

— Partez maintenant, intima-t-elle à Dana, qui ne revenait pas du choc. Je vous ai dit tout ce que je sais. Je ne vous dirai rien de plus. Pour la mort de Timmy, je n'ai rien vu…

Comme pour celle des clients ?

Dana allait riposter quand les couleurs chatoyantes d'une étoffe accrochée au mur captèrent son regard : un châle aux teintes d'automne. Elle s'en approcha, le toucha du bout des doigts. Les motifs distinctifs de Paisley lui étaient familiers. Elle les revit soudain ailleurs, sur les épaules d'Evelyn Seton.

Comme s'il lui avait brûlé la peau, elle retira prestement la main. Que faisait le châle de la femme de Francis ici ? De quel docteur parlait tout ce temps Rosie Coutts ?

— Ce châle, fit Dana en faisant mine de l'admirer, il est très beau… Où l'avez-vous acheté, Miss Coutts ? l'interrogea Dana.

— C'est un cadeau du docteur.

— C'est curieux, il est identique à celui que possédait Mrs Seton.

— Mrs Seton ? Vous voulez dire la femme du chirurgien ?

— Vous le connaissez, donc ?

Ses sourcils se fronçant, Rosie fixait cette pièce d'étoffe que, de toute évidence, elle n'aurait jamais pu se payer. Lentement elle recula vers la table.

— Je vous dirai rien de plus, répéta-t-elle. J'ai déjà trop parlé. De toute façon, plus rien ne fera revenir Timmy ni Mrs Seton. Laissez-les dormir en paix, Mrs Nasmyth. Je vous en conjure, oubliez tout ça.

Heurtant le meuble, elle pivota d'un coup sur son talon et s'empara du couteau. La lame se retrouva rapidement pointée en direction de Dana, qui battit en retraite à son tour vers la porte. Quelque chose de nouveau allumait le regard de la prostituée. Quelque chose de terrible, de fou. Dana sentit qu'elle avait poussé trop loin son investigation. Satisfaite de l'effet qu'elle produisait, la femme esquissa un sourire mauvais.

— Une fois sortie, je vous conseille de ne pas ouvrir la bouche sur ce que vous venez d'apprendre, Mrs Nasmyth. Parce que vous aussi pourriez vous retrouver sous le scalpel.

Sous l'emprise de l'affolement, Dana se précipita hors du logis. Le rire de Rosie l'Irlandaise la poursuivit dans l'escalier, qu'elle dévalait aussi vite que le lui permettaient ses jambes malades et fatiguées. Dans sa fuite, elle heurta un résidant qui arrivait en sens inverse. Deux mains solides l'empêchèrent de plonger dans le vide et la plaquèrent contre le mur. Un suave parfum l'enveloppa. Un parfum masculin. L'homme cherchait maladroitement à l'aider à se remettre sur pied. Dana prit peur et cria en même temps qu'il s'adressait à elle. Sans se retourner, elle dégringola le reste des marches pour surgir, haletante de peur, dans la rue.

D'une foulée rapide, ses yeux terrifiés scrutant chaque visage qu'elle croisait, elle refit le trajet inverse jusqu'au parc. Francis était sans doute rentré de Belgique. Elle devait trouver Logan. Cela ne faisait plus aucun doute : Timmy et Evelyn Seton avaient été assassinés.

Sous son arbre, il n'y avait personne. Logan et Harriet n'étaient visibles nulle part. Allant et venant dans les sentiers, Dana s'énervait.

— Dana! Que Dieu soit loué!

Sa sœur arrivait en trottinant, la mine affreusement inquiète. Logan était accroché à son bras comme un pauvre bichon frisé qui avait du mal à suivre la cadence de sa maîtresse.

— Je suis tout à fait navrée, s'excusa Harriet avec effusion. J'ai été retardée et j'ai oublié… Le temps passe si vite.

— Ça va, Harry. J'ai décidé de marcher un peu pour me dégourdir.

— Est-ce que ça va? Tu es toute pâle.

— Oui, c'est la chaleur… et je me sens un peu fatiguée.

Soudain, Dana n'arrivait plus à parler.

— Tu as surtout besoin de mettre quelque chose dans ton estomac. Logan me suggérait justement d'aller prendre une bouchée chez Lundie's. Il paraît qu'on y sert les meilleures huîtres dans tout Édimbourg. Oh! La raison de mon retard… Tu ne devineras jamais qui j'ai vu? Miss Forrester. Tu te souviens d'elle, la fille de l'inspecteur du port de Kirkcaldy? Elle se marie bientôt et tu ne devineras jamais avec…

Harriet s'était arrêtée de parler et dévisageait sa sœur.

— Dana? demanda Harriet en prenant sa main. Mais tu trembles comme une feuille au vent! Dana?

— Harry… murmura-t-elle. Pour être franche, je pense que je ne me sens pas très bien.

Consterné, Logan lui présenta son bras, sur lequel Dana s'appuya. Mais ses jambes se dérobaient. Et ce goût de bile qui lui venait sur la langue. Une irrépressible sensation de nausée la fit grimacer.

— Elle fait un coup de chaleur.

— Il faut l'installer à l'ombre… Logan, va héler une chaise ou une voiture! Dana? Tu m'entends?

Le sol bougeait sous ses pieds. La nausée persistait. Dana se sentit perdre l'équilibre. Dans son champ de vision, elle vit défiler les arbres à travers lesquels elle distingua vaguement la silhouette crénelée de la forteresse puis, plus bas, la tour de St. Cuthbert's. Tout devint noir.

⟡

Après avoir déposé le plateau sur la table d'écriture, Harriet tira les rideaux. Une lumière vive vint blesser les yeux de Dana, qui se retourna en grognant dans son lit. Le soleil était au rendez-vous et, à travers la fenêtre ouverte, un bleu outremer colorait le ciel d'août.

—Il est près de dix heures, lui annonça Harriet en lui apportant le plateau.

Un petit déjeuner avait été préparé pour Dana. Mais l'appétit n'y était pas. La nuit avait été des plus agitées et elle aurait voulu dormir tout le jour. Elle s'assit néanmoins dans le lit tandis que Harriet replaçait l'oreiller dans son dos.

—Tu n'as pas à faire tout ça, marmonna Dana, un peu morose, en soulevant un coin de la serviette qui recouvrait son assiette.

Des œufs et des saucisses. Des toasts et de la confiture de fraises.

—Il y a du café au chaud dans la cuisine. Tu en veux?

—Hum… fit Dana.

Harriet soupira.

—Tu nous as fait une peur bleue, tu sais. Je m'en veux de t'avoir laissée toute seule dans le parc.

Arquant ses sourcils, Dana dévisagea sa sœur.

—Pourquoi? C'est moi qui avais déserté. Je n'aurais pas dû aller si loin sous ce soleil.

—Tu étais trop bouleversée. Ton malaise… C'est de ma faute.

—Mais non, je t'assure, Harry.

À travers un sourire forcé, Dana essayait de convaincre sa sœur qu'elle n'avait rien à se reprocher. Mais, sondant les yeux vairons soulignés de larges cernes, Harriet conclut que quelque chose la tracassait, la perturbait plutôt. C'est pourquoi elle hésitait à lui remettre les deux enveloppes scellées qui étaient arrivées tôt ce matin,

à dix minutes d'intervalle. Ce qu'elles contenaient risquait de la se-
couer davantage. L'une portait le sceau des Elphinstone. L'autre
n'indiquait rien de l'expéditeur. Harriet craignait qu'elle ne contînt
des nouvelles de ce chirurgien Seton et que ces nouvelles fussent
mauvaises.

Harriet dégagea la chaise des vêtements qui l'encombraient et
s'assit. Dana piquait sa fourchette dans la nourriture. Malgré le
manque de sommeil qui froissait son visage, Dana avait meilleure
mine que la veille. Peut-être qu'elle s'en faisait pour rien. Après
tout, les chirurgiens de l'armée ne se battaient pas au front. Plongeant dans la poche de sa jupe, Harriet en retira les deux plis et les
lui présenta.

— Qu'est-ce que c'est? demanda distraitement Dana en enfournant un bout de saucisse.

En fin de compte, son appétit lui revenait.

— C'est arrivé ce matin. Il y en a une de ce Mr Elphinstone,
précisa Harriet.

S'arrêtant de mastiquer, Dana fixa les deux enveloppes. L'une
était adressée à Mrs Timmy Nasmyth. L'autre, simplement à Mrs
Nasmyth.

— Qu'est-ce qui te fait dire que celle-là n'est pas pour notre tante?

— C'est que le petit messager qui l'a portée a demandé avant de
me la remettre si Dana Cullen habitait ici. Voilà comment j'ai deviné.

— Il a demandé Dana Cullen?

— Hum…

Se remettant à mâcher sa bouchée, Dana déposa sa fourchette.
Elle prit la dernière enveloppe et l'examina. Puis elle avala et ses
joues, qui avaient recouvré un joli teint rosé, perdirent à nouveau
leurs couleurs. L'écriture était celle de Francis Seton. *Il sait que j'ai
parlé à Rosie. Il sait que je sais…*

La main tremblante, elle laissa tomber l'enveloppe et, dans un
geste qui cachait à peine sa nervosité, elle s'empara du premier pli.
Valait mieux commencer par celui-ci. Il venait effectivement de
Percy Elphinstone. Mais que lui voulait-il? Intriguée, elle repoussa
le plateau.

—Il me donne rendez-vous, déclara-t-elle en levant un regard étonné vers Harriet, qui attendait de savoir de quoi il retournait. Aujourd'hui, à trois heures de l'après-midi, au numéro sept de Charlotte Square.

—Tu vas y aller?

—*Il y a quelque chose d'important dont je dois vous entretenir…* écrit-il.

—Tu crois que cela concerne ton chirurgien?

—Je l'ignore.

Était-il arrivé quelque chose à Francis? C'était stupide! Il venait aussi de lui écrire. D'une main fébrile, elle ouvrit la deuxième enveloppe. N'étaient écrits que ces quelques mots:

M'accorderiez-vous le privilège de vous revoir? Francis.

Harriet attendait la réaction de sa sœur. Mais Dana conservait un imperturbable masque.

—De qui est-ce? s'impatienta-t-elle.

—Francis Seton, répondit Dana en repliant le feuillet.

—Il est rentré? Quand?

—Je n'en sais rien. Tout ce qu'il dit, c'est qu'il désire me voir, lui aussi. Rien de plus.

—Pas de rendez-vous? fit sa sœur, surprise.

—Non.

—Que feras-tu, Dana?

Dana jouait nerveusement avec la lettre de Francis. D'y répondre était pour le moment hors de question. *Il sait que je sais…*

—Je vais d'abord me rendre dans Charlotte Square.

✦✦

Dana frappa à la porte et attendit. On ne lui répondit pas. Perplexe, elle retourna dans la rue et leva la tête vers l'élégante façade de pierre. Rien ne bougeait derrière les rideaux.

— Mr Elphinstone serait-il sorti ? l'interrogea Harriet, qui l'avait accompagnée.

— Qu'il fût sorti ou non, le majordome devrait répondre, non ?

— Juste ! fit Harriet.

Dana frappa de nouveau, plus fort. Le bois grinça doucement. Étonnée, elle attendit sur le seuil.

— Tiens ! C'est une chose curieuse que la porte soit mal fermée, fit observer Harriet.

Dana poussa sur le lourd battant de bois de chêne et pénétra dans la fraîcheur du vestibule.

— Mr Elphinstone ? appela-t-elle timidement.

— Tu ne vas tout de même pas entrer sans y être invitée ! s'écria sa sœur en cherchant à la retenir.

— Mais je suis invitée, Harry, fit remarquer Dana en lui montrant le pli. Ne sommes-nous pas à trois heures le dix-huit août ?

— Trois heures dix, pour être plus précise, fit Harriet. Tu es en retard. Il doit être parti.

— Après seulement quelques minutes d'attente ? Cela serait des plus discourtois.

Personne ne venait pourtant à leur rencontre. Où étaient les domestiques ? Harriet se décida enfin à la suivre à l'intérieur. Dana referma la porte, réduisant la clameur de la rue à une faible rumeur. Des rais de lumière coupaient le nuage de poussière que le courant d'air avait soulevé. Dana les traversa lentement en écoutant ses talons résonner sur le plancher de marbre gris.

— Mr Elphinstone ?

Le hall, qui lui rappelait celui des Seton, était désert. Tels des fantômes postés en sentinelles, des draps blancs couvraient les fauteuils installés tout autour pour le confort des visiteurs. Dans la parfaite symétrie du style géorgien, placées de part et d'autre de l'entrée, quatre portes étaient fermées. En face, un escalier s'étirait gracieusement dans une arabesque jusqu'au premier. Dana attendit encore un peu, commençant à croire qu'en effet personne ne se trouvait ici. Le frère aîné vivait la plupart du temps à Musselburgh.

Peut-être avait-elle mal compris le lieu du rendez-vous. Elle consulta de nouveau la lettre.

— C'est pourtant ici qu'il m'a conviée, dit-elle en se retournant vers sa sœur, qui était restée près de la porte.

— Partons, suggéra Harriet, qui aimait de moins en moins la tournure que prenaient les évènements.

Dana allait obtempérer quand la même question s'imposa de nouveau à son esprit : pourquoi avoir laissé la porte d'entrée déverrouillée ? C'était plutôt étrange. Le majordome n'aurait jamais fait un tel oubli. Dana revint dans le hall et, remarquant que l'une des portes sur sa gauche bâillait légèrement, elle s'en approcha.

— Que fais-tu, Dana ? l'interpella sa sœur, la voix inquiète.

Sans lui répondre, Dana la poussa doucement. Les lourds rideaux avaient été tirés et plongeaient le salon dans une épaisse obscurité. Seule une horloge émettait son tic tac régulier.

— Dana ! Partons. Si on nous prenait à fureter ici alors qu'il n'y a personne…

Dana s'aventura dans la pièce, marchant sur le tapis de Perse qui étouffait le bruit irrégulier de ses pas. Quoique de plus petites dimensions, le salon était meublé un peu comme celui des Seton. Elle survola rapidement le décor, s'attardant sur quelques beaux objets disposés de façon à les mettre en valeur. C'est alors qu'elle le vit, endormi dans un coin, la tête posée sur un bureau d'écriture.

— Mr Elphinstone ?

Une béquille appuyée contre le mur près de lui rappelait la triste nature de sa blessure. Revêtu de son superbe uniforme, son visage tourné vers la fenêtre, l'homme continuait de dormir.

— Mr Elphinstone ? C'est moi, Dana Nasmyth, annonça-t-elle un peu plus fort en s'approchant doucement.

Il y avait un léger bourdonnement. Des mouches volaient autour d'elle et elle les chassa avec ses mains. Ses sens maintenant à l'affût, elle ne pouvait empêcher un mauvais pressentiment de s'insinuer en elle. Cette odeur qu'elle reconnaissait trop bien devenait poignante… Elle n'osa aller plus loin.

— Qu'est-ce que ça sent ? chuchota Harriet, qui l'avait suivie. Oh ! Par tous les saints du ciel !

— Dieu tout-puissant ! rajouta Dana en apercevant la tache qui marquait la tempe de l'homme. Ouvre une fenêtre, Harry.

Mais sa sœur était demeurée pétrifiée devant le spectacle. Dana dut ouvrir la fenêtre elle-même. Le jour éclaboussa l'horrible scène d'une lumière blafarde qui accentua le contraste entre le sang séché et la couleur de la peau de Percy Elphinstone.

— Va chercher de l'aide, lança-t-elle comme la nausée la saisissait.

Elle entendit Harriet sortir en courant. Parvenant à se contrôler, d'un pas mesuré, Dana s'approcha davantage. Sur le mur, du sang. Il y en avait aussi sur le bureau avec ce qu'elle devinait être des éclats d'os et des morceaux d'une substance opaque et grisâtre. La main gauche d'Elphinstone reposait à côté d'un encrier resté ouvert. Là enfin, dans sa main droite, elle vit un pistolet d'arçon briller faiblement.

— Que Dieu ait pitié de son âme, dit-elle juste avant de sortir pour vomir.

Le corps venait d'être emporté vers la morgue. Un constable avait été envoyé à Musselburgh pour avertir la famille. Un autre finissait de prendre le témoignage d'une voisine. La vieille femme affirmait que les domestiques étaient tous partis la veille, un peu après l'heure du dîner. Où ? Oh ! Sans doute pour Musselburgh. La dame croyait son voisin parti avec eux. C'est pourquoi elle avait jugé suspecte la visite d'un homme chez lui aux alentours de minuit. Qui ? Elle ne savait pas. Un grand gaillard habillé d'une houppelande noire ou de quelque chose du genre. Elle n'avait pu voir le visage. Il faisait trop sombre et, de toute façon, l'individu portait un chapeau. Non, elle n'avait rien entendu de suspect. Cela n'avait pas d'importance. Le mort avait laissé un mot avant de mourir. Dana ne l'avait pas remarqué. La lettre était cachée sous sa tête. Le coroner Watson lui montra la feuille de papier un peu froissée et tachée de gouttes de sang.

— Vous reconnaissez l'écriture ?

— Non… je ne connaissais pas assez Mr Elphinstone pour…

— Je parle de l'écriture, Mrs Nasmyth.

— Non, je… Attendez !

Le message de Mr Elphinstone dans son sac lui revint en mémoire. Elle le sortit et le rendit au policier, qui l'examina. Ensuite, il compara les deux écritures.

— Hum… semblables, quoique… Il faudra procéder à une comparaison plus poussée. Vous connaissez une certaine Evelyn ?

— Oui, fit Dana en redressant le buste, sur ses gardes. Pourquoi ?

— Mr Elphinstone mentionne ce nom dans sa petite lettre d'adieu. Lui et le docteur Francis Seton se connaissaient, si je ne me trompe pas.

— Ce sont des amis d'enfance.

Le coroner eut une expression de scepticisme qui fit ressortir davantage ses gros yeux de batraciens.

— Je crains que Mr Seton ne le considère plus lorsqu'il aura été averti de ce que contient cette lettre.

Dana dévisagea le policier dans l'attente d'une explication. Mais l'homme s'était replongé dans la comparaison des deux écritures en hochant la tête.

— Pauvre type… Hé, Ringwall ! appela-t-il en se tournant vers un constable qui attendait près de la porte.

— Oui, monsieur.

— Avertissez le capitaine Gunn qu'on vient de résoudre l'énigme de la disparition de Mrs Francis Seton.

— De quoi parlez-vous ? questionna Dana en se levant d'un bond.

Dans la seconde qui suivit, Harriet imita son geste.

— Mr Elphinstone avoue tout dans cette lettre, l'instruisit l'homme en revenant vers elle.

— Avoue ? Mais quoi ?

— Il est l'assassin de l'épouse du docteur Seton.

Dana demeura stupéfaite.

— Mais… comment ?

— Vous connaissez les Seton, Mrs Nasmyth ?

Elle chercha la main de sa sœur et la serra très fort.

— Je connais Mr Seton assez bien.

— Mr Elphinstone dit avoir étranglé Evelyn Seton et l'avoir enterrée dans le cimetière de Greyfriars Church à la place du corps d'un certain Patrick Fergusson. Vraiment détraqué, ce type, conclut-il en l'invitant à sortir. Je souhaite que Mr Seton soit informé de ça avant que toute l'affaire soit étalée dans les journaux.

L'enquête était terminée et on n'avait plus besoin d'elles pour l'instant. Encore ébranlée, soutenue par une Harriet tout aussi commotionnée, Dana marchait dans la rue sans regarder vraiment où elle mettait les pieds. Elle pensait à Francis. Comment allait-il absorber le choc ? L'idée qu'Evelyn fût morte avait été acceptée. Mais que Percy Elphinstone fût son meurtrier…

— Pourquoi t'avoir fixé ce rendez-vous s'il avait l'intention de se suicider ? l'interrogea Harriet. Cela n'a pas de sens.

— Comment te répondre, Harry ? Seul Mr Elphinstone pourrait le faire. Et il ne le fera certainement pas.

Elles déambulaient le long de Prince's Street, au-dessus du parc où Dana s'était confiée à sa sœur, la veille. La ville grouillait d'activité. Les dames promenaient leurs chiens. Des enfants s'amusaient autour d'elles en riant. Quelques serviteurs les accompagnaient pour porter les emplettes faites dans les belles boutiques du quartier. Mais, l'esprit en pleine effervescence, Dana ne voyait rien de toute cette activité.

Bras dessus, bras dessous, elles prirent la direction du Mound, une colline artificielle, élevée avec le sol excavé des constructions de la New Town, et qui reliait Prince's Street à High Street.

Que voulait lui dire Francis ? Savait-il pour le crime de Percy ? Et le hussard avait-il voulu se confesser à elle avant de changer d'idée ? Ou avait-il délibérément voulu que ce soit elle qui découvre son corps ? Et pourquoi elle ? Pourquoi pas Francis ? Toutes les hypothèses se contredisaient. Où se trouvait la vérité dans tout ce charabia ?

Elle se souvint brusquement de ce qu'avait dit la voisine. Un visiteur était venu…

— C'est la première fois que je vois un mort, Dana, lui dit plaintivement la voix de Harriet. Il y a eu Mama et aussi Papa… mais là… c'était un vrai mort… avec du sang et tout.

La vue était magnifique. Le soleil dorait la façade de la Bank of Scotland et plombait la couronne de St. Giles. Les voitures allaient et venaient entre les deux quartiers de la ville dans un vacarme assourdi. Les passants les évitaient en les saluant. Dana ne leur répondait pas. Francis? Elphinstone avait-il avoué à Francis son crime pour s'enlever la vie par la suite?

— Comment as-tu fait pour supporter si longtemps ce spectacle, Dana? Vraiment, moi, je n'arriverai plus à dormir pendant des nuits…

Encore sous l'effet du choc, sa sœur ne cessait de bavarder. Mais Dana n'entendait rien. La scène funeste lui revenait sans cesse: le sang, les fragments de cervelle… l'écœurante odeur.

Le pistolet… quelque chose clochait.

Chapitre 32

Dana vida la malle des derniers morceaux de vêtements qui iraient dans l'armoire et déploya un ultime effort pour la déplacer jusqu'à la porte. Logan, qui avait emprunté la charrette du moulin, devait repasser un peu plus tard dans la journée pour la reprendre. Elle repartirait avec lui : elle avait été invitée à dîner chez les Nasmyth. Le peu qu'elle possédait encore après la rafle des créanciers ayant droit, selon les termes de la loi, à se rembourser à même les biens légués à la veuve y avait été entassé et déménagé à la pension de Hill Place. L'endroit était propre et bien éclairé. Le propriétaire, Mr Tait, lui inspirait confiance. Mais elle resterait vigilante. Elle avait appris à se méfier des gens. Sous les airs les plus charmeurs se cachait souvent un esprit retors.

S'asseyant sur la malle, elle souffla un peu. La faim la tenaillait. Elle avait depuis des heures épuisé l'énergie que lui avait fournie son frugal petit déjeuner. Dès son réveil ce matin, elle s'était mise en devoir de terminer l'aménagement de son nouveau logis. Ce qu'elle possédait suffisait pour vivre dans un confort relatif. Restaient quelques objets à ranger et elle aurait terminé. Ce qui laisserait de nouveau libre cours à ses réflexions.

Depuis trois jours, elle s'occupait sans relâche pour chasser Francis de ses pensées. Par deux fois, il avait tenté de reprendre contact avec elle. Mais avant même de les ouvrir, elle jetait aux ordures les billets que lui remettait Harriet quand elle venait l'aider. Malgré les aveux de Percy, Dana n'arrivait pas à se faire une idée sur Francis. Si Percy avait été le meurtrier d'Evelyn, que faisait le châle de celle-ci chez Rosie Coutts? Il lui semblait peu probable que ce soit Percy qui le lui ait donné. Il ne pouvait s'agir que de Francis. Avait-il aussi comploté pour tuer Timmy? Se demander pourquoi, chercher comment, elle en avait assez. Rien n'expliquait plus rien. Tout se mêlait et elle n'avait plus envie de réfléchir pour ordonner toutes ces hypothèses.

Il lui fallait d'abord se mettre quelque chose dans l'estomac.

Le ciel s'était couvert pendant la matinée. Elle s'arma donc d'un parapluie et d'un panier, revêtit son spencer et sortit. Un vent frais courait entre les édifices. Sa robe fouettant ses mollets, une main sur son chapeau, elle parcourut quelques rues, s'informant aux passants. Elle dénicha enfin une petite épicerie dans West Richmond Street, où elle se procura du jambon, du pain, des poires et un morceau de fromage. Au comptoir elle paya et s'informa si elle pouvait ouvrir un compte de crédit mensuel. L'épicière hésita.

— Mon mari, il n'est pas ici pour donner son accord. C'est lui qui décide, expliqua-t-elle.

— Quand sera-t-il de retour?

— Eh bien… je n'en sais rien. Il est parti au cimetière de Greyfriars.

— Oh! fit Dana. Je suis désolée… Vous lui transmettrez mes condoléances…

Un rire gras accueillit sa marque de sympathie.

— Il ne va pas à un enterrement, ma petite dame. Il va assister à une exhumation.

— Une exhumation?

— Quand on déterre quelqu'un… vous savez? Il s'agirait de cette pauvre Mrs Seton. Vous savez, la femme du chirurgien.

— Mrs Seton? fit Dana. C'est aujourd'hui?

— Vous lisez pas les journaux?

La femme lui indiqua d'un doigt l'étalage: l'*Edinburgh Evening Courant*, l'*Edinburgh Evening Post*, le *Weekly Chronicle* et le

Weekly Journal. Dana prit un exemplaire de l'*Evening Courant* et lut : *L'affaire Seton.*

Elle devinait le reste : un triangle amoureux au dénouement tragique ; une histoire sordide et passionnante. Cela faisait trois jours que Dana avait découvert le cadavre de Percy Elphinstone. Elle ne lirait pas l'article. Elle savait déjà. Elle avait vu.

— Je n'ai pas eu le temps… je viens d'emménager dans Hill Place alors…

Conservant une expression neutre, elle replaça le journal sur le présentoir.

— Ah ! Une nouvelle cliente ?

— Peut-être, répliqua Dana en forçant un sourire sur son visage.

— Dans ce cas… vous m'avez l'air d'être une femme honnête. Pour le crédit, je peux parler en votre faveur à Mr Ross, quand il sera de retour, si vous le voulez. Repassez demain pour une réponse. Mais pour aujourd'hui, je suis obligée de vous demander de payer.

— Bien sûr, dit Dana.

L'épicière sortit un cahier, une plume et de l'encre.

— Si vous me donniez tout de suite votre nom et votre adresse.

Dana acquiesça à sa demande. Mrs Ross transcrivit les informations, déposa sa plume et lui sourit aimablement.

— Eh bien, je vous souhaite la bienvenue dans le quartier, Mrs Cullen. Et au plaisir de vous revoir bientôt chez nous.

— Au plaisir, Mrs Ross.

La tête basse, le poids de son panier pesant sur son bras, Dana se remit en route vers Hill Place. Les gens qu'elle croisait se pressaient tous dans la même direction : vers Candlemaker Row.

— Des nécrophages, murmura-t-elle en accélérant son allure.

Elle foulait le pavé depuis un bon moment quand elle se rendit compte qu'elle avait omis de bifurquer dans Nicolson Street. Dans Chapel Street, son regard se tourna machinalement vers le nord, là où se dirigeaient les gens qu'elle avait inconsciemment suivis. Son œil se posa sur General's Entry, l'édifice noir de suie aux pignons à redans qui formait l'angle entre Bristo Street et Potter Row. C'était là qu'avait vécu dans l'imagination de Robert Burns la douce et romantique Clarinda, amante épistolaire de Sylvander. Au-dessus d'une rangée de petites fenêtres en mansardes rondes, un antique cadran solaire ornait le pignon sud-est. Dessus était gravé : *We shall die all*[29]. Rappel ironique aux gens que le temps leur est compté.

Le jour où Dana avait pour la première fois lu cette inscription, elle avait apprécié l'humour pragmatique de celui qui l'avait fait graver. Mais aujourd'hui, les mots prenaient une signification qui lui donnait froid dans le dos.

Une cohue encombrait Candlemaker Row, provoquant un embouteillage. Des gens étiraient le cou hors des fenêtres et surveillaient l'entrée du cimetière de Greyfriars Kirk. La place était bondée de badauds. Une rumeur parcourait progressivement la multitude comme une vague se déroulant sur une grève et remuant les têtes tels des galets sur son passage. Dana se fit bousculer. On les obligeait à reculer.

— C'est lui ! cria une voix. Il arrive !

— Le pauvre homme, fit une autre.

— Quel courage…

— On ne devrait pas l'obliger à assister à ça !

— C'est lui qui a exigé d'être présent, il paraît. Il en a vu d'autres… c'est un chirurgien, rappelez-vous.

— Il paraît qu'il a coupé la jambe de l'amant de sa femme pour se venger.

— Moi, c'est autre chose que je lui aurais coupé !

Les propos fusaient, se perdaient dans la clameur qu'emportait le vent. La masse grouillante se scinda devant un attelage tiré par deux magnifiques frisons noirs comme le charbon.

Les pieds cloués au sol, Dana suivit des yeux le passage du véhicule qui s'engagea dans l'allée du cimetière. Il lui prit envie de le voir. Ce visage et ces mains qu'elle avait peints avec amour, qu'elle avait aimés et qui l'avaient aimée en retour. Elle voulait soudain les

---

29. Nous mourrons tous.

contempler de nouveau. Serrant son panier contre elle, elle se faufila parmi les curieux qui s'agglutinaient, se pressaient vers l'endroit où les fossoyeurs avaient déjà entrepris leur travail. On commentait, on supputait, on se régalait d'avance de détails morbides, telles des hyènes affamées et hurlantes. Et elle était parmi eux.

Un silence s'abattit soudain sur l'assemblée. On n'entendait plus que les cris lancés çà et là par des constables qui maintenaient l'ordre. Spittal ouvrit la portière. Une silhouette élancée surgit de la voiture. Francis paraissait terriblement fatigué. Ses traits tendus témoignaient d'un stress prolongé et il avait maigri. Ce qui accentuait son apparence sévère. Elle pouvait facilement imaginer l'état d'esprit dans lequel il devait se trouver.

Francis Seton était accompagné de sa sœur Arabella et de son beau-frère, Edmund Foster. Le dos droit, la tête baissée, il froissait l'herbe d'un pas rapide, pressé d'en finir enfin. Dana dissimula ses traits dans l'ombre de son chapeau de paille et elle serrait si fort l'anse de son panier qu'elle en avait mal aux doigts. Autour d'elle des gens murmuraient. Des visages exprimaient leur dégoût ; d'autres, un plaisir évident. C'était mortifiant.

Les fossoyeurs se hissaient hors de la fosse.

Un homme bouscula Dana pour traverser le cordon de sécurité surveillé par les forces policières. On intercepta l'intrus qui présenta des papiers d'identité. On le laissa passer. L'homme – un journaliste – sortit de sa poche un carnet et un crayon et, de sa main gauche, il se mit à griffonner des notes. Dana ressentit comme un déclic dans sa tête, comme une lumière qui se faisait sur quelque chose, un détail de la scène du suicide de Percy, qui la prit au ventre. Un détail banal, mais qui renversait toute l'interprétation de la scène si on y prêtait attention. Le pistolet…

Elle en avait oublié le déroulement de l'exhumation en cours. Les fossoyeurs tiraient sur des cordes. Quand apparut le sac de toile, un grondement sourd anima l'attroupement et tira Dana de sa torpeur. Son cœur battait à grands coups. Arabella se détourna et se réfugia dans les bras de son mari pendant que Francis se penchait sur le sac qu'un policier ouvrait à l'aide d'un long couteau.

Il y eut un moment de silence fébrile. Se servant de la pointe de son couteau, le constable fouillait le contenu du sac ; Francis hochait la tête. Il était pâle. Quand il se redressa, Dana le vit chanceler. Le constable lui apporta son secours, mais le chirurgien le repoussa en secouant la tête. Dana comprit, à son expression, qu'il s'agissait bien du corps d'Evelyn.

Sa tête tournait. Les gens se pressaient autour d'elle, certains se plaignant de ne rien voir du spectacle. Près d'elle, une femme fut soudain prise de panique. Elle manquait d'air. Elle voulait de l'espace. Elle criait de dégager ; elle n'arrivait plus à respirer. La crise créa un mouvement de foule et, craignant un début d'émeute, des constables accoururent. La commotion attira l'attention de Francis. Il tourna la tête dans cette direction. Tout se déroula si rapidement que Dana n'eut pas le réflexe de se fondre dans la cohue. Il la vit.

Alors qu'elle ne pouvait plus détacher les yeux de l'homme, des images de la tête éclatée de Percy assaillaient la jeune femme comme des éclairs. La tempe droite percée d'une balle. L'encrier placé à gauche, le pistolet dans la main droite. Le hussard portait son sabre sur sa droite. Il était gaucher. L'évidence la frappait de plein fouet… Percival Elphinstone ne s'était pas suicidé.

« C'est lui qui l'a tué… »

Les mots s'étaient échappés de ses lèvres dans un reste de voix. Elle plaqua ses mains sur sa bouche ouverte. Personne n'avait entendu autour d'elle. Francis la fixait toujours avec intensité. Elle disparut dans la masse. Il eut le réflexe de se mettre à sa poursuite, mais y renonça. Ce n'était pas le moment. Il vit son chapeau de paille tracer un sillage et disparaître dans la foule. Il appela son cocher, qui avait aussi aperçu la jeune femme.

— Oui, monsieur.

— Retrouvez-la.

Les rues étaient toutes identiques. Les ruelles lui semblaient toutes être des impasses. Dana courait sans savoir où elle allait.

Il a tué Evelyn parce qu'elle le menaçait. Il a tué Timmy parce qu'il a voulu le faire chanter. Et Percy… sans doute parce qu'il l'avait démasqué.

Les gens la dévisageaient comme si elle venait de s'évader de Bedlam. Elle les ignora.

Qu'en sera-t-il de moi ? Suis-je la prochaine ?

Les poumons en feu, elle s'arrêta. Reprendre son souffle et se calmer. Il était inutile de courir jusqu'à Londres. Sa réaction était stupide. Si Francis voulait la trouver, il finirait par y arriver tôt ou tard.

«Dieu, où suis-je ?» murmura-t-elle, le cœur furieux, les sens à l'affût.

Se concentrant sur sa respiration, elle chercha des repères pour se situer. Devant elle, il y avait une grande maison de stuc et de colombages noircis de suie. Un escalier en spirale donnait accès à une large galerie percée de nombreuses fenêtres à meneaux. Quelques-unes étaient entrouvertes. À l'une d'elles, une femme se penchait pour étendre à l'aide d'une baguette un drap sur une hampe de bois horizontale comme il en existait des centaines qui hérissaient les façades des maisons.

Pressentant qu'on l'observait, la femme abaissa son regard vers la ruelle. Elle était déserte. Haussant les épaules, elle disparut dans la maison. Plaquée contre le mur, Dana attendit quelques minutes. Elle s'était perdue ! Enregistrant l'angle du sol, elle prit la direction ascendante dans une ruelle sinueuse et étroite. Elle savait qu'au sud de la Cowgate le terrain s'élevait abruptement. Après avoir parcouru une douzaine de yards, elle se retrouva à sa grande surprise face à l'université, dans College Street. Soulagée, ayant presque oublié la raison de sa folle cavalcade, elle entreprit de rentrer chez elle. Elle savait maintenant par où s'orienter.

— Miss Dana ?

Cette voix…

Dana pivota. Un homme accourait vers elle, une valise au bout de son bras. Christopher !

— Eh bien ! Quelle surprise de vous voir ici, Dana.

— Christopher, fit Dana en formant un sourire. Cela fait long-temps que je ne vous ai pas vu. Comment vont les études ?

— J'ai réussi mes examens, déclara-t-il fièrement. J'ai bien cru ne pas y parvenir. Je n'arrivais plus à me concentrer… la dissertation à apprendre par cœur et tout.

— Eh bien, toutes mes félicitations, Mr Aitken !

Manifestement heureux de la revoir, il la remercia et s'informa de sa santé à elle.

— Pour la santé, ça peut aller, répondit-elle en se détournant.

— Euh… oui. J'ai appris pour votre mari. Je suis… navré. Permettez-moi de vous raccompagner.

Était-ce sage de laisser Christopher la reconduire jusque chez elle ? Il n'y avait pas si longtemps qu'il avait démontré un certain intérêt pour sa personne. Mais elle repensa à Francis. S'il cherchait à la suivre ?… La présence de Christopher la protégerait au moins jusque chez elle.

— Ce serait gentil, Christopher. Mais je ne veux aucunement déranger votre horaire.

— J'insiste. Du reste, je rentrais chez moi. Je n'étais venu que consulter quelques ouvrages à la bibliothèque de l'université. Le reste de ma journée est libre.

— Alors, j'accepte.

Tout bien considéré, après les émotions qu'elle venait de vivre, la compagnie de Christopher lui serait bienfaisante. Ils se mirent en route, parlant de choses et d'autres comme deux vieux amis.

— Vous me semblez bien vous débrouiller depuis votre départ de Weeping Willow, fit observer Dana.

— Oui. J'arrive à manger un bon repas par jour.

Les vêtements qu'il portait ne montraient pas de marque d'usure excessive et paraissaient propres et bien pressés. Ils tour-nèrent dans Nicolson Street. Dana lui avait indiqué son adresse. Ils marchèrent encore quelques yards en silence, puis Christopher se remit à parler. Sa voix avait pris un ton plus dur.

— Vous savez pour l'ami de Mr Seton, Mr Elphinstone ?

— Oui, fit Dana sans chercher à s'étendre sur le sujet.

— Quel gâchis…

Ils passaient devant les bâtiments de la Royal Riding School. Le vent refoulait l'odeur des écuries vers eux. Christopher ralentit la cadence pour admirer deux cavaliers sur de superbes montures qui traversaient la terrasse vers le manège. Dana profita de ce moment pour mieux le regarder. Son visage avait été irrémédiablement marqué par la disparition d'Evelyn. Des ridules commençaient à creuser les coins de ses yeux. Elle devinait la peine qu'il avait dû vivre en apprenant par les journaux le sort de cette femme à qui il s'était attaché.

— De magnifiques bêtes, commenta-t-il en revenant vers elle.

Le ciel plombé assombrissait le bleu de ses yeux et approfondissait l'orangé de sa chevelure. Le charme qu'il dégageait toujours devait lui valoir l'intérêt de plusieurs jeunes femmes. Sans raison, le souvenir du corps encore dégoulinant d'eau du jeune homme, qu'elle avait surpris à la sortie du bain, surgit dans son esprit. Le feu lui dévorant brusquement les joues, elle se détourna.

— Je me demande si Mr Seton est soulagé de voir toute cette histoire se terminer à son avantage, dit gravement Christopher.

— À son avantage?

Les lèvres du jeune homme s'ourlèrent en un sourire chargé d'ironie.

— On ne le soupçonne plus d'avoir fait disparaître sa femme. Sa réputation est rétablie. C'est Percy Elphinstone qui porte tout l'odieux du forfait. Mais combien cela doit être terrible d'avoir à vivre avec cette trahison sur le cœur.

Christopher nourrissait-il les mêmes soupçons qu'elle sur Francis?

Un lourd silence les accompagna jusque dans Hill Place. La petite rue faisait face à Nicolson Square, où de belles maisons ceinturaient un parc agréablement aménagé. Dana s'y promettait des après-midi, tout en s'adonnant à la lecture. Somme toute, le quartier était plaisant et, malgré le prix relativement élevé de sa chambre, elle était satisfaite de son choix.

— Croyez-vous qu'il pourrait être possible que Mr Elphinstone ne se fût pas vraiment suicidé? demanda Dana en ralentissant le pas.

Christopher stoppa net sa marche. Ils étaient arrivés devant la pension où habitait Dana. C'était une jolie maison de pierres jaunes dont la construction était assez récente.

— Qu'est-ce qui vous fait penser cela?

Il dévisageait Dana d'un air méfiant, ses sourcils froncés assombrissant davantage son regard. Elle ne savait si elle faisait bien de confier ses doutes.

— Mr Elphinstone était gaucher.

L'expression de Christopher demeura impassible. Puis son œil tiqua et un coin de sa bouche se retroussa légèrement.

— Voilà une information intéressante, murmura-t-il pensivement.

L'air vague, il grattait la peau de son cou irritée par sa cravate amidonnée.

— Et… qui, croyez-vous, aurait pu vouloir tuer ce brave major à son retour d'une guerre victorieuse? Mr Seton?

Un nœud commençait à se former dans le creux de la poitrine de Dana. Accuser Francis portait à graves conséquences. Feignant de n'en avoir aucune idée, elle haussa les épaules. Mais son embarras ne trompa en rien Christopher, qui devinait qu'elle avait déjà ses soupçons. Il était plus que curieux d'en apprendre davantage sur ce qu'elle savait.

— Pourrions-nous en discuter à l'intérieur? lui demanda-t-il.

L'étonnement fit sourciller Dana.

— Chez moi?

Il lui sourit. Un sourire singulier, un peu rigide.

— Forcément. Il commence à pleuvoir. Et c'est l'endroit le plus près pour s'abriter, ne pensez-vous pas?

＊＊

Le vent froid se levait et poussait de lourds nuages noirs sur la ville. Comme la voiture s'engageait dans l'allée, de grosses gouttes de pluie s'écrasèrent contre la vitre. L'attelage s'arrêta dans un grincement de roues devant l'entrée de Weeping Willow. Sitôt le véhicule immobilisé, Spittal sauta en bas. Il allait ouvrir la portière pour le maître quand celle-ci s'ouvrit d'elle-même. Le chirurgien surgit du véhicule et se précipita dans la maison. Halkit accourut, bras tendus pour recevoir chapeau et canne.

— Il y a quelqu'un qui désire vous voir, monsieur, annonça-t-il à son maître.

— Qui est-ce, Halkit? questionna Francis sans cacher son agacement.

Le majordome prit les objets que lui tendait le chirurgien.

— Une dame, monsieur.

— *Elle*? s'informa Francis, soudain fébrile.

— Non, monsieur. La dame a refusé de se nommer. Mais elle dit que c'est urgent. Elle vous attend au salon.

— Merci, Halkit, fit-il en soupirant.

Maintenant qu'il l'avait revue, il voulait retrouver Dana. Spittal avait tenté de la suivre, mais il avait perdu sa trace dans le secteur d'Argyle Square. Il devait absolument lui parler. On lui avait dit que c'était elle qui avait découvert le corps de Percy. Le coroner lui avait affirmé que Percy avait donné rendez-vous à Dana chez lui ce jour-là. Mais s'étaient-ils vus antérieurement? Dana savait-elle des choses qu'elle aurait celées à la police? Le doute lui gangrenait les entrailles.

Ces pensées en tête, il entra dans le salon. Une femme rousse se tenait debout devant le pianoforte et caressait la figure qui ornait l'un des médaillons de jaspe Wedgwood. L'inconnue se retourna d'un bond, cachant ses mains dans son dos. Modestes, ses vêtements étaient toutefois propres, sauf pour l'ourlet détrempé de boue de sa robe. Francis en déduisit qu'elle se déplaçait à pied. Quand elle souleva son regard, dans l'ombre de son chapeau il vit une tache bleuâtre assombrir sa pommette gauche. Les maris ivrognes faisaient assurément plus de victimes que les guerres contre Napoléon, pensa-t-il tristement.

— Madame? Que puis-je faire pour vous?

— Vous êtes bien le docteur Seton?

— Je suis Francis Seton.

Le dévisageant avec attention, la femme, qui devait avoir dans la trentaine, s'exprimait dans un irlandais un peu grossier.

— Puis-je savoir à qui je m'adresse, madame? demanda-t-il en laissant poindre un peu d'impatience dans sa voix.

Plissant les paupières, elle l'examinait sans manières.

— Je vous avais imaginé plus vieux, fit-elle. Plus gros, aussi. Vous n'avez pas beaucoup changé.

Francis considéra sa visiteuse avec plus d'intérêt. Ses mains, marquées des plaques squameuses grattées au sang, tordaient dans un geste qui dénotait son extrême nervosité la bandoulière du sac qu'elle portait. Apparemment, cette femme le connaissait de longue date.

— Madame?

— Miss Coutts, fit-elle. Miss Rosie Coutts.

Francis fouillait sa mémoire. Non, ce nom n'évoquait rien en lui.

— Est-ce que je vous connais, Miss Coutts?

Elle pinça les lèvres, qui s'étirèrent par la suite en un sourire gêné creusant des joues roses. La mimique lui donna quelques années de moins et lui accorda un peu de joliesse.

— Pas personnellement, répondit-elle. Mais nous nous sommes croisés le temps… d'une fête, si on veut.

— Une fête? s'étonna-t-il. Je suis bien embarrassé de vous dire que je ne me souviens guère de vous.

— Vous vous faisiez appeler le Boggin Monk[30], observa la femme.

Sur le coup, Francis ne comprit pas le sens de ce que venait de dire Miss Coutts. Puis le nom perça de vagues souvenirs. C'était

---

30. Pourrait se traduire par moine dégoûtant, sale, souillé.

celui que lui avait lancé Percy en le voyant entrer dans le vieux moulin, tout dégoulinant de boue, avec la caisse de bouteilles de vin qu'ils avaient apportée pour célébrer leur graduation. S'étant pris les pieds dans l'ourlet de sa tunique de moine en bure brune, il était tombé dans le sentier. Ils avaient ri du double sens que prenait le nom dans les circonstances.

La ligne de la bouche de Francis devint rigide, comme le reste de son corps. Sis' Rosie... il se souvenait maintenant. Elle accompagnait Percy, et ne portait qu'un voile de nonne. Seize ans s'étaient écoulés depuis. Abstraction faite de son accent, Rosie avait bien changé.

Devinant sans doute ce à quoi il pensait, la femme ne cachait rien de ce qu'elle ressentait. Après toutes ces années de métier, elle avait réussi à conserver une certaine pudeur.

— Que me voulez-vous aujourd'hui, Miss Coutts? l'interrogeat-il gravement. Il y a bien longtemps que cette... fête a été oubliée.

— Je crains qu'elle ne l'ait pas été pour tout le monde, monsieur.

— Que voulez-vous dire? questionna-t-il, sur ses gardes.

Elle fouilla dans son sac et en sortit une pièce de tissu qu'elle déploya devant elle. Le châle aux teintes chaudes se déroula jusqu'au sol. Francis le contempla un moment en silence.

— Est-ce qu'il appartenait à votre femme?

— Où avez-vous pris ça? s'écria-t-il en saisissant l'objet.

La femme eut un mouvement de recul. Elle dévisageait maintenant le chirurgien avec crainte.

— Si je vous le dis, me promettez-vous de ne pas me dénoncer à la police?

L'hostilité avait refroidi le regard de Francis. Une moue tordait sa bouche. Sa voix se fit méprisante.

— Cela dépend... C'est selon ce que vous avez à me dire, Miss Coutts.

— Je n'ai rien à voir avec la mort de votre épouse, je vous le jure. Mais je peux vous aider à trouver celui qui l'a vue la dernière fois.

— Parlez. Je promets de faire mon possible pour vous.

❖❖

Saluant poliment un pensionnaire de la maison qui sortait, Dana précéda Christopher dans l'escalier. La porte se referma. Christopher déposa sa valise sur une chaise et s'avança dans la pièce, l'inspectant d'un œil appréciateur.

— Joli.

Elle le remercia du compliment et entreprit de vider le contenu de son panier. Elle constata qu'elle avait oublié de passer chez le tavernier du Yellow Lion pour prendre du vin. Elle devrait se contenter d'eau. À moins que Mr Tait n'en eût à lui prêter.

Le jeune homme s'immobilisa devant un dessin, une scène croquée alors qu'elle se trouvait à Weeping Willow et qu'elle avait accrochée au mur au-dessus d'un petit Davenport[31] qu'elle s'était procuré chez un prêteur sur gages et dans lequel elle conservait son matériel à écriture. Selon le commerçant, le meuble, petit mais pratique, aurait appartenu à un officier de la Marine et aurait été à bord du *HMS Goliath*, l'un des navires qui avaient participé à la bataille navale de la baie d'Aboukir en 1798.

— Vous dessinez toujours?

— Cela m'arrive.

— Des nus aussi?

En disant cela, il avait dirigé un regard éloquent directement dans celui de Dana. Elle se souvint du dessin de Francis qu'elle avait fait et que tous les étudiants avaient malheureusement eu la chance de contempler. Dana se sentit rougir. Elle avait aussi oublié que Christopher l'avait surprise au sortir de la chambre de Francis en chemise de nuit. Il devait en être très choqué. Sans doute était-ce ce qui allumait cette nouvelle lueur dans le fond de ses yeux.

— Il y a des choses dont je préférerais ne pas discuter avec vous, Christopher.

---

31. Meuble écritoire de petite dimension, de forme carrée, introduit dans le mobilier anglais à la fin du XVIIIe siècle et fort utilisé à l'époque romantique. De nombreux modèles ont été fabriqués: le plus courant possédait des tiroirs sur chacun de ses quatre côtés et plusieurs tablettes amovibles à usage d'écritoire, ménagées sous le plateau incliné.

Le jeune homme ne dit rien mais s'approcha très près d'elle. Elle remarqua son parfum… note fraîche de fruit acidulé sur un fond de cuir. Séduisant, et pourtant… curieusement dérangeant.

— Si nous revenions à Percy Elphinstone. Qu'est-ce qui vous fait croire qu'il ne se serait pas suicidé? C'est pourtant ce que racontent tous les journaux.

— Un détail que les policiers ont négligé.

— Et vous, non? Comment auriez-vous pu?

La proximité du corps du jeune homme l'intimidait. Elle s'écarta, fit mine de sortir son goûter du panier.

— C'est moi qui ai découvert le corps, Christopher, annonça-t-elle sans ambages.

Christopher s'étonna.

— Vous? Que faisiez-vous chez Elphinstone?

— Il m'avait envoyé un billet. Il voulait m'entretenir de quelque chose.

— De quoi?

— Ça, je ne le saurai jamais.

Christopher se remit à gratter nerveusement la peau de son cou, l'irritant davantage qu'il ne la soulageait.

— Quel serait ce détail qui vous a mis la puce à l'oreille?

Se remettant à arpenter la chambre, Christopher examinait les divers objets qui la décoraient.

— Le pistolet, fit observer Dana. Il tenait un pistolet dans sa main droite. Mr Elphinstone portait son sabre sur sa droite. Il était donc logiquement gaucher.

— Très perspicace, ma chère Dana. Mais il est possible qu'un homme soit gaucher au sabre et droitier pour écrire, non?

— Pourtant, l'encrier était placé à gauche…

— L'encrier?

— Oui, dit Dana, se remémorant la disposition des objets sur le bureau. Il y avait un encrier ouvert près de sa main gauche. Pourquoi se trouverait-il là sinon parce qu'il était gaucher?

S'adossant contre le cadre de la fenêtre, Christopher la considéra avec un air méditatif. Sa physionomie se figea en une expression un brin narquoise.

— Vous êtes plus fine que je ne le croyais, commenta-t-il d'une voix basse. Qu'allez-vous faire de cette information?

— Je ne le sais pas encore, murmura Dana.

Qu'allait-elle en faire? Elle savait qu'elle devrait se rendre aux autorités et dire ce qu'elle avait découvert. Cela équivaudrait à faire accuser Francis Seton. Du moins, à le rendre suspect. Et si elle se trompait? Si Percy avait vraiment tué Evelyn et si la mise en scène de son suicide n'était destinée qu'à couvrir l'œuvre d'une vengeance sur l'honneur? Ce qui ne faisait pas moins de Francis un meurtrier. Mais, dans ce contexte, se sentirait-elle satisfaite de l'envoyer au gibet?

Christopher jeta un bref coup d'œil sur la vue qu'elle avait de la chambre, puis il quitta son poste pour revenir près d'elle. Le bleu de son regard plongea dans le mélange unique de celui de Dana. Il s'attarda un instant à cette particularité qui le fascinait.

— Vous avez une idée de qui aurait pu commettre ce crime, n'est-ce pas?

— Je n'oserai jamais accuser qui que ce soit…

— Tout de même. Vous avez votre idée. Qui pourrait en vouloir à Percival Elphinstone au point de le tuer?

Le nom de Francis brûlait les lèvres de Dana. Mais elle refusait de le prononcer.

— Vous voyez, je juge que Francis Seton mériterait la peine de mort pour ce qu'il a fait, dit lentement Christopher en pesant bien ses mots. Mais je crois qu'il serait intéressant d'attendre un peu avant que vous le dénonciez.

— Je n'ai jamais dit que c'était lui, s'agita Dana.

— Nous savons tous les deux qu'Elphinstone était l'amant d'Evelyn. Elle attendait un enfant de lui.

— Oh! fit Dana, sidérée.

— Vous voyez, Evelyn voulait divorcer de Francis Seton et s'enfuir avec Elphinstone. Mais Francis lui a refusé le divorce. Elle l'a menacé de raconter ce qu'elle savait sur lui et votre frère.

— Francis m'a juré sur la tête de sa fille qu'il n'a pas tué Jonat.

Un pli entre les sourcils du jeune homme se forma.

— Tiens… je ne savais pas que votre frère avait été assassiné. Quoi qu'il en soit, ce qu'Evelyn voulait dévoiler concerne autre chose. Voyez-vous, en fouillant dans la bibliothèque des Seton, je suis tombé par un pur hasard sur un livre qui recelait un terrible secret.

— De quoi parlez-vous ? fit Dana, incertaine de vouloir entendre ce que Christopher allait lui dire.

Une grimace déforma les traits du jeune homme. Il approcha une main du visage de Dana et le caressa délicatement. Quelque chose remua le bleu de ses yeux, l'assombrissant. Puis la caresse glissa jusque sur le cou, où les doigts s'attardèrent, appliquant une pression sur les vaisseaux sanguins qui palpitaient furieusement sous la minceur de la peau. Son parfum les enveloppait, suave et troublant.

— Une attache si fragile, murmura-t-il. Si facile à briser… Le lien entre l'esprit et le cœur. On le coupe et la vie s'arrête là. Car l'un ne peut fonctionner sans l'autre.

— Christopher… arrêtez, s'il vous plaît.

— Francis Seton est un homme pervers. Croyez-vous vraiment qu'il vous respecte encore après que vous lui avez cédé, Miss Dana ?

Il y avait du mépris dans la voix, de l'arrogance dans l'attitude.

— Rien de cela ne vous regarde, dit Dana en reculant. Partez, Christopher. Je pense que cette conversation devrait s'arrêter là.

— Il a fait de vous ce qu'il a bien voulu, ce salaud. Une pute. Une pauvre fille qui accepte de se vendre pour…

La main partit d'un coup, mais celle de Christopher fut plus rapide et bloqua la gifle.

— Parce que c'est ce qu'il a fait de vous, Dana, chuchota-t-il sourdement.

Devant la dureté du regard qui la braquait, au bord des larmes, Dana ferma les yeux. Les doigts qui retenaient son poignet affermissaient leur prise, et elle en ressentit une douleur aiguë. Les notes du parfum perçaient peu à peu son esprit et réveillaient une peur sourde qui se lova dans le creux de son ventre. Dans l'escalier… elle l'avait senti dans l'escalier en se sauvant de chez Rosie Coutts… L'homme qu'elle y avait croisé.

— Le docteur, souffla-t-elle, estomaquée par ce qu'elle commençait à comprendre. Le docteur, ce n'est point Francis. C'est vous ?

Se débattant, elle chercha à se dégager. Mais Christopher saisit le deuxième poignet et la repoussa contre le mur. Une terreur indicible agrandit le regard vairon. Le souffle court, elle fixa le visage de Christopher, qui prenait un air menaçant.

— Rosie Coutts, dit-elle. Le docteur qui vit avec Rosie Coutts, c'est vous ?

Christopher ne dit rien. Il releva le menton, la toisant avec morgue.

— Le châle de Mrs Seton… C'est vous que Timmy a vu la nuit du seize janvier dans Candlemaker Row. Francis ne m'a jamais menti, alors. C'est vous qui avez tué Evelyn Seton, déduisit-elle avec horreur.

Une émotion inattendue modifia les traits du jeune homme. Il secoua sa tête. Sa bouche s'incurva en une moue attristée.

— Je ne le voulais pas… Cela ne devait en aucun cas se passer comme ça, bon Dieu !

Dans un geste brusque, il la libéra et se prit la tête entre les mains. Il poussa un gémissement. Dana demeura paralysée contre le mur.

— J'ignore pourquoi, mais tout a mal tourné. J'ai pourtant pratiqué avec succès cette intervention des dizaines de fois, expliqua-t-il en levant son visage convulsé vers elle. Il a fallu… Dieu, il a fallu qu'elle meure. Elle ressemblait tant à Mary Jane.

— Mary Jane ? fit Dana, perplexe.

— Mary Jane, ma sœur. Elle était tout ce qui me restait, Dana. Mais Mary Jane est morte.

Dana se souvenait de cette sœur tuée dans un accident dont lui avait un jour parlé Christopher.

Elle osa enfin bouger et frotta ses poignets endoloris. Perdu dans ses souvenirs, Christopher n'esquissa aucun geste vers elle. Puis la hargne déforma son visage, ramenant cette lueur de haine dans ses yeux.

— Ce salaud de Seton! rugit-il. Ce pervers. C'est lui qui l'a tuée.

— Vous devez faire erreur, Christopher. Francis ne peut avoir…

— J'étais là! Je m'étais endormi dans l'appentis en attendant comme d'habitude qu'elles en finissent avec leur foutu travail. Mrs Pennycock m'avait chargé de les surveiller et de les raccompagner à la maison quand tout serait terminé. Bon Dieu! Cette nuit-là, je les ai entendus faire toutes ces choses… ces blasphèmes. Et pendant ce temps, je priais pour elles. Je priais pour leur âme. C'était affreux. Et ils y prenaient un grand plaisir, je vous assure.

Son visage se congestionnait. Les yeux de Christopher s'étaient étrécis jusqu'à n'être plus que de minces fentes brillantes.

— Ils lisaient des passages de ce damné marquis de Sade. Sade, le pervers sublime! Que d'horreurs! Que d'horreurs! Je les entendais en rire et… et Mary Jane… elle riait avec eux. Mais je sais que c'est parce qu'elle avait trop bu. Mary Jane était une fille bien. Elle n'aurait jamais commis de tels blasphèmes autrement. Je portais toujours un pistolet sur moi quand je devais raccompagner les filles à la maison. Je les aurais bien tous massacrés. Ces hommes… ces monstres… ces chiens adorateurs de Baphomet! Pour assouvir leurs passions libidineuses, ils poussent à l'abomination les innocentes créatures, ils leur font passer la porte d'Ishtar et dévorent ensuite leur âme. Des hérétiques! Ils ont blasphémé Dieu en faisant cette messe honteuse. Ils forniquaient et profanaient le ciel comme les disciples d'Azaziel en qui ont coulé tous les péchés d'Israël. Dieu a commandé l'extermination des fornicateurs… je lui ai obéi. Pour Mary Jane. Pour toutes ces autres brebis perdues que la semence du serpent a souillées. Comme vous, Dana, dit-il en lui jetant un regard dégoûté. Francis Seton était l'un d'eux. Et il vous a volé votre pureté.

Il avait hurlé ses derniers mots. Sur son visage régnait la folie. La bouche ouverte, sans voix, Dana s'était pétrifiée. Rouge de fureur, Christopher pointa un doigt infamant vers elle. L'inimité l'engloutissait totalement.

— *Filles de Babylone, heureux celui qui saisira vos nourrissons et leur brisera la tête sur le roc*[32] ! Vous avez pactisé avec le mal, Dana Cullen. Seton a fait de vous une fille de Babylone de plus. La terre n'est plus assez grande pour vous porter toutes. Et moi, mon devoir est de supprimer vos enfants… c'est ce que Dieu veut. Mais, pour le vôtre, le Tout-Puissant s'en est chargé Lui-même, n'est-ce pas ? Ce pauvre Timmy, ricana-t-il sinistrement, l'alcool lui déliait trop facilement la langue. Il m'a tout raconté du viol et de ce bébé que vous avez perdu. Il voulait faire chèrement payer à ce chien de Lucifer de Seton ce qu'il vous a fait. Il ne vous méritait pas, Dana.

L'horreur atteignait son paroxysme. Frappée de stupeur, Dana plaqua ses paumes sur sa bouche.

— Timmy… c'est vous qui l'avez tué ?

— Comme les autres, le mal l'habitait. Rosie m'a tout raconté sur son petit commerce. De toute façon, je ne pouvais le laisser faire. Je ne voulais d'aucune façon le laisser me ravir le plaisir de voir MA vengeance s'accomplir. Cela m'a pris des années à la mettre au point. Je suis enfin près de la voir enfin complète. Pour Grant, Mitchell, Berkeley et Elphinstone, justice a été rendue. Oh ! Pour Seton, j'aurais pu achever le travail bien avant, mais il y avait Evelyn… Je n'avais pas prévu m'attacher à cette femme… Et puis Seton était si généreux avec moi. Pourquoi ne pas en profiter ? Sans lui je n'aurais jamais acquis ma licence de médecine. Cela m'a amené à modifier mes plans. J'ai été patient. Avec Evelyn, surtout. En me débarrassant de Seton et d'Elphinstone, je réalisais tous mes vœux. Ma vengeance s'accomplissait et je sauvais Evelyn. J'y suis presque parvenu… Avant son dernier séjour à Londres, elle se comportait de façon exemplaire. Aux yeux de Dieu. Mais il a suffi que ce damné Elphinstone revienne glorieux d'Espagne pour qu'elle

32. Psaume, 137:8.

lui retombe dans les bras à Brighton. Elle m'a trahi et menti. Elle m'avait promis de ne plus le revoir et de ne plus forniquer. Ha! Elle a bien tenté de me cacher sa grossesse. Mais je sais en reconnaître les symptômes et elle a été obligée de tout m'avouer. Cet enfant a été engendré par la semence du serpent. Il ne pouvait voir le jour. Je l'ai contrainte à s'en débarrasser. Elle a d'abord refusé de le faire. Alors je lui ai dit que je dévoilerais tout à Seton de sa relation avec Elphinstone si elle…

Trois coups frappés à la porte mirent fin aux vitupérations de Christopher.

— Mrs Cullen? Est-ce que tout va bien? fit une voix féminine.

Un effroyable silence s'ensuivit. Son regard affolé soudé à celui de Christopher, Dana n'osait répondre. Le jeune homme lui intima l'ordre de ne pas bouger puis, sortant un pistolet d'une poche inté-rieure de sa veste – un double de celui retrouvé dans la main de Percy –, il se déplaça prestement vers la porte et attendit.

L'épouse du propriétaire frappa de nouveau. Elle était pour-tant certaine d'avoir entendu des éclats de voix. Et l'un de ses pen-sionnaires lui avait affirmé avoir vu la dame monter en compagnie d'un homme. Elle n'acceptait pas ce genre de comportement dans cette maison. Mrs Tait appela une dernière fois et attendit encore un peu, les mains et l'oreille collées contre le bois.

Son cœur lui martelant l'intérieur de la poitrine, Dana n'avait pas bougé d'un pouce. Elle gardait son regard rivé sur Christopher, adossé contre la porte, son pistolet d'arçon armé. Il n'hésiterait pas à s'en servir. Les minutes s'écoulaient et rien ne se passait. Un bruit venant de la chambre située au-dessus d'eux les fit réagir. Le jeune homme s'écarta enfin de la porte.

— Je crois qu'elle est partie, annonça-t-il.

L'averse avait commencé à tomber, assombrissant le ciel da-vantage. Dans la chambre, l'obscurité s'épaississait. Dana sentit une crampe lui tordre l'estomac. Elle n'avait rien mangé depuis le matin. L'odeur du fromage qu'elle avait déballé dans l'assiette lui parvenait, soudain écœurante. Son œil capta le brillant métallique du petit couteau dont elle s'était servie pour couper la ficelle de l'emballage.

— Vous avez faim ? demanda-t-elle en ébauchant un geste vers les victuailles. Je n'ai pas déjeuné…

Subrepticement, elle se saisit du couteau, fit mine d'accrocher le pain, qui tomba sur le plancher. Se penchant pour le ramasser, elle fit discrètement glisser l'arme dans sa jarretière. Christopher s'approcha et survola la nourriture. Il choisit une poire, la frotta machinalement sur sa veste et croqua dans le fruit. Il mâcha lentement sa bouchée, observant Dana qui avait entre-temps sorti un autre couteau pour étaler un morceau de fromage sur un bout de pain. Il déposa le pistolet sur la table, à portée de main.

— Pourquoi, Dana ? Vous n'êtes pourtant pas comme elles.

— Elles ?

— Les putains. Evelyn, Mary Jane, Rosie.

Elle ne savait que dire. Visiblement, Christopher ne comprendrait pas.

— Vous êtes la première femme que j'ai désirée de ma chair. Votre humilité, votre pureté… votre intelligence même. Tout me plaisait en vous. Mais tout ça n'était qu'un masque. Au fond, vous êtes comme toutes les autres femmes.

Il marqua une pause pendant laquelle il croqua de nouveau dans son fruit. On n'entendit plus que la pluie battre la fenêtre et le grondement lointain du tonnerre. Pour s'occuper, Dana coupait des tranches de jambon.

— Vous savez, je n'ai jamais touché à une femme autrement que pour mon travail. Je me réservais pour celle que je jugerais digne du sacrifice de ma virginité. Et c'est vous que j'avais choisie. Je l'ai su le jour où vous êtes entrée dans ma chambre tandis que je sortais du bain. Vous vous en souvenez ?

D'un lent hochement de tête, Dana acquiesça. Elle déposa le couteau et essuya ses doigts sur sa jupe.

Le regard que posait Christopher sur elle se modifiait peu à peu. Dana y vit de la tristesse, de la douleur. Au fond de sa voix perçait cette tendresse amicale qu'elle lui avait connue à Weeping Willow. Il s'approcha doucement d'elle, pencha son visage devant le sien, jusqu'à lui frôler le bout du nez. Timidement il demanda:

— Je peux vous embrasser?

Refuser attiserait sa colère. Elle fit oui de la tête et ferma à demi les paupières. Les lèvres de Christopher touchèrent à peine les siennes avant de s'écarter. Puis il recommença, prenant plus d'assurance. Ce fut un simple baiser, un peu tendu, mais qui n'avait rien de désagréable. Quand il s'écarta, Christopher toucha l'empreinte de ce baiser laissée sur sa bouche et sourit. Avec son air d'enfant subjugué, il était presque comique. En d'autres circonstances, Dana aurait ri de le voir ainsi.

— Quel âge avez-vous, Christopher?

— J'ai eu vingt-cinq ans en juillet, déclara-t-il.

— Et vous n'avez jamais… embrassé de femmes?

Il fit non de la tête.

— Pas même Evelyn ou Rosie? s'étonna Dana.

Le sourire s'effaça. Le bleu des yeux s'assombrit. Dana regretta sa remarque.

— Elles sont impures. Je ne toucherai jamais à ces femmes autrement que pour les soigner.

— Mais j'avais cru comprendre qu'avec Evelyn…

— C'est que vous avez mal saisi, Dana. Evelyn était une mère, une sœur pour moi. Tandis que vous… c'était différent. J'aurais dû vous sauver avant qu'il ne soit trop tard. J'aurais dû m'occuper de Nasmyth bien avant. Ainsi, je vous aurais préservée et nous aurions pu nous marier, comme cela aurait dû être.

Tout en parlant, il s'était approché d'elle de nouveau. Le pli des lèvres du jeune homme tressautait. Il ne savait sur quelle expression se fixer. Dana n'aimait pas cette lueur qu'elle voyait maintenant allumer ses prunelles. Déposant son fruit sur la table, il se plaça derrière elle et l'enlaça avec fermeté.

— Christopher… ne faites pas ça, gémit-elle en cherchant à se dégager.

Mais Christopher l'immobilisa en lui enserrant le cou. D'une voix basse et rauque, il lui chuchota dans le creux de l'oreille :

— Vous m'avez déçu, Dana. Vous auriez eu faim, vous l'auriez fait pour un bout de pain, à la limite, j'aurais pu comprendre. Mais ce n'était pas le cas. Vous l'avez fait pour le plaisir de la luxure. Savez-vous seulement qui est Francis Seton ?

— Il n'a pas tué votre sœur, j'en suis certaine. Il n'aurait pas pu commettre un tel acte.

— Pourtant vous étiez prête à jurer, il y a quelques minutes à peine, qu'il avait fait pire, n'est-ce pas ? Mais il a fait pire, vous savez… avec votre frère. Si vous saviez ce que contenaient les lettres que j'ai trouvées. Curieusement, elles étaient cachées dans un manuel d'exorcisme. Plutôt symbolique, non ?

Les doigts du jeune homme caressaient délicatement la peau du cou, suivaient les soubresauts du larynx, palpaient le pouls.

— Le cartilage thyroïde est si fragile. Il paraît que lors de la strangulation on perd connaissance après une dizaine de secondes. On a d'abord des hallucinations, des vertiges, puis vient la cyanose du visage.

En pressant un peu plus sur le cartilage en question, il força Dana à s'agenouiller. Sans lâcher le cou, il se mit dans la même position, derrière elle. Dana arrivait à peine à avaler sa salive. Son rythme cardiaque s'accélérait, s'accordant à celui de la respiration de Christopher qui sifflait dans ses oreilles. Une peur innommable courait dans ses veines, sous sa peau, et lui donnait la chair de poule.

— S'ensuivent les spasmes musculaires, les convulsions, le relâchement des fonctions naturelles. Le corps se couvre de pétéchies, les globes oculaires sortent de leurs orbites, les pupilles se contractent et le cœur se débat, très vite, très fort… cherchant vainement à maintenir la vie dans le corps. Comme je sens le vôtre battre, Dana. Il arrive même que le vit des hommes s'érige à la toute fin. C'est dire que le vice les suit jusqu'à la porte de l'enfer. Mais peut-être que cela se passe différemment quand la strangulation se fait manuellement. Je ne saurais le dire de façon juste. Vous n'avez jamais vu un pendu, n'est-ce pas? C'est très impressionnant la première fois.

— Christopher… je vous en supplie…

Avec rudesse il la poussa devant, à quatre pattes. Elle gémit d'humiliation et les larmes se mirent à couler. Penché sur elle, son torse s'appuyant contre son dos, il poursuivit, d'une voix lugubre:

— Je me demande si Mary Jane a aussi supplié Seton quand il la tenait comme ça. Parce que c'est comme ça qu'elle a été retrouvée. Je m'étais réveillé. La petite fête était terminée. Il n'y avait plus que le silence. L'aube n'allait pas tarder à poindre, car le ciel avait pris une jolie teinte violette. Il n'y avait plus personne dans le moulin. J'étais furieux, car je savais que Mrs Pennycock allait me battre pour ne pas avoir fait correctement mon travail. Les filles le savaient aussi et elles étaient délibérément parties sans me réveiller. Je me suis mis en route. C'est alors que j'ai découvert un moine effondré dans l'enfoncement de la porte d'un hangar, à cinq yards du moulin. Je n'ai pas besoin de vous dire que l'habit ne fait pas l'homme, observa ironiquement Christopher en ricanant. Vous ne l'auriez jamais reconnu, Francis Seton. Il était horrible à contempler, répugnant à sentir. J'allais continuer mon chemin quand un chien s'est mis à japper. Je n'avais pas envie qu'il réveille tout le voisinage et qu'on croie que j'étais en train de commettre quelque larcin, qu'on me laisse croupir dans une cellule en attendant que les filles se cotisent pour me sortir de là. Elles avaient mis deux semaines à le faire la dernière fois. Je n'avais volé qu'un mouchoir dans Lawn Market. J'ai ramassé quelques pierres et les ai lancées au chien. Mais il revenait toujours et furetait autour d'un bosquet sur le bord de l'eau. La curiosité m'a piqué. J'ai pensé qu'il pouvait s'agir d'un animal blessé. Je ne voyais pas son visage, mais j'ai reconnu sa robe. Une robe blanche… représentant la pureté. La virginité.

— S'il vous plaît, épargnez-moi les détails, Christopher, sanglota Dana en s'effondrant sur le plancher.

Ses mains se détachant enfin de son cou, le corps du jeune homme suivit le sien, la recouvrant de son poids. Il posa sa joue contre la sienne. Elle était humide.

— Elle… elle était comme tu es présentement, poursuivit-il, sa voix s'imprégnant d'une émotion plus vive. Foutue comme une bête ; immolée sur l'autel de Sodome. Je suis retourné vers le perfide moine et j'ai dégainé mon pistolet. Je savais comment m'en servir. On ne survit pas dans ce milieu sans savoir comment se servir d'une arme. Je l'avais donc chargé et posé sur la tempe de ce salaud de moine qui continuait de ronfler comme l'ivrogne qu'il était. Je me moquais que ce fût lui ou un autre qui ait fait ça à Mary. Tout ce que je voulais, c'était tuer ce monstre. Il avait été de ceux qui avaient forniqué et blasphémé. Il ne méritait pas de vivre alors que ma sœur gisait, morte, imprégnée de leur souillure. Mais le courage m'a manqué. Je n'étais qu'un gosse de neuf ans, à l'époque. La mort m'effrayait. Je ne savais pas si Dieu me punirait pour ce geste. Tout est différent aujourd'hui. J'ai compris que le sacrifice d'un satyre en est un pour le péché. Et Dieu le bénit chaque fois.

— Comment pouvez-vous accuser Francis. Ils étaient plusieurs…

— Parce que c'est lui qui était jumelé avec Mary Jane, persifla la voix rauque de haine. Rosie et les autres l'ont affirmé lors de l'enquête. Seton et Mary Jane ont quitté le moulin ensemble bien avant la fin de la fête. On ne les a plus revus ensuite.

— Je ne vous crois pas… pleurait Dana.

— Oh ! Dana, Dana ! susurra doucement Christopher en caressant ses cheveux. Sa perversité va au-delà de ce que vous pourriez soupçonner. Demandez-moi ce que j'ai découvert dans les lettres que j'ai trouvées. Elles étaient de votre frère et s'adressaient à Francis Seton, Dana !

— Je ne veux pas le savoir ! cria-t-elle en plaquant ses mains sur ses oreilles.

Christopher les écarta et y fit glisser ces terribles mots :

— Dites-moi… vous a-t-il prise comme une femme ou comme un homme ? Est-ce qu'il a murmuré le nom de votre frère dans votre oreille en le faisant ?

Un son rauque s'échappa de la gorge de Dana. Elle voulut se dégager, mais son agresseur l'assujettit en la maintenant fermement au sol.

— Vous ne saviez pas ? murmura-t-il méchamment. *Tu ne coucheras point avec un homme comme on couche avec une femme. C'est une abomination.* Votre père était pasteur. Votre frère connaissait certainement les Saintes Écritures.

— Oh Dieu ! Arrêtez, geignit Dana. Vous inventez des choses. Mon frère n'était pas ce que vous insinuez.

— Demandez à Francis Seton de vous dire le contraire, Dana.

Les accusations de Christopher anéantissaient Dana et elle mollit sous sa poigne. Il la relâcha doucement et se redressa. Secouée de sanglots, elle demeura sur le plancher. Elle refusait de croire à ces infamies. Pas son Jonat. Pas Jonat et Francis. Elle ne pouvait imaginer Francis faire à son frère ces choses… ces mêmes caresses qu'il lui avait faites à elle.

Christopher demeura un instant hésitant. Un léger bourdonnement dans les oreilles lui donnait le vertige. Curieusement, toute cette scène provoquait en lui un effet qu'il voulait réprimer. D'avoir touché Dana comme il l'avait fait, d'avoir senti son corps se tendre contre le sien, il avait envie d'elle. Mais comme chaque fois que sa virilité se manifestait au contact d'une femme, il se contraignit à la refouler. *Quand je touche une souillure, je deviens impur et j'en deviens responsable. J'ai la charge de la purifier.*

Si seulement Dana avait gardé sa pureté. Si Francis Seton ne l'avait pas souillée. Il les vouait tous les deux aux feux éternels. Sans plus la toucher, il la contempla sans joie. La profondeur du chagrin de Dana l'affectait. Mais il s'était senti le devoir de lui apprendre la vérité. Elle devait savoir avant d'expier les péchés de toutes ces autres. En sacrifice de réparation qui les délivrerait toutes enfin.

— Je suis sincèrement navré, Dana, murmura-t-il. Mais il faut en finir.

Un sentiment horrible remuait les entrailles de Dana. Le dégoût de l'homme, d'elle-même. Une rage folle lui insuffla une force nouvelle. Repoussant avec énergie son assaillant, elle porta sa main à sa jarretière et récupéra le couteau, qu'elle brandit devant un Christopher éberlué.

— Ne me touchez plus, siffla-t-elle âprement.

Le souffle haché, rampant sur le plancher, elle voulait se placer hors de sa portée. Le jeune homme leva les mains, se redressa à demi.

— Je ne vous veux aucun mal, Dana. Je veux seulement vous sauver, vous et ces autres filles.

Précautionneusement, il raccourcit l'espace entre lui et sa brebis.

— Je vous avertis…

Elle balança sa petite arme au bout de son bras, provoquant un mouvement de recul de la part de Christopher. Un tressaillement de la bouche lui donna un air amusé, provocant, vexant. Il lança son bras pour saisir le sien. Elle esquiva et fit ce qu'elle ne se serait jamais crue capable de faire. Christopher poussa un hurlement. Tout s'était déroulé si rapidement que Dana eut elle-même du mal à croire à ce qu'elle venait d'accomplir. Le petit outil de cuisine était allé se planter dans la cuisse du jeune homme. Le souffle saccadé, il attrapa le manche qu'elle avait abandonné pour se lever, et tira dessus en rugissant. Le sang jaillit de la plaie. Ses sens lui revenant, Dana regardait la tache s'agrandir sur la culotte brune.

Elle l'avait poignardé ! Elle l'avait poignardé !

Hochant la tête d'incrédulité, elle reculait vers la porte. Le sang souillait maintenant le plancher. Ses doigts écarlates pressant la plaie, Christopher gémissait de douleur et de rage. Il leva un regard terrifiant vers Dana.

— Vous ne méritez point ma clémence, fille de Babylone ! gronda-t-il sinistrement.

En grimaçant, il se leva à son tour. Il saisit son pistolet, qui était resté sur la table. Devant l'évidence de ce qu'il avait en tête, Dana pivota et courut vers la porte. Christopher sur les talons, elle s'élança dans l'escalier, vers la sortie.

La pluie la trempa dans l'instant. L'eau glacée coulait entre ses omoplates et ses seins, mais c'était la terreur qui lui donnait de grands frissons. Une lueur crépusculaire baignait Hill Place. La pluie masquait presque tout ce qui l'entourait. Un cheval hennit quelque part. Elle courait aussi vite que son pied tordu le lui permettait. Un bruit de martèlement perçait celui de l'orage. Il s'approchait à vive allure. Haletante, elle sondait le gris qui les noyait. Puis elle entendit crier son nom. Une ombre venait vers elle. Elle se précipita dans la rue.

— Dana !

Un cheval hennit tout près. Il y eut des cris et d'affreux grincements de ferraille à hérisser les poils sur la peau. Dana tourna la tête. Elle vit en périphérie une masse mouvante foncer sur elle. Une main l'agrippa par le bras et la tira dans une secousse violente. Quelque chose de dur la heurta à l'épaule, lui causant une vive douleur et la déstabilisant. Elle perdit pied et bascula dans le vide.

Pendant quelques secondes, de curieuses visions, souvenirs de son enfance, défilèrent dans sa tête. Ce ne fut qu'à ce moment qu'elle réalisa que quelqu'un la maintenait toujours debout. L'instant d'après elle se retrouvait à l'abri de l'averse, sous l'épaisseur d'un manteau, enveloppée de bras qui la serraient puissamment.

— C'est fini, souffla une voix.

Encore sous le choc de la suite précipitée des évènements, tremblant convulsivement, elle se cramponnait au tissu de la veste. Aucun son n'arrivait à franchir ses lèvres tant ses dents s'entrechoquaient. Elle n'entendait plus que le grondement de l'orage qui secouait le ciel et son cœur qui battait dans ses tempes. Avait-elle rêvé cette voiture qui arrivait ?

— Dana, produisit de nouveau la voix. Que Dieu soit loué, vous êtes sauve.

Les bras qui l'enserraient l'écrasèrent contre la solidité d'un torse. Un parfum d'eau de Cologne l'étouffait. La peur se dissipait lentement, mais elle suffoquait encore de douleur, dans son corps et dans son âme. Elle ferma les yeux et pleura.

Pendant que Harriet et Rosie contemplaient sans réagir le corps de Christopher étalé, disloqué comme un pantin sur le pavé, Logan essayait de calmer Sugar Plum, qui se cabrait entre ses brancards. La bête avait piétiné l'homme qui avait surgi de nulle part devant lui. Des gens commençaient à arriver, bravant le mauvais temps pour profiter du spectacle. Pour l'en dispenser, Francis entraîna Dana jusqu'à la maison de pension des Tait. Mrs Tait les fit entrer chez elle. Après les avoir invités dans son petit salon, elle disparut dans la cuisine pour préparer du thé fort.

— Asseyez-vous ici, fit Francis en la poussant doucement vers un fauteuil.

Hagarde, Dana obéit. L'homme pencha sur elle un air consterné, tira sur une paupière et fixa l'œil en plissant les siens. Il prit son pouls pour vérifier qu'elle n'avait rien. Tout le temps qu'il œuvrait, elle le regardait d'un air détaché, comme s'il s'agissait d'un simple étranger. Elle avait si froid. Tout était glacé en elle. Sa chair, son cœur. Même son esprit s'était engourdi. Quand il toucha son épaule, Dana gémit. Doucement, il palpa les os pour s'assurer que rien n'était brisé. Cela fait, il prit ses mains et les serra fortement dans les siennes, qui étaient si chaudes.

— Dana…

Harriet arriva à l'instant même. Se jetant sur sa sœur, elle voulut savoir si elle allait bien.

— Le buggy l'a heurtée, expliqua Francis en s'écartant. Elle en sera quitte pour quelques contusions.

Dana tourna son visage vers lui. Il était triste, inquiet, bouleversé. Leurs regards se croisèrent. Tel un hameçon enduit de curare profondément ancré dans son cœur, les insinuations de Christopher lui revenaient. Elle se détourna la première, se laissant aller contre le dossier de son siège en rabattant ses paupières. Elle grelottait.

— Est-ce qu'il t'a fait quelque chose ? demandait anxieusement Harriet.

Francis ? Christopher ?

Dana fit non de la tête.

— Dieu merci.

— J'ai froid, Harry…

Sa sœur lui frictionnait vigoureusement les bras et les mains. Une couverture l'enveloppa. Dana n'avait plus la force de réagir. Elle entendit Francis s'entretenir avec Harriet. Il fallait l'habiller de sec, sinon elle attraperait froid. Ajouter un peu d'eau-de-vie dans son thé, si Mrs Tait en possédait. Elle était encore sous le choc. Il fallait la tenir au chaud et la faire manger léger pendant les prochaines heures. Harriet promettait de suivre les instructions à la lettre. Dana capta quelques autres mots et bouts de phrases. Il fallait prévenir la police. Il s'en était fallu de peu.

Toute cette scène était pathétique.

L'émoi que percevait Dana dans la voix du chirurgien la poussa à rouvrir de nouveau les yeux. Mais Francis ne la regardait plus. Il discutait maintenant avec une autre femme qu'il lui sembla reconnaître. Cet accent… Rosie Coutts. Que faisait Rosie Coutts ici ? Le souvenir du couteau qui l'avait menacée dans St. Peter's Close resurgit. Cette femme était la complice de Christopher ! Un grand frisson parcourut Dana.

Elle poussa un cri de bête traquée, alors que son cœur se remettait à galoper. Sa poitrine se comprimait et coinçait l'air dans ses poumons. La prostituée fixa son attention sur elle, la galvanisant. Le désordre brouilla à nouveau son esprit. Dana se leva et se précipita vers la porte, qu'elle ouvrit toute grande en mettant la main sur le bouton. Une silhouette se dressait devant elle dans la grisaille, dégoulinante sous la pluie, le regard brillant.

— Dana ? fit l'ombre en tendant une main vers elle.

Dana cria d'effroi et tournoya sur elle-même pour échapper à l'apparition. Elle heurta un meuble et faillit tomber. D'un coup on la saisit pour la redresser. Mais elle se débattait férocement, repoussait toutes les mains qui se posaient sur elle. La voix de Logan perça le néant. D'autres aussi. Celle de Francis vibra, autoritaire, en même temps qu'une force la maintenait en place.

— Ressaisissez-vous, Dana. C'est fini !

Le souffle entrecoupé de gémissements, elle tenta de résister. Mais la poigne de Francis était implacable.

— Ce n'est que Logan ! Dana, entendez-moi, personne ne vous veut de mal ici. Christopher est mort.

Dana cessa de bouger. Les mots pénétraient le chaos qui la secouait, remettant un peu d'ordre dans sa tête, apaisant petit à petit la transe qui possédait son corps.

— Jamais… jamais plus je ne laisserai quelqu'un vous faire du mal, Dana, murmura-t-il plus calmement.

Les yeux gris qui la fixaient se mouillaient de larmes silencieuses.

Lentement, elle lança un regard encore un peu égaré autour d'elle. Tous la dévisageaient avec tristesse. Sauf Rosie, qui se tenait en retrait, l'air accablée. La panique cédait enfin et elle s'affaissa : ses jambes ne la soutenaient plus. L'hébétude remodela ses traits. Elle perdait la raison.

Chapitre 33

Le buggy avançait dans Meadow Lane à l'allure du trot. C'était une belle journée de fin d'août qui rappelait que l'été n'était pas terminé. Le soleil était si éblouissant qu'il faisait fondre les couleurs sous sa lumière blanche. Écrasée sous la chaleur de ce début d'après-midi, la ville se prélassait, sise sur la crête que ses premières fondations creusaient, comme sur le dos d'un vieux dragon endormi. Délaissant la ligne d'horizon dominée à son extrémité ouest par la forteresse et dentelée par les toitures et clochers plombés de la vieille ville, Dana baissa le bord de son chapeau pour se protéger. Préférant la fraîcheur de leurs toits, les gens avaient déserté l'avenue bordée d'une haie d'arbres.

Dana aurait pu faire le trajet à pied. Mais Logan avait insisté pour la conduire. On craignait qu'elle se perde en chemin. Depuis la tragédie dans Hill Place, elle était restée émotivement fragile. Ses nuits s'entrecoupaient de cauchemars et elle en émergeait dans une transe dont seule Harriet arrivait à la faire sortir. Depuis, elle ne dormait plus seule ; sa sœur avait emménagé avec elle. Le jour, souvent distraite par ce qui se passait dans sa tête, elle commettait des erreurs dans les livres de la boutique ou ne répondait pas quand on s'adressait à elle. Mais personne ne savait ce qui obnubilait vraiment Dana. Elle cherchait dans ses souvenirs des indices qui appuieraient cette chose terrible qu'elle avait apprise ce jour-là et qui la hantait depuis. Il lui arrivait de revoir un geste, de ressentir une impression, qui avait accablé Jonat. Mais elle refusait toujours de croire que son frère pût être ce qu'avait insinué Christopher.

Francis lui avait rendu visite deux fois. Comme l'étranger dont le passage laisse indifférent, elle l'avait accueilli sans colère, sans chaleur. Mais dans le creux de son ventre un nœud d'émotions s'était formé, se resserrant à chacune des fois qu'il l'avait touchée. Elle en avait ressenti de la répugnance, de l'affolement, et le feu de ce désir, découvrait-elle avec effroi, ne s'était pas éteint. C'était une véritable torture à laquelle il la soumettait inconsciemment. Et tout ce temps qu'il lui parlait, elle brûlait de lui poser la question.

Devant la froide attitude de sa sœur, Harriet avait usé de tous les arguments pour tenter de la ramener à de meilleurs sentiments face à Francis Seton.

— Il t'aime, Dana.

— Je sais, répondait-elle sincèrement.

Mais a-t-il aussi aimé Jonat?

Pour se défendre, Dana évoquait les qu'en-dira-t-on. Le scandale Seton-Elphinstone-Aitken avait lavé le nom des Elphinstone et condamné celui d'Aitken, mais il avait remis Seton sur la sellette, l'associant avec Dana Cullen Nasmyth. Lors des quelques sorties qu'elle avait bien accepté de faire en compagnie de sa sœur, devant l'insistance de certains regards sans équivoque, Dana avait souvent dû se détourner, choisissant finalement de rentrer. Toute cette boue l'avait éclaboussée et marquée profondément. Mais, ce qui la blessait le plus, c'était cette incertitude qui planait encore. Et à la fin elle en avait inféré qu'il n'y avait qu'un seul moyen d'y mettre un terme.

Dans l'air imprégné du doux parfum de foin fraîchement coupé cheminaient les abeilles et les papillons. Dana devinait les stridulations des sauterelles assourdies par le crissement des roues du buggy. Et, plus subtil, le faible bourdonnement de la ville, comme celui d'une lointaine cornemuse. Sous le regard suspicieux de quelques moutons à tête noire qui paissaient, ils roulaient le long du canal, aussi efficace pour drainer Hope Park, qu'il ceinturait, que pour refléter agréablement le bleu du ciel.

Ce parc occupait l'ancien emplacement du South Loch[33], principal réservoir d'eau potable de la ville d'Édimbourg au XVIᵉ siècle. Mais l'expansion de la ville nécessitant de nouveaux espaces et la qualité de son eau se détériorant, il avait fallu le drainer. En 1722, sir Thomas Hope of Rankeillor avait entrepris l'audacieux projet de transformer en jardins, à l'image de ceux qui embellissaient Versailles, le marais qui avait résulté des travaux de drainage du loch.

Dans Bruntsfield Links, qui verdoyait sur sa droite, des membres de l'Honorable Company of Edinburgh Golfers s'adonnaient à leur passe-temps favori. Dana observa un moment l'un des joueurs ; sa balle alla rebondir plusieurs yards plus loin. Son caddie, en bon chien de chasse, se mit à courir pour la repérer.

— Tu as déjà joué au golf, Logan ? interrogea-t-elle en repoussant une mèche qui lui barrait les yeux.

— Non. Je n'en ai pas les moyens.

Le silence retombant sur eux, ils roulèrent encore un moment le long du terrain. Dana se demanda quel plaisir pouvait éprouver un homme à faire avancer jusque dans un trou sur un parcours semé d'obstacles une petite poche de cuir bourrée de plumes d'oie bouillies.

— Nous approchons, fit son cousin en lui souriant pour la rassurer.

Dana reporta son attention sur la route qui s'étirait tout droit vers le massif des Salisbury Crags et d'Arthur's Seat.

Francis lui avait tout raconté des circonstances qui avaient mené à la triste mort de Mary Jane. Jeunesse et insouciance. Pour Dana, cela n'excusait aucunement le caractère fangeux de cette fête. Non, avait concédé Francis, sans chercher à cacher sa honte.

Quant à Miss Coutts, pressentant sa propre vie en péril à la suite de la visite de Dana chez elle, elle avait décidé de se rendre à Weeping Willow et de tout dévoiler à Francis de ce qu'elle savait sur Christopher Aitken. Quand Dana avait soupçonné le châle

---

33. Aussi appelé Burgh ou Borough Loch.

d'appartenir à Evelyn Seton, la femme avait eu des doutes. Elle connaissait le jeune homme depuis longtemps. Pendant les trois années qu'avait travaillé sa sœur Mary Jane pour Mrs Pennycock, malgré son jeune âge, il avait vaillamment servi d'homme à tout faire dans la maison.

D'un tempérament réservé, il s'était rarement mêlé aux filles, préférant la solitude de son coin sous les combles ou dans l'une de ses nombreuses cachettes secrètes dans le quartier. Son affection, il l'avait réservée à sa sœur. Doté d'une surprenante maturité pour son âge, il avait agi avec elle comme un grand frère, officiant comme son garde du corps, allant même jusqu'à se cacher sous le lit quand elle recevait des clients. Cela lui avait valu quelques coups de fouet, mais n'avait nullement fait fléchir sa détermination à sauver Mary Jane des griffes du malin.

Après la mort de sa sœur, le garçon de neuf ans, que toutes les filles appelaient affectueusement St. Christopher à cause de son caractère dévot, avait commencé à modifier son comportement. Prétextant toujours vouloir les protéger, son bréviaire et son *Book of Common Prayer*[34] dans sa poche, il talonnait les filles, les assommant de sermons enfiévrés lancés à tout propos. Sa ferveur religieuse avait pris une tendance fanatique telle que Mrs Pennycock avait dû le mettre à la porte. Personne n'entendit plus parler de lui jusqu'à ce que Rosie, celle qui avait été la plus proche amie de Mary Jane, se retrouvât à la Royal Infirmary après avoir été sérieusement tabassée par un client. Ils s'étaient revus à quelques occasions par la suite, Christopher l'invitant à déjeuner quand il en avait les moyens. Selon elle, le jeune homme avait recouvré son équilibre et elle était heureuse qu'il s'en fût si bien sorti.

Quand Christopher lui avait confié les problèmes de conscience que lui causait le besoin de trouver des cadavres pour son employeur – ses croyances religieuses l'empêchaient moralement de faire le travail lui-même –, elle lui avait glissé le nom de Timmy

---

34. Livre contenant depuis 1549 le rituel des sacrements et autres rites et cérémonies de l'Église de l'Angleterre. Révisé en 1662 pour satisfaire aux demandes spécifiques de l'Église presbytérienne.

Nasmyth, l'un de ses clients réguliers. Timmy lui avait déjà révélé qu'il œuvrait comme résurrectionniste à l'occasion pour approvisionner son portefeuille percé. Elle secondait souvent Timmy dans son entreprise en repérant les tombes dans les cimetières, ce qui lui valait chaque fois quelques shillings pour sa peine. Petit à petit, ils avaient développé un modus operandi efficace qui leur permettait d'élargir leur champ d'opération.

Vint le soir où Timmy, dans un état d'ivresse avancé, avait fait irruption au beau milieu de la fête donnée à l'occasion de l'anniversaire de l'une des filles de Mrs Pennycock. Il voulait d'urgence parler à Christopher. À la suite de cet esclandre, une violente dispute avait éclaté entre Rosie et la maquerelle. Ce qui avait mis un terme à sa carrière chez Mrs Pennycock. Mais, à trente ans passés, même les portes des maisons closes les plus minables se fermaient pour elle et elle se retrouva à la rue, réduite à se vendre au plus offrant, qui souvent n'offrait que son mépris. Christopher lui offrit l'asile. Elle n'avait plus revu Timmy. Croyant qu'il avait réglé ses problèmes maritaux, quoique un peu déçue, elle n'en avait pas fait grand cas. Timmy lui avait avoué aimer sincèrement sa femme. Puis était venu le jour où Dana s'était présentée dans St. Peter's Close.

À la suite de cette rencontre des plus troublantes, Rosie avait posé des questions à Christopher. Quand elle avait abordé la question de la provenance du châle, les réponses évasives du jeune homme l'avaient fait douter davantage. Pour le pousser à parler, elle lui avait tout raconté de la visite de Mrs Nasmyth, suite à quoi Christopher était entré dans une grande fureur et avait frappé Rosie. Mortifié par ce qu'il avait fait, il s'était effondré en sanglots, la suppliant de lui pardonner. Elle le ferait à la condition qu'il lui dise la vérité. Sa crainte de la punition divine l'emportant, et sur la promesse qu'elle lui avait fait, sur sa vie, de ne rien répéter, il lui avait tout raconté de son plan de vengeance et de l'avortement qui avait mal tourné.

L'intervention avait eu lieu dans une petite chambre qu'un confrère de classe lui avait cédée pour la nuit dans Candlemaker Row.

Ce qui expliquait ce qu'avait vu Timmy. Le corps d'Evelyn sur les bras, pris de panique, il avait pensé à l'enterrer dans la tombe vide d'un mort volé deux jours plus tôt. Au plus noir de la nuit, avec l'aide d'une corde, il avait descendu par la fenêtre de la chambre qui donnait sur le cimetière, le corps enveloppé dans une couverture. L'opération avait été ardue et par deux fois il avait failli être démasqué par le gardien.

Affreusement perturbé par ce qui était arrivé, il avait sombré dans un état de déprime qui avait failli lui faire rater ses examens de passage pour l'obtention de sa licence de médecine. L'arrivée de Rosie l'avait grandement aidé à remonter la pente.

De retour en Écosse, Percy Elphinstone avait fait parvenir un message à Christopher, l'invitant à se rendre chez lui, dans Charlotte Square. Rosie n'avait jamais su ce qu'avait voulu le major. Francis en avait déduit que son ami avait possiblement eu des doutes quant à l'avortement. Ainsi démasqué, Christopher n'avait eu d'autre choix que de mettre en œuvre le début de la dernière phase de sa vengeance et de supprimer Percy. Jamais Christopher n'aura su que Mary Jane était morte dans des circonstances accidentelles.

« La vengeance d'Iago », pensa Dana, se remémorant ce qu'avait dit le jeune homme sur le protagoniste d'Othello. Le personnage représentait les plus sombres aspects de l'homme dans la plus pure des traditions shakespeariennes.

Secouée par les soubresauts du buggy, Dana serrait contre son ventre crispé son petit réticule. Le paysage avait cette touche bucolique qui avait le pouvoir de reposer l'esprit, et Dana essayait sans succès de s'en imprégner. Au fur et à mesure qu'ils approchaient de leur destination, elle sentait l'angoisse la conquérir. La chaleur devenait plus oppressante.

Logan engagea le buggy sur le ruban gris qui montait vers la maison. Les affres de l'inquiétude paralysaient maintenant Dana sur le siège. Mr Dawson, occupé à arracher la végétation qui croissait, folle de liberté, entre les gravillons, leur céda le passage. Le jardinier lui envoya la main en la reconnaissant; elle lui sourit timidement. Au loin, entre les arbres du verger qui croulaient sous les pommes, les poires et les prunes, Dukie gambadait joyeusement autour de Mrs Dawson. La vie respirait le bonheur à Weeping Willow.

Ils firent le tour de l'allée circulaire devant l'imposante résidence de style géorgien qui faisait face à Hope Park. Junon baignait ses formes généreuses dans la vasque de pierre placée dans le parterre au centre et fixait avec un sourire énigmatique son reflet verdâtre dans l'eau croupie, que dérangeaient quelques insectes nageurs.

Le cheval ralentit jusqu'à s'arrêter devant le portique. Le chant des grillons et des oiseaux creva soudain le silence qui suivit. Dana s'en pénétra le temps de se rendre compte qu'elle n'avait jamais vu la propriété pendant cette période de l'année. La maison était entourée de superbes massifs floraux, de rhododendrons géants, d'arbres de houx et de buis soigneusement taillés. Rosiers et arbustes de toutes variétés ployaient sous leurs ravissants cônes floraux odorants et oscillaient doucement au rythme d'une berceuse que seule la nature entendait. Dans la chaleur de l'été, sous ce ciel si bleu, l'endroit était vraiment splendide et paisible. Et en Dana se mélangeaient le plaisir et la peur de s'y retrouver.

Logan sauta du buggy et, le contournant, vint aider sa cousine à descendre à son tour. Elle regardait, presque terrorisée, la façade de la maison, espérant soudain que Francis Seton fût absent. Elle avait négligé de le prévenir de sa visite.

— Combien de temps cela te prendra-t-il ? Tu désires que je t'attende, Dana ?

Elle n'en savait rien. Dix minutes comme trois heures ?

— Si je ne suis pas ressortie dans quinze minutes, pars. Je rentrerai à pied.

Le jeune homme inclina la tête et la vit monter les marches et disparaître dans l'ombre du portique de l'entrée principale.

Le cœur de Dana battait avec violence. Ses mains tremblaient sur son réticule. Elle avisa les fenêtres ouvertes du salon. Elle savait qu'elle ne pouvait plus reculer. Une dernière touche à sa toilette et elle frappa à la porte. Quelques secondes s'écoulèrent avant que le majordome lui ouvre.

— Mrs Nasmyth ? fit-il, visiblement étonné.

Elle eut envie de s'excuser et de s'enfuir en courant.

— Je dois voir Mr Seton, Mr Halkit.

Le serviteur parut soudain très embarrassé.

— Mr Seton est occupé avec quelqu'un, madame.

Il hésita un instant.

— Mais, s'il vous plaît, entrez, Mrs Nasmyth. Ne restez pas là.

Des malles encombraient le vestibule, qu'une fraîcheur bienfaisante emplissait. Francis partait-il ? Sa voix qui résonnait dans le hall déclencha chez elle un léger tremblement des mains, qu'elle contrôla en les serrant sur son sac.

— Attendez ici, je vais vous annoncer. Mr Seton est dans la salle de jeu.

Les souvenirs des dernières nuits dans cette maison assaillirent Dana. Sa respiration se précipita. Elle comprit que, si elle ne le voyait pas maintenant, elle ne trouverait plus le courage de l'attendre. Elle décida de se diriger vers la salle de jeu sur-le-champ.

— Mrs Nasmyth ! l'interpella le majordome, en tentant de la retenir.

Halkit derrière elle, Dana se précipita dans la maison, faisant claquer ses semelles sur le marbre brillant du hall.

— Mrs Nasmyth, vous ne pouvez... Mrs Nasmyth ! Non ! Mr Seton !

Sourde aux avertissements du majordome, elle surgit dans la salle de billard.

— Halkit ? fit Francis en se retournant.

— Monsieur, j'ai essayé de la retenir, mais...

— Francis ! Je...

Tout le monde s'exprimait en même temps. Puis un silence sinistre tua les mots sur toutes les lèvres.

Un homme habillé de brun penché sur la table de billard se redressa et se retourna vers l'intruse, qui s'était brusquement immobilisée. Il déposa lentement la baguette sur le feutre vert. Francis à ses côtés n'avait pas bougé, mais son sang avait quitté son visage. Devant le fait accompli, Halkit s'éclipsa discrètement.

Jonat croisa le regard vairon qui s'agrandissait. Le sac que tenait Dana tomba au sol dans un bruit mat. Ses yeux allaient de Jonat à Francis et revenaient vers son frère. Les émotions se bousculaient dans un chaos complet et elle n'arrivait pas à se ressaisir. D'abord l'incrédulité, puis un curieux sentiment de joie : fugace état de grâce devant une vision miraculeuse. Un hoquet s'échappa de sa gorge. Puis une douleur monta en elle, violente comme si une lance la transperçait et créait un vide en elle qui s'emplit aussitôt d'un froid pétrifiant.

— Dana… murmura Jonat en esquissant un mouvement vers elle.

Le cri de colère jaillit et elle s'enfuit. Toutes les flammes de l'enfer de Dante se refermaient sur elle, la consumant jusqu'au cœur. Ses jambes ne la menaient nulle part, vers le néant, vers la fin du monde. Elle surgit hors de la maison, ne vit rien de l'expression stupéfiée de Logan qui se reposait assis à l'ombre d'un tilleul. La voix de Jonat résonnait dans sa tête, l'appelant encore. Et chaque fois qu'elle l'entendait c'était un coup de lance de plus.

Elle trébucha.

Des bras la soulevèrent, mais elle les repoussa avec toute la vigueur qui lui restait. Non ! Elle refusait de participer à cette comédie. Une déplorable farce dont elle était la dupe. Ses poings fusèrent avec violence. Elle frappa et hurla sa rage et sa profonde déception.

— Dana, arrête, je t'en prie…

Jonat la serrait si fort contre lui que le souffle lui manqua. Elle cessa de se débattre, soufflant pour récupérer. La chaleur du corps de son frère l'enveloppait comme un cocon dont elle ne voulait plus sortir. À mesure que sa colère fondait, un profond sentiment de tristesse l'envahissait et les larmes jaillirent, impétueuses.

— Pleure, ma petite Dana, la berçait cette voix autrefois si familière, pleure et ensuite je t'expliquerai.

— Pourquoi ? sanglota-t-elle en s'accrochant à lui. Pourquoi tu m'as fait ça, Jonat ?

— Pour te protéger, petite sœur. Tu ne peux pas comprendre… J'espère seulement que tu arriveras à me pardonner un jour.

Elle pensa n'avoir jamais assez de larmes pour se vider de sa peine.

Des yeux gris les observaient. Gris comme les jours de pluie. Francis se détourna et prit la direction des jardins. C'était un étrange sentiment. Jamais il n'aurait cru que d'être enfin soulagé de ce terrible secret pût lui faire mal à ce point.

Après leur avoir servi du thé, Halkit les avait laissés seuls dans le salon. Installée dans l'un des canapés tendus de soie damassée bleue, les yeux rouges et bouffis, Dana gardait le regard fixe sur le cœur de l'âtre vide. Jonat avait pris place dans le canapé en face d'elle. Elle l'entendait respirer, bouger. Elle ne voulait pas le regarder. Elle souhaitait en rester là. Le savoir près d'elle sans le voir, comme avant.

— Je ne sais pas par où commencer, dit-il d'entrée de jeu.

Il remua.

— J'aurais voulu que cela se passe autrement. Je m'apprêtais à t'écrire une lettre pour t'expliquer. Cela t'aurait permis de comprendre un peu. À la lumière de la vérité, tu aurais pu choisir de me revoir ou non. Mais…

Trop bouleversé, il s'interrompit. Dana l'entendit soupirer et remuer de nouveau. Elle continuait de fixer le froid de l'âtre. Les minutes s'égrenaient. Le thé refroidissait dans les tasses que personne ne touchait. Jonat se leva.

— Il s'est passé des choses, Dana. Des choses si horribles que j'hésite à te les raconter. Elles me concernent. Peut-être me détesteras-tu encore plus après les avoir entendues. Mais je sais que je n'ai plus le choix. Tu vois, je ne suis ni le fils ni l'homme que père aurait voulu que je sois. Je crois, mais je crois en *ma* religion. J'aime, mais j'aime à *ma* façon. Et cela, père ne l'avait jamais accepté. C'est pourquoi je suis parti.

— Parti ? Mais tu es mort ! Je t'ai enterré, Jonat ! lança Dana avec rage en sortant de son mutisme. Tu le sais, au moins ?

— Je le sais.

Jonat sentit son cœur se briser devant le visage ravagé de sa sœur. Il savait que rien de tout ce qu'il allait lui dire n'effacerait l'odieux du choix qu'il avait fait, à l'époque. Le mauvais choix. Il l'avait reconnu assez tôt. Mais il était trop tard pour revenir en arrière sans détruire la vie de ceux qu'il aimait. Lui aussi avait terriblement souffert de cette décision. Il avait appris à vivre avec.

— Tu aurais pu m'écrire pour m'expliquer.

— Je l'ai fait. Des dizaines de lettres.

— Je n'ai jamais rien reçu.

— C'est parce que je ne te les ai jamais envoyées. Tu comprends pourquoi. J'étais mort. Pour toi, pour Maisie et Harriet… et pour père.

— Et pour Mama !

Jonat ne réagit pas. Il soutint son regard chargé de reproches qu'il savait mériter.

Elle se souvint brusquement de ces lettres de correspondance signées des initiales J. C. qu'elle avait jugées sans importance. Le docteur James Collingwood n'était nul autre que Jonat Cullen.

— Mama savait… souffla-t-elle sous le coup de la nouvelle blessure.

— Oui. Elle et Francis. Ils étaient mes complices. Ils ont gardé le secret pendant toutes ces années parce que je leur ai demandé sous serment de le faire.

— Et moi ? Pourquoi pas moi ?

Crispant les poings, elle se leva de son siège et s'y laissa retomber lourdement.

Jonat haussa les épaules.

— Je crois que… j'avais peur que le secret t'échappe. Tu étais encore jeune.

Les lèvres serrées pour contenir la hargne qui lui brûlait la gorge, Dana poussa un grognement de frustration.

— Tu m'as abandonnée, Jonat. Notre père est mort depuis plus d'un an. Et Mama est morte en décembre dernier. Où étais-tu, toi ? Pourquoi n'as-tu pas redonné signe de vie ? Cela t'a-t-il laissé indifférent ?

Les nouveaux reproches firent mouche. Jonat tiqua.

— Je n'ai appris la mort de notre père qu'à mon retour en Irlande, au mois de juin de l'année dernière. J'ai mis du temps avant d'écrire à Mama. J'ai trop attendu. C'est Francis qui m'a appris sa mort.

Ses yeux s'emplissant de larmes, Dana mit ses mains sur sa bouche.

— Elle était gravement malade.

— Je la savais souffrante. Mais je ne pensais pas… Elle ne me parlait pas de sa maladie.

L'émotion lui coupa la parole. Jonat baissa les yeux, le temps de se reprendre.

— Mama ne se plaignait jamais. Tu aurais dû le savoir.

— Je suppose qu'elle ne voulait pas m'inquiéter.

— Pourquoi n'es-tu pas venu ? Tu aurais au moins pu la visiter en cachette. Mais où donc étais-tu toutes ces années ?

— Je ne pouvais plus revenir ici comme ça, Dana. Et puis, je ne pouvais quitter l'Irlande. J'étais chirurgien régimentaire. Nous rentrions tout juste d'Espagne. J'avais des blessés à soigner et j'étais appelé à repartir pour la Hollande dans les semaines à venir. Si j'avais su la gravité de l'état de Mama, je me serais libéré de l'armée, mais…

— Le docteur James Collingwood. C'est toi ?

— C'est le pseudonyme que j'ai pris. Mes instruments chirurgicaux étaient gravés de mes initiales, et je n'avais pas les moyens de m'en offrir de nouveaux, expliqua-t-il avec un sourire ironique. Je me suis engagé pour la première fois à la fin de 1804, en tant qu'assistant-chirurgien, quelques semaines après… le malheureux évènement. La vie en Grande-Bretagne devenait trop compliquée pour moi. Je risquais de rencontrer d'anciens confrères de classe ou des connaissances de la famille, ce que je devais éviter à tout prix.

Je devais partir loin, très loin. J'avais besoin de vraiment devenir ce James Collingwood. Je me suis donc embarqué pour les Indes. Je suis resté dans le 17e régiment du Leicestershire près de quatre ans.

Il marqua un temps de silence. La mine songeuse, il exécuta quelques pas vers la lumière qui traversait la fenêtre ouverte près du pianoforte. Ses doigts glissèrent sur le bois rouge veiné de l'instrument de musique.

— J'ai par la suite postulé pour une nouvelle affectation et j'ai été engagé comme premier assistant-chirurgien dans le régiment d'Argyll. On avait besoin de chirurgiens pour la campagne d'Espagne. La vie dans l'armée était bénéfique pour moi. Elle m'occupait au point que je pouvais oublier le reste.

La jeune femme rassembla ses jambes sur le canapé et enserra ses genoux de ses bras. Posant son menton dessus, elle serra les mâchoires pour contenir le flot d'amertume qui se pressait dans sa gorge. Elle avait promis de l'écouter jusqu'au bout.

— Après la bataille de Corunna, en 1809, mon régiment est rentré à Londres. C'est là que j'ai revu Mama pour la dernière fois.

Dana se souvenait de ce voyage à Thorpe. Après deux semaines à supplier, sa mère avait arraché à Henry Cullen la permission de visiter une cousine dans le Surrey.

— C'est toi qui es venu à Thorpe?

— Non… je ne pouvais prendre ce risque. C'est Francis qui a visité Mama chez les Gilmour. C'est lui qui a eu l'ingrate tâche de lui annoncer que j'étais toujours vivant.

— Cette histoire de baquet et de méthode de Mesmer…

— Un stratagème. À Bath, j'ai tout dévoilé à Mama. C'était là mon seul traitement. Je la tuais ou je la guérissais. Mais je ne pouvais plus la laisser vivre dans l'ignorance de ce qui était arrivé.

Après avoir vu ce mystérieux Collingwood, Janet Cullen avait miraculeusement recouvré la santé. Pour un temps seulement, car la maladie, bien réelle, la minait. Par la suite, Henry Cullen avait accepté qu'elle écrive au médecin lorsqu'une consultation se montrait nécessaire. Ainsi avait débuté sa correspondance avec Jonat.

Le regard que posait Jonat sur Dana à cet instant était empreint d'une telle tristesse qu'elle en ressentit toute la douleur. Alors elle posa cette terrible question :

— Que s'est-il passé, Jonat ? Qu'as-tu dévoilé à Mama ? Quelles sont ces choses horribles qui ont fait basculer notre vie ?

Il baissa les yeux et détourna la tête. Ses mains se refermèrent et il les enfonça dans son ventre en gémissant. Il exprimait plus que la souffrance. Il extériorisait la honte ressentie ce jour-là, et celle qui le taraudait depuis. Ce nœud dans l'estomac ne l'avait plus quitté.

— Je veux terminer avant de te le dire. Je ne sais plus si j'aurai le courage de continuer mon histoire après.

Son frère se tourna vers la fenêtre et respira le paysage ensoleillé un moment. Une brise tiède faisait onduler avec langueur le rideau de soie, retroussait légèrement des mèches des cheveux de Jonat et découvrait une cicatrice blanche qui lui barrait le front.

— J'ai pris des arrangements avec Mama, lors de notre rencontre à Bath. Je venais d'être promu chirurgien du régiment, ce qui doublait mon salaire. Cela me permettait de lui verser une rente de dix livres par an que je lui envoyais en versements semestriels à l'insu de père. C'était peu, mais c'est tout ce que je pouvais me permettre.

Les yeux de Dana s'agrandirent de surprise. L'argent, la rente venait de son frère ! Le montant versé la frappa.

— Dix livres par an ? fit-elle, surprise. La banque effectue des versements annuels de soixante livres au bas mot pour chacune de nous trois.

Jonat tourna vers elle un air tout aussi étonné.

— Soixante livres ?

— Cent vingt pour Harriet, parce qu'elle n'est pas encore mariée.

— Tu en es certaine ?

— Aussi sûre que je te vois. L'avocat Maclellan m'a montré le codicille qui accompagne le testament de Mama. Les montants y sont inscrits noir sur blanc. C'est... Francis...

Évoquer Francis émut Dana et elle se tut. Ils échangèrent un regard équivoque.

Ébranlé par ce qu'il apprenait, Jonat retourna vers la lumière qui lustrait sa chevelure brune et lui donnait des reflets de cuivre. Dans le silence qui suivit, Dana prit le temps de le regarder. Toujours aussi droit et élégant dans ses vêtements de bonne qualité. Jonat avait toujours mis un point d'honneur à soigner sa tenue. «Garde la tête haute et le dos droit, lui avait-il déjà dit un jour qu'elle avait pleuré devant une méchanceté visant sa jambe tordue. Ne cille point et regarde les autres dans les yeux. Ce que tu dégages intimide toujours plus que les paroles. Car dans la rhétorique gestuelle de l'être transparaissent les intentions de son âme, Dana. Le vêtement, lui, obéit à la hiérarchie sociale et attire la reconnaissance de ses pairs. En manipulant savamment ces deux vérités, n'importe qui peut arriver à faire oublier l'insuffisance de sa condition.» Elle trouvait inusité que Jonat ait besoin de ces subterfuges pour tailler sa place dans le monde. Elle avait toujours pensé qu'il possédait l'intelligence et le charme nécessaires pour ouvrir toutes les portes.

Il n'avait pas changé et pourtant il n'était plus le même. C'était qu'elle ne le voyait plus de la même façon.

— Lui et toi êtes très proches, fit-elle remarquer d'une voix qui se voulait calme.

— Francis est le seul ami que j'ai vraiment eu. Il est plus qu'un frère pour moi. Il est…

Il se tut. Entre deux battements de cœur, Dana réalisa le silence dans lequel était plongée la maison. Cela lui parut étrange. Elle prenait conscience que son frère, sans doute, était déjà venu à Weeping Willow. Quand Jonat se retourna de nouveau vers elle, il lui souriait amèrement et une larme coulait sur sa joue.

— Pendant toutes ces années, Francis a été le seul lien avec mon passé. Un lien douloureux, ténu, mais nécessaire. Après mon départ pour l'armée, nous ne nous sommes revus qu'une seule fois, lors du séjour de Mama à Thorpe. J'avais besoin qu'il soit là, pour m'aider à expliquer à Mama ce qui s'était passé. Mais de nous revoir avait remué trop de choses et… c'est alors que j'ai décidé de couper définitivement les ponts entre nous. Juste avant que mon régiment s'embarque pour Walcheren, je lui ai envoyé une dernière lettre lui expliquant ma décision. Je lui ai toutefois demandé de veiller à ce que les dépôts bancaires soient effectués comme d'habitude à l'intention de Mama. Je reprendrais contact avec lui quand je le jugerais nécessaire. Nous ne nous sommes retrouvés qu'à Waterloo. Là, nous avons longuement parlé. Cela nous a permis de remettre les choses en perspective. Il m'a beaucoup parlé de toi, ajouta-t-il en étudiant la réaction de Dana.

Malgré toute la douleur que provoquait chacune des paroles de son frère, elle demeura stoïque.

—J'ai décidé de prendre ma retraite de l'armée. Père est mort. Je sais, j'aurais dû revenir après son départ. J'aurais pu profiter du temps qui restait à Mama et m'occuper d'elle. Mais comment le faire? Ce n'est pas si simple de ramener quelqu'un à la vie sans tout bousculer. Et de le faire aurait remué cette horrible histoire…

Il ferma les yeux et, le visage levé au ciel, retint un sanglot.

—Qu'as-tu fait, Jonat, qui soit si terrible? Si… impardonnable? murmura Dana.

—J'ai… aimé…

Un silence rempli de questions, de doutes, de rancœur et de colère se prolongea. Dana se voulait sourde.

—Comme tu t'en souviens, reprit son frère d'une voix tremblante, après avoir réussi mon examen de passage et obtenu ma licence en médecine à Édimbourg, je suis parti pour Londres. Je voulais approfondir certains aspects de la science, apprendre de nouvelles techniques chirurgicales. Je me suis inscrit à plusieurs cours que je payais en travaillant comme assistant à la dissection pour le docteur Everard Home. Par un malheureux hasard, j'ai mis la main sur des manuscrits du chirurgien John Hunter, le beau-frère de Home. En les parcourant, j'ai découvert que Home tirait la matière de ses publications de ces manuscrits inédits dont il avait hérité et qu'il refusait de restituer à la communauté scientifique. J'ai réussi à en subtiliser un et l'ai donné à William Clift, l'ancien employé de Hunter. Home l'a su. Il m'a renvoyé du collège et a fait parvenir une lettre à notre père.

— Je me souviens de cette lettre, dit Dana en se remémorant le visage de Henry Cullen après qu'il en eut fait la lecture. Il a aussitôt pris une malle-poste pour l'Angleterre.

— Il avait de bonnes raisons de le faire, fit gravement observer Jonat. Père avait entendu des rumeurs sur mon compte. Home les confirmait dans sa lettre. Petite vengeance personnelle dont il ne pouvait ignorer les conséquences. Quoi qu'il en soit, père est venu à Londres pour vérifier…

Elle voyait bien qu'il faisait des efforts pour lui raconter son histoire. Qu'il craignait son jugement sans savoir qu'elle connaissait la suite. Mais ce qu'elle imaginait dépassait l'entendement. Elle espérait vivement se tromper. Que Christopher lui ait menti. Elle regarda son frère bouger, puis l'écouta parler. Il était grâce et souplesse. Il était si… trop…

— Je ne me marierai jamais parce que jamais je ne pourrai rendre une femme heureuse, Dana, lui avait dit Jonat un jour chagrin de janvier, dans le parc de Ravenscraig.

— Qu'a-t-il vu, Jonat? questionna-t-elle en se retenant de crier.

Jonat serra les poings à en avoir mal. Sa confession lui était plus pénible à faire qu'il ne l'avait cru. De vivre déchiré entre l'amour inconditionnel d'une mère et la haine viscérale d'un père qui reniait ce qu'il était l'avait détruit. Il avait préféré mourir. Si Dana le repoussait aujourd'hui, il perdait tout ce qui lui restait dans le monde vivant qu'il avait jadis connu. Il ne voulait nullement se replonger dans ces souvenirs obscurs tachés de sang. Plus jamais. Mais il n'avait pas le choix.

— Père est arrivé à Londres sans me prévenir, poursuivit-il en refoulant la grosse boule qui lui montait à la gorge. Il est descendu de la diligence et a marché directement jusque chez moi.

Il secouait la tête et riait nerveusement.

— Il était vraiment décidé. Huit jours de route et trois *miles* de marche rien que pour me voir. Lui qui supportait mal les longues excursions. Lui qui ne supportait plus ma vue. Et moi qui ne l'attendais pas…

Il revoyait encore les motifs du papier peint sur les murs de la petite chambre qu'il louait à quelques rues de la cathédrale St. Paul. La pièce était doucement éclairée par les chandelles. Il ressentait presque encore le soyeux des draps contre sa peau. Le goût du vin dans sa bouche. Et la chaleur du corps allongé près de lui, contre lui. Ce corps élancé et musclé qui lui avait tout appris de l'amour. Cet homme qui était venu lui dire adieu et l'aimer une dernière fois avant de rentrer à Édimbourg.

Son amant dormait paisiblement quand il s'était levé pour passer de l'eau sur sa figure. Lui ne trouvait pas le sommeil. Il s'était assis sur la seule chaise de sa chambre et, pendant que dormait son amant, il mettait la main finale au frontispice du manuscrit qui devait être envoyé chez l'imprimeur. Cette relation durait depuis trois ans, depuis que les yeux gris de l'homme l'avaient captivé, l'avaient compris.

— Il a frappé à la porte. Il devait être trois ou quatre heures de la nuit, je ne sais plus. D'abord, j'ai eu le réflexe de ne pas répondre. Mais les coups devenaient insistants et j'ai cru qu'il pouvait s'agir d'un voisin malade. Il m'arrivait parfois d'offrir des consultations en échange d'un seau de charbon, d'un repas chaud ou d'autre chose. Je me suis donc levé et j'ai ouvert.

Sur le coup, dans l'obscurité, Jonat n'avait pas reconnu son père. C'est lorsque l'individu avait ouvert la bouche pour lui demander s'il pouvait entrer qu'il avait pris conscience de l'identité du visiteur inattendu. Le choc l'avait si bien dérouté qu'il l'avait fait entrer sans penser à l'homme qui dormait dans son lit.

— Si je ne m'attendais pas à voir notre père à Londres, je crois que lui ne s'attendait aucunement à…

— Non ! Je ne veux pas le savoir. Ne dis plus rien, je t'en prie, Jonat !

Plaquant ses mains sur ses oreilles, Dana avait crié ses mots, ébranlant le peu de courage que possédait encore son frère. Écrasé par la honte, dans un effort surhumain il vint vers elle. Il lui attrapa

les mains et les força. Elle lutta. Le désir de se libérer enfin lui insuffla la force qui lui manquait. Il la brusqua et elle pleura, cria
pour s'empêcher d'entendre.

— J'étais avec un homme, Dana. Tu comprends ?

Les mots honnis la heurtèrent comme une masse et elle hurla
sa douleur en les rejetant.

— Tu étais avec un ami… Papa a mal interprété…

— Non. C'était mon amant.

— Nooon…

Elle sanglotait et pleurait à chaudes larmes. Elle refusait d'y
croire. Pas Jonat. Pas son Jonat !

— Pourquoi me racontes-tu ça ? Je ne te crois pas, Jonat.

L'homme voulait en finir une fois pour toutes. Les mots sortaient, laids, blessants, décousus. Ils écorchaient et marquaient
comme un fer rouge.

Henry Cullen avait fait son chemin dans l'appartement et avait
déposé son seul sac de voyage sur le plancher.

— Pour toute explication, père m'a remis la lettre de Home.
Pendant que je la lisais, Francis s'est réveillé.

Il n'avait pas réfléchi en prononçant le nom de l'amant. Au regard horrifié de sa sœur, il comprit son erreur. Dana agitait ses
mains comme une noyée cherchant à remonter à la surface de
l'eau.

— Dana ! Dana ! Écoute-moi.

Ils luttèrent. L'air ne passait plus. Elle suffoquait.

— C'était son père.

Les regards se croisèrent.

— Francis senior. C'était Francis Seton senior, précisa Jonat. Et
non le fils. Pas *ton* Francis.

La jeune femme se tut et ses bras retombèrent comme des
pierres sur les épaules de son frère, où ils demeurèrent immobiles.

— Son père ? murmura-t-elle, incertaine d'avoir bien entendu.

À la surprise vint se mêler le soulagement. Dana prit le temps
de bien enregistrer cette dernière information.

— Le père de Francis ?

Jonat acquiesça lentement de la tête. Il saisit les mains de Dana et les serra dans les siennes. Il avait besoin de son soutien pour poursuivre. Le pire restait à venir.

— Quelques heures après le départ de père, *ton* Francis est venu chez moi. Nous devions nous rendre à Cambridge. Il m'a trouvé inconscient, baignant dans mon sang.

Il inclinait la tête et revoyait encore le regard de son père devant l'évidence. Le bruit provoqué par le mouvement de son amant dans le lit avait attiré l'attention de Henry dans le coin d'ombre de la chambre. D'abord pétrifié par ce qu'il voyait, le pasteur était demeuré sans réaction. «Lui?» avait-il enfin persiflé. Le temps que Jonat se tournât vers son amant pour lui intimer l'ordre de quitter sur-le-champ, son père avait saisi le tisonnier. Jonat revit la scène comme au ralenti. Pourtant, les évènements s'étaient enchaînés à une vitesse inouïe. Henry Cullen avait d'abord tenté de s'en prendre à Francis. Jonat s'était interposé, arrivant à maîtriser la furie du pasteur assez longtemps pour que son amant pût récupérer ses vêtements. Il entendit encore le claquement qu'avait fait la porte en se refermant derrière Francis, puis le sifflement de la tige de fer…

— Dans sa rage, père m'a frappé.

Jonat avait senti son crâne éclater, puis il avait rejoint le sol. Henry Cullen s'était penché sur lui. Il se souviendrait toujours de ces yeux. C'étaient les yeux d'un homme déterminé à extirper le mal en son fils, dût-il tuer le corps pour y arriver. C'était le regard d'un père qui ne l'était plus, soudain. Sonné, Jonat était resté là, le sang colorant sa vue, sans bouger, à écouter les chuchotements de Henry Cullen qui s'insinuaient dans son esprit comme le bourdonnement d'une mouche pénétrant sa chair que dévoreraient plus tard les fruits de sa ponte. Des mots qui ouvraient le ventre de l'enfant sacrifié pour l'honneur d'une Église ségrégationniste.

— Je t'interdis de porter mon nom. Je t'interdis de revenir sous mon toit. Ne te présente plus jamais à ma vue. Jamais! Si tu oses le faire, je rends public le nom de l'homme que j'ai vu ici ce soir. Je le poursuivrai jusqu'à ce qu'il expie toutes vos fautes et celles de tous ceux de votre race. Retournez aux feux de l'enfer! Dorénavant, pour moi tu es mort, Jonat. Et c'est la dernière fois que je prononce ton nom.

Il n'avait jamais oublié ces mots qu'il répétait pour la première fois depuis qu'il les avait entendus. Dana le fixait. Elle tremblait encore de sa colère, mais son regard n'exprimait plus le dégoût. Il se contenta de cela.

— C'est pourquoi j'ai accepté de mourir, Dana. Je l'ai fait pour protéger celui que j'aimais. Je l'ai fait pour toi, Maisie et Harriet. Et pour Mama. Je pensais sincèrement que de me croire mort vous serait plus supportable que de savoir la vérité sur ce qui était arrivé. Quant à *ton* Francis… que Dieu me pardonne ce que je lui ai fait subir. Il ne savait rien de la nature de la relation qui me liait à son père avant ce terrible incident. Son amitié était précieuse pour moi. Et je l'ai perdue. Il a mis des années à comprendre.

Son ami devait le prendre aux aurores pour se rendre à ce cours magistral ; il l'avait découvert dans une mare de sang qui avait commencé à sécher. À son admission à l'hôpital, encore confus de la commotion et trop bouleversé par ce qui était arrivé, Jonat avait refusé de recevoir des soins. Profitant d'une absence momentanée de Francis de la salle d'examen, il s'était éclipsé en douce et s'était rendu par ses propres moyens chez son amant, qui ne savait encore rien de ce qui s'était produit à la suite de son départ précipité.

Au lendemain des évènements, Jonat avait longuement réfléchi sur ce qu'il devait faire. La décision qu'il avait prise le tuait dans tous les sens du mot. Mais il avait jugé que c'était la seule possible pour empêcher un scandale infamant dont ne s'en remettraient ni les Cullen ni les Seton. C'est alors qu'il avait mis au point le scénario de sa propre mort.

La naissance de James Collingwood avait eu lieu au moment où un cadavre dérobé dans la morgue de Guy's Hospital avait sombré dans la Tamise vêtu des habits de Jonat Cullen et portant la montre que son père lui avait offerte. À la découverte du corps, on croirait à un accident ; au pire, à un suicide. Conclusion sans doute plus probable dans l'esprit de Henry Cullen.

— Jusque-là, Francis ignorait totalement ce qui nous unissait, son père et moi. Je ne pouvais me résoudre à lui mentir sur toute la ligne ; je lui ai dit la vérité concernant le geste de Henry. Mais j'ai raconté que père m'avait surpris avec un amant de passage que je n'avais pas à nommer. Ce ne fut que lorsqu'il remarqua la chevalière aux armes des Seton, que j'avais complètement oublié de retirer de mon doigt, qu'il comprit qui était l'homme avec qui je me trouvais cette nuit-là. La révélation de ma vraie nature lui causait déjà un choc intolérable ; il faut imaginer pour le reste. Je perdais de cette façon mon meilleur ami. Sous le coup de la douleur, Francis a répété à quelques mots près ceux de père. Toutefois, bien qu'à contrecœur, pour sauver la réputation de nos deux familles, il a accepté de se soumettre et de participer au plan que j'avais élaboré. Il était déjà impliqué dans cette histoire.

Jonat marqua une pause et secoua la tête avant de reprendre.

— Tout allait comme prévu. Nous savions que la découverte du corps n'était qu'une question de temps. Quand il fut repêché dans la Tamise à la hauteur de Mill Point, la police a annoncé la mort par noyade d'un jeune médecin originaire de Kirkcaldy, en Écosse. Mais un imprévu est survenu : un voisin m'avait vu disparaître dans la voiture de louage de Francis et en a averti les autorités après avoir lu la nouvelle. Suite à quoi la police a commencé à considérer la possibilité d'un meurtre et a ouvert une enquête criminelle. Deux jours plus tard, elle interrogeait Francis. La vérité nous a tout de même servi. Francis a témoigné qu'il m'avait conduit à l'hôpital pour me faire soigner. À l'hôpital, les témoignages corroboraient ma fuite avant de recevoir les soins. Sur des preuves incomplètes, aucune accusation contre lui ne pouvait tenir. Quelques jours après la fermeture du dossier, Francis senior est rentré chez lui. Nous avions convenu d'un commun accord de cesser de nous voir. Son fils a beaucoup souffert de toute cette histoire et, refusant de remettre les pieds à Weeping Willow tant que son père y vivrait, il est resté à Londres. Sa relation avec son père était irrémédiablement brisée… à cause de moi. Un an plus tard, il épousait Evelyn Hamilton et il ne m'adressa plus la parole pendant des années…

enfin, jusqu'à ce que son père meure. Quant à moi, Francis senior m'avait procuré je ne sais comment de nouveaux papiers attestant ma nouvelle identité et m'avait loué un appartement à Bath, loin de ceux qui pourraient me reconnaître… Et plus personne ne m'a revu vivant à Londres. J'avais besoin de me reposer et de laisser James Collingwood décider de ce qu'il ferait de sa vie. De toute évidence, il n'était plus possible pour lui de rester en Grande-Bretagne.

Tant qu'avait duré la guerre, l'armée, dans un hôpital des Indes, lui avait offert une voie acceptable. C'est là que son amant et lui s'étaient retrouvés un an plus tard. Mais leur histoire avait mal tourné. Éprouvé par la crainte constante d'être découvert, Collingwood avait décidé de mettre un terme définitif à cette relation en postulant un emploi dans un régiment en Espagne. Deux mois plus tard, il apprenait la mort du chirurgien Seton senior.

— On a raconté qu'il avait été tué par un voleur qui s'était immiscé dans sa chambre pendant la nuit. Mais la vérité est qu'il n'avait pu supporter notre séparation. Il me l'a écrit dans une dernière lettre que j'ai reçue un mois après le tragique évènement. Il avait aussi écrit à Francis pour lui expliquer son geste. J'ignore si c'est la souffrance dans les mots de son père qui l'a touché, mais c'est cette lettre qui a eu pour effet de le pousser à reprendre contact avec moi. C'est comme ça que j'ai appris que Francis senior versait des rentes à Mama. Il se sentait coupable de lui avoir arraché son fils. Et à sa demande, son fils a pris le relais. Toutefois, pour le codicille dont tu m'as parlé, je n'étais pas au courant.

Il se tut enfin.

Des cloches sonnaient quelque part la quatrième heure de l'après-midi. Ils entendirent le vacarme d'un attelage qui passait sur la route ceinturant Hope Park. La brise qui soulevait les rideaux portait l'odeur de l'herbe coupée et celle des fleurs plantées devant la maison. L'horreur du récit s'évanouissait dans la douceur d'une réalité plus accueillante qui leur revenait graduellement.

Dana croyait ne jamais arriver à bouger de nouveau. Elle essuya ses joues et ravala ses dernières larmes. La tête de son frère reposait sur ses genoux. Il dégageait des effluves boisés qui retenaient une note épicée. Le même parfum que dans ses souvenirs. Elle le contempla, ne sachant que dire. Elle avait besoin de silence et de solitude pour tout décanter. La colère, bien qu'atténuée, demeurait présente, l'empêchant de pardonner tout à fait. Il lui fallait comprendre avant. Elle arriva tout de même à poser sa main sur la chevelure.

Les doigts de Jonat s'enfoncèrent dans la chair de ses cuisses, et ses épaules furent brusquement secouées de puissants sanglots. Tandis qu'il s'abandonnait, elle résistait encore. La douleur de son frère lui mordait si cruellement le ventre qu'elle dut fermer les yeux pour contrôler la sienne.

Dana entendit une porte s'ouvrir et des pas hésiter sur le sol de marbre. Il était là, elle le savait. Se retenant de se retourner, elle se mordit les lèvres. Et ses doigts s'enchevêtrèrent dans les mèches de cheveux qu'ils caressaient. Elle s'y agrippa comme un marin s'accroche aux cordages de son navire dans la tempête. Peut-être arriverait-elle à pardonner à Jonat un jour. C'était son frère. Mais pour Francis, elle n'en savait rien. Jusqu'à la fin, il lui avait menti.

Dans la pénombre du hall, l'homme regardait le frère et la sœur enlacés. Ils s'étaient retrouvés et il les enviait. Il avait sincèrement souhaité ce moment pour Jonat et Dana. Il en avait égoïstement souhaité un pareil pour lui-même.

Il referma tranquillement la porte et s'éloigna.

Chapitre 34

Réfléchir de longues heures sur les battures n'avait pas suffi. Revivre dans des rêves suaves la douceur d'une étreinte avec lui n'eut pas l'heur de la soulager. La colère s'était muée en rancœur, certes, mais pétrie d'amertume, Dana n'arrivait pas à pardonner à Francis.

Après qu'elle eut grimpé dans le buggy, Jonat lui avait tendu une pile de lettres. Celles qu'il ne lui avait jamais envoyées. Mais aussi d'autres pour Thomas, Maisie et Harriet qu'il avait pris le temps de rédiger avant qu'elle quitte Weeping Willow. Si ses sœurs le désiraient, il se rendrait à Kirkcaldy dans la semaine suivante avant de retourner à Londres. La guerre était finie. Il voulait enfin se rendre à Paris.

Il était venu. Les retrouvailles s'étaient plus ou moins bien passées. Mais le pire avait été dit et, comme Dana, ses sœurs devaient prendre le temps de digérer leurs émotions. Thomas, lui, avait tout à fait refusé de se rendre à Kirkcaldy. Pour lui, son frère demeurait dans sa tombe. Mais Jonat l'avait prévu. Malgré que ce refus catégorique le blessât, Jonat ne lui en voulait aucunement. Thomas était comme Henry.

La pluie tombait depuis deux jours. Toute la côte était nuancée de gris, couleur qui rappelait à Dana un certain regard. Elle n'avait pas revu Francis depuis sa visite inopinée à Weeping Willow. Le soir avant son départ pour Londres, alors qu'ils marchaient dans

Ravenscraig Park, Jonat lui avait remis un carnet. Dana se remémora la scène.

— *C'est le journal de campagne de Francis. Il contient des passages qui te sont adressés. Je crois que tu devrais le lire, Dana. Même si ce n'est que pour apprendre qui il est vraiment*, lui avait-il dit.

Hésitante, elle avait pris le carnet de cuir noir abîmé par l'eau et l'usure.

— *C'est lui qui t'a demandé de me donner son journal de campagne?*

Un sourire narquois étira la belle bouche de son frère.

— *Il ne sait pas que je l'ai en ma possession. Je sais, ce que j'ai fait est répréhensible, mais… Il l'a laissé traîner sur son bureau. Je savais déjà ce qu'il contenait. J'ai eu le temps de le lire pendant les heures où je veillais sur lui quand il a été malade du typhus, à Bruxelles.*

La stupéfaction fit sourciller Dana.

— *Le typhus?*

Jonat acquiesça silencieusement, puis se détourna vers la mer. Des goélands criaillaient dans le ciel, décrivant des cercles autour des navires de pêche qui rentraient au havre.

— *Dana,* reprit-il en revenant vers elle. *Ne lui en tiens pas rancune. Je comprends tes raisons, mais tu dois savoir… Il ne pouvait rien te dire.*

Que savait Jonat de ce qui s'était passé entre Francis et elle? Que contenait ce journal qui lui brûlait les doigts? Que connaissait Jonat de ses sentiments à elle?

— *Il t'aime, tu le sais. Et je crois sincèrement qu'il mérite que tu reconsidères tes sentiments envers lui.*

— *Il ne m'aimait pas assez pour me dire la vérité.*

Et pas assez pour lui faire confiance.

— *Il m'avait fait le serment de ne jamais rien dévoiler de cette affaire sans mon consentement.*

— *Qu'est-ce que cela aurait changé pour toi, s'il l'avait fait, Jonat?* lança-t-elle un peu âprement.

Le reproche sous-entendu mordit Jonat au cœur.

— *Dana, sais-tu ce qu'est l'honneur ? Sais-tu ce qu'est l'amour ?*
Amour naïf, amour passion, amour ennui, amour fini…

Harriet et elle avaient l'habitude de chanter cette comptine en effeuillant des marguerites. Était-ce vraiment tout ce qu'elle savait de l'amour ? Non. Comme pour le bleu d'un ciel ou pour le rouge d'une rose, c'étaient les nuances qui créaient toute la dimension d'un sentiment. Et elle devait admettre ne pas les avoir saisies toutes. On prenait une vie à le faire. Car un ciel d'aurore ne possédait plus les mêmes nuances qu'un ciel au crépuscule. Et, pour elle, le soleil n'avait pas encore atteint son zénith.

Devant son obstination à demeurer emmurée dans ses ressentiments, Jonat lui annonça que Francis avait accepté un poste à Philadelphie, en Amérique.

L'Amérique, c'était loin !

L'Amérique, c'était à l'autre bout du monde !

— *Le* Bristol *doit appareiller dans le port de Leith le vingt-huit septembre prochain. Il n'en tient qu'à toi, ajouta-t-il. Si tu l'aimes comme je le crois, va le retrouver, Dana.*

Le lendemain, Jonat l'avait embrassée, lui promettant de lui écrire sitôt arrivé à Londres.

— Je dois t'avouer une chose, petite sœur, avait-il dit juste au moment de monter dans la diligence. Je suis jaloux de toi. J'ai réalisé trop tard combien ma vie avait perdu son sens quand j'ai quitté mon Francis. J'ai eu peur qu'on nous découvre. Mais, au fond, cela aurait-il été pire que de le perdre définitivement ? Ne commets pas la même erreur que moi. Ne te détourne pas de l'amour.

— Je dois y réfléchir, avait-elle murmuré.

Un petit ricanement avait jailli de la gorge de Jonat. Il s'était approché de sa sœur et, soulevant son visage avec le bout de son index, il l'avait regardée dans les yeux.

— Ne réfléchis pas trop quand il s'agit des affaires du cœur, petite sœur.

Il allait s'écarter quand Dana avait saisi sa main pour la serrer très fort entre les siennes.

— Jonat… avait-elle commencé d'une voix ténue. Je… je voulais te dire…

Le silence avait avalé la suite de la phrase. Le regard vairon s'était mouillé progressivement et Dana avait cligné des paupières. Une larme coulait à chacun des coins de ses yeux.

— Je t'aime, Jonat, avait-elle fini par articuler. Je tenais à ce que tu le saches avant de partir.

Les doigts de son frère avaient pressé les siens. Il l'avait embrassée tendrement sur la joue.

— Merci. Moi aussi, je t'aime, petite Dana, avait-il chuchoté doucement. Je n'ai jamais cessé de t'aimer. Promets-moi de prendre soin de toi.

Au comble de l'émotion, Dana n'avait pu qu'acquiescer d'un mouvement de la tête.

Il était parti.

Le vingt-huit septembre… c'était dans six jours.

L'odeur du poulet rôti embaumait, réconfortait. Les quatre filles de Maisie s'activaient dans la cuisine. La voix de Fanny gouvernait la clique féminine pendant que leur mère se reposait dans sa chambre, fatiguée par sa septième grossesse qui arrivait presque à terme. Scott, son mari, espérait un autre fils. Elle souhaitait seulement avoir la force de mettre l'enfant au monde.

Dana et Harriet avaient choisi d'un commun accord de rester plus longtemps à Kirkcaldy pour prêter assistance à leur sœur aînée avec son nouveau-né. Mais au fond, secrètement, Dana avait ressenti le besoin de placer une distance entre Francis et elle.

La petite Martha mettait les couverts. Dégourdie et volubile, elle rappelait Harriet à cet âge. Inséparables, Agnes et Grizel s'occupaient du potage et des légumes. La jolie Fanny surveillait le rôt, et bébé Scotty babillait dans sa chaise haute en s'amusant à empiler des cubes de bois. L'harmonie régnait dans une joyeuse cacophonie.

Cette fresque familiale remua une douleur dans le ventre de Dana. Souvent elle repensait à cet enfant qu'elle avait perdu. La délivrance aurait eu lieu quelques semaines après celle de Maisie. Posant ses mains sur son ventre, elle l'imagina distendu, abritant ce petit être… Tout ce qu'elle avait possédé, ce qu'elle avait perdu en si peu de temps. Que lui restait-il, aujourd'hui ?

Une présence remua près de Dana, la distrayant de ses tristes pensées. Une main câline caressa son épaule. Harriet venait la rejoindre devant la fenêtre. Elle s'assit près d'elle en silence. Sa jeune sœur avait changé. Bien qu'elle conservât son côté espiègle, sa légèreté semblait s'être envolée. Harriet avait mûri à travers les évènements des derniers mois. À moins que ce ne fût son mariage prochain qui la rendît plus sage. Logan avait fait sa demande lors de la visite de Jonat à Kirkcaldy, prenant tout le monde par surprise. Évidemment, c'est vers le frère de Harriet qu'il s'était tourné pour obtenir un consentement en bonne et due forme. Sans doute cela avait-il contribué à créer une atmosphère un peu plus gaie chez les Chalmers. La date avait été fixée en décembre. D'ici là, Jonat aurait obtenu son congé définitif de l'armée et il serait de retour à Édimbourg. Il avait accepté de retarder son départ pour la France pour assister au mariage de sa sœur. Il en profiterait pour faire la connaissance du dernier des Chalmers.

— S'il continue de pleuvoir comme ça, les poissons vont se noyer, commenta très sérieusement la voix de Harriet.

Dana soupira. Un petit sourire parvint néanmoins à briser la ligne rigide de sa bouche.

La pluie tambourinait contre la vitre. Derrière le voile embrouillé, les deux sœurs distinguaient les silhouettes des cheminées des habitations d'en face. Un vacarme joyeux remua la maisonnée. Scott et le jeune Graeme rentraient de l'atelier. Ils étaient trempés de la tête aux pieds, le bran de scie collant à leurs vêtements comme du porridge. Les filles nettoyaient la boue sur le plancher en se plaignant qu'elles venaient tout juste de le récurer. Puis le père et le fils se débarrassèrent de leurs vêtements mouillés. Scott s'installa dans son fauteuil avec sa pipe, où il resterait jusqu'au dîner pendant que Graeme le glouton pigerait dans les plats entre deux coups de torchon ratés.

Telle était la vie chez les Chalmers.

— Qu'as-tu décidé? demanda enfin Harriet.

Soupir et silence.

Fanny appela tout le monde pour le dîner. Un remue-ménage bruyant anima la cuisine. Dana esquissa un geste pour se lever. Harriet lui attrapa le bras pour la retenir près d'elle. Elle regarda sa sœur avec l'air de celle qui se fait du mauvais sang. La ressemblance avec Janet Cullen frappa soudain Dana. *Est-ce que Mama était aussi une jeune femme pétillante de vie avant d'épouser Papa?*

— Dana, tu as toujours été pour moi un modèle de sagesse. Avant de commettre une bêtise, je te demandais toujours… ou presque toujours conseil. Là, je ne te comprends vraiment plus. Pourquoi continues-tu à lui en vouloir à ce point? J'ai même l'impression que tu lui en veux plus qu'à notre père.

— Quoi qu'il ait fait contre Dieu, fût-ce par respect je dois reconnaître à mon père ce qu'il a fait pour moi. En ce qui concerne Francis, c'est plus difficile. Lui… je l'aime.

— Tu l'aimes, tu l'avoues et tu le laisses partir?

Harriet secoua la tête de découragement. Puis elle caressa les cheveux de Dana comme leur mère avait l'habitude de faire pour les consoler, enfants. Ce geste fit monter les larmes aux yeux de Dana.

— Comme on ne peut arrêter les jours de passer et retenir les saisons de changer, on ne peut conjurer l'amour, Dana. Pour une fois, écoute ton cœur.

Cette remarque la pénétra.

Cédant à son désarroi, Dana se réfugia dans les bras qui s'ouvraient pour elle. Elle avait l'impression de jouer son bonheur sur un coup de dés. Sa seule certitude était qu'elle aimait Francis en dépit de tout.

◆◆

Mené d'une main ferme dans sa course depuis Weeping Willow jusqu'à Leith, le petit buggy était mis à rude épreuve. À une allure fulgurante, il se risquait dans les intersections en négociant dangereusement les passages étroits et les courbes.

Trop tard ! Elle arrivait trop tard ! C'était affolant. C'était cruel.

L'anxiété rongeait Dana. À Weeping Willow, elle avait été surprise de voir Mrs Dawson, les yeux rouges d'avoir pleuré, lui ouvrir la porte, un mouchoir tout chiffonné à la main.

— Il est parti très tôt ce matin… avec Mr Halkit et tout son bagage. La maison est si vide… Elle n'aura jamais été aussi triste… lui avait-elle annoncé en recommençant à sangloter.

Le maître avait été avisé très tard la veille que le *Bristol* appareillait aujourd'hui si les conditions climatiques étaient favorables. C'était trois jours plus tôt que prévu. Un vent d'est persistant provoquait une remontée du niveau de la barre de sable qui s'étendait sous l'eau, à l'embouchure. Avec moins de dix pieds de profondeur à marée haute, les risques de s'échouer devenaient importants pour les navires à fort tonnage. Son ravitaillement terminé, le capitaine avait cru sage de lever l'ancre sans délai.

Scott faisait ce qu'il pouvait. Et comme si elle ressentait l'urgence de la situation, sa jument Honey se montrait impatiente et poussait derrière les autres voitures en renâclant. En approchant du port, le trafic devenait plus dense. Une brèche s'ouvrit et, guidée par Scott, Honey s'y inséra. L'essieu écorcha un muret de pierres dans un horrible grincement, emportant avec lui un morceau de mousse verte. Sous le coup de fouet des cordeaux sur sa croupe, la jument isabelle reprit son erre d'aller.

On entendait de loin la rumeur qui montait du port : les cris des débardeurs et des marins, les sifflets d'appel, les crissements des poulies des palans et les cris des oiseaux qui survolaient toute cette effervescence. Derrière le rempart des édifices, on voyait les nombreux mâts des navires pointer vers le ciel. Le port étant situé dans l'estuaire de la Water of Leith, ses activités étaient dépendantes des marées. Le flux et le jusant décidaient de l'affluence. Les hauts-fonds, sans cesse en mouvement à l'embouchure, provoquaient souvent des incidents fâcheux. Des navires pouvaient s'échouer dans le sable et être ainsi obligés d'attendre parfois des jours avant que la coque soit libérée par l'action des courants.

Le buggy stoppa dans Coal Hill. Dana sauta au sol et se précipita sans attendre son beau-frère, qui cherchait à garer la voiture. Un va-et-vient étourdissant l'enveloppa comme un tourbillon de couleurs et d'odeurs. Le chemin qui séparait les entrepôts des quais était encombré. On déchargeait ici du thé et des épices, là de la farine. Plus loin, du bois et du vin, et du sucre brut, qui était acheminé directement aux raffineries de Leith. Les débardeurs transportaient aussi vers les quais des ballots de laine et de lin, des bouteilles sortant des nombreuses fabriques des environs, du cordage aussi et de la marchandise diverse manufacturée dans le Lothian.

Perdue dans cette cohue, Dana tournait en rond, se prenait les pieds dans les cordages, se heurtait aux caisses en attente sur le pavé. Elle n'avait jamais visité le port de Leith. Il était si... étourdissant! Comment trouver le bon navire parmi les dizaines qui y mouillaient? Pour en avoir une meilleure vision, elle se planta au milieu du pont à bascule qui prolongeait Tolbooth Wynd au-delà de la rivière. Là elle vit le *Breadalbane*, un navire armé porteur de la lettre de marque. À l'instar de la plupart des bâtiments mouillant dans le port, le navire corsaire se tenait flanc contre flanc avec trois autres navires, dont un chasse-marée[35] qu'on avait récemment rebaptisé *The Mermaid*, effaçant toute trace de son nom français d'origine. Les débardeurs étaient obligés de transborder les marchandises d'un pont à l'autre jusqu'à quai. Comme l'essor du commerce, les contraintes du port allaient sans cesse croissant. L'espace portuaire manquait, et une importante transformation des installations s'imposait. C'est pourquoi des travaux avaient été entrepris depuis 1809. Sur l'emplacement de ce qui avait été le Sand Port, la construction de deux bassins et de plusieurs nouveaux quais se

---

35. Navire d'abordage français à trois mâts principalement employé pour la contrebande et la course.

parachevait, prolongeant le territoire portuaire vers l'ouest de l'embouchure de la Leith jusqu'à Newhaven.

Dana orienta son attention vers le nord. Portant sa main en visière, elle examinait les navires qui oscillaient doucement sur l'eau noire. Çà et là éclatait la lumière d'une chevelure blonde, faisant bondir son cœur chaque fois. Mais ce n'était pas Francis. Coiffé d'un bicorne à plumet et les épaules fières sous des épaulettes étincelantes dorées, un homme passa près d'elle d'un pas décidé. La croisant, il souleva son couvre-chef et lui sourit.

— Belle journée! s'exclama-t-il joyeusement.

— Monsieur?…

Elle s'informa s'il pouvait lui indiquer à quel quai était accosté le *Bristol*. L'homme lui répondit qu'il ne pourrait le lui dire, ayant descendu à terre il y avait une heure à peine. Comme elle se retournait pour chercher Scott des yeux, le buggy arrivait à sa hauteur.

— Monte, Dana. Le *Bristol* est encore à quai près du pont de St. Bernard.

Elle lança un regard vers l'endroit. La rue grouillait d'activité.

— J'irai plus rapidement à pied, déclara-t-elle en se mettant en route.

Des bâtiments appareillaient, d'autres les remplaçaient aussitôt. Dana cherchait le nom du *Bristol*. Elle ne le voyait nulle part. Les marins et employés du port, trop occupés, l'ignoraient. Elle posait des questions, on lui répondait qu'on ne savait rien ou on ne lui répondait rien du tout. Elle était désespérée. Sortant son mouchoir pour parer au flot de larmes qui menaçait, elle regardait partout. Elle perdait Francis. Par orgueil. Par obstination. Parce qu'elle avait douté de lui.

Depuis un bon moment, un homme observait cette femme toute de noir vêtue, sauf pour le spencer qui lui couvrait la poitrine de rouge sombre. Une pauvre veuve espérant toujours le retour de son soldat. Puis il vit son visage et la reconnut. Il s'approcha d'elle en traînant sa jambe droite.

— Madame, vous semblez chercher quelque chose. Peut-être que je pourrais vous venir en aide.

— Un navire, répondit prestement Dana en se retournant.

Sous le bord d'un haut-de-forme un peu malmené, à l'ombre des arcades sourcilières, un regard bleu lui souriait. Le visage aux traits bonhommes rappelait vaguement quelque chose à Dana.

— Il me semble que vous êtes au bon endroit, dit-il en riant. Lequel cherchez-vous?

— Mr Scott? Mr Walter Scott?

Dana était si stupéfaite de se retrouver face au poète dans le port de Leith qu'elle en oublia momentanément ce qu'elle y faisait.

Le sourire de l'homme s'accrocha à ses oreilles.

— Quel plaisir de vous revoir, Miss Cullen.

— Vous vous souvenez de moi?

— Il y a de ces visages que l'on n'oublie pas.

— Vous êtes trop aimable, monsieur, dit-elle en rougissant. Non… vraiment…

— Vous semblez bien préoccupée.

— Je cherche le *Bristol*. Il devait être accosté ici quelque part…

— Il l'était, en effet, affirma Walter Scott en pointant l'endroit du doigt. Juste là. Mais le navire a appareillé il y a une demi-heure environ.

— Une demi-heure? s'écria Dana, affolée.

Son cœur se mit à battre si fort qu'elle en ressentit un vertige.

— Je suis désolé, Miss Cullen, dit Mr Scott en notant le désarroi de la jeune femme. Deviez-vous vous embarquer?

Incapable de prononcer un seul son, Dana secoua la tête. Ses yeux s'emplissaient de larmes.

— Peut-être arriverez-vous à le rejoindre le long du vieux quai de bois. On le remorquait jusqu'à l'embouchure…

Elle était déjà partie, se frayant un passage parmi les gens. Walter Scott la contempla jusqu'à ce que la cohue l'avalât. Il demeura un instant songeur avant de murmurer pour lui-même:

« *Black Dove through the night flees*[36]… Hum… Inspirant. Oui, inspirant. »

---

36. Colombe noire, dans la nuit prend sa fuite…

Puis il regagna sa table et se remit au travail.

Les gens gênaient sa progression; de plus, sa jambe réduite ne permettait pas à Dana d'aller aussi vite qu'elle le souhaitait. Elle voulait hurler de frustration. Et encore là, de ses poumons brûlants ne sortaient que des halètements sifflants. Des navires quittaient le port. Leurs voiles se gonflaient du vent et les poussaient vers le large. Lequel était-ce? La vue brouillée de larmes, elle passa la tour Martello et s'engagea sans ralentir sur le quai centenaire qui se prolongeait dans l'estuaire. Tout en progressant, elle notait les noms des navires qu'elle croisait: le *Norfolk*, le *Lady Ann*, le *Caledonia*. Elle ne vit le *Bristol* qu'une fois arrivée au phare, qui se dressait tout au bout. Le schooner prenait le large.

Trop tard…

S'arrêtant net, elle le vit s'éloigner doucement sur l'eau. Dans une dernière tentative, elle cria le nom de celui qu'elle perdait. Mais, sourd à son appel désespéré, le schooner continuait de voguer. Contre toute attente, un canot fit irruption dans son champ de vision. Il venait d'apparaître miraculeusement à bâbord du navire. Deux hommes et un marin prenaient place à son bord. L'espérance propulsa son cœur dans une galopade effrénée et, les mains pressées sur sa poitrine, elle attendit, sans voix, immobile, qu'il fût assez près pour mieux discerner les passagers. Les minutes qui s'écoulaient devenaient une véritable torture.

Sur le pont, accoudé au bastingage, un homme se penchait sur l'écume qui moussait la coque. La fraîcheur du vent du large lui piquait la peau. Les voiles claquaient, les poulies grinçaient, le bois gémissait sous la force d'attaque des éléments. Francis respira profondément l'odeur de la mer pour contenir le malaise physique qui l'assaillait déjà. La traversée allait être longue et pénible. Mais le mal serait immensément moindre que celui qui taraudait son cœur.

— Monsieur, lui suggéra Halkit, près de lui. Vous devriez vous concentrer sur un point fixe sur l'horizon.

— Je sais, dit Francis en regardant s'éloigner de lui cette terre qu'il aimait.

Cela le déchirait. D'abord au sud, surplombant la crête rougeâtre des Salisbury Crags, Arthur's Seat dominait le paysage. Plus près, le monument de Nelson couronnait Calton Hill. Vers l'ouest, à travers une brume cendrée, on pouvait voir St. Giles et la forteresse.

— J'ai l'impression de faire une erreur, Halkit, murmura-t-il.

— Si vous voulez mon avis, monsieur…

— J'ai toujours considéré avec respect votre avis, mon ami.

Touché, Halkit pencha la tête.

— Eh bien, je dirais qu'il est un peu tard pour regretter…

Une tache colorée captiva soudain le serviteur. Il la regarda, prenant lentement conscience de ce dont il s'agissait.

— Monsieur, là… regardez.

Halkit levait le bras et pointait quelque chose.

— Qu'est-ce que c'est ?

— Je ne suis pas certain, expliqua le serviteur. Je me trompe sans doute, monsieur. Mais voyez cette personne, là-bas, tout au bout du quai. Juste sous le phare.

Une main en visière, Francis scruta l'endroit. Une femme, grande et mince, sa robe noire lui battant les mollets, se tenait droite et immobile. Sa main retenant son bonnet, elle semblait regarder vers eux.

— Dana… murmura-t-il, estomaqué.

Il l'avait espérée jusqu'à la dernière seconde, et elle était là, à assister à son départ. Elle était venue… Dana était venue pour lui ? Un sentiment de joie indicible lui vola son souffle.

Il chercha le capitaine des yeux. Ce dernier était occupé à diriger ses hommes. Il se précipita vers lui, l'interrompant au beau milieu d'un ordre.

— Je dois retourner à terre ! cria-t-il.

L'officier le dévisagea d'abord comme s'il lui avait annoncé que toute la flotte française leur tombait dessus. Puis il hocha la tête et, prenant le temps de finir de donner ses instructions, revint vers lui,

souriant. Encore un passager qui prenait panique en voyant la sécurité de la terre ferme lui échapper. Sa réplique se fit sarcastique.

— Monsieur, pourquoi avoir attendu que le pilote du port ait
quitté le navire pour vous décider?

— Donnez-moi un autre canot, je saurai me débrouiller.

— Mes canots ne toucheront l'eau qu'en cas de catastrophe,
Mr Seton.

— Combien en voulez-vous? Je suis prêt à payer ce qu'il faudra…

— Monsieur, le coupa vivement le capitaine, agacé par son insistance, mes canots ne sont pas à vendre. La vie de mon équipage,
comme la vôtre, en dépend. Je suis désolé. Nous ne sommes pas
encore trop éloignés du quai. Traversez à la nage.

La direction des manœuvres reprenant toute son attention, le
capitaine se détourna de son passager sans autre forme de politesse.

Éberlué, une colère sourde lui retombant dans les poings qu'il
retenait contre ses cuisses, Francis le vit s'éloigner. Puis il revint
vers le bastingage. Devant la détresse de son maître, Halkit demeurait silencieux. Francis évaluait la distance qui les séparait de la
côte. Un homme en bonne santé aurait pu la franchir sans trop de
difficulté. Mais un problème se posait.

— Par le Christ! Je ne sais pas nager! explosa-t-il en désespoir
de cause.

✦✦

Graeme et Martha s'amusaient à ramasser des coquillages sur
la plage. Le petit Scotty était assis sur une couverture étalée sur le
sable et sa curiosité était accaparée par un crabe. L'enfant présenta
un petit doigt à la curieuse créature qui se déplaçait sur le côté. Elle
ralentit, souleva les pinces qu'elle ouvrit en signe d'avertissement.

— Si tu le taquines, il va te pincer, Scotty.

L'enfant babilla en faisant fi du conseil de sa tante.

Il se pencha sur le crabe, maintenant complètement immobile,
et le saisit, puis poussa un hurlement.

— Je te l'avais dit !

Se retenant de rire, Harriet prit le bébé dans ses bras pour le consoler pendant que Dana attrapait la bestiole et la lançait au loin.

— Les enfants me manqueront, dit Harriet.

— Tu auras bientôt les tiens, la consola Dana avec un étranglement de gorge en pensant à cet enfant qui aurait dû déjà se blottir entre ses bras si…

Harriet embrassa son neveu sur le dessus du crâne. Le petit pressait sa tête dans le creux de son épaule. Quittant le jeu des deux autres enfants qui couraient pieds nus dans l'eau, Dana se tourna vers sa sœur.

— Tu sais, Harry, commença-t-elle, il y a un an presque jour pour jour je me retrouvais au service des Seton. J'ai l'impression que tout le meilleur et tout le pire de ma vie ont été vécus dans cette seule année. Le reste est d'une insignifiance…

Tapotant le dos de Scotty, dont le chagrin ne se laissait pas facilement apprivoiser, Harriet dévisagea Dana, songeuse.

— Il t'écrira, j'en suis certaine, dit-elle pour encourager sa sœur. Tu lui répondras que tu l'aimes et il reviendra.

— On ne voit cela que dans les livres, murmura Dana avec pessimisme. Il est parti et je pense… que si cela est, c'est que cela devait être. Tout est prédestiné.

— Ah ! Oracle de Cassandre ! Quand on oublie d'arroser les fleurs, elles flétrissent, Dana. Aide-toi et le ciel t'aidera. Cela ne te dit rien ?

Dana fit la sourde oreille et elle reporta son regard sur les enfants. Le soleil du matin dorait la peau nue de leurs mollets. Les boucles folles de Graeme volaient dans le vent qui charriait les parfums de la mer du Nord. Octobre avait débuté sous un soleil radieux, peignant la nature de teintes vives. Trois semaines après le départ du chirurgien Seton, Dana demeurait inconsolable et refusait de retourner dans Hill Place. Au grand désespoir de Harriet, sa sœur abandonnait son projet d'école de dessin. Et tandis que Dana jouissait de la solitude parmi sa famille, Harriet rentrait seule à

Édimbourg. Face aux besoins urgents de plus d'espace, les Chalmers avaient pris la décision de déménager. Ils avaient déniché une maison plus spacieuse dans Rose Street. Maisie avait offert à Dana de venir habiter avec eux.

— Je continue de penser que tu devrais revenir avec nous, observa Harriet. Viens vivre chez moi. Je vais m'ennuyer toute seule pendant les longues heures de travail de Logan.

— Tu dépenseras bien tes heures à te promener d'une boutique à l'autre et à inventer de nouveaux modèles de robes à créer. Ma place est ici, dit Dana, plus pour se convaincre elle-même.

Autre chose avait attiré l'attention du bébé, qui s'était remis à gazouiller joyeusement. Il essayait maintenant de descendre des cuisses de sa tante pour voir de plus près cette minuscule chose qui grouillait dans une guirlande d'algues noires. Harriet rajusta le bonnet sur ses petites oreilles et le déposa sur la couverture, surveillant de près l'exploration de l'enfant qui s'empêtrait dans sa jaquette.

— Il est mignon comme ça, non ?

— J'aurais dû emporter mon matériel à dessin.

— Pourquoi ne pas ouvrir ton école ici, alors, insistait Harriet.

Perdue dans la contemplation de son neveu, Dana demeura pensive.

À bientôt deux ans, Scotty était un petit garçon doté d'une vive curiosité qui ne laissait aucun répit à ses gardiens. Pour l'heure, il avait dégoté un insecte et s'apprêtait à le mettre dans sa bouche. Poussant un cri de dégoût, Harriet le lui confisqua. L'enfant rechigna, agrippant le bras de sa tante pour récupérer sa trouvaille.

— Veux ! Veux !

Harriet essaya de détourner son attention en lui montrant une mouette qui se risquait près d'eux. Son insecte en tête, le garçonnet continuait à pleurnicher. Puis l'oiseau cria, ce qui suffit à faire taire le garçonnet. Se débarrassant en cachette de la bestiole, Harriet poussa un soupir de soulagement. Les yeux ronds, Scotty considérait avec une crainte mitigée la bête qui déployait ses ailes. À quatre pattes, il esquissa un mouvement dans sa direction.

— Zo! Zozo! cria-t-il.

Et l'oiseau s'envola.

— Son petit frère sera plus tranquille, déclara Harriet en riant.

— Souhaitons-le pour Maisie.

James, le troisième fils Chalmers, avait vu le jour deux semaines plus tôt. L'accouchement avait été long et difficile. Maisie avait juré que cet enfant-là serait le dernier.

Martha accourait en criant, montrant la mer du doigt.

— Hé! Un monstre marin! C'est un monstre marin!

Son frère la suivait en riant aux éclats.

Harriet se leva et examina la ligne d'horizon. Une silhouette se profilait effectivement hors de l'eau, se mouvant lentement. Un jet puissant d'eau s'en échappa soudain.

— Ce n'est pas un monstre, la rassura-t-elle en l'accueillant dans ses jupes.

Il semblait à Dana que les enfants étaient naturellement attirés par sa sœur. Harriet, voyant les pieds nus tout rouges, leur ordonna de se rechausser immédiatement.

— Graeme dit que c'en est un, piaula Martha.

Elle mettait ses chaussures à l'envers. Dana l'aida à les enfiler correctement.

— Vilain Graeme! gronda Harriet en fronçant les sourcils. Ce n'est pas bien de faire peur comme ça à ta sœur.

— Je lui ai dit que c'était une baleine et elle voulait pas me croire. Alors je lui ai dit que c'était un monstre. Elle m'a cru.

— Je croyais que c'était un dauphin géant, Graeme, se défendit la fillette, un air mauvais sur son visage.

— Ça n'existe pas, des dauphins géants.

— Les monstres non plus, trancha Dana. Ça, c'était une baleine à bosse.

— Une baleine à bosse? fit le garçon, intéressé. Comment tu le sais? On la voit pas comme il faut d'ici.

— Il faut savoir la reconnaître et la différencier du rorqual.

— Comment tu fais?

—D'abord la baleine à bosse souffle moins fort que son cousin et elle ne sort pas complètement sa tête de l'eau.

—Pourquoi elles font des poufs de nuage? questionna Martha.

—Pour respirer.

—Mais les poissons, ça ne respire pas?

—Ça respire, corrigea Dana, mais dans l'eau grâce à leurs branchies. Les baleines, elles, comme les dauphins, respirent de l'air comme nous.

—Même si ce sont des poissons?

—Ce sont des mammifères.

—Tu en as déjà vu de très proche? l'interrogea Graeme, fasciné par les connaissances de sa tante.

—Une fois, j'ai vu une petite baleine à bec échouée sur le rivage. Ce n'est pas aussi gros qu'un rorqual ou une baleine à bosse, mais c'est quand même très impressionnant.

—Il va falloir penser rentrer, les enfants, annonça Harriet en attrapant le petit Scotty qui profitait de son manque momentané d'attention pour se sauver.

—Déjà?

Une mine déçue chiffonna le visage de Martha.

—J'ai pas assez de coquillages pour me fabriquer un collier.

—Montre-moi, dit Dana en faisant mine de regarder dans le seau de cuir qu'elle tenait.

Toute fière, la fillette lui montra le fruit de sa cueillette. Il s'y trouvait des coques, des moules, quelques patelles et un couteau.

—Tu vas nous prêter un peu de ta peinture, Tante Dana? s'écria-t-elle.

—Pour quoi faire?

—Pour les peindre.

—Juste un peu…

—Allons, mademoiselle l'artiste! s'exclama Harriet en poussant dans le dos des enfants. Il faut rentrer pour le déjeuner. Oncle Logan ne tardera pas à arriver.

— Oh! s'écria Graeme en bondissant comme un ressort sur ses pieds. Il va me rapporter le shako que je lui ai demandé. Je vais pouvoir jouer au soldat avec le fusil que m'a fabriqué Papa.

— S'il en a déniché un, ce qui n'est pas certain. Tu ne rentres pas avec nous, Dana? s'informa Harriet en voyant que sa sœur ne bougeait pas.

— Je vais rester ici un peu.

— Hum… fit Harriet.

Elle cala le petit Scotty sur sa hanche et observa sa sœur d'un œil chagrin. Elle avait la mine terne. Il n'y aurait que le temps pour ramener la sérénité dans la vie de Dana. Pourquoi dans ces périodes grises le temps devait-il couler si lentement?

— Bon, fit-elle sans autrement insister, ne rentre pas trop tard.

Les enfants à ses trousses, Harriet s'éloigna en leur chantant une comptine dont ils répétaient les couplets. En les regardant trotter comme de jeunes poulains, Dana murmurait les paroles avec eux. Un silence apaisant s'étendit progressivement sur la plage et Dana s'y abandonna. Si l'activité frénétique de la maisonnée des Chalmers avait le pouvoir lénifiant de lui faire oublier certaines choses, elle n'en demeurait pas moins éreintante.

Elle retira son bonnet; le soleil baisa sa nuque avec douceur. Après avoir vérifié que personne ne l'épiait, elle retira les épingles de sa chevelure pour permettre au vent de folâtrer avec. C'était un jour particulièrement chaud pour cette période de l'année. Un jour exquis, comme elle les aimait. Un ciel bleu outremer se reflétait dans une mer étale où miroitaient les petits moutons blancs du paradis. Les couleurs étaient particulièrement intenses, rebelles à l'approche des inéluctables grisailles de l'automne. Un automne pluvieux qui, elle en avait la certitude, n'en finirait plus de délaver le pays.

Comme il lui arrivait de le faire en de tels moments où la nostalgie la prenait, Dana pensa à Timmy. Elle se rappela ce jour où il avait essayé de la réconforter, juste après la mort de sa mère. Ils s'étaient tenus presque exactement à l'endroit où elle se trouvait. En dépit de tout, la mort de son mari l'attristait beaucoup. Elle ne lui aurait jamais souhaité une fin aussi horrible. Mais, ce qui la blessait le plus, c'était les reproches sous-entendus de Tante Flora. Pour elle, si Dana avait un peu mieux compris son pauvre Timmy, il serait encore bien vivant aujourd'hui. Logan lui avait dit qu'il était inutile de tenter de chercher à lui expliquer ce dont souffrait vraiment son fils. L'appât du gain facile, le jeu et ses pièges l'avaient corrompu. Et tout l'amour de Dana n'aurait pu lui venir en aide.

Elle offrit son visage à la tiède caresse du soleil et s'en laissa pénétrer. Portés par l'eau lui venaient les cris des oiseaux planant entre l'infini des deux ondes bleues. Elle voulut être l'un d'eux et voir le monde autrement. D'en haut, il devait paraître si petit, insignifiant. Les malheurs aussi. L'oiseau n'avait nul besoin de construire des ponts pour traverser les torrents.

Elle écouta encore pendant un moment le bruit des vagues et s'isola à l'intérieur d'elle-même, s'imprégnant de la langueur de la musique gémissante. La nostalgie la reprit. Cela lui donna soudain envie de plonger ses pieds dans la mer et d'en goûter sa morsure. Déchaussée, elle marcha sur le sable. Il était dur et frais. Par endroits, il se ridait comme la peau des doigts trop longtemps immergée dans l'eau. Soulevant légèrement l'ourlet de sa robe, elle laissa les vagues lui lécher les chevilles. Un frisson la secoua : l'eau était glacée. Mais cela chatouilla agréablement ses pauvres pieds tordus, qu'elle évitait encore de regarder quand ils étaient nus. « On regarde les gens dans les yeux, Dana. Et les tiens sont captivants », lui avait souvent dit Jonat.

Penser à son frère ramena Francis dans son esprit et elle se rembrunit. Où se trouvait-il en cet instant même ? Quelque part au milieu de l'océan. S'il se décidait à lui écrire, comme le lui assurait Harriet, il ne pourrait le faire qu'une fois arrivé en Amérique. Et la lettre prendrait autant de temps à lui parvenir qu'il en avait pris à faire la traversée. « Si elle eut réussi à le rejoindre à temps, serait-il quand même parti pour cette Philadelphie ? » se demandait Dana. Tout ce qu'elle savait de cette ville était qu'elle avait été fondée en 1682 par un William Penn, que l'illustre Benjamin Franklin y avait vécu et que c'était là qu'avait été signée la Déclaration d'indépendance des États-Unis.

« Je l'aime et je l'ai laissé partir », songea-t-elle.

Entre les mèches de ses cheveux qui ondulaient, le ciel bleu se brouillait. Dana essuya ses joues mouillées. Mais les larmes continuaient de couler. Doucement elle se pencha pour contempler son reflet dans l'eau. Longtemps elle regarda les traits se fondre et se reformer de nouveau dans le mouvement des vagues. Et les larmes coulaient jusque dans la mer. Qu'elles noient les poissons et fassent pousser les fleurs du paradis. N'était-ce finalement que ce à quoi servaient les larmes? Car vaines, vaines elles étaient quand tout était perdu.

Par sa faute.

« Krrrik-krrrik! »

Sa calotte noire frémissant au vent, une sterne voyageuse rasa l'eau devant Dana et la surprit. Elle suivit son vol des yeux, envieuse. Agile et rapide, de quelques coups d'ailes énergiques, la sterne remonta dans le ciel. Puis elle émit un « krrrik » plus doux et piqua à la verticale, plongeant directement dans l'eau comme une flèche, où elle disparut complètement. Quelques fractions de seconde seulement s'écoulèrent pendant lesquelles la surface lisse se rida de cercles concentriques. L'oiseau surgit brusquement, un poisson dans le bec, et l'avala en plein vol avant de lancer un autre cri strident. Il était satisfait de son déjeuner.

Dana referma les yeux et huma le parfum piquant de la mer, l'odeur du varech…

— Dites-moi seulement que vous ne vous trouviez pas sur le quai simplement pour me souhaiter bon voyage.

Une main sur son cœur défaillant, l'autre retenant sa chevelure qui lui masquait la vue, Dana fixa la silhouette qui se tenait entre elle et le soleil. Les mèches blondes se soulevaient doucement et ondulaient comme le blé sous le vent, qui secouait aussi par saccades les revers du col du frac noir. Mais l'homme, lui, ne bougeait pas. Dana cligna deux fois des paupières. La vision demeurait là, bien réelle. Ses doigts se replièrent sur sa poitrine dans un réflexe pour contenir le cœur qui cognait très fort.

— Francis… murmura-t-elle, sous le choc de le retrouver là.

Un long silence chargé d'émotions naissantes suivit. Pour l'un comme pour l'autre, l'instant était tendre et violent. Il secouait et caressait l'âme.

Sans cesser de la regarder, l'homme bougea enfin pour s'avancer vers elle. Ce qu'elle était belle, comme ça, les cheveux défaits flottant au vent, les joues humides et roses, comme ses lèvres entrouvertes. L'expression rêveuse, elle était comme il l'avait découverte après l'amour. Sa robe flottait maintenant autour de ses chevilles déformées qu'elle ne pensait plus à cacher, ondulant doucement sur les mouvements de l'eau.

Lorsqu'il ne fut qu'à une longueur de bras, il s'arrêta et elle put alors contempler le gris précieux des perles des chaudes mers de Chine. Il l'interrogeait toujours silencieusement.

— Vous n'étiez pas sur le *Bristol*?

— Si, j'étais à son bord. Mais le navire a fait escale à Southampton avant de reprendre la mer pour l'Amérique. Donc… j'ai pris un risque.

Francis n'osait la toucher. Pas encore. Pas avant de savoir.

— Ai-je commis une erreur, Dana?

Elle avait envie de tendre les bras et de se lover contre sa poitrine. Mais l'émoi la paralysait. Secouant la tête, elle couvrit sa bouche de ses mains. Les yeux, grands et brillants, exprimaient avec intensité sa joie et son chagrin.

— Je suis venue. Je suis arrivée trop tard… Le navire… Il avait déjà quitté le port.

Francis écarta les bras et leva les paumes vers le ciel. Il dit d'une voix douce :

— Il n'est jamais trop tard. Ce ne fut qu'un détour de plus.

Oh! Des détours, ils en avaient beaucoup emprunté avant de finalement se trouver. Les larmes affluant, Dana se précipita. Les bras de Francis se refermèrent sur elle, forts de l'amour, l'emprisonnant, l'arrachant au sol. Comme l'oiseau, elle se sentait prendre enfin son envol.

— Et, avec la grâce de Dieu, ce sera le dernier, chuchota-t-il dans son oreille en la déposant sur le sable sec.

Lentement, ses paumes tièdes se posèrent sur les joues de Dana, effaçant les dernières traces de son désespoir. Il contempla le regard qui se levait vers lui et s'en pénétra avant de courber la nuque vers elle.

Pendant que les lèvres s'unissaient et que de gros sanglots de soulagement se coinçaient dans les gorges, dans la douceur du moment se multipliaient comme des arcs-en-ciel entre les cœurs toutes les nuances des couleurs des sentiments qui les animaient. Francis s'écarta enfin et enfouit son visage dans la chevelure brune qui ruisselait de soleil. Quand sa voix résonna, elle ne contrôlait plus les agitations de son âme.

— Pardonnez-moi. Pour Jonat… pour tous ces mensonges.

— C'est arrivé, c'est tout, dit Dana, reprenant les mots du journal de campagne de Francis. C'est à vous de me pardonner, car j'ai douté. Jusqu'à la dernière minute, j'ai douté de vous. Et j'en ai honte. Si honte.

— C'est de ma faute. Ne vous ai-je pas déjà dit de toujours douter, Dana? En fait, ce que j'ai négligé d'ajouter, c'est qu'il n'y a que l'amour qui échappe à cette règle.

— Douter de tout, sauf de l'amour.

— Je vous aime, Dana Cullen…

Un sanglot comprimé, trop fatigué d'être retenu, s'échappa et se confondit dans les criaillements des mouettes et le mugissement de la mer.

Ils ne s'étaient plus reparlé depuis ce jour où Dana avait découvert Jonat à Weeping Willow. Blessants, amoureux, les mots accumulés, ruminés, montaient du ventre par rafales et se bousculaient sur des lèvres qui tremblaient trop pour les prononcer. Alors ils se touchèrent, s'embrassèrent, se pressèrent l'un contre l'autre, s'écartèrent, se retrouvèrent, avec légèreté, brutalement, avec et sans retenue, indifférents à tout sauf à eux-mêmes. Le silence qui les entourait les écoutait s'aimer. Ils redécouvraient la tendre violence du désir et en jouissaient du cœur. Les regards se liaient, se soudaient comme les mains, comme les émotions. Unir les faiblesses pour rendre invulnérable. Ils créaient un jour nouveau et en devenaient l'astre de lumière. Ils en oubliaient de respirer.

Francis sentait son corps revivre contre celui de Dana. Il en était totalement ébranlé. Il avait l'impression d'être le roc qui résisterait aux déferlantes de toutes les tempêtes de tous les univers. Qui eût pensé qu'il serait tombé amoureux fou de cette fillette un peu trop maigre avec des yeux étranges croisée un jour froid de janvier 1800 ? À cette époque, certainement pas lui. Et pourtant…

Il baisa de nouveau la bouche de Dana. Elle baisa la sienne. Ils trouvèrent sur leurs lèvres ce goût de bonheur partagé qu'ils n'oublieraient jamais. Un moment parfait. Car pour la première fois ils ne le volaient pas. Ce bonheur leur appartenait désormais, sans contraintes, sans regrets.

Sans plus de secrets.